Rainer Hermann

# ARABISCHES BEBEN

## Die wahren Gründe der Krise im Nahen Osten

Klett-Cotta

Klett-Cotta

www.klett-cotta.de

© 2018 by J. G. Cotta'sche Buchhandlung
Nachfolger GmbH, gegr. 1659, Stuttgart

Alle Rechte vorbehalten

Printed in Germany

Cover: Rothfos & Gabler, Hamburg
unter Verwendung eines Fotos von dpa (epa Musadeq Sadeq;
US-Hubschrauber bringt Weihnachtsgeschenke nach Afghanistan)

Karten auf S. 342–344: Rudolf Hungreder, Leinfelden-Echterdingen

Gesetzt von Dörlemann Satz, Lemförde

Gedruckt und gebunden von CPI – Clausen & Bosse, Leck

ISBN 978-3-608-96211-6

Vierte Auflage, 2018

Bibliografische Information der Deutschen Nationalbibliothek
Die Deutsche Nationalbibliothek verzeichnet diese Publikation in der
Deutschen Nationalbibliografie; detaillierte bibliografische
Daten sind im Internet über http://dnb.d-nb.de abrufbar.

# INHALT

# ZEITENWENDE

Ein gewaltiges Beben erschüttert den Nahen Osten. Über Jahrzehnte hatte eine Ordnung Bestand, die sich nur wenig veränderte. Heute stürzt sie ein. Konflikte und Kriege zerstören Städte und Landschaften, es zerfallen Gesellschaften, der Terror ist Teil des Alltags.

Zahlen der Vereinten Nationen illustrieren die dramatischen Folgen des Bebens. Zwar leben in der arabischen Welt lediglich fünf Prozent der Weltbevölkerung. In der Region werden jedoch 45 Prozent aller Terroranschläge verübt, auf sie entfallen 47 Prozent aller Binnenflüchtlinge und 57,5 Prozent der Flüchtlinge, die ihr Heimatland verlassen haben. Zudem sind zwei von drei Menschen, die bei Konflikten getötet oder verwundet werden, Araber.[1]

Daran wird sich auf absehbare Zeit wenig ändern. Denn die Vereinten Nationen erwarten, dass im Jahr 2050 drei von vier Arabern in Ländern mit hohem Konfliktrisiko leben werden.[2] Ein Indikator dafür sind die Rüstungsausgaben. Je Einwohner lagen sie in der arabischen Welt von 1988 bis 2014 um zwei Drittel über dem Durchschnitt.[3] Weltweit ist keine andere Region derart militarisiert wie der Nahe Osten, und die Militärausgaben steigen weiter.

Wir sind Zeugen einer Zeitenwende, die den Nahen Osten erfasst hat. Noch vor wenigen Jahren haben wir geglaubt, keine andere Region sei so stabil wie der Nahe Osten mit seinen Diktatoren, die über Jahrzehnte herrschten. Wir konnten uns keine anderen Herrscher mehr vorstellen als den Libyer Gaddafi und den Ägypter Mubarak, als Saddam Hussein im Irak und als die Assads in Syrien. Wir haben uns getäuscht: Sie sind weggespült, bis auf Baschar al-Assad, der sich aber lediglich zum Preis eines grausamen Krieges halten kann. Die Stabilität war nur Schein.

Ein langer historischer Prozess gelangt an sein Ende, dessen Anfänge ein halbes Jahrtausend zurückliegen. Eingesetzt hat er, als die Osmanen zu Beginn des 16. Jahrhunderts weite Teile der arabischen Welt eroberten. Die osmanische Herrschaft bescherte den Arabern eine Epoche des Wohlstands, ohne große Konflikte, aber auch ohne tiefgreifende Veränderungen. Ein erster folgenreicher Einschnitt war im Jahr 1798 die Expedition Napoleon Bonapartes nach Ägypten, die zur ersten Begegnung des arabischen Orients mit dem nun überlegenen Europa führte. Ein Jahrhundert später löste die Fremdherrschaft der nichtmuslimischen Kolonialmächte aus Europa die Fremdherrschaft der muslimischen Osmanen im Nahen Osten ab.

Das Ende der Kolonialherrschaft brachte dann zwar Selbstbestimmung, aber keine Befreiung. Säkulare Militärdiktaturen, die der Gesellschaft keine Freiheiten einräumten, übernahmen die Macht. Sie scheiterten, denn sie erfüllten nicht die Hoffnungen der Menschen auf ein Leben in Würde und Wohlstand. Die Antwort auf das Scheitern war der politische Islam, die Antwort auf den Staatsterror der Dschihad. Zuletzt wollten immer mehr Herrscher die dysfunktionalen Staaten an ihre Söhne weiterreichen.

Da gingen die Menschen zu Massenprotesten auf die Straße und lösten das Beben aus, das die Fassaden der Staaten zum Einsturz brachte. Der lange verborgene Zustand der arabischen Welt wird sichtbar: Regime, die weder Rechtsstaaten noch Sozialstaaten sind, die unterdrücken und ungerecht sind, Regime, die ihre Länder vor der Globalisierung abgeschottet haben. Epochale Umwälzungen haben jetzt aber eingesetzt, und sie stehen erst am Anfang.

Eine Analogie kann helfen, komplexe Sachverhalte oder Prozesse zu begreifen. Eine passende Analogie zum Zustand der arabischen Welt liefert die Geologie: Verwerfungslinien zeigen, wo Erdplatten aufeinanderprallen. Bewegen sich die Erdplatten, entsteht eine Spannung, die sich in Erdbeben entlädt. Eine Verwerfungslinie, die beispielsweise 500 Kilometer lang ist, kann in mehreren Schritten etappenweise gebrochen werden. Dann entlädt sich die Spannung in mehreren kleineren Erdbeben, die jeweils nur wenig Schaden anrichten. Die Spannung kann sich aber auch über eine lange Zeit aufbauen, der Untergrund kann sich bis zu einem gewissen Grad wie eine Feder biegen. Dann aber entlädt sich die Energie auf einmal mit großer Wucht und einer zerstörerischen Kraft, die ungleich größer als bei den kleinen Beben ist.

Überträgt man dies auf die Geschichte, wird aus einer Verwerfungslinie von 500 Kilometern eine Zeitachse von 500 Jahren. Europa ist in den vergangenen 500 Jahren von zahlreichen gesellschaftlichen und politischen Beben erschüttert worden. Jedes Beben setzte zentrifugale Kräfte frei und erschütterte die Ordnung. Jedes Mal fing das Machtzentrum die zentrifugalen Kräfte durch Veränderungen auf, was die Systeme stabilisierte. So führte der Dreißigjährige Krieg zu einem Religionsfrieden und der völkerrechtlichen Gemeinschaft von Nationalstaaten; bei der Revolution von 1848 erkämpfte sich eine neue bürgerliche Mittelschicht die Teilhabe an der Politik; schließlich mündete die soziale Frage nicht in ein revolutionäres Proletariat, sondern wurde durch eine schrittweise verbesserte Absicherung der Industriearbeiter gelöst.

Die Beben erfolgten nacheinander und konnten daher leichter absorbiert worden. Konflikte wurden beigelegt, in jedem Fall wurde das Gerüst der Ordnung stärker, sodass es künftigen Beben besser standhalten konnte. Neu bestimmt wurde das Verhältnis von Staat und Religion, das von Staat und Gesellschaft sowie das der Religionen und das der gesellschaftlichen Gruppen untereinander. In diesen Prozessen haben der Rechtsstaat und der Sozialstaat ihren Ursprung. Letztlich setzt sich die Zivilisation Europas aus solchen Errungenschaften zusammen, die aus der Lösung von Konflikten hervorgegangen sind.

Anders die arabische Welt. Sie war Jahrhunderte stillgestanden. Die Araber empfanden das als umso bedrückender, als sie in der Zeit vom Ende des Römischen Reiches bis zum Beginn der europäischen Renaissance eine Hochzivilisation hervorgebracht hatten, die für ihre Zeit reich war und in der die Wissenschaften eine Blüte erlebten. Dann übernahm Europa die Fackel des Fortschritts, und die arabische Welt verfiel in einen langen, tiefen Schlaf.

Heute holt sie mehrere historische Prozesse nach, die Europa nacheinander erschüttert haben: Als sich Europa im Dreißigjährigen Krieg zerfleischte, war das Osmanische Reich eine Zone des religiösen Friedens und des Wohlstands, die keine Nationen kannte; als die bürgerliche Mittelschicht in Europa 1848 gegen die feudale Staatselite aufbegehrte, akzeptierten die Untertanen des Sultans die Ordnung als gottgegeben; als im Westen die Industrialisierung eine neue Welt schuf, waren die Araber weiterhin Händler und Landwirte. Denn der Islam begünstigt keine Akkumulation von Kapital.

Die Eruptionen haben erst begonnen. Wenn sich eine Verwerfungslinie in Bewegung setzt, die viele Jahrhunderte – und damit zu lange – ruhig war, bleibt kein Stein auf dem anderen. Noch vor wenigen Jahren haben wir geglaubt, keine Region der Welt sei so stabil wie der Nahe Osten mit seinen Diktatoren. Dann ist die Feder gesprungen, und die Erde hat sich in Bewegung gesetzt. Der Nahe Osten bebt, und mit den Flüchtlingen und dem Terror hat der Tsunami uns in Europa längst erreicht.

Historische Prozesse wiederholen sich nicht, es bestehen aber auffällige Ähnlichkeiten zwischen dem Gestern und dem Heute. So demonstrierten in der arabischen Welt im Jahr 2011 frustrierte Angehörige der Mittelschicht, die eine Teilhabe an Staat, Gesellschaft und Wirtschaft einforderten; es beteiligten sich Arbeiter von Staatsbetrieben, die gegen ihre schlechte Bezahlung protestierten. Die Menschen erkannten, dass ihre Staaten ihnen keinen Nutzen bringen, denn diese Staaten waren nie Solidargemeinschaften und sie stifteten keinen gesellschaftlichen Frieden. Vielmehr privilegierten sie eine kleine Elite auf Kosten anderer Bevölkerungsschichten.

Die Proteste wurden niedergeknüppelt. Einige Regime haben sich durch Konterrevolutionen gerettet, die von einer erschreckenden Repression begleitet sind; andere Länder sind in Kriege abgeglitten, in denen die Fronten oft zwischen religiösen Konfessionen verlaufen. Die vielen anhaltenden Konflikte und Kriege summieren sich in der Gegenwart zu einem Megabeben mit gewaltiger zerstörerischer Energie.

Wenn Gesellschaften und Staaten zerfallen, entsteht ein Vakuum, in das nichtstaatliche Akteure stoßen. Zu ihnen zählen der »Islamische Staat« und der dschihadistische Terror, aber auch externe Schutzmächte wie Saudi-Arabien für die sunnitischen Muslime und Iran für die schiitischen. In dem Maße, wie sie sich im Vakuum ausbreiteten, verschmolzen lokale Konflikte mit regionalen, und so zerfielen erst einzelne Staaten, dann zerfiel die regionale Ordnung. Regionalmächte, die das hätten aufhalten können, standen nicht mehr zur Verfügung. Denn drei von ihnen sind ausgeschieden: der Irak, Syrien und Ägypten. Als letzte Ordnungsmacht bleibt Saudi-Arabien, das sich in einem kalten Krieg mit Iran befindet.

Der Transformationsprozess, der eingesetzt hat, ist ohne Präzedenzfall. Zu Beginn haben noch viele gehofft, er könne wie in Osteuropa nach dem Fall des Eisernen Vorhangs im Jahr 1989 verlaufen. Denn schließlich ähnelten sich die Fragestellungen. In Osteuropa wollten die Menschen ihre Diktaturen durch Ordnungen ersetzen, die ihnen eine Teilhabe garantierten. Sie stellten sich, wie es auch die Araber heute tun, Fragen zu ihrer Identität. So fragten sich die Polen, ob sie eher eine katholische oder eher eine säkulare Nation sein wollten.

In der arabischen Welt verlaufen die Prozesse aber anders. Denn sie sind ungleich komplexer als es jene in Osteuropa waren. In Osteuropa kreiste die Debatte letztlich um die Frage, welche Staatsform sich durchsetzen würde: eine Demokratie wie in Polen oder eine Diktatur wie in Weißrussland. Der Staat existierte jedoch weiter. Nicht so in der arabischen Welt, wo sich die Staatlichkeit auflöst und wo die Sicherung von Staatlichkeit die größte Herausforderung geworden ist.

Der Vergleich mit Osteuropa zeigt, wie schwierig Prognosen zu Beginn eines Transformationsprozesses sind. Einige Länder des früheren Ostblocks wurden Mitglieder in der Europäischen Union, andere nicht; die Tschechoslowakei und Jugoslawien brachen auseinander, neue Staaten wie Kroatien und Bosnien-Herzegowina wurden gegründet. Das alles war 1989 nicht vorherzusehen. In der arabischen Welt, in der das Beben ungleich stärker und gewalttätiger ausfällt, sind Prognosen noch schwieriger. Niemand hätte voraussagen können, dass die Selbstverbrennung eines tunesischen jungen Mannes am 17. Dezember 2010 dieses anhaltende Beben auslösen würde.

Der Wandel ist gewaltsam, brutal und wird lange dauern. Beispiele sind die Militarisierung des Konflikts in Syrien im Jahr 2012, die Niederschlagung der Proteste der Anhänger des gestürzten ägyptischen Präsidenten Mursi im Sommer 2013 und der rasche Siegeszug des »Islamischen Staats« im Jahr 2014.

Eine Rückkehr zum Status quo ante und in die Zeit vor dem Beben ist ausgeschlossen, denn das Vertrauen der Bürger in ihre Regime ist aufgebraucht. Die Regime antworten auf den Ungehorsam mit Repression. Je repressiver ein Regime aber ist, desto extremistischer wird die Alternative zu ihm und desto besseren Nährboden findet der Terror – und desto brutaler schlägt dann das Regime zurück. Es ist eine Spirale, die die arabische Welt nach unten zieht.

Das Buch soll zeigen, dass die Konflikte und Kriege im Nahen Osten keine vorübergehende Episode sind, sondern uns noch lange beschäftigen werden. Es spürt die inneren Verwerfungen in der arabischen Welt auf, nachdem andere Autoren die äußeren Einflüsse, vor allem die militärischen Interventionen des Westens und deren Folgen, herausgearbeitet und teilweise überbewertet haben. Es führt die Konflikte und Kriege nicht eindimensional auf einen Faktor zurück, vielmehr will es der Komplexität des Nahen Ostens gerecht werden. Komplex sind zum einen die Ursachen, die es ermöglicht haben, dass sich über die Zeit eine solche Zerstörungsenergie aufgebaut hat; sie liegen in der Geschichte, in den Gesellschaften und der Religion des Islams. Komplex sind auch die Konflikte, die wie ein Knäuel miteinander verflochten sind.

Vorübergehend wurde für die Massenproteste und die revolutionäre Stimmung des Jahres 2011 der Begriff »Arabischer Frühling« benutzt, er führte aber in die Irre. Denn er machte glauben, dass es ausreiche, einen Diktator zu stürzen und Wahlen abzuhalten, um zu einer pluralistischen Demokratie zu gelangen, die die Vielfalt der nahöstlichen Gesellschaften abbildet. Stattdessen steht die arabische Welt am Beginn einer Zeitenwende, die von lang anhaltenden Konflikten begleitet ist. Dieses Buch hat die Ereignisse des Jahres 2011 im Blick, darüber hinaus auch die lange Dauer der historischen Prozesse in der Region. Die Analysen werden veranschaulicht durch Reportagen aus Brennpunkten der arabischen Welt, in die der Autor für die *Frankfurter Allgemeine Zeitung* gereist ist.

Das Buch behandelt in seinem ersten, historischen Teil die externen Einwirkungen und die inneren Fehlentwicklungen, die zusammen die gewaltigen Eruptionen in der arabischen Welt, wie wir sie heute erleben, ausgelöst haben. Der zweite Teil zeichnet nach, wie die einzelnen Staaten und die regionale Ordnung zerfallen, wie der Zusammenhalt der Gesellschaften schwindet und wie auch der klassische Islam seine Bindekraft verliert. Ein Exkurs in der Mitte des Buches zeigt am Beispiel Ägyptens, weshalb die Massenproteste von 2011 gescheitert sind.

Während die ersten beiden Hauptkapitel die Vergangenheit und die Gegenwart zum Thema haben, blickt das dritte Kapitel in die Zukunft und entwickelt mögliche Szenarien. Im Mittelpunkt stehen der Kampf um die Identität von Staat und Gesellschaft sowie die Frage, welche Rahmenbedingungen für eine neue politische Ordnung erforderlich sind. Diese Aufgaben beschäftigen sich damit, die Folgen des Bebens zu beseitigen. Die arabische Welt ist jedoch zusätzlich mit Herausforderungen konfrontiert, die selbst in friedlichen Zeiten kaum zu meistern sind. Dazu gehören das hohe Bevölkerungswachstum, die Modernisierung der dysfunktionalen Wirtschaften und die ökologischen Gefahren.

Ein viertes und letztes Kapitel widmet sich den Folgen der arabischen Zeitenwende für Europa. Dabei geht es um die Frage, wie wir auf die Erschütterungen in der Nachbarregion Europas reagieren können, wie sie sich auf unsere Gesellschaften auswirken, wie wir mit der wachsenden Terrorgefahr umgehen und welchen Beitrag wir für die Stabilisierung des Nahen Ostens leisten können.

In der arabischen Welt geht eine Epoche zu Ende. Zum Ende der Kolonialzeit wurden Staaten gegründet, denen es nicht gelang, heterogene Gesellschaften zu Nationen zu einen. Die Staaten wurden nur so lange zusammengehalten, wie die Sicherheitsapparate Dissens mit eiserner Faust erstickt haben. Dabei setzte sich der Stärkere durch, die Schwächeren wurden ausgeschlossen. Heute zerbrechen die Staaten. Damit sind Konflikte verbunden, zentrifugale Kräfte werden freigesetzt. Um Schutz zu finden, wendet sich der Einzelne seiner konfessionellen Gemeinschaft oder dem Stamm zu, und so ist ein Kampf um die Identitäten von Gemeinwesen, des Staates und der Gesellschaft im Gange. Der Kampf zerreißt die Gemeinwesen und befeuert die Konflikte noch mehr. In Ländern wie Syrien und dem Irak zählt keine nationale Identität, sondern die Zugehörigkeit zu einer konfessionellen Gemeinschaft. Die Folgen sind Krieg und Zerstörung, ebenso neue Diktaturen und Repression. Eine neue Ordnung ist aber nicht in Sicht.

Das Scheitern der postkolonialen Staaten hat die konfliktbeladene Suche nach einer schützenden Identität sowie Kriege in allen Formen angestoßen: Bürgerkriege, Stellvertreterkriege, Kriege um die Vorherrschaft in der Region. Gemessen an ihrer Wirtschaftsleistung gibt weltweit keine andere Region so viel Geld für Rüstung aus. Als ob das nicht ausreichte, um eine Region zu destabilisieren, versetzen auch die Terrorideologie des dschihadistischen Salafismus und der »Islamische Staat« die Menschen im Nahen Osten – und darüber hinaus – in Schrecken.

Virulent bleibt der Konflikt um Palästina und vor allem um Jerusalem. Den Juden ist Jerusalem eine heilige Stadt, den Muslimen ist sie die drittheiligste Stätte. Ein kreatives Konzept für eine friedliche Lösung gibt es weiter nicht. Unter dem Begriff »Jahrhundertdeal« wird zunehmend eine vor allem von Israel favorisierte Lösung diskutiert, dass die Palästinenser auf einen Teil der Westbank verzichten und dafür im Nordsinai ein »Ersatzland« angeboten bekommen.[4]

Der Konflikt, der alles andere überlagert, ist der zwischen dem sunnitischen Saudi-Arabien und dem schiitischen Iran. Solange er nicht entschärft wird, werden alle Versuche scheitern, die zahlreichen anderen Konflikte beizulegen. Den Geist aus der Flasche ließen im Jahr 2003 die amerikanische Invasion im Irak und der Sturz des Gewaltherrschers Saddam Hussein. Dieser Geist des sunnitischen und schiitischen Konfessionalismus facht den Flächenbrand im Nahen Osten an und gefährdet Staaten.

Der Konfessionalismus ist eine destruktive Kraft. Als Gegengewicht, das die konfessionellen Gräben überwinden kann, bietet sich dazu der Arabismus an, der nicht die

Religion in den Vordergrund stellt, sondern die kulturelle Einheit der Araber. Der Arabismus wurde jedoch von den säkularen Diktaturen diskreditiert und muss erst wiederbelebt werden.

Stabile Staaten wird es erst dann wieder geben, wenn die konfessionellen Gräben zugeschüttet und die Faktoren beseitigt sind, die zu den Massenprotesten des Jahres 2011 geführt haben. Dazu bedarf es radikaler Reformen, zu denen noch niemand bereit ist. Die Prognose ist daher düster: Der arabischen Welt stehen noch jahrzehntelange Konflikte bevor, die auch uns im Westen nicht unberührt lassen werden.

# WEICHENSTELLUNGEN

Seiner Geschichte kann niemand entfliehen. Denn die Geschichte stellt die Weichen für die künftigen Entwicklungen, und die Erfahrungen aus ihr sind die Leitplanken, innerhalb derer sich eines von mehreren Szenarien durchsetzt. Ein Blick in die Geschichte hätte genügt, um zu sehen, dass im Nahen Osten manche Hoffnung auf eine bessere Zukunft ohne Chance war: etwa 2003, als Amerikaner und andere glaubten, dass die Intervention im Irak eine funktionierende Demokratie hervorbringen werde. Oder 2011, als viele euphorisch vom »Arabischen Frühling« sprachen und ein neues Zeitalter heraufziehen sahen. In Wirklichkeit geschah etwas anderes, im Irak und im ganzen Nahen Osten.

Jeweils drei externe und drei interne Faktoren haben Leitplanken gezogen, innerhalb derer sich der Nahe Osten langfristig entwickelt. Die externen Faktoren sind das Erbe des Osmanischen Reichs, der Kolonialismus und der Imperialismus im Kalten Krieg. Im Nahen Osten setzten seit der Unabhängigkeit aber auch innere Fehlentwicklungen ein, die zum heutigen Scheitern beitragen: autoritäre Staaten, totalitäre Ideologien und ein Islam, der Konflikte religiös auflädt.

## Äußere Einflüsse

### Minderheiten als Eliten

Die Zeit des Osmanischen Reiches war eine der glanzvollsten Epochen der Menschheit. Sie hat der islamischen Welt fast ein halbes Jahrtausend Stabilität beschert. Innerhalb des Reiches gab es keine Grenzen, jeder konnte uneingeschränkt reisen. Nach den Maßstäben der damaligen Zeit war es ein modern organisierter Staat.[1] Dennoch legte es Grundlagen für das Beben in der arabischen Welt heute. Die Osmanen hatten 1453 Konstantinopel erobert, 1516 Damaskus und im Jahr danach Kairo, es folgten 1534 Bagdad und das Zweistromland von Euphrat und Tigris, das vom 20. Jahrhundert an Irak heißen sollte. »Die Osmanen waren nun auch eine arabische Großmacht.«[2] Innerhalb von nicht einmal hundert Jahren hatten die osmanischen Sultane ihre wichtigsten Eroberungen gemacht. Die Osmanen herrschten über ein Reich, in dem viele Völker mit vielen Religionen und vielen Identitäten lebten.

In Europa entstanden aber zu jener Zeit Staaten, deren Grenzen sich erstmals an nationalen Identitäten orientierten. Diese Nationalstaaten führten gegeneinander Kriege, das Osmanische Reich blieb in jener Epoche – von lokalen Gewaltausbrüchen abgesehen – jedoch eine relativ friedliche Region. Das änderte sich erst im 19. Jahrhundert, als sich an seinen Rändern Nationalstaaten bildeten, die sich in Kriegen vom Vielvölkerreich zu lösen versuchten. Das erschütterte das Osmanische Reich, in dem bislang Menschen unterschiedlicher Sprache und unterschiedlicher Religion wie in einem Flickenteppich miteinander gelebt hatten. Die Religion bestimmte damals die Identität, und sie bestimmt sie bis in die Gegenwart hinein. Eine irakische oder syrische Identität, auf der ein Staat hätte gegründet werden können, gibt es bis heute nicht. Jede Volksgruppe im Irak und in Syrien bezieht ihre Identität vielmehr aus einer anderen Referenz. Im Vordergrund steht für sie, ob sie Araber oder Kurden sind, Sunniten oder Schiiten, Christen oder Jesiden, Sabäer oder Schabak. Man identifizierte sich allenfalls noch mit der Stadt oder Provinz, in der man lebte.

Die Osmanen teilten das Land zwischen dem Mittelmeer und Iran in sieben Provinzen auf, um es leichter verwalten zu können. Im Osten liegt das Zweistromland. Die muslimischen Araber hatten den südlichen Teil davon nach der Eroberung im siebten Jahrhundert *Iraq* genannt; die Osmanen richteten nun entlang von Euphrat und Tigris drei Provinzen ein, neben Basra im Süden noch Bagdad und Mossul. Im Westen liegt die Levante. Als die Araber diese Gegend eroberten, nannten sie das Land *Bilad al-Sham*, das Land, das von Mekka aus gesehen im Norden liegt. *Bilad al-Sham* reicht vom Roten Meer im Süden bis zum Taurus im Norden. Die Osmanen teilten es zunächst in die Provinzen Tripoli, Aleppo und Damaskus auf, wozu auch Jerusalem und Beirut gehörten.

Verhängnisvoll war die Entscheidung des osmanischen Sultans, sich bei der Verwaltung der Provinzen allein auf sunnitische Muslime zu verlassen. Der Sultan war selbst ein sunnitischer Muslim; die Safawiden, seine größten Feinde, hatten 1501 auf dem Gebiet des heutigen Iran den schiitischen Islam zur Staatsreligion erhoben. Bereits damals stellten im Zweistromland die schiitischen Muslime eine große Mehrheit der Bevölkerung, und die Osmanen verdächtigten sie, auf ihrem Boden die fünfte Kolonne der Safawiden zu sein.

In den Provinzen des Zweistromlandes bildeten die Osmanen eine Elite aus urbanen Sunniten. Sie stützten sich in der Armee, im Handel und in der Verwaltung auf sie. Damit war die osmanische Oberschicht im Zweistromland ein Abbild derer in der Hauptstadt Konstantinopel. Diese Elite profitierte von den osmanischen Reformen des 19. Jahrhunderts mehr als die ländliche schiitische Mehrheit. Seither betrachten sich die Sunniten im heutigen Irak als die natürliche Elite und als die einzige Klasse des Landes, der Außenstehende vertrauen können. Das hatte zwei Folgen: Die schiitischen Muslime und die ländliche Stammesbevölkerung waren von der Teilhabe an der Macht ausgeschlossen; zudem orientierten sich das Bildungswesen sowie die Möglichkeiten, im Staatsdienst aufzusteigen oder in der Privatwirtschaft reich zu werden, an den Bedürfnissen dieser städtischen sunnitischen Elite.[3]

## Missglückte Staatsgründungen

Nach dem Ende des Ersten Weltkriegs übernahmen die europäischen Kolonialherren von den Osmanen dieses Herrschaftssystem. Sie stützten ihre Herrschaft im Irak und in Syrien auf Minderheiten und stärkten diese sogar gegenüber den Mehrheiten noch weiter. So setzten die Briten im Irak wie zuvor die Osmanen auf die Sunniten, in Syrien hingegen band die neue französische Mandatsmacht zwar die urbane sunnitische Elite ein, verließ sich aber auch auf die christliche Minderheit. Beide Mandatsmächte unterließen es jedoch, die gesamte Bevölkerung einzubeziehen. Sie marginalisierten die Teile, die später aufbegehren sollten: im Irak die Schiiten und die Kurden, in Syrien die Sunniten.

Der Nahe und Mittlere Osten, wie wir ihn heute kennen, ist vor allem das Ergebnis der Entscheidungen der Kolonialmächte während des Ersten Weltkriegs und in den Jahren danach. Zuvor hatte die Niederlage des Osmanischen Reichs im Ersten Weltkrieg das Beben ausgelöst, das die alte Ordnung erschüttert und letztlich auch zerstört hat. Diese Ordnung war aus verwandtschaftlichen, regionalen und konfessionellen Bindungen heraus gewachsen, die nun zerschnitten wurden. Etablierte Handelswege, Provinzen und Grenzen wurden zerstört und durch Gebilde ersetzt, die den Menschen, die hier lebten, fremd waren.

Fortan trennte eine Grenze die Handelsstädte Aleppo und Mossul, die in der Geschichte miteinander verbunden gewesen waren; Aleppo verlor zudem sein anatolisches Hinterland und fand sich gewissermaßen über Nacht in einer Randlage wieder. Die neuen Grenzen trennten auch die beiden Metropolen Damaskus und Bagdad. Das neue Ordnungsprinzip wurde der Nationalstaat, dessen Grenzen quer durch ethnische, konfessionelle und sprachliche Räume verliefen, die homogener gewesen waren als das, was auf sie folgte. So fanden sich die Menschen in Staaten wieder, sie hatten aber keine gemeinsame Identität. Die neuen Staaten schufen zwar Institutionen nach westlichem Vorbild, gewachsene Nationen waren diese neuen, künstlichen Staaten aber nicht.

Vereinbarungen und Abkommen, die zwischen 1915 und 1922 ausgehandelt wurden, sollten das Vakuum füllen, das der Untergang des Osmanischen Reichs hinterlassen hatte. Der US-Historiker David Fromkin bezeichnete sie in ihrer Summe als einen *Frieden, um allen Frieden zu beenden* – so auch der Titel seines Standardwerks zu jener Zeit.[4]

Großbritannien hat die Levante damals gleich drei Parteien versprochen: 1915 durch Henry McMahon, der als britischer Gouverneur über Ägypten herrschte, den Arabern; 1916 teilten die Briten und Franzosen die Levante im Sykes-Picot-Abkommen aber unter sich auf; und am 2. November 1917 schrieb der britische Außenminister Arthur Balfour in einem Brief an den britischen Zionisten Lord Lionel Walter Rothschild, dass Großbritannien die Errichtung einer »nationalen Heimstätte für das jüdische Volk in Palästina« unterstütze.

Die Korrespondenz von McMahon und dem Scherifen Hussein Ibn Ali, dem Herrscher über Mekka und Medina, hatte das Ziel, die Araber für den Kriegseintritt an der Seite der Alliierten gegen das Osmanische Reich zu gewinnen. McMahon billigte dazu das »Damaskus-Protokoll«, das Geheimgesellschaften junger arabischer Offiziere zusammen mit Faisal, einem Sohn Husseins, im Frühjahr 1915 verfasst hatten. Sie forderten darin einen arabischen Staat, der die Arabische Halbinsel und die Levante umschließen sollte. McMahon akzeptierte diese Forderungen am 24. Oktober 1915, er schloss lediglich Gebiete im heutigen Syrien aus. Das war die Grundlage, auf der sich die Araber 1916 dem legendären Lawrence von Arabien anschlossen und so die arabische Revolte gegen die Türken begannen.

Da hatte sich Großbritannien bereits mit Frankreich auf die Aufteilung der osmanischen Beute und auf die neuen Grenzen in der Levante verständigt, die weitgehend bis zum heutigen Tag Bestand haben. Premierminister Herbert Henry Asquith hatte sich am 6. Dezember 1915 mit engen Vertrauten über das Vorgehen gegenüber Frankreich beraten. Anwesend waren Marineminister Balfour, Kriegsminister Lord Herbert Kitchener und Munitionsminister David Lloyd George, zudem der konservative Abgeordnete und

Nahostexperte Mark Sykes. In der Arbeitsgruppe für die Erarbeitung von Szenarien nach dem Untergang des Osmanischen Reichs war er das jüngste Mitglied.

Vor ihnen lag eine Landkarte des Nahen Ostens. Wie Sykes auf die Frage, wie der Deal mit Frankreich aussehen könnte, seinen Zeigefinger über die Karte zog und sagte: »Ich meine, wir sollten die Linie von dem ›e‹ in Acre bis zum letzten ›k‹ in Kirkuk ziehen«[5], ging in die Geschichte ein. Er zog eine lange Linie von der Mittelmeerküste bis zur östlichen Grenze des Zweistromlandes.

Die »blaue Zone« nördlich der Linie ging an Frankreich, die »rote Zone« südlich davon an Großbritannien. Diese Lösung hatte für Großbritannien viele Vorteile. So schuf die britische Zone einen Puffer zum Schutz des Suezkanals, die französische schob sich ebenfalls als Puffer zwischen Russland und die britische Kronkolonie Indien. Für London war von Vorteil, dass die »blaue Zone« größer war, als es dem französischen Einfluss eigentlich entsprochen hätte und somit den Kriegspartner zufriedenstellte. Sykes und der französische Diplomat François Georges-Picot unterzeichneten die Vereinbarung über die Grenzziehung am 16. Mai 1916. Sie sollte wie keine andere in der Neuzeit die Geschichte des Nahen Ostens prägen und beeinflussen.

Der Völkerbund bestätigte am 20. April 1920 den Grenzverlauf, der zusammenhängende ethnische und konfessionelle Räume zerschnitt. Er berief Großbritannien und Frankreich zu Mandatsmächten und beauftragte sie, die ihnen unterstellten Länder auf die Unabhängigkeit »vorzubereiten«. Aus der französischen Zone gingen Syrien und der Libanon hervor, aus der britischen der Irak, Jordanien und Israel. Zudem setzte London gegenüber der Türkei 1925 seinen Anspruch auf die Ölprovinz Mossul durch.

Schließlich hoffte Großbritannien, dass die Balfour-Deklaration vom 2. November 1917 einen weiteren Puffer für den Suezkanal schaffen würde. Als Außenminister Balfour dem außenpolitischen Berater des amerikanischen Präsidenten Wilson, Edward House, von Sykes-Picot und dem Brief an Rothschild berichtete, soll dieser gesagt haben: »So schaffen Sie eine Brutstätte für einen künftigen Krieg.«[6] Der britische Historiker Barr zitiert den zweifelnden Balfour, der die Sykes-Picot-Linie für eine »akademische Übung zur Beilegung einer Meinungsverschiedenheit« hielt, sie sei jedoch »keine Blaupause für eine künftige Regierung in der Region« gewesen.[7] Kolonialbeamte, die die Region nicht kannten, haben die neuen Grenzen gezogen, den Interessen der Kolonialmächte folgend. Damit waren die Kunststaaten Syrien, der Irak und Jordanien geschaffen.

Unter osmanischer Herrschaft waren diese Gebiete relativ friedlich gewesen. Die Osmanen hatten durch eine kleinteilige Aufgliederung der Region jenen Konflikten vorgebeugt, die entstehen, wenn viele Gruppen, die sich misstrauisch gegenüberstehen, in einem Gebiet oder Staat zusammenleben. Ein weiterer Vorteil dieser kleinen Einheiten war, dass sie effizient verwaltet werden konnten. Nun legten die Kolonialmächte die Provinzen aber zusammen: Sie nannten das eine Gebilde Irak, das andere Syrien. Erst haben die Kolonialstaaten diese künstlichen Gebilde zusammengehalten, danach repressive Diktaturen. Als auch diese wegfielen, stürzte die Region in Krieg und Chaos.

Die britische Mandatsherrschaft über den Irak hat tiefe Narben hinterlassen. Im schiitischen Südirak begann bereits im Juni 1920 eine Revolte gegen die neuen Herren.[8] Sie eskalierte 1923, als schiitische Religionsgelehrte Fatwas, also Gutachten nach islamischem Recht, gegen die Fremdherrschaft erließen und die britische Luftwaffe Giftgas einsetzte, um die Revolte niederzuschlagen. Irakische Schiiten flüchteten nach Iran, woraufhin die Sunniten ihnen Verrat vorwarfen. Das Misstrauen der städtischen sunnitischen Elite, die aus der osmanischen hervorgegangen war, gegen die Schiiten wuchs. Nun setzten sie alles daran zu verhindern, dass sich die schiitische Mehrheit im neuen Irak durchsetzen würde.

Daher legten die sunnitischen Notabeln die Grundlagen für einen säkularen arabischen Staat. Die Briten wiederum holten den Sunniten Faisal nach Bagdad, den dritten Sohn des Scherifen Hussein in Mekka, und machten ihn zum König ihres Kunststaates. 1932 wurde der Irak nominell unabhängig, blieb aber unter britischer Kontrolle. In Jordanien, das 14 Jahre später unabhängig wurde, setzten die Briten einen Bruder Faisals, Abdullah Ibn Hussein, als König ein.

Im Irak identifizierten sich die sunnitischen Araber zunächst mit dem Königreich und später ebenso mit der Republik – im Gegensatz zu den schiitischen Arabern, die den Staat Irak nicht als den ihren betrachteten.[9] Schließlich besetzten die Sunniten die wichtigsten Ämter, auch in der Armee.[10] Der Gewaltherrscher Saddam Hussein setzte von 1979 an diese Tradition fort, indem er sich auf sunnitische Offiziere stützte und den Schiiten eine »persische Identität« unterstellte. Infolgedessen fühlten sich die schiitischen Muslime – wie auch die Kurden – weiterhin von der Teilhabe an der Macht ausgeschlossen, die schließlich in den Händen einer sunnitischen Elite lag.

Die Briten gründeten den Staat Irak, generierten aber kein irakisches Staatsvolk. König Faisal schrieb 1933 kurz vor seinem Tod verbittert: »Im Irak gibt es noch immer kein irakisches Volk, sondern nur unvorstellbare Massen von

Menschen, die frei sind von jeglichem patriotischen Ideal, die kein gemeinsames Band miteinander verbindet, die dem Bösen zuhören, die für Anarchie anfällig und die bereit sind, gegen jede Form von Regierung aufzubegehren. Aus diesen Massen wollen wir ein Volk formen, das wir ausbilden, erziehen und entwickeln. Die Umstände, so wie sie sind, und die Gewaltigkeit der Anstrengungen dafür kann man sich nicht vorstellen.«[11] Heute zerfällt, was nie zusammengehört hat.

In Syrien war die französische Mandatszeit, die 1946 endete, ebenfalls nicht segensreich. Als General Henri Gouraud 1920 in Damaskus einmarschierte, schritt er umgehend zum Mausoleum von Sultan Salah al-Din al-Ayyubi (Saladin), der 1187 die Kreuzritter aus Jerusalem vertrieben hatte, und sagte: »Ha, wir kehren zurück!«[12] Frankreich war damals beseelt von der Idee, Fortschritt und Zivilisation in die Welt zu tragen, auch die französischen Vorstellungen von Menschenrechten, der Republik und der Demokratie.[13] Das entsprach nicht dem Auftrag, die Mandatsgebiete für die Unabhängigkeit vorzubereiten, und ging gründlich schief.

Zum Symbol für die verlogene Kolonialpolitik und den Verrat der europäischen Mächte an den Arabern wurde jedoch das Sykes-Picot-Abkommen. Es steht für »ein ganzes Jahrhundert, in dem die westlichen Mächte mit uns gespielt und militärisch interveniert haben«, sagt der Politikwissenschaftler Rami Khouri von der Amerikanischen Universität in Beirut.[14]

Europa griff tief in die Geschicke Arabiens ein. Es schuf Staaten und zog Grenzen, ernannte Könige und schrieb Verfassungen. Im 19. Jahrhundert noch war Europa den Arabern Vorbild gewesen, im 20. Jahrhundert wurde es zum Feind. Als die Europäer in den Nahen Osten eindrangen, waren sie auf ein dichtes Geflecht von konfessionellen, tribalen und ethnischen Identitäten gestoßen, auf das sie nicht vorbereitet waren. Als sie die Region verließen, waren die Linien, die diese Identitäten trennen, noch schärfer, und sie traten klarer hervor.

Zwei Interventionen haben den Nahen Osten im 20. Jahrhundert mehr verändert als alles andere: erst das Sykes-Picot-Abkommen von 1916, dann 1953 der Sturz des liberalen iranischen Ministerpräsidenten Mohammad Mossadegh. Mossadegh hatte begonnen, Iran gegen den Willen von Schah Reza Mohammad Pahlevi auf den Pfad der Demokratie zu führen. Von Großbritannien forderte Mossadegh, die Einnahmen aus der Ölförderung im Land zu gleichen Teilen mit Iran zu teilen.

Doch der britische Premierminister Winston Churchill bestand darauf, dass die Anglo-Iranian Oil Company, die spätere BP, weiter nahezu ohne Gegenleistung über das gesamte in Iran geförderte Erdöl verfügen sollte. Der amerikanische Präsident Harry S. Truman lehnte zunächst eine britische Bitte ab, Mossadegh gemeinsam zu stürzen. Als ihm 1953 Dwight D. Eisenhower folgte, war der dazu bereit und beauftragte die CIA damit. Die »Operation Ajax« stürzte Mossadegh.[15] Washington und London setzten den zuvor geflohenen Schah Reza Mohammad Pahlevi als Marionette wieder ein, der von nun an mit eiserner Hand regierte.

Im Jahr 2000 entschuldigte sich die damalige amerikanische Außenministerin Madeleine Albright indirekt, als sie sagte, der Coup sei »klar ein Rückschlag für die politische Entwicklung Irans« gewesen.[16] Der Revolutionsruf »Tod Amerika«, der seit 1979 erschallt, war vor allem eine Quittung für die Rolle Washingtons bei der Errichtung der Schah-Diktatur.

Der Sturz Mossadeghs löste eine Kette von Katastrophen aus, die sich die damaligen CIA-Agenten kaum vorgestellt haben dürften. Ohne den Sturz des liberalen Politikers hätte es mit großer Wahrscheinlichkeit die Revolution von 1979 nicht gegeben, ebenso wenig wie die Islamische Republik oder den Export eines anti-westlichen islamistischen Extremismus, der 1982 im Libanon zur Gründung der Hizbullah führte, 1983 zu Terroranschlägen gegen US-Soldaten in Beirut und dann 1994 gegen das jüdische Zentrum in Buenos Aires durch iranische Agenten. Es hätte auch nicht den blutigen Krieg gegeben, den Saddam Hussein 1980 gegen die Islamische Republik Iran vom Zaun gebrochen hat.

Der irakische Gewaltherrscher Saddam Hussein wollte mit diesem Blitzkrieg zum Führer der arabischen Welt aufsteigen. Die Umstände waren günstig: Ägypten hatte sich wegen des Camp-David-Abkommens 1978 mit Israel isoliert, und Saudi-Arabien wurde von dem schwachen König Khalid Bin Abd al-Aziz Al Saud geführt. Der Abnutzungskrieg mit Iran dauerte aber acht Jahre, Millionen Menschen wurden getötet, und der Krieg führte den Irak an den Rand des Staatsbankrotts. Um den abzuwenden, überfiel der Irak 1990 das schwerreiche Kuwait. Der UN-Sicherheitsrat bestrafte das Land daraufhin mit dem härtesten Sanktionsregime, das es je gegeben hat. Die Sanktionen zerstörten die einst starke irakische Mittelschicht und trieben sie in die

Armut. Das Gesundheitssystem und das Bildungssystem kollabierten.

Das war nicht die letzte amerikanische Fehleinschätzung. Ein halbes Jahrhundert nach dem Sturz von Mossadegh begann ein von Amerika angeführter Einmarsch im Irak. Sechs Wochen nach seinem Beginn rief der amerikanische Präsident George W. Bush am 1. Mai 2003 aus: »Mission accomplished.« Selten hat ein amerikanischer Präsident sich selbst und die Welt mehr getäuscht. Denn der künstliche Staat Irak zerfiel mit dem Sturz Saddam Husseins, und ohne dessen Sturz hätte es den »Islamischen Staat« (IS) nicht gegeben.

Der sowjetisch-russische Imperialismus hatte ebenfalls seinen Anteil an der Ausbreitung des islamistischen Extremismus und Terrorismus. Am 25. Dezember 1979 marschierte die Rote Armee in Afghanistan ein, um die kommunistische Zentralregierung zu stützen, die im April 1978 durch einen Putsch an die Macht gekommen war. Die Invasion zog islamistische Widerstandskämpfer aus vielen Teilen der islamischen Welt an. Sie bildeten die *Mudschahidin*, aus denen die Taliban und die Terrorgruppe Al-Qaida hervorgehen sollten, die seit 1993 Anschläge gegen den Westen verübten. Die Rote Armee zog 1989 aus Afghanistan ab. Im darauf folgenden Bürgerkrieg übernahmen die Taliban die Macht, bis 2001 eine westliche Intervention sie stürzte, was das Land aber nicht befriedete.

Westliche Militärinterventionen haben den Nahen und Mittleren Osten nie dauerhaft stabilisiert. Eine Ausnahme war die Befreiung Kuwaits von den irakischen Invasoren im Februar 1991. Im Irak begingen die Amerikaner im Jahr 2003 aber weitere kapitale Fehler. Der erste war, die staatlichen Institutionen aufzulösen, allen voran die Armee und die Staatspartei Baath. Ein Vakuum entstand, und nichtstaatliche schiitische Institutionen füllten es, allen voran die religiösen Autoritäten der Ajatollahs und die schiitischen Milizen; beide hatten im Untergrund überlebt. In den Untergrund gingen nun die entmachteten und gedemütigten Sunniten. Dies war die Geburtsstunde des sunnitischen Widerstands; er war – neben dem Vorläufer Al-Qaida in Afghanistan – ein weiterer Anstoß für das Entstehen des »Islamischen Staats«.

Ein zweiter kapitaler Fehler war, dass die Amerikaner, wie zuvor die Osmanen und Briten, keinen nationalen Dialog eingeleitet haben, um die konfessionellen und ethnischen Gegensätze zu entschärfen. So wurde die Diktatur der Baath-Partei von einer neuen Diktatur, einer schiitischen, abgelöst, in der Ministerpräsident Nuri al-Maliki, der von 2006 bis 2014 regierte, nun seinerseits die Sunniten marginalisierte und verfolgen ließ. Erschwerend kam hinzu, dass die Politik Amerikas und Europas im Kampf gegen den »Islamischen Staat« widersprüchlich war. Im Irak unterstützte der Westen die schiitisch geführte Zentralregierung, deren Politik zuvor maßgeblich zum Wachstum des »Islamischen Staates« beigetragen hatte. Denn viele irakische Sunniten waren (und sind) überzeugt, dass der »Islamische Staat« die wirksamste Antwort auf die Regierung in Bagdad ist. In Syrien war zunächst der Sturz des Assad-Regimes wichtiger als der Kampf gegen den »Islamischen Staat«. Gegen den »Islamischen Staat« kämpften die USA offiziell mit Ländern wie der Türkei, die jedoch islamistische Extremisten mit dem Ziel gefördert hat, Assad zu stürzen. Damit wurden Chancen vertan, mit Russland und Iran eine politische Lösung für Syrien auszuhandeln. Die Folge war, dass sich der Zerfall des Staates beschleunigte, was wiederum dem »Islamischen Staat« in die Hände spielte.

# Innere Fehlentwicklungen

## Autoritäre Staaten

Interne Faktoren haben in der Folgezeit die Fehlentwicklungen, die zuvor von externen Akteuren ausgelöst worden waren, nicht korrigiert, sondern sie sogar verstärkt. Machthaber, die autoritäre Staaten schufen und sich dabei totalitärer Ideologien bedienten, setzten sich durch. Die Konflikte wurden auch deswegen verschärft, weil die Akteure ihr Handeln mit dem Islam begründen konnten. Damit ließen sich die Menschen leichter mobilisieren.

Nach dem Zweiten Weltkrieg haben die Kolonialmächte die arabische Welt in die Unabhängigkeit entlassen. Da waren die jungen arabischen Staaten bereits mit der Hypothek von Fehlentscheidungen belastet. Denn die Eliten wurden aus den Minderheiten rekrutiert, und die Grenzen der Staaten, die keine Nationen waren, hatte man am Reißbrett gezogen. Die Regierungen der jungen Staaten machten jedoch alles nur noch schlimmer.[17]

Die arabische Welt war dem Westen in vielerlei Hinsicht unterlegen. Sie konnte wirtschaftlich und militärisch nicht mithalten. Ihre Führer erlagen dem Irrglauben, dass der Staat, wie ihn der überlegene Westen hervorgebracht hatte, diese unerreichte »Moderne« verkörpere: Nun wollten auch sie einen starken Staat haben, er sollte die militärische Unterlegenheit überwinden und die wirtschaftliche Rückständigkeit aufholen. Für eine freie, offene Gesellschaft war da kein Platz. Der Staat verordnete von oben, und so führte der Weg in eine unfreie Moderne. Die unabhängigen Staaten wurden unfreier, als sie unter allen früheren Herrschaftsformen gewesen waren. Denn ihre Herrscher bedienten sich der Methoden und Institutionen, die die Moderne hervorgebracht hatte: So festigte die Bürokratie den Zugriff auf den Menschen, die moderne Technik ermöglichte eine schnelle landesweite Kontrolle, und die Modernisierung des Sicherheitsapparats erstickte dissidente Stimmen.

Die neuen Staaten wurden zu »Sicherheitsstaaten«. Im Jahr 1946 wurden die meisten in die Unabhängigkeit entlassen, und 1948 wurde der Staat Israel ausgerufen. Der Konflikt um Palästina blieb über Jahrzehnte der Schlüsselkonflikt des Nahen Ostens. Erst beförderte er Ägypten zur panarabischen Führungsmacht und bewirkte dann dessen Niedergang; nach der für die Araber demütigenden Niederlage von 1967 gegen Israel ermöglichte er den Aufstieg des politischen Islams; er erklärt das Ausbrechen von Krisen und Kriegen in anderen Ländern, etwa in Jordanien und im Libanon, und er liefert die Erklärung für das arabische Misstrauen gegen die Vereinigten Staaten. Schließlich bot und bietet er nichtarabischen Mächten wie Iran einen Einstieg in die arabische Welt.

Der Konflikt um Palästina beendete in der arabischen Welt eine Zeit, die als die liberale Epoche beschrieben wird. Ägypten und der Irak hatten in der ersten Hälfte des 20. Jahrhunderts eine Kultur und intellektuelle Kreativität hervorgebracht, von der die arabische Welt noch heute zehrt.[18] Diese liberalen Regime verloren mit der Niederlage von 1948 gegen Israel aber ihre Legitimation.

An ihre Stelle traten putschende Offiziere, die Militärdiktaturen errichteten und alle dissidenten Stimmen erstickten. Der Konflikt mit Palästina diente ihnen als Vorwand für die Militarisierung der Gesellschaften und die Einschränkung der Freiheit. Denn man befinde sich ja im Kriegszustand, hieß es. Die Eliten lenkten damit nur von ihrem Scheitern ab. Außenpolitik reduzierte sich auf den Palästina-Konflikt, Innenpolitik fand nicht mehr statt, und für gemäßigte und liberale Stimmen war kein Platz mehr. Staatlich organisierte Demonstrationen zum Thema Palästina waren das einzige Ventil, um Druck abzulassen.

In Republiken wie Ägypten, Syrien und dem Irak lag alle Macht bei den Sicherheitsapparaten. Die Armee (*jaish*) wurde die wichtigste Institution des Staates. Der inneren Absicherung der Macht dienten die Sicherheitsorgane des Innenministeriums (*amn al-daula*, wörtlich »Staatssicherheit«) und die mächtigen Geheimdienste (*mukhabarat*). Auch die Polizei (*shurta*) verbreitete Schrecken. In Ägypten verfügte (und verfügt) die Polizeistation in jedem Stadtteil über einen zentralen Raum, der »Kühlschrank« (*thallaja*) genannt wird oder aber »Schlachthof« (*salakhana*). Zur Abschreckung liegen Elektrokabel und Prügel auf dem Boden. Jeder versteht: Es kann jederzeit gefoltert werden.

In diesen Sicherheitsstaaten gab es Institutionen, wie sie aus dem Westen bekannt sind: eine Verfassung; die Gewalten Exekutive, Legislative und Judikative; Präsidentschafts- und Parlamentswahlen. Das blieb aber Fassade. Ein freier Wettbewerb zwischen Parteien war nicht vorgesehen, wirkliche Opposition ebenfalls nicht. Zudem schufen die Sicherheitsstaaten keinen breiten Wohlstand, sie waren nur an der Mehrung des Wohlstands ihrer Eliten interessiert. Dazu dienten Renteneinnahmen, für die keine eigene produktive Leistung erbracht werden mussten. Wichtige Einnahmequellen wurden die Verkaufserlöse von Rohstoffen sowie internationale Hilfsgelder, die verteilt werden konnten. Die Elite brauchte die Gesellschaft also nicht, und die Gesellschaft sah im Staat keinen Nutzen: Der Staat schuf für sie ja weder Sicherheit noch Wohlstand.

Zur Kontrolle des politischen Raums legte sich der Sicherheitsstaat einen politischen Arm zu. In Syrien und im Irak war es die arabisch-sozialistische Baath-Partei, in Ägypten die Nationaldemokratische Partei. Über die Partei erfolgte von unten nach oben der Kontakt des Einzelnen mit der Macht, und über die Partei verteilten die Herrschenden Pfründe, um Einzelne an sich zu binden. Dazu konnte die Zuteilung eines lukrativen Grundstückes ebenso gehören wie die Sicherung einer marktbeherrschenden Stellung für ein Unternehmen. Aufgabe dieser Art von Patronage war die Stabilisierung des Systems. Tatsächlich verhinderte sie aber ein effizientes Wirtschaften, leistete der Ausbreitung von Korruption Vorschub und trieb die Kosten von Investitionen in die Höhe. Eine wettbewerbsfähige Privatwirtschaft konnte sich unter diesen Bedingungen nicht entwickeln. Die Folge war, dass zu wenige Arbeitsplätze geschaffen wurden. Dagegen anzugehen war jedoch sinnlos, denn die Mächtigen genossen Immunität.

Der postkoloniale Staat der arabischen Welt erfüllte zahlreiche Kernaufgaben eines modernen Staats nicht: Er war keine Solidargemeinschaft; wer in Not war, richtete sich nicht an den Staat, sondern an seinen Stamm und seine konfessionelle Gemeinschaft. Dieser Staat stiftete auch keinen gesellschaftlichen Frieden. Nie waren solche Staaten inklusiv, sondern sie schlossen viele von der Teilhabe aus. Denn die Mächtigen verstanden und verstehen Herrschaft als ein Nullsummenspiel: Der Stärkere nimmt alles, der Schwächere bekommt nichts.

Syrien und der Irak waren solche totalitären Staaten. In beiden Fällen herrschten Minderheiten über Mehrheiten – in Syrien die Alawiten[19] über die Sunniten, im Irak die Sunniten über die Schiiten. In beiden Ländern waren die Eliten durch einen Militärputsch an die Macht gekommen; in beiden waren Sicherheitsapparate und politische Macht eng verwoben; in beiden erstickte der Staat dissidente Stimmen mit Gewalt und Folter. Im Irak drehte sich das Rad 2003 zugunsten der Schiiten, in Syrien wittern seit 2011 die Sunniten eine Chance, an die Macht zu kommen. Wären die postkolonialen Staaten inklusiv gewesen, hätte sich der Druck im Kessel, der sich heute entlädt, nicht in diesem Maß aufstauen können.

## Totalitäre Ideologien

Der Staat war autoritär, die Ideologien, die ihn legitimierten, waren es ebenfalls. Der arabische Nationalismus und der arabische Sozialismus lösten nicht ein, was sie versprochen hatten. Sie einten die arabische Welt nicht, und sie schufen keinen Wohlstand. So wenig die Staaten zur Identitätsstiftung taugten, so wenig taten es die Ideologien dieser Staaten. Dabei waren sie mit großen Visionen angetreten: Sie wollten die arabische Welt zu neuer Größe führen und den Arabern ein Leben in Wohlstand ermöglichen.

Der arabische Nationalismus entstand zu Beginn des 20. Jahrhunderts als eine neue politische Ideologie. Zuvor hatte lediglich ein kulturell definiertes Arabertum, das eng mit dem Islam verflochten war, für eine arabische Identität gesorgt. Die Araber blieben daher gegenüber dem Osmanischen Reich loyal. Das änderte sich, als die Jungtürken von 1909 an im Osmanischen Reich die Macht übernahmen und sich von der Idee des osmanischen Vielvölkerstaats verabschiedeten. Mit ihrem rigorosen türkischen Nationalismus schlossen sie andere Völker des Osmanischen Reiches aus.

Nun hatten die Araber keine Teilhabe mehr am Osmanischen Reich und entwickelten erstmals einen eigenen Nationalismus.

Dieser richtete sich während des Ersten Weltkriegs gegen das Osmanische Reich, dann nach Kriegsende gegen die europäischen Kolonialmächte, die die Stelle des Osmanischen Reiches einnahmen. Einen weiteren Impuls erhielt der arabische Nationalismus nach dem Zweiten Weltkrieg durch die Gründung Israels.

Im arabischen Nationalismus stritten sich zwei konkurrierende Ideologien um die Vorherrschaft. Eine Version ist mit dem Namen des ägyptischen Offiziers und Präsidenten Gamal Abd al-Nasser (1918–1970) verbunden. 1952 übernahmen die »Freien Offiziere« um Nasser mit einem Putsch in Kairo die Macht. Nasser stieg zum Führer der arabischen Welt auf, der die Massen mit den Verheißungen des Panarabismus und des arabischen Sozialismus begeisterte. Unter ihm setzten jedoch ein wirtschaftlicher Niedergang und eine geistige Stagnation ein, die bis heute währen.

Eine zweite, konkurrierende Version des arabischen Nationalismus entstand in der Levante. 1947 gründeten der Christ Michel Aflaq (1910–1989), der sunnitische Muslim Salah al-Din al-Baitar (1912–1980) und der Alawit Zaki al-Arsuzi (1901–1968) die sozialistische Baath-Partei. Sie kam in Syrien 1963 durch einen Putsch an die Macht und im Irak 1968, ebenfalls durch einen Putsch. Die Baath-Partei verfolgte wie Nasser das Ziel, einen starken panarabischen Staat zu schaffen, der die Araber einen und mit dem Sozialismus Wohlstand erzeugen sollte. Wie Nasser scheiterte auch die Baath-Partei.

Die neue arabisch-nationalistische Ideologie war säkular, aber auch autoritär. Nicht die Würde des Einzelnen stand im Vordergrund, auch nicht die individuelle Freiheit. Über allem stand die politische Einheit der Araber, und die verkörperte der Staat, der der Gesellschaft keinen Freiraum ließ. Die Ideologie war von Beginn an anti-westlich. Nach der Suezkrise von 1956 wandten sich die jungen arabischen Staaten dem Warschauer Pakt als Partner zu, da der Westen ja Partei für Israel ergriffen hatte, zudem waren die ehemaligen Kolonialmächte die Gegner. Ohnehin lag den Machthabern der arabischen Welt die sozialistische Ideologie mehr als das freiheitliche Denken des Westens. Der Sozialismus, gepaart mit einem ineffizienten Patronagesystem, führte die Länder aber in den Ruin. Überdies verloren die autoritären Regime alle Kriege gegen Israel.

Der Nasserismus duldete wie der Baathismus keine andere Ideologie neben sich. Sie teilten die Macht mit niemandem. Wer sich widersetzte, wurde liquidiert. In Nassers Gefängnissen wuchs eine neue Generation islamistischer Extremisten heran, im Irak und in Syrien wurden viele Zehntausend Dissidenten hingerichtet. Da der Staat und dessen Ideologien nicht zur Identitätsstiftung taugten, orientierten sich die Menschen stärker an ihrem Stamm und an ihrer Konfession. Von diesen nichtstaatlichen Gruppen war Schutz und Hilfe zu erwarten, nicht vom Staat. Zerfällt ein Staat, bilden sich um Stamm und Konfession neue, kleinere und homogene Einheiten. Wo eine säkulare Fortschrittsperspektive kein Element sozialer Hoffnung mehr bietet, bleiben oft nur Versprechen der Religion.[20]

Somit durchliefen Länder wie Syrien und der Irak in den vergangenen hundert Jahren drei Phasen: Erst hielt die Reichsidee der Osmanen heterogene Gemeinschaften zusammen und verlieh ihnen Stabilität; dann war es die eiserne Faust Saddam Husseins im Irak und des Assad-Clans in Syrien; heute sind es kleinere homogene Einheiten, die das Ergebnis des Zerfallsprozesses in einem Krieg sind.

So heterogen wie der Irak und Syrien sind wenige andere Länder. Im Irak stiften vor allem Konfessionen Identität, der schiitische und der sunnitische Islam, das Christentum mit vielen Kirchen wie den orientalischen, orthodoxen und lateinischen; hinzu kommen kleinere Gruppen wie die Jesiden, Schabak, Kakai und Mandäer. Auf einer zweiten Ebene bindet die ethnische Identität Einzelne als Araber, Kurden, Turkmenen und Assyrer. Zerfällt ein Staat, in dem diese Gemeinschaften zusammen gelebt haben, wird meist die Konfession – die Kurden im Irak und in Syrien sind dabei eine Ausnahme – zum wichtigsten Identität stiftenden Merkmal.

Das führt zum letzten internen Faktor, dem Islam. Er wurde der wichtigste Gegenentwurf zur totalitären Staatsideologie, sei es als Islam des individuellen Glaubens oder als politischer Islamismus, der aus dem Islam die Forderung zu einem aktiven politischen Handeln ableitet. Beide Formen geben dem einzelnen Muslim eine gewisse Geborgenheit und begründen eine Heilserwartung für die Gemeinschaft. Bei beiden steht jedoch, wie auch bei den säkularen Ideologien, nicht das Wohl des Einzelnen im Vordergrund, sondern die Einheit aller Gläubigen, die *Umma*, und das göttliche Gesetz, die *Scharia*. Werde die Scharia verwirklicht, so die Illusion, breche wieder, wie in der Frühzeit des Islams, das Zeitalter einer gerechten Ordnung an. Das ist jedoch nur eine der Fallen, die dieser Islam bereithält und die die Konflikte der Gegenwart weiter befeuern.

## Konfliktverstärker im Islam

Eine Reihe von Elementen des Islams hat maßgeblichen Anteil an der Gewalt in der Gegenwart. Den größten Anteil hat
die Fiktion von der Einheit der Gläubigen, der *Umma*. Denn
der Islam ist in sich gespalten: in den sunnitischen Islam, zu
dem sich 90 Prozent der Muslime bekennen, und den schiitischen Islam. Besonders ausgeprägt sind die Konflikte, wo
Sunniten und Schiiten miteinander leben, also im Irak und
in Syrien, im Libanon sowie am Golf in Bahrain und in der
Ostprovinz von Saudi-Arabien. Atatürk hatte 1924 das Kalifat aufgelöst. Seither gibt es keine Instanz mehr, nach der
sich alle Muslime ausrichten, und so kämpfen zwei Mächte
um die Führung der islamischen Welt: als Schutzmacht des
sunnitischen Islams Saudi-Arabien, auf dessen Boden sich
Mekka und Medina befinden, die beiden heiligen Stätten des
Islams, und Iran als Schutzmacht der schiitischen Muslime.

Bei seiner Entstehung war der schiitische Islam eine innerarabische Angelegenheit. Seine Geburtsstätte war der
südliche Irak. Dort wurde im Jahr 661 Ali Ibn Abi Talib, der
Schwiegersohn des Propheten Mohammed[21] und vierte Kalif, in Kufa ermordet. Er wurde im nahen Nadschaf beigesetzt. Das von einer goldenen Kuppel überwölbte Grabmal
ist das bedeutendste Heiligtum für die schiitischen Muslime.

In Kerbela, knapp 100 Kilometer nördlich von Nadschaf,
wurde im Jahr 680 sein Sohn Hussein von dem jungen Um-
ayyadenherrscher Yazid Ibn Muawiya in einem ungleichen
Kampf getötet. Der Kampf um die Führung im Islam war
damit auf lange Zeit entschieden. Nicht die Nachkommen
Alis, die Schiiten, standen nun an der Spitze der islamischen
Gemeinschaft, sondern sunnitische Muslime. Sie belegten

ihren Anspruch damit, dass Allah denjenigen als Führer der Gemeinschaft auserwählt habe, der tatsächlich an ihrer Spitze stehe und die Gemeinschaft zusammenhalten könne.

Die politischen Vorstellungen von Sunniten und Schiiten sind verschieden. Der sunnitische Islam gebietet, die Macht zu unterstützen, die sich real durchgesetzt hat. Sonst, so die Befürchtung, drohen Anarchie und Chaos, was nicht im Interesse des Islams sein könne. Zur Absicherung der Macht ernannte der Staat meist die Religionsgelehrten, die so zu Dienern der politischen Herrschaft wurden. Bis heute fördern die Herrscher konservative Theologen, um ihre Macht zu festigen.

Im politischen Programm des schiitischen Islams steht indes der Auftrag im Vordergrund, die Gerechtigkeit wiederherzustellen, die der Welt mit dem Opfertod Husseins und der Usurpation der Macht durch unrechtmäßige Kalifen abhandengekommen sei. Anders als im sunnitischen Islam sind die schiitischen Religionsgelehrten unabhängig und von den Herrschenden kaum zu steuern. Sie beziehen ihre Macht nicht aus der Gunst der Herrscher, sondern aus der Masse ihrer Anhänger, die sie durch ihr Charisma um sich scharen.

Eine Chance zur Korrektur der Geschichte hat sich, im Sinne des schiitischen Islams, mit der Revolution 1979 in Iran aufgetan. Nach dem Sturz des Schah beanspruchte Revolutionsführer Ruhollah Khomeini (1902–1989) die Führung nicht nur über Iran, sondern auch über die Gemeinschaft der Muslime. In seinen Exiljahren im Irak (1965–1978) entwickelte er seine Theorie von der »Herrschaft des Religionsgelehrten« (*velayat-e faqih*) weiter. Nach dieser darf nur der am besten qualifizierte Religionsgelehrte (*faqih*) die Herrschaft (*velayat*) ausüben und den Zwölften Imam vertreten, der die Linie des Ali Ibn Talib abgeschlossen hat. Diese Ordnung soll in Kraft sein, bis am Ende der Tage der Zwölfte Imam als Messias (*mahdi*) wiederkommt und die Welt von aller Ungerechtigkeit befreit.

Für den saudischen König sind diese politischen Ordnungsvorstellungen eine Provokation. Er beansprucht zwar nicht den Titel des Kalifen, aber faktisch die politische Führung der islamischen Welt. Seine Legitimation als Führer der islamischen Welt wird in seinem Titel »Hüter der beiden heiligen Stätte« (*khadim al-haramain al-sharifain*), Mekka und Medina, deutlich. König Fahd (1982 – 2005) benutzte als erster saudischer Monarch den Titel, um seine islamische Legitimation gegenüber Khomeini zu betonen.[22] Er war in der Geschichte des Islams erst der dritte Herrscher, der den Titel führte. Seither ist er den saudischen Monarchen wichtiger als der des Königs.

Allein das Schisma bietet genügend Potenzial für einen Konfessionskrieg. Dieses Feuer schüren auch die Lehren des mittelalterlichen Theologen Taqi al-Din Ibn Taimiyah, der 1263 in Harran geboren wurde und 1328 in Damaskus in einem Kerker starb.[23] Seine Theologie verleitet im Islam bis in die Gegenwart zu Intoleranz. Das hat viel mit seiner Biographie zu tun. Die Zeit, in der er lebte, war für die islamische Welt eine Epoche des Grauens. Die lange blühende islamische Zivilisation war verwüstet worden. 1099 hatten die Kreuzritter Jerusalem erobert, sie herrschten zwei Jahrhunderte über die Levante. Dann waren die Mongolen eingefallen, hatten 1258 Bagdad verwüstet und waren mordend weiter nach Westen gezogen. Ibn Taimiyah kämpfte bei der Vertreibung der Kreuzritter aus Akko im Jahr 1291 mit, er erlebte auch den Mongolensturm, der seine Familie aus Harran vertrieb. Im 19. und 20. Jahrhundert geriet die arabischislamische Welt abermals in eine existenzielle Krise. Viele der heutigen Erneuerungsbewegungen berufen sich daher auf das, was Ibn Taimiyah im frühen 14. Jahrhundert als Ausweg aus der Krise gelehrt hat.

Ibn Taimiyah rief dazu auf, die Einheit der Muslime wiederherzustellen, um die Feinde gemeinsam abzuwehren. Das bedeutete zweierlei. Zum einen empfahl er das Vorbild der »Altvorderen« (al-salaf al-salih), also der Prophetengenossen. Deren Islam sei noch rein und stark gewesen, nicht durch spätere Entwicklungen verdorben, lehrte Ibn Taimiyah. Werde ihr Vorbild befolgt, werde das Leiden der islamischen Welt aufhören. Über alles stellte er das für vollkommen gehaltene göttliche Gesetz, das aus den Geboten des Koran und dem Vorbild des Propheten abgeleitet wird. Damit ließ er bei der Gestaltung des Staats aber keinen Spielraum für weltliche Politik zu.

Zum anderen pries er die Herrscher seiner Zeit, die die schiitischen Muslime verfolgten.[24] Den Schiiten warf Ibn Taimiyah vor, dass sie Unglauben verbreiteten und mit den Feinden des Islams zusammenarbeiteten. Ibn Taimiyah wird noch heute an allen theologischen Fakultäten der sunnitischen Welt gelehrt. Auf ihn berufen sich aber auch alle Bewegungen islamistischer Extremisten und Terroristen, auch Al-Qaida oder der »Islamische Staat«. Der Anführer des »Islamischen Staates«, Abu Bakr al-Baghdadi, studierte die Lehren des Ibn Taimiyah an der Fakultät für islamische Theologie in Bagdad.[25]

Verhängnisvoll sind drei Fatwas des Ibn Taimiyah, in denen er die Alawiten zu Ungläubigen erklärte. Ursprünglich hießen die Anhänger der Religionsgemeinschaft, zu der der syrische Präsident Assad gehört, Nusairier. Sie gehen auf Schuaib Muhammad Ibn Nusair zurück, der für sich bean-

sprucht hatte, das »Tor« zum Verständnis des elften schiitischen Imams, Hasan al-Askari, zu sein. Aufgrund der
Fatwas galten sie vom islamischen Mittelalter bis in die Gegenwart als weitgehend vogelfrei und wurden verfolgt. Um
sie von diesem Stigma zu befreien, setzte man für sie im frühen 20. Jahrhundert auf Betreiben der französischen Kolonialmacht die Bezeichnung »Alawiten« durch, womit die be-
sondere Verehrung der Glaubensgemeinschaft für Ali zum
Ausdruck kommen soll.

In der Gegenwart legitimieren die drei Fatwas von Ibn
Taimiyah den Krieg gegen das syrische Regime, dessen Elite
sich aus Alawiten rekrutiert. Ibn Taimiyah erklärt es als erlaubt, diese als Sklaven zu verkaufen oder zu töten.[26] In seiner Schrift *Erwiderung auf die Nusairiya*[27] schrieb Ibn Taimiyah, die Nusairier seien »noch ungläubiger als die Juden und
die Christen und die meisten Polytheisten«, sie schadeten
dem Islam mehr als die Mongolen und die »Franken«, mit
denen sie kollaborierten.[28] Es sei erlaubt, »ihr Blut zu vergie-
ßen und ihr Hab und Gut« zu nehmen.[29] Den Dschihad pries
er als »die verdienstvollste Tat«.[30]

Dritter Brandbeschleuniger im Islam ist, neben dem
Schisma und den Fatwas des Ibn Taimiyah, dass islamistische Intellektuelle eine neue Rechtfertigung für Gewalt entwickelten. Lange vor dem Beginn des Bebens im Jahr 2011
war der Diskurs in islamistischen Zirkeln in vier Etappen
immer breiter und tiefer geworden. Zunächst hatte der islamistische Intellektuelle Sayyid Qutb (1906–1966) aus dem
Gefängnis, in dem er von 1955 bis 1964 inhaftiert war, eine
Avantgarde dazu aufgerufen, gegen die »unislamischen«
Verhältnisse in Ägypten aufzubegehren. Auf ihn berief sich
eine Generation später der Ägypter Muhammad Abd al-
Salam Farag (1954–1982). Er wollte die islamische Jugend

bereits jetzt zu einem Dschihad und zu einer islamischen Revolution mobilisieren.

Dann besetzten 1979 der saudische Extremist Dschuhaiman al-Utaibi und seine Anhänger die große Moschee von Mekka. Sie hatten den angeblichen Verfall der islamischen Werte kritisiert und forderten den Sturz der als korrupt bezeichneten saudischen Monarchie. Die Anhänger des Dschuhaiman al-Utaibi wollten zum einfachen Leben des frühen Muslims, des *al-salaf al-salih*, zurückkehren. Sie waren Salafisten.

In einer dritten Etappe führten Osama Bin Laden und Al-Qaida von 1988 an die beiden Trends Salafismus und Dschihad zum »dschihadistischen Salafismus« zusammen. Den Höhepunkt ihrer Aktivitäten erreichten sie mit den Terroranschlägen vom 11. September 2001. Auch diese Gruppe war eine Avantgarde; sie rekrutierte für ihren Terror aber erstmals Anhänger quer durch die Gesellschaft. Neben dem Sturz des saudischen Königshauses war nun ihr Ziel, den Kampf gegen den Westen aufzunehmen, also gegen die sogenannten »Kreuzritter und Zionisten«. Damit weitete sich der Fokus vom »nahen Feind« auf den »fernen Feind«.

Mit der vierten Etappe, dem »Islamischen Staat«, wurde die Bedrohung für den Westen weit größer. Der »Islamische Staat«, dessen Anfang in das Jahr 1999 zurückgeht, ruft die Muslime zur »Befreiung der *Umma*« auf und zu einem weltweiten Krieg gegen »die Feinde des Islams«. Der »Islamische Staat« ist keine Avantgarde mehr, er mobilisiert Massen. Davon später mehr.

Diese externen und internen Faktoren hatten den Nahen Osten beeinflusst und geformt, bevor im Jahr 2011 in der arabischen Welt Massenproteste ausbrachen und das Beben einsetzte. Ohne diese Faktoren wären jedoch die Eruptionen nicht so heftig gewesen, und eine Beilegung der Konflikte wäre einfacher. Die Verwerfungen sind keine vereinzelten, voneinander unabhängigen Vorgänge. Sie lösen eine Kettenreaktion aus, sodass wir am Beginn eines großen Krieges stehen, der auf verschiedenen Schlachtfeldern stattfindet, die jedoch alle zusammenhängen.

# ZERFALL

## Von Staaten und Gesellschaften

### Leere Versprechen der Staatsgründer

Massig ist der Klotz, mit seinen 14 Stockwerken erhebt er sich über den Tahrir-Platz. Der riesenhafte, konkav gewölbte Verwaltungskomplex heißt *Mugamma*, und er repräsentiert die gescheiterte arabische Moderne wie wenige andere Gebäude in Kairo oder anderswo. Einschüchternd baut sich die Kulisse vor jedem Antragsteller auf, der mit den Behörden zu tun hat, die in den mehr als 1300 Räumen des Komplexes untergebracht sind. Er wurde nach dem Zweiten Weltkrieg an der Stelle gebaut, an der zuvor eine britische Kaserne gestanden hatte. Der Architekt war ein Ägypter, der sich vom sowjetischen Monumentalismus hat inspirieren lassen. Der Mugamma sollte den Ägyptern das Leben erleichtern, sie sollten die lästigen Papierarbeiten mit den Behörden an nur einem Ort erledigen können – wie der Name *Mugamma* sagt. Alles sollte auf engstem Raum und effizient bearbeitet werden, ob es sich um einen Führerschein handelt oder die Bescheinigung für eine bereits genehmigte Einfuhr.

Was ein Symbol für die neue Unabhängigkeit werden sollte und ein Vorbild für die moderne Bürokratie, wurde ein Albtraum. Der beginnt bereits am Tahrir-Platz, dessen Kreisverkehr jeden Tag 2 Millionen Menschen aufnimmt und wieder ausstößt, unter ihnen 100 000 Ägypter, die teilweise von weit her anreisen und sich durch das Nadelöhr der wenigen Eingänge des *Mugamma* drängen. Der Albtraum setzt sich drinnen auf den engen Wendeltreppen fort, in den langen Korridoren, wo defekte Fotokopiergeräte den Weg verstellen, in den überfüllten Büros, in denen auf den Schreibtischen leere Teegläser stehen. Sitzt hinter einem Schreibtisch ein Beamter, stehen die Schubladen oft offen. Nach Geld fragt keiner, doch jeder weiß, was er zu tun hat. Bis zu 30 000 Beamte und Angestellte arbeiten hier. Aus den Blechregalen vor den Wänden quillt Papier. Legendär ist der Blick in den nicht mehr so tiefen Innenhof, in dem sich in jedem weiteren Jahr, in dem der *Mugamma* existiert, mehr Papier ablagert.

In dem Komplex spielt einer der populärsten Filme des ägyptischen Kinos. Gedreht wurde *al-Irhab wa-al-kebab* (*Terror und Kebab*) 1992. Die Komödie macht die unerträgliche Bürokratie im *Mugamma* zum Symbol für alles, was in der der ägyptischen Gesellschaft schiefläuft. Adel Emam, Ägyptens beliebtester Schauspieler, spielt den Familienvater Ahmad, der eines Morgens wegen eines Formulars gekommen war, um seine Kinder an einer anderen Schule anmelden zu können. Zunehmend irritiert und frustriert wird er Teil der Prozessionen von Bittstellern, die von einem herablassenden Beamten zum nächsten geschickt werden und auf den engen Wendeltreppen nach oben und unten ziehen. Seine Geduld ist am Ende, als ein Beamter Frömmigkeit und ständiges Beten vortäuscht, nur um nicht arbeiten zu müssen.

Ahmad gerät außer sich, entreißt einem Wachmann das Gewehr, und die Kunde, es sei eine terroristische Geiselnahme im Gange, verbreitet sich in Windeseile. Andere Frustrierte schließen sich Ahmad an. Aus Furcht, das Ge-

bäude werde in die Luft gesprengt, verhandelt der Innenminister mit Ahmad, der als Bedingung für die Beendigung
der Geiselnahme nicht etwa den Rücktritt eines korrupten
Ministers oder die Freilassung von politischen Gefangenen fordert, sondern Kebab für alle, die mit ihm waren. Die
Forderung ist mehr als Klamauk. Sie zeigt, dass den entpo-
litisierten Ägyptern wie Ahmad keine politischen Forderungen mehr einfallen, und daher fordert er Kebab für alle.
Schließlich ist Fleisch, das für viele Ägypter unerschwing-
lich teuer ist, wichtiger als Politik geworden.

*

Knapp zwei Jahrzehnte später demonstrierten Millionen
Menschen vor dem *Mugamma*-Komplex auf dem Tahrir-
Platz und skandierten: »Wir wollen den Sturz des Regimes.«
Die Komödie hatte, anders als die Proteste von 2011, ein
Happy End. Ahmad und seine Anhänger führten die Sicherheitskräfte an der Nase herum und entkamen. Bald nachdem
der Film zum Hit geworden war, setzte eine Diskussion ein,
die vielen Behörden im *Mugamma* an andere Standorte zu
verlegen, im Idealfall in ein neues Verwaltungszentrum außerhalb von Kairo. Geschehen ist bislang nichts. Auch das
sagt viel aus über den Zustand Ägyptens.

Große Versprechen hat es nach der Unabhängigkeit immer wieder gegeben. Eine Epoche der Entwicklung, der
Freiheit und der Würde sollte anbrechen. Die Versprechen
wurden aber nicht eingelöst, nicht in Ägypten und nicht in
anderen jungen Republiken. Stattdessen plagte sich, wer
nicht zur Elite gehörte, mit dysfunktionalen Institutionen
wie dem *Mugamma* ab.

Nun stellten die Proteste des Jahres 2011 diese jungen Republiken infrage, nicht jedoch die arabischen Monarchien. Denn die funktionierten besser, sie hatten eine Legitimität und wurden nicht mit unerfüllbaren Verheißungen gegründet. Die Republiken verkrüppelten aber zu autoritären Systemen, die wenig Raum für Partizipation boten und nur einer kleinen Machtelite zu dienen hatten. Die wiederum rekrutierte sich in Ägypten aus dem Militär, in Syrien aus der Familie Assad und der Minderheit der Alawiten, im Irak aus der sunnitischen Region, aus der Saddam Hussein stammte.

Im Kino haben die Ägypter über die Erlebnisse des Familienvaters Ahmad gelacht, nahezu jeder identifizierte sich mit ihm. Denn auch im wirklichen Leben erlebten sie, wie der Staat seiner Fürsorgepflicht gegenüber den Bürgern nicht nachkam. Korruption ist ein Teil des Alltags geworden, im Kleinen bei einfachen Beamten wie im *Mugamma* und im Großen bei Leuten ganz oben in der Pyramide der Macht.

So erwarteten in den meisten arabischen Ländern die Menschen vom Staat immer weniger funktionierende Dienstleistungen. Die reichen Oberschichten versorgten sich selbst mit guten Schulen und Krankenhäusern, und für die ärmeren Leute sorgten die Islamisten für Schulen, Krankenhäuser und Mikrokredite. Die Menschen erlebten keine *good governance*, wie sie in modernen Demokratien die Norm ist, sondern das Scheitern von Staatlichkeit. Dieses Versagen führte letztlich zu den Massenprotesten von 2011.[1]

Das Maß war voll. Die Menschen begannen, das Joch ihrer korrupten und repressiven Staaten abzuschütteln. Sie gingen auf die Straße, begehrten auf, stürzten Langzeitherrscher. »Die Machthaber hatten mit der Vorenthaltung von Entwicklung, Freiheit und Würde das postkoloniale ›Abkommen‹ nicht eingehalten. Jetzt kündigten die Beherrsch-

ten ihren Teil der Abmachung auf und forderten den Rücktritt ihrer Machthaber.«[2] Auf mehr als deren Sturz konnten
sie sich aber nicht einigen. Weiter reichte, wie in *Terror und
Kebab*, der Konsens nicht.

In nahezu allen 22 Ländern der Arabischen Liga fanden
Proteste statt, selbst – wenn auch in geringerem Ausmaß –
in Monarchien wie Saudi-Arabien und Jordanien. »Die arabischen Demonstranten erhoben sich nicht zuletzt deshalb
gegen ihre Staaten, weil es ihnen an effizientem Regierungs-
handeln, an wirtschaftlicher Sicherheit und Gerechtigkeit
fehlte«, schreibt der amerikanische Politikwissenschaftler
Marc Lynch in einer der besten Darstellungen der Aufstände
und Revolutionen des Jahres 2011.[3]

Fünf Länder wurden am heftigsten erschüttert. In Tunesien wurde das Versprechen der Revolution, die Machthaber
wegzufegen und einen Neuanfang einzuleiten, am ehesten
erfüllt. Dort vertrieben die Massenproteste den seit 1987
herrschenden Zine al-Abidine Ben Ali, der seinen Schwager
als Nachfolger aufgebaut hatte, ins Exil nach Saudi-Arabien.
Das machte den Weg frei für ein demokratisches Experiment mit gemäßigten Säkularisten und den gemäßigten
Islamisten der tunesischen Muslimbruderschaft.

In Ägypten erzwangen Massenproteste von Muslimbrüdern und säkularen Jugendlichen den Rücktritt von Präsident Husni Mubarak, der seit 1981 an der Macht war und beobachtet hat, wie sein Sohn Gamal Mubarak aufstieg. Nicht
ein demokratisches Gremium übernahm aber die Macht,
sondern ein Militärrat. Ein einjähriges Intermezzo mit dem
gewählten Präsidenten Muhammad Mursi endete im Juli
2013 mit einem Militärputsch.

In den drei anderen Ländern verliefen die Revolutionen
blutiger. In Libyen schlossen sich auch die meisten Stämme

den Massenprotesten in den großen Städten an. Machthaber Muammar al-Gaddafi, der seit 1969 geherrscht hatte und seinen Sohn Saif al-Islam al-Gaddafi zu seinem Nachfolger machen wollte, wurde vom Mob gelyncht. Ein kurzes und chaotisch verlaufenes Experiment mit diversen Räten mündete in einen blutigen Bürgerkrieg vieler Milizen, die sich während der Erhebung formiert hatten.

Auch im Jemen hatte Machthaber Ali Abdullah Salih, der seit 1978 regiert hatte, seinen Sohn Ahmad Ali Salih als Nachfolger einsetzen wollen. Massenproteste islamistischer Muslimbrüder, säkularer Jugendlicher und großer Stämme stürzten ihn. Er trat zugunsten seines Stellvertreters Abd Rabbo Mansour Hadi zurück, und das Land glitt in einen Bürgerkrieg ab.

Am heftigsten wütet der Bürgerkrieg in Syrien. Auch dort haben sich säkulare und islamistische Bewegungen gegen die Dynastie Assad erhoben, die seit 1970 über das Land herrscht. In Syrien hatte Hafiz al-Assad, der im Jahr 2000 starb, seinen Sohn Baschar al-Assad als Erben eingesetzt. In dem Machtkampf des Jahres 2011 konnte sich weder das Regime noch die Opposition durchsetzen. Das Patt begünstigte einen lang anhaltenden Bürgerkrieg.

Mehr als ein halbes Jahrhundert waren für die Ägypter nicht die großen und visionären Parolen Nassers und seiner Nachfolger alltäglich erfahrbare Wirklichkeit, sondern das Ungetüm des *Mugamma*-Komplexes. In anderen arabischen Ländern sah die Wirklichkeit nicht viel besser aus. Die Ägypter haben zwar über *Terror und Kebab* gelacht, der Film hätte aber als Vorwarnung verstanden werden können. Niemand hatte jedoch diese Kaskade von Revolutionen des Jahres 2011 vorausgesehen, selbst wenn es immer wieder Mahner gegeben hatte.[4]

Als die zwei wichtigsten Gründe für diese Eruption nennt der libanesische Politikwissenschaftler Tariq Mitri von der Amerikanischen Universität in Beirut »die schwachen staatlichen Institutionen und ein gravierendes Defizit in der Legitimation der Staaten«.[5] Bei den meisten Regimen sei das Militär durch einen Putsch an die Macht gekommen, sie hätten sich nur um den Sicherheitsapparat gekümmert, und die Regime seien nie gänzlich legitimiert gewesen. Am meisten habe ihnen ihre Unfähigkeit geschadet, die Versprechen einzulösen, die sie bei der Machtübernahme gegeben hatten.

Der amerikanische Thinktank Carnegie identifiziert drei Formen des Kollapses.[6] Erstens den Kollaps der Institutionen, denn das große Beben trifft vor allem Staaten mit schwachen Institutionen, in denen die Sicherheitsapparate im Vordergrund gestanden haben – etwa im Irak und in Syrien, ebenso wie in Libyen und im Jemen, wo selbst die Sicherheitsstrukturen kollabierten. Ein Staat hört auf zu sein, wenn sich die Armee auflöst, die die Einheit des Staates symbolisiert. Im Irak führte die Schwächung der nationalen Armee unter Ministerpräsident Nuri al-Maliki, der von 2006 bis 2014 im Amt war, zur Bildung der schiitischen »Volksmobilisierungsmilizen«, und in Syrien zerfiel die Armee 2011 in einen regimetreuen Teil mit Angehörigen der Minderheiten und einen weiteren, auf den sich das Regime nicht verlassen konnte, weil in ihnen sunnitische Muslime dominierten.

Der zweite Kollaps, so die Autoren von Carnegie, ist der der Gesellschaft. Denn mit dem Staatszerfall orientieren sich die Menschen zunehmend an stabilen identitätsstiftenden Gemeinschaften, etwa an der Konfession oder am Stamm. Und so löste sich in Syrien die nationale syrische

Identität auf; sie hatte eine Staatsbürgerschaft mit gleichen Rechten für alle ohnehin nur in der Theorie postuliert. Im Irak gingen der Staatszerfall und die politische Polarisierung Hand in Hand; das Ergebnis war eine Flucht in die Identität des sunnitischen beziehungsweise des schiitischen Islams.

Als dritte Form des Kollapses nennt der Carnegie-Bericht den des Staatensystems, der die Folge des Zusammenbruchs der staatlichen Institutionen und Gesellschaften ist. Weniger relevant ist dabei, dass einzelne Staaten oder Gemeinschaften Anspruch auf das Territorium anderer erheben könnten. Vielmehr geht es um die Frage, wie die innere Beschaffenheit von Staaten auszusehen hat, damit in der Summe eine funktionierende regionale Ordnung entsteht.

Der syrische Philosoph Sadiq al-Azm erläutert das Selbstverständnis einer Gesellschaft anhand von zwei Identitäten. Dabei unterscheidet er zwischen der traditionellen arabischen *Ahli*-Gesellschaft und der modernen Zivilgesellschaft.[7] Das arabische Substantiv *Ahl* (mit dem dazugehörigen Adjektiv *ahli*) bezieht sich auf die Angehörigen einer Gruppe. Eine solche Gesellschaft folge, so Azm, dem Primat der menschlichen Urbeziehungen, der Verwandtschaft und Blutsbande, dem Stamm, der Ethnie. Eine solche Solidarität der Gruppe grenze aus und führe zu Gewalt. Eine Loslösung von dieser Identität habe jedoch in der Ära der kolonialen und postkolonialen Staaten eingesetzt.

Azm stellt dieser *Ahli*-Gesellschaft die moderne Zivilgesellschaft gegenüber. In dieser gelten das Primat der Staatsbürgerschaft, der Respekt für die Menschenrechte und die Achtung der Grundfreiheiten. Das seien auch die Themen der Proteste von 2011 gewesen, beobachtet Azm, und er macht dabei zwei Feinde dieser modernen Zivilgesellschaft aus: zum einen die Islamisten und zum anderen »Kriegsrechtsregime« wie in Syrien unter Assad und im Irak unter Saddam Hussein. Diese hätten jeweils versucht, ihre Macht entlang der genannten Urbeziehungen zu stabilisieren.

Diese Staaten und auch andere postkoloniale Staaten sind jedoch gescheitert. Sie sind vor allem daran gescheitert, dass sie die vielen Teile ihrer Bevölkerung nicht in eine große Nation integrieren konnten und dass sie nicht jedem Einzelnen die staatsbürgerlichen Rechte gewährt haben.[8] Die Regime erkannten auch nicht, dass in den Jahrzehnten seit der Unabhängigkeit andere Formen der Identität als die propagierte (pan)arabische zunehmend das Selbstverständnis der neuen Staaten herausgefordert haben. Das Spektrum war breit: Die einen wählten die moderne Zivilgesellschaft als ihre Referenz, andere die Zugehörigkeit zu einer Konfession oder ihre ethnische Zugehörigkeit, wieder andere ihren Stamm. Die Regime haben jedoch diese neuen »Landschaften von Ideologien und Identitäten« ignoriert.

Ihre Ideologien waren ausgehöhlt, und die Regime gingen auf die Forderungen der einzelnen Gruppen, von denen viele einen Schub Richtung Demokratie erhofften, nicht ein. Die Interessen und Ziele der Gruppen, die in den Staaten keinen Platz hatten, waren jedoch sehr unterschiedlich. »Die Gruppen forderten nicht gemeinsam Demokratie, sie formulierten vielmehr multiple Ziele und suchten jeweils für sich ein Recht auf Selbstbestimmung«,[9] sagt der ägyptische Politikwissenschaftler Gamal Abd al-Gawad Soltan von der Amerikanischen Universität in Kairo.

Diese multiplen Ziele wirkten als zentrifugale Kräfte. Immer weniger waren die Eliten aber in der Lage, diese Kräfte abzufangen und zu neutralisieren. So haben beispielsweise die säkularen Regime zu lange die Macht der Religion ignoriert, und die panarabische Baath-Partei lehnte es ab, nichtarabische Minderheiten wie die Kurden anzuerkennen. Die Regime haben die Chance vertan, sich zu öffnen, Pluralismus und die Partizipation der Einzelnen zuzulassen. Der Einzelne existierte weiterhin nicht. Er wurde als so unbedeutend wahrgenommen, wie er vor dem *Mugamma*-Komplex erschien.

Zudem geht der Einzelne in den Kriegen, wie sie tief gespaltene Gesellschaften heimsuchen, unter. Kriegsparteien vertreten keine Individuen, sie stehen vielmehr als Gruppen miteinander im Konflikt: im Jemen und in Libyen als Stammesgruppen, in Syrien und im Irak als ethnische und konfessionelle Gruppen. Das überragende Ziel einer Gruppe ist jeweils die Verteidigung oder die Eroberung einer dominanten Position. Da hat das Individuum keinen Platz.

In Syrien glauben die Alawiten, die das Regime stellen, an ihren Sieg. Sollten sie, eine Minderheit, keine Macht mehr haben, befürchten sie einen Genozid. Die Fatwas des mittelalterlichen Theologen Ibn Taimiyah[10] bestärken sie in ihrer Furcht. Im Irak sind die Schiiten überzeugt, dass sie die Herren über das Land bleiben. Solange das so ist, gestehen sie den arabischen Sunniten und den Kurden nicht den gleichen Status zu wie sich selbst, und sie schließen sie weiterhin von der Teilhabe aus.

Ändern wird sich das erst, wenn der Konflikt sie erschöpft hat und sie einen Kompromiss hinnehmen, oder aber wenn sich die politische Kultur wandelt. Das wird so bald nicht geschehen. Denn die irakischen Schiiten, die im Zweistromland die Mehrheit bilden, leiden unter dem Trauma einer jahrhundertelangen Diskriminierung, und sie verstehen nicht, wenn man von ihnen heute Fairness erwartet. Somit steht, nicht nur im Irak, die Last einer schmerzvollen Geschichte einem Ausgleich und einer Versöhnung im Weg.

## Der Irak – Sunniten gegen Schiiten

Bagdad, Dienstag, den 8. Dezember 2009. Die heiße Phase des Bürgerkriegs ist beendet. Sie hat am 22. Februar 2006 in Samarra begonnen mit einem Anschlag sunnitischer Extremisten auf die Grabmoschee des zehnten und des elften Imams der Schiiten, Ali al-Hadi al-Naqi und Hassan al-Askari. Doch der irakische Bürgerkrieg hat bis heute kein Ende gefunden. Auch an diesem Dienstagmorgen setzt er seine Blutspur fort.[11] Um 10.25 verlasse ich das irakische Außenministerium, als der erste Knall wie ein Kanonenschuss die Luft zerreißt. Jenseits des Tigris steigt eine Rauchwolke auf. Alle auf der Außentreppe und im großen Innenhof verharren in Schockstarre. Noch ist keine Minute vergangen, als von der gegenüberliegenden Seite ein zweiter Knall ertönt. Gleich darauf folgt eine dritte, noch wuchtigere Detonation.

Die Erde bebt, gespenstische Stille legt sich über die sonst so laute Stadt. Hilflos laufen die Sicherheitsleute mit ihren Kalaschnikows hin und her. Auf dem Hof seufzt einer: »Wer die Explosion hört, hat überlebt.« Wieder knallt es, Sirenengeheul setzt ein. Weitere Explosionen folgen im Minutentakt. Mit acht Anschlägen an fünf Orten in Bagdad haben die Terroristen die Iraker an diesem Morgen wissen lassen, dass sie mitten unter ihnen sind, in ihrer Stadt. Innerhalb weniger Minuten wurden 127 Menschen getötet, mehr als 450 wurden verletzt.

Draußen, vor den hohen Mauern des Ministeriums, das bereits am 19. August 2009 bei einem Anschlag mit 53 getöteten Diplomaten einen hohen Blutzoll zu entrichten hatte, suchen Rettungskräfte einen Weg durch die Staus. Die Menschen fragen hilflos: Wo haben die Terroristen diesmal zugeschlagen? Wie viele mussten diesmal sterben? Sind Verwandte und Freunde unter den Opfern? In der Maghrebstraße erzählt einer, wie Glassplitter, scharf wie Dolche, Menschen getötet haben. Strommasten sind eingeknickt, ein scharfer Geruch von Verbranntem liegt in der Luft. Ein weiterer Tag, der zeigt, wie weit der Irak von der Normalität entfernt ist.

*

Etwas mehr als zwei Jahre sind vergangen. Wieder ist Samarra abgeriegelt, eine Stadt nördlich von Bagdad, an der Route nach Mossul. Es brodelt seit Anfang Januar 2012 in der Stadt, in der vor allem Sunniten wohnen, die aber den Schiiten wegen ihrer Schreine heilig ist. Wir fahren also weiter durch die braune, flache Wüste,[12] vorbei an Tikrit, woher sich der innere Kreis der Macht um Saddam Hussein rekrutiert hatte.

In Audscha, einem unscheinbaren Vorort, muss man lange suchen, bis man das unauffällige Gebäude findet, in dem Saddam Hussein beigesetzt worden ist. Er war seit seinem Sturz im April 2003 auf der Flucht gewesen, am 13. Dezember 2003 wurde er in einem Erdloch, in dem er sich nahe seinem Geburtsort Audscha versteckt hatte, von einem amerikanischen Soldaten entdeckt und verhaftet. Am 30. Dezember 2006 wurde er von den neuen Machthabern in einem Gefängnis nahe Bagdad gehängt. Das breite Eisentor, das auf den Hof vor der Begräbnisstätte führt, ist verschlossen. Schwere Betonklötze liegen davor. Besuch ist offenbar unerwünscht. Ein Mann aus Tikrit fährt vor, stellt sein altes Auto vor dem Eisentor ab und erhebt seine Hände zum muslimischen Gebet. Dann fährt er wieder weg.

Ein nicht asphaltierter Weg führt hinaus in die Felder, wo nahe am Tigris unter Palmen etwas Landwirtschaft betrieben wird. In seinem schmucklosen Gästehaus draußen auf dem Land empfängt Scheich Hassan al-Nida, das Oberhaupt des Stamms der Begat, wie jeden Morgen andere Honoratioren zum Meinungsaustausch. Unter ihnen befindet sich Saadun Farhan, der Scheich des Stammes der Duri. Sie sitzen auf den niedrigen Diwansofas entlang den kargen Wänden, sie sprechen über Samarra und über die Pläne der schiitischen Regierung, aus der sunnitischen Stadt eine schiitische Provinz zu machen, und sagen, sie seien noch immer stolz auf Saddam Hussein. Schließlich sei der Baathismus besser gewesen als der Konfessionalismus der heutigen schiitischen Regierung in Bagdad.

Saddam Hussein gehörte zum Stamm der Begat, sein Stellvertreter Izzet al-Din al-Duri zum Stamm der Duri. Scheich Hassan war während der Herrschaft Saddam Husseins als Militärattaché in Prag. Er steht dem Stamm seit 2008 vor, und der Scheich kritisiert den früheren Gewaltherrscher. Mit seiner Politik habe er dem Ansehen der baathistischen Ideologie geschadet, sagt er. Hätte er das während der Herrschaft Saddam Husseins gesagt, er wäre mutmaßlich in einem Kerker verschwunden.

Die Baath-Partei hatte sich 1968 im Irak an die Macht geputscht. Von 1979 an herrschte Saddam Hussein allein, und er wollte zum unbestrittenen Führer der arabischen Welt aufsteigen. Den Anspruch wollte er mit einem kurzen Krieg unterstreichen, den er am 22. September 1980 gegen die noch junge Islamische Republik Iran des schiitischen Ajatollah Khomeini vom Zaun brach. Damit setzte er eine Kette von Ereignissen in Gang, die 2003 zu seinem Sturz führten. Aus dem Ringen um die Vorherrschaft am Golf ging am

Ende nicht der Irak als Sieger hervor, sondern Iran, der Erzfeind.

Der Krieg gegen Iran endete am 20. August 1988. Mehr als eine Million Menschen waren ums Leben gekommen. Während des Krieges waren die irakischen Auslandsschulden um mehr als 100 Milliarden Dollar gewachsen, der Krieg hatte die Infrastruktur und Städte zerstört. Mit einem Überfall auf Kuwait hoffte Saddam Hussein, seine wirtschaftlichen Probleme zu beseitigen. Er wollte sich die reichen Ölfelder einverleiben und den Anspruch auf die irakische Vorherrschaft in der Region unterstreichen.

Der Einmarsch in Kuwait am 2. August 1990 leitete jedoch den langen Niedergang des Irak ein. Im Februar 1991 befreite eine internationale Koalition unter amerikanischer Führung Kuwait. Bereits vier Tage nach dem Überfall auf das Land hatte der UN-Sicherheitsrat mit der Resolution 661 Sanktionen und ein Embargo gegen den Irak verhängt. Die Sanktionen waren mit die umfangreichsten, die es je gegeben hat. Sie zersetzten die Institutionen und höhlten den gesellschaftlichen Zusammenhalt aus.[13] Als Saddam Hussein 2003 gestürzt wurde, gab es weder einen funktionierenden irakischen Staat mehr noch eine irakische Mittelschicht.

Erst 1996 akzeptierte Saddam Hussein die Resolution 687 des UN-Sicherheitsrats, die dem Irak erlaubte, gegen die kontrollierte Ausfuhr von Erdöl Grundnahrungsmittel und Medikamente einzuführen. Da war der einst relativ hohe Lebensstandard der Iraker bereits auf den Stand der afrikanischen Staaten südlich der Sahara gesunken. Der irakische Staat zahlte an die Beamten Monatsgehälter von umgerechnet nur noch fünf Dollar. Das gut ausgebaute Gesundheitssystem, das selbst den Krieg gegen Iran überstanden hatte, kollabierte. Die Kindersterblichkeit stieg von 40 von

1000 Geburten im Jahr 1989, auf mehr als 100 im folgenden Jahrzehnt,[14] die Analphabetenrate fiel wieder auf die Werte vom Ende des Zweiten Weltkriegs.[15]

In einem anderen Punkt erreichten die Sanktionen das Gegenteil dessen, was sie bezwecken sollten: Durch die Rationierung der Lebensmittel festigte das Regime die Kontrolle über die Menschen, und die überlebten immer häufiger dank Tauschgeschäften. Zudem spalteten die Sanktionen die Gesellschaft: Das eine Prozent an der Spitze der Machtpyramide profitierte von den Sanktionen, die restlichen 99 Prozent lebten im Elend.[16] Eine der wenigen großen Leistungen der Baath-Herrschaft war das Wachsen der Mittelklasse gewesen. Die gab es nun nicht mehr. Die Infrastruktur verfiel weiter, und Osama Bin Laden nannte 1998 die »Belagerung des Irak« als einen der drei Gründe für seine Ausrufung des Dschihad gegen die USA.

Saddam Hussein hielt sich an der Macht, indem er an die religiösen Gefühle der Iraker appellierte und Stammesführer mit hoheitlichen Aufgaben wie der Rechtsprechung beauftragte. Dabei hatte sich in den 1970er und 1980er Jahren, zumindest unter den arabischen Irakern, ein irakisches Nationalgefühl herauszubilden begonnen. Nun identifizierte sich aber nahezu jeder wieder über seine Ethnie oder Konfession, sah sich als Araber oder Kurde, als Sunnit oder Schiit. Als die amerikanischen Besatzer im April und Mai 2003 Bagdad, einschließlich der Krankenhäuser, zur Plünderung freigaben[17] und als der amerikanische Zivilverwalter Paul Bremer am 9. Mai 2003 die irakische Armee und die Baath-Partei auflöste, brach der irakische Staat endgültig zusammen.

Somit waren die irakische Identität und der Staat Irak in zwei Schüben zerfallen: mit dem Embargo von 1990 und mit der Besatzung von 2003. Eine neue Staatsidee ist nicht zu erkennen. Von den alten Institutionen hat 2003 keine überlebt. Zu den wichtigsten Machthabern stiegen die schiitischen Geistlichen auf, die bereits damals dank ihrer Seminare in den Städten Nadschaf und Kerbela gut organisiert waren, sowie schiitische Milizen, die ebenfalls im Untergrund überlebt hatten. Sie füllten nun das Vakuum.

Die Verlierer des Zerfalls waren die arabischen Sunniten, die Gewinner waren die Schiiten, die 60 Prozent der Bevölkerung stellen. Der Versuch einer Demokratisierung war schon deshalb zum Scheitern verurteilt, weil es keine Mittelklasse mehr gab. So ging der Zerfall, der sich über Jahrzehnte hingezogen hatte, nun in einen Bürgerkrieg über, der noch immer andauert. Denn die Sunniten, die von der Macht verdrängt worden sind, organisierten sich in einem Widerstand gegen die neuen schiitischen Herren in Bagdad, und der schiitische Prediger Muqtada al-Sadr rief zum Widerstand gegen die amerikanischen Besatzer auf.

Von 2006 an wurde der Bürgerkrieg sehr blutig. Erst sprengten am 22. Februar 2006 sunnitische Extremisten, die zu einem Vorläufer des »Islamischen Staates« gehörten, in Samarra eine den Schiiten heilige Moschee, dann wurde Nuri al-Maliki, ein früherer schiitischer Untergrundaktivist, am 22. April 2006 zum Ministerpräsidenten berufen. Er schlug »einen fatal sunnitenfeindlichen Kurs« ein.[18] Ende 2006 waren sunnitische Stämme jedoch bereit, gemeinsam mit amerikanischen Soldaten gegen den Terror von Al-Qaida zu kämpfen, unter dem sie zunehmend selbst litten.

Wenn diese *Sahwa*-Bewegung, die »Erweckungs-Bewegung«, eines gezeigt hat, dann dies: dass die Scheiche und Religionsgelehrten der sunnitischen Stämme unter Umständen durchaus zur Zusammenarbeit mit der Zentralregierung bereit sind. Von Ende 2007 an wurden die

US-Soldaten aber verfrüht aus dem Irak abgezogen, und Ministerpräsident Maliki, der lange in der Gunst Irans stand, brach sein Versprechen, die *Sahwa*-Kämpfer weiter aus dem Staatshaushalt zu bezahlen. Viele Kämpfer schlossen sich, auch mangels anderer Einkommensmöglichkeiten, dem attraktiv werdenden »Islamischen Staat« an.

Die Zentralregierung duldete andererseits paramilitärische schiitische Milizen und bezahlte sie auch aus dem Staatshaushalt. Ihnen schlossen sich mehr schiitische Jugendliche an als der noch jungen Armee. Zunehmend lag die Macht in den Händen dieser paramilitärischen schiitischen Milizen,[19] etwa den *Badr*-Brigaden und *Asaib Ahl al-Haq*, die außerhalb des Staats agieren und für zahlreiche Massaker in sunnitischen Wohnvierteln verantwortlich sind. Das Gewaltmonopol hatte damit nicht mehr der Staat. Einen weiteren Schub erhielten die schiitischen Milizen, als Großajatollah Ali al-Sistani im Juni 2014 zur Gründung von schiitischen Milizen der »Volksmobilisierung« (*al-hashd al-shaabi*) aufrief, um die schiitischen Regionen des Irak vor dem Ansturm des »Islamischen Staats« zu schützen, was ihnen auch gelang.

Der »Islamische Staat« profitierte zwar vom Bürgerkrieg in Syrien und von der Freilassung sunnitischer Extremisten aus syrischen Gefängnissen im Jahr 2011. Seine Ursprünge liegen aber nicht in Syrien, sondern im Irak, wo er seit 2003 aus einem »Ökosystem dschihadistischer Netzwerke und Online-Communitys« entstanden ist.[20] Zudem war der zunächst friedliche Protest gegen die irakische Zentralregierung, der im Dezember 2012 in den sunnitischen Provinzen des Landes begann, von der überwiegend sunnitischen Erhebung in Syrien gegen das Assad-Regime inspiriert. Die Gewalt eskalierte, als irakische Sicherheitskräfte am

23. April 2013 in der sunnitischen Stadt Hawidscha gegen ein Protestcamp vorgingen. Von nun an identifizierten sich die Sunniten mehr mit dem »Islamischen Staat«, den sie als »sunnitischen Beschützer« sahen, als mit der feindlichen schiitischen Zentralregierung.

So konnten am 10. Juni 2014 etwa 300 IS-Kämpfer in Mossul einziehen, ohne zu den Waffen zu greifen. »Die Botschaft daraus war: Es gibt keinen Staat mehr, und so füllt der ›Islamische Staat‹ das Vakuum«, sagt der jordanische Terrorexperte Hassan Abu Hanieh.[21] Es gebe nur noch Milizen, Konfessionalismus und Nepotismus, auch externe Mächte wie Iran und die USA, jedoch keine souveräne Macht mehr.

## Ägypten – Militär gegen Zivilisten

Kairo, Donnerstag, den 10. Februar 2011.[22] Die dritte Rede von Präsident Husni Mubarak seit dem Beginn der Proteste am 25. Januar beginnt. Es ist 22.43 Uhr. Eben hat noch Volksfeststimmung geherrscht. Mehr als eine halbe Million Menschen hat gefeiert, als sei Mubarak bereits zurückgetreten und werde das an diesem Abend nur noch bekanntgeben. An einem Gebäude hängt eine riesige Leinwand, auf sie wird der müde wirkende Mubarak projiziert. Plötzlich senkt sich Stille über den Tahrir-Platz. Aus krächzenden Lautsprechern tönt seine Stimme. Um ihn besser zu verstehen, bilden sich Menschentrauben um Radiogeräte. Mubarak spricht langatmig, Minute um Minute vergeht. Es sind keine Anzeichen zu erkennen, dass der Präsident, der seit 1981 im Amt ist, zum Rücktritt bereit sein könnte. Enttäuschung breitet sich aus, die Gesichter werden länger.

Die ersten Schuhe werden ausgezogen, die Sohlen werden dem Mubarak auf der Leinwand in wütendem Protest als Zeichen größtmöglicher Verachtung entgegengestreckt. Um 22.48 Uhr schallen die ersten vor Zorn bebenden Sprechchöre über den Platz: »*Irhal, irhal!*« Also: »Hau ab!« Die Sprechchöre hallen von den hohen Häuserwänden zurück. Allmählich löst sich die Demonstration auf. Nach diesem schnellen und unerwarteten Stimmungsumschwung geben die Demonstranten nicht auf.

Am nächsten Morgen, einem Freitag und dem wöchentlichen Feiertag, sind sie wieder auf dem Tahrir-Platz. Gegen 18.00 Uhr verliest Omar Sulaiman, der frühere Geheimdienstchef und seit dem 29. Januar Mubaraks Vize, eine Erklärung und gibt mit drei knappen Sätzen Mubaraks Rücktritt bekannt. Nie haben die Ägypter, zumindest in ihrer jüngeren Geschichte, so ausgelassen gefeiert wie an jenem Freitagabend. Lange währte die Freude indes nicht. Nicht das Flaggenmeer vom Freitag sollte für die kommenden Jahre Ägyptens stehen, sondern die ausgestreckten Schuhe vom Donnerstag.

*

Vorbereitungen für diese unvollendete Revolution waren bereits in den Jahren 2005 und 2008 getroffen worden.[23] Im Jahr 2005 hatten jugendliche Aktivisten um ihren Mentor George Ishaq die Bewegung *Kifaya* (»Es reicht«) gegründet. Sie protestierten gegen die bevorstehende vierte siebenjährige Amtszeit Mubaraks und ließen sich nicht entmutigen, auch wenn die Bereitschaftspolizei sie bei jeder Kundgebung schnell umstellt hatte.

Das zweite wichtige Datum war der 6. April 2008. An jenem Tag begann in den staatlichen Textilwerken der Industriestadt al-Mahalla al-Kubra ein Streik. Anders als 2004, als die unterbezahlten Arbeiter die Staatsmacht mit einem Streik herausgefordert hatten und dies kaum jemand zur Kenntnis genommen hatte, hielt diesmal ein junger Blogger, Ahmad Maher, die Welt über das Geschehen in der Stadt im Nildelta auf dem Laufenden. Er beschrieb, wie Poster Mubaraks zerrissen und wie die Streiks gewaltsam zerschlagen wurden. Das war der Beginn der »Bewegung des 6. April«. Ende 2010 war sie eine der Organisatoren der Proteste in Kairo.

Als dort jeden Tag mehr als eine Million Menschen Mubarak zum Rücktritt aufforderten, traten in al-Mahalla al-Kubra die Arbeiter wieder in einen unbefristeten Ausstand.[24] Sie protestierten dagegen, dass ihnen der Staat im Monat nur einen Lohn von 550 ägyptischen Pfund bezahlte, also 62 Euro, obwohl das Verfassungsgericht einen Mindestlohn von 1200 Pfund festgelegt hatte. Noch bevor Mubarak zurückgetreten war, hatten sie erreicht, dass der verhasste Generaldirektor der größten Fabrik Ägyptens abgelöst wurde. Der hatte, wie alle seine Vorgänger, große Teile des Betriebsvermögens auf seine privaten Konten geleitet, anstatt die Arbeiter zu bezahlen.

Ägypten ist nach wie vor mit einer ungelösten sozialen Frage konfrontiert. Der Graben im bevölkerungsreichsten Land der arabischen Welt verläuft zwischen Habenden und Habenichtsen. Entlang des Nils hat der Staat über Jahrtausende den Wohlstand verteilt. Heute will die Staatselite, die unter Nasser entstanden ist, vor allem eines: ihre Renteneinkommen schützen, von denen sie gut lebt. Die speisen sich aus internationalen Hilfsgeldern, Einnahmen des Suezkanals und aus dem Ölexport sowie in einzelnen Branchen aus staatlich geschützten Monopolen.

Unter Nasser (1952–1970) orientierte sich Ägypten am

sowjetischen Sozialismus. Auch die »Liberalisierungen« seiner Nachfolger Sadat (1970–1981) und Mubarak (1981–2011) leiteten keinen kapitalistischen Durchbruch ein. Nie gab es in Ägypten Chancengleichheit und Wettbewerb. Denn die Elite sichert sich mit Hilfe des Staatsapparats den Zugriff auf die Pfründe. Wer ausgeschlossen ist, fordert nun aber das Recht ein, endlich auch an der Politik und am Wohlstand teilzuhaben. Das sind die Muslimbrüder, die Aktivisten wie jene, die die Revolution von 2011 vorbereitet hatten, und Arbeiter wie die in al-Mahalla al-Kubra.

Die Ära Mubarak hat die Macht von drei Gruppen zementiert, die an der Spitze der Pyramide standen und weiter stehen. Oben thront die Armee, die vor der Revolution rund 40 Prozent der Wirtschaft kontrollierte und dafür gesorgt hat, dass die Politik ihre wirtschaftlichen Interessen nicht berührte. Das tat aber Suzanne Mubarak, die Frau des Staatspräsidenten, als sie begann, ihren Sohn Gamal Mubarak zum nächsten Staatspräsidenten aufzubauen.[25] Das Militär war den Aktivisten vom 25. Januar 2011 daher dankbar und beteiligte sich indirekt am Sturz von Husni Mubarak, indem es sich abseits hielt.

Unterhalb der Armee kümmerte sich der mächtige Sicherheitsapparat darum, dass es im Land ruhig blieb; zu diesem Apparat gehören die Polizei, die Staatssicherheit (*amn al-daula*) und ihre berüchtigten Schlägertrupps (*baltagiya*). Nochmals eine Stufe darunter verteilte die Staatspartei NDP, *al-Hizb al-Watani al-Dimuqrati*, deren Vorsitzender Mubarak bis zu seinem Sturz war, den Teil der Wirtschaft, den das Militär nicht dominierte, indem sie Aufträge verteilte und dabei vor allem den Sicherheitsapparat und die Justiz versorgten, damit diese wohlgesonnen blieben. Aufgabe der Justiz war weniger, Recht zu sprechen Vielmehr hatte sie und hat nach wie vor das Regime zu schützen. So war der Vorsitzende des Verfassungsgerichts, den der Staatspräsident ernannte, auch Vorsitzender der Wahlkommission. Als staatlich bestellte Wahlbeobachter amtierten vor Ort Richter und Staatsanwälte. Sie erwiesen sich als zuverlässig und erhoben äußerst selten Einspruch gegen die Fälschung der Wahlergebnisse.[26] Lange vor dem Jahr 2011 war die Justiz von Korruption und Vetternwirtschaft durchzogen.[27] Die jungen Richter und Staatsanwälte waren und sind meist Söhne von Richtern und Staatsanwälten. Das Amt ist wie ein Lehen, das in der Familie weitergereicht wird.

Den größten Teil ihres Einkommens verdankten die Angehörigen der Justiz lukrativen Nebeneinkünften, etwa als »Berater« von NDP-Abgeordneten. Denn an die wandten sich einfache Ägypter, die von der Polizei schikaniert wurden. Sie bezahlten die Abgeordneten für die gerichtliche Beilegung des Streitfalls, und die teilten das Bestechungsgeld mit ihren juristischen »Beratern« und den Polizisten.

In der kurzen Amtszeit des Muslimbruders Muhammad Mursi, der als Staatspräsident vom 30. Juni 2012 bis zum Putsch am 3. Juli 2013 amtierte, war die Justiz das wichtigste Instrument des alten Regimes, um Mursi zu blockieren. Sie löste erst das gewählte Parlament auf, in dem die Muslimbrüder die Mehrheit stellten, dann annullierte sie die Dekrete, mit denen der Staatspräsident nach der Auflösung des Parlaments regieren wollte. Eine mächtige Interessenvertretung der Justiz ist der »Klub der Richter«, und der war bis 2011 auf der Seite von Gamal Mubarak.

Das Militär hatte kein Interesse daran, dass ein Zivilist wie Gamal Mubarak seine Kreise störte. Mutmaßlich wuchs die Unruhe unter den Offizieren seit 2005, als sich Gamal

Mubarak, gefördert durch seine Mutter, durch öffentliche Kampagnen immer sichtbarer in Stellung brachte und sich das Militär zunehmend an die Seite gedrängt sah. Der Geheimdienst hatte seit Nasser immer direkt an den Präsidenten berichtet; nun war auch der Geheimdienstchef für Mubarak wichtiger geworden als der Generalstabschef und die Armee, die zunehmend marginalisiert wurde, zumal der Geheimdienst unter Omar Sulaiman über seine eigenen Netzwerke verfügte. Mubarak vertraute nun Omar Sulaiman und dem Innenminister Habib al-Adli, dem die Sicherheitsapparate unterstanden, mehr als der Armee.

Wäre Gamal Mubarak seinem Vater als Präsident nachgefolgt, hätte sich der Bedeutungsverlust der Armee fortgesetzt. Dann hätte auch erstmals seit 1952 kein Offizier mehr an der Spitze des Staates gestanden. Alarmiert war das Militär schließlich durch die Parlamentswahl, die am 28. November und 5. Dezember 2010 stattfand, also kurz vor dem Beginn der Proteste. Die Wahl brachte das Ergebnis, das der Kreis um Gamal Mubarak wollte: Die Staatspartei NDP gewann 420 der 550 Sitze. Damit hätte eine neue Verfassung so maßgeschneidert werden können, dass als einziger Kandidat für die Wahl zum Präsidenten Gamal Mubarak übrig geblieben wäre. Denn jede ägyptische Verfassung schreibt vor, wie viele Abgeordnete einen Kandidaten für das Amt des Staatspräsidenten offiziell unterstützen müssen, damit er antreten kann.

In die Hände spielte den Generälen, dass Innenminister Adli, ihr regimeinterner Gegenspieler, am 25. Januar den Beginn der Proteste falsch einschätzen sollte. Seit den 1950er Jahren war der 25. Januar der »Tag der Polizei«. Von Oktober 2010 an bereiteten sich junge Aktivisten in den Sozialen Medien darauf vor, am 25. Januar 2011 wegen der

Tötung von Khalid Said gegen die Polizei zu demonstrieren und daran zu erinnern, dass Polizisten am 6. Juni 2010 den jungen Blogger vor einem Internetcafé in Alexandria in aller Öffentlichkeit zu Tode geprügelt hatten. Sie gründeten die Facebook-Gruppe »Wir sind alle Khalid Said« und hatten bereits 2010 Kontakt zur serbischen Demokratiebewegung Otpor aufgenommen.[28] Sie ließen sich von den erfahrenen serbischen Aktivisten darin unterweisen, wie sie sich gegen die brutalen ägyptischen Sicherheitskräfte bei der direkten Konfrontation auf der Straße verteidigen konnten.

Je näher der 25. Januar rückte, desto mehr knöpfte sich Adli die Führer der Muslimbruderschaft vor und forderte sie auf, sich nicht an den Protesten zu beteiligen. Die Führung der Muslimbruderschaft legte als Kurs indessen fest, zwar nicht zu den Protesten aufzurufen, ihren Mitgliedern eine Teilnahme aber auch nicht zu untersagen. Sie sollten allerdings keine Fahnen der Muslimbruderschaft tragen und nicht deren Slogans rufen. Die Staatssicherheit verhaftete dennoch die Führung der Muslimbruderschaft, was deren Jugend noch mehr mobilisierte. Letztlich brachten die Muslimbrüder die Massen auf die Straßen und Plätze, ohne die Mubarak nicht hätte gestürzt werden können.

Zwei Monate, nachdem die Aktivisten mit ihren Vorbereitungen für die Proteste begonnen hatten, übergoss sich am 17. Dezember 2010 in der tunesischen Kleinstadt Sidi Bouzid der junge Straßenverkäufer Muhammad Bouazizi aus Verzweiflung mit Benzin und verbrannte sich. Er erlag am 4. Januar 2011 seinen Verletzungen. In der Zwischenzeit waren in Tunesien die Kundgebungen gegen das Regime zu Massenprotesten angewachsen. Am 14. Januar floh Präsident Ben Ali. Nicht nur die ägyptischen Aktivisten sahen, dass sie ihren verhassten Langzeitherrscher auch ohne Gewalt stürzen konnten.

Am 25. Januar 2011 startete schließlich im Arbeiterviertel Nahya westlich von Kairo, in dem die Polizei die Aktivisten nicht erwartet hatte, ein Demonstrationszug. Über das Mittelklasseviertel Muhandisin marschierten die Demonstranten zum Tahrir-Platz. Weitere Züge erreichten diesen über andere Routen. Auf dem Weg in die Stadtmitte schlossen sich ihnen immer mehr Menschen an. Die Polizei griff vereinzelt ein, konnte die Bewegung aber nicht aufhalten. Mubarak verfolgte in seinem Palast im Stadtteil Heliopolis, was sich auf dem Platz anbahnte. Ihm gehörte im Maspero, dem Gebäude des staatlichen Fernsehens am nördlichen Ende des Tahrir-Platzes, das 27. und oberste Stockwerk. Kameras übertrugen von dort aus direkt in seinen Palast, wie sich der Platz füllte. Als Mubarak seinen Innenminister Adli anrief, meinte der, es drohe keine Gefahr. Vor Mitternacht würden die Jugendlichen – er sagte, es seien »ein paar Kinder« – wieder zu Hause zu sein. Sie blieben jedoch auf dem Platz.

Drei Tage später, am 28. Januar, dem »Freitag des Zorns«, fanden die heftigsten Proteste statt. Erstmals beteiligten sich mehr als eine Million Menschen in Kairo an der Kundgebung. Sie riefen: »Das Volk will den Sturz des Regimes!« Die Ultras der Fußballvereine Ahli und Zamalek, die seit Jahren in Kämpfen gegen die Staatsmacht geübt waren, trugen erheblich dazu bei, dass die Demonstranten gegen die Sicherheitskräfte des Staates standhielten.[29] Die Regierung verhängte eine Ausgangssperre, die jedoch ignoriert wurde.

Am 29. Januar inspizierte Generalstabschef Muhammad Hussein Tantawi den Tahrir-Platz und entschied, nicht einzugreifen. Er hatte zu Beginn der Proteste erklärt, die Armee würde nicht auf die Demonstranten schießen. Er hoffte schließlich auf einen Sturz Mubaraks. Dann handelte Adli aber doch. Am 2. Februar forderte das Regime die Demonstranten auf, den Platz zu räumen. Als das nicht geschah, schickte es seine Schlägertruppen, die auf Kamelen angeritten kamen und mit Macheten auf die Demonstranten einschlugen. Bei der »Kamelschlacht« wurden 13 Menschen getötet und mehr als 1500 verletzt. Die Demonstranten leisteten Widerstand, sie harrten aus – bis Mubarak am 11. Februar zurücktrat.

## Syrien – der kleine Weltkrieg

Damaskus, Montag, den 17. Juni 2013. Der syrische Präsident Baschar al-Assad lädt zum Interview.[30] Das Blatt hat sich gerade zu seinen Gunsten gewendet. Der Konflikt ist über das Anfangsstadium hinaus und dauert bereits 27 Monate. Zu Beginn des Jahres 2013 geriet das Regime zum ersten Mal ernsthaft in Gefahr, als die bewaffnete Opposition Damaskus zu erobern drohte. Wäre es den Rebellen geglückt, die einzige Verbindung zur Außenwelt, die Straße nach Beirut, zu kappen, wäre Damaskus nicht zu halten gewesen.[31] Zu jenem Zeitpunkt verfügte das Regime noch nicht über die ausländischen Bodentruppen wie in den folgenden Jahren. Stattdessen kämpften damals vor allem loyale Einheiten der Armee für das Regime. Im Laufe des Jahres 2012 sicherte die libanesische Hizbullah allmählich die libanesisch-syrische Grenze und hinderte sunnitische Kämpfer daran, über den Libanon nach Syrien zu gelangen. Im Mai 2013 vertrieb sie die bewaffnete Opposition aus dem strategisch wichtigen grenznahen Ort Qusair. Das Regime konnte aufatmen, es hatte sozusagen den Kopf aus der Schlinge gezogen.

Assad, der 1965 geboren wurde, empfängt mich nicht im Präsidentenpalast, der wie eine Trutzburg auf einem Hügel über der Hauptstadt thront, sondern in seinem unscheinbaren Sommersitz am Hang des Qassiyun, dem steil aufragenden Hausberg von Damaskus. Er begrüßt mich an der Außentreppe, und er weiß gut über mich Bescheid. Man sei ja Mitte der 1980er Jahre fast Nachbarn gewesen, scherzt der gut aufgelegte Assad. Der Präsidentenpalast seines Vaters Hafiz al-Assad, dessen Nachfolge er im Jahr 2000 angetreten hat, lag damals noch im Stadtteil Muhadscherin. Dort lebte ich während meines Studienaufenthaltes in Damaskus.

Das Interview findet unter vier Augen in Assads privatem Büro statt, einem kleinen, modern eingerichteten Raum mit Blick auf einen Pinienwald. Es dauert 90 Minuten und ist unter der Bedingung zustande gekommen, dass es in voller Länge gedruckt wird. Denn bei den letzten Interviews, die Assad amerikanischen Medien gegeben hat, sind lediglich ausgewählte Sequenzen gedruckt oder gesendet worden, mit eingeblendeten Szenen aus dem Krieg, die die Politik des Westens bestätigen sollten. Für mein Interview musste ich keine detaillierten Fragen einreichen, lediglich einige Stichworte zu den Schwerpunkten. Die einzige Einschränkung der Pressesprecherin Assads war, keine Fragen zu dessen Familie zu stellen.

Assad ist auch in Wirklichkeit so, wie er auf Fotos erscheint – hoch gewachsen, in seinen Bewegungen etwas schlaksig. Im direkten Gespräch wirkt er eloquenter als bei offiziellen Reden. Allerdings erscheint er mehr als ein kluger Analytiker, der Szenarien entwirft und sehr genau einordnen kann, was in Syrien geschieht, als ein politischer Führer, der sein Land mit eisernem Willen vor dem Untergang zu retten versucht.

Assad erweist sich als Realist. »Die Krise könnte lange dauern«, sagt er zum Einstieg. Denn externe Faktoren verlängerten die Krise politisch und militärisch. Ja, seine Armee habe die Kontrolle über Teile des Landes verloren, und er sehe Gefahren für die Region heraufziehen: »Nimmt man aus einem Steinbogen den Schlussstein heraus, und der ist Syrien, fällt der ganze Bogen auseinander. Jedes Spielen mit Grenzen in der Region bedeutet, die Landkarte neu zu zeichnen. Das hat einen Dominoeffekt zur Folge, den keiner mehr kontrollieren kann.« Wie die Region dann aussehen würde, könne sich niemand (mehr) vorstellen. Und er kritisiert die Europäer. Wenn sie »Waffen liefern, wird der Hinterhof Europas terroristisch, und Europa wird den Preis dafür zahlen«. Eine Folge sei der direkte Export des Terrorismus nach Europa. »Terroristen werden kampferfahren und mit extremistischer Ideologie ausgerüstet zurückkehren.« Für Europa gebe es daher zur Zusammenarbeit mit seinem Staat keine Alternative.

Zwischen den Zeilen bestätigte Assad bereits im Juni 2013, dass Syrien auf dem Weg sei, ein gescheiterter Staat zu werden. Die Grenzen eines Staates liegen dort, wo die Macht seines Herrschers endet; das muss sich nicht mit den völkerrechtlichen Grenzen decken. Assads Regime kontrolliert zwar die Achse, die die großen Städte des Landes verbindet. Jedoch kontrollieren gemäßigte Rebellen Landesteile im Norden und nahe Damaskus, und die Kurden haben entlang der Grenze zur Türkei Kantone eingerichtet, in denen sie sich selbst verwalten. Der »Islamische Staat« konnte das Euphrattal indessen nicht halten; im Laufe des Jahres 2017 drängten Einheiten des Regimes von Süden her die Dschihadisten zurück, von Norden her griffen kurdische Milizen an. Zudem scheitert ein Staat dann, wenn sich der Herrscher nicht mehr, wie es in Syrien geschah, auf seine Armee verlassen kann und auf externe Unterstützung angewiesen ist.

Der Konflikt in Syrien hat sich etappenweise in einen lokalen Weltkrieg entwickelt. Vier der fünf ständigen Mitglieder des UN-Sicherheitsrats greifen militärisch in ihn ein: die Vereinigten Staaten, Russland, Frankreich und Großbritannien; die Armee der Türkei besetzt seit Sommer 2016 einen Streifen in Syrien jenseits der eigenen Grenze; schiitische Milizen aus dem Libanon und dem Irak, aus Iran, Afghanistan und Pakistan kämpfen als Bodentruppen für das Assad-Regime; externe Mächte wie Saudi-Arabien, Qatar und die Türkei schicken Gelder, Waffen und Söldner nach Syrien; und aus mehr als 80 Ländern rekrutieren die dschihadistischen Organisationen wie der »Islamische Staat« und die Nusra-Front ihre Kämpfer. In Syrien sind alle drei Faktoren vorhanden, die im Nahen Osten den Kollaps antreiben: ein dysfunktionaler und korrupter Staat, Unmengen an Waffen und die Ideologie des dschihadistischen Terrors.

Von allen Konflikten im Nahen Osten löst der Krieg in Syrien das größte Beben aus. Eine halbe Million Menschen wurden getötet;[32] zerstört wurden Städte wie Aleppo, antike Stätten wie Palmyra und die Infrastruktur des Landes; jeder zweite Syrer ist ein Flüchtling, entweder im eigenen Land, in einem Nachbarstaat oder in Europa; die mehr als sechs Millionen syrischen Flüchtlinge in den Nachbarstaaten können die Region destabilisieren. Einen Präzedenzfall dazu gab es in den 1970er Jahren im Libanon. Damals benutzten Ägypten und Syrien die palästinensischen Flüchtlinge dazu, den Libanon zu destabilisieren. Die Folge war der Bürgerkrieg, der von 1975 bis 1990 dauerte und von dem sich der Libanon noch immer nicht erholt hat. Heute können die Flüchtlinge, die über den Balkan oder das Mittelmeer nach Europa fliehen, dort ebenfalls Staaten destabilisieren. Die wachsende Fremdenfeindlichkeit in Europa ist eine erste Folge des Flüchtlingsstroms.[33]

Dabei hatte Assad in einem Interview mit dem *Wall Street Journal*, das am 31. Januar 2011 erschien,[34] noch gesagt, Syrien sei stabil und nicht anfällig für Unruhen wie in Tunesien und Ägypten. Wenn man dort die Notwendigkeit für Reformen nicht erkannt habe, sei es nun eben zu spät. Die politischen Führer müssten mehr tun, um den politischen und wirtschaftlichen Bedürfnissen der Menschen gerecht zu werden. Aus diesem Grund bereite er in Syrien weitere Reformen vor. Mit seiner Aussage, dass Syrien nicht wie Ägypten sei, sollte Assad auf andere Weise Recht behalten, als er meinte. Denn in Ägypten schlug die Armee zwei Jahre später die Revolution mit einem Putsch nieder; der syrischen Armee gelang das nicht, und mehrere Faktoren bewirkten, dass sich der Konflikt in Syrien zu einem Flächenbrand ausweiten konnte, der nicht mehr zu kontrollieren ist.

Die Ägypter fühlen sich als Ägypter. Wer im Niltal lebt, hat eine ägyptische Identität, das gilt auch für die Minderheit der christlichen Kopten. In Syrien gab es jedoch nie ein starkes syrisches Nationalgefühl. Ein Syrer kann unterschiedliche Identitäten haben, jede steht für eine andere Ebene des Konflikts. So werden Identitäten aus dem Gegensatz von Stadt und Land abgeleitet; aus Religionen wie Islam und Christentum; aus Konfessionen wie den Sunniten, den schiitischen Alawiten und den Drusen; aus den Ethnien der Araber und Kurden; aus den Stämmen in der Peripherie.

Diese Mischung wird explosiv, weil sich nahezu jede Gruppe auf eine Schutzmacht jenseits der Grenzen verlassen kann: auf Iran als Schutzmacht der Schiiten, auf Saudi-

Arabien als die der Sunniten; Stämme wie die Schammar leben auch im Irak und in Saudi-Arabien; Kurden und Drusen
leben in Nachbarstaaten. Als die Schutzmächte eingriffen,
wurde der Konflikt, der als eine Rebellion der unterentwickelten ländlichen Gebiete mit ihrer überwiegend sunnitischen Bevölkerung gegen die Metropole Damaskus begonnen hatte, konfessionalisiert. Die sunnitische Unterschicht
lebt an den Rändern der großen Städte, in diesen stellen die
nichtsunnitischen Muslime aber einen hohen Anteil der
Elite.

Der Konflikt begann am 15. März 2011, als Jugendliche in
Daraa, einer Stadt im Süden Syriens, regimekritische Graf-
fiti an Häusermauern sprühten. Staatliche Sicherheitskräfte
nahmen sie fest und folterten sie. Drei Tage später protestierten Bewohner der Stadt gegen die Gewalt des syrischen
Staates. Die Proteste griffen auf andere syrische Städte über.
Auch dort standen zunächst friedliche Demonstranten Si-
cherheitskräften gegenüber, die Schlagstöcke und Schnell-
feuerwaffen einsetzten. Die Proteste weiteten sich aus.
Demonstranten forderten in immer mehr Provinzstädten
ein Ende der staatlichen Willkür und Korruption, mehr
Mitsprache und eine Förderung ihrer vernachlässigten Regionen, nicht aber Assads Sturz. In der jüngeren Geschichte
Syriens waren alle Aufstände von der Provinz ausgegangen.
Ein überwiegend sunnitisches Prekariat, das Opfer der Im-
portliberalisierung und einer mehrjährigen Dürre geworden
war, begehrte auf. Assad wäre der dritte Präsident geworden,
der nach Ben Ali in Tunesien und Mubarak in Ägypten gestürzt würde. Seine Sicherheitskräfte schossen scharf. Die
ersten Demonstranten wurden getötet.[35]

Noch im selben Jahr kam nach der lokalen eine zweite,
regionale Ebene hinzu. Um sich selbst zu verteidigen, grif-

fen die Demonstranten zu den Waffen. Versorgt wurden sie von Saudi-Arabien und Qatar, die Assads Sturz herbeiführen wollten.[36] Dann verwies Iran am 15. Januar 2012 auf den iranisch-syrischen Beistandsvertrag, der Teheran das Recht gibt, Syrien auf dessen Boden zu verteidigen. Darauf reagierte wiederum Abu Muhammad al-Dschaulani, der Führer der Nusra-Front, die ursprünglich ein Ableger des »Islamischen Staats im Irak« war, sich im April 2013 aber Al-Qaida anschloss und erklärte, nun habe der Dschihad in Syrien begonnen. Iran entsandte rasch die Elite-Einheit der »Qods-Brigaden«, woraufhin die sunnitischen Golfstaaten ihre Waffenlieferungen an die Rebellen erhöhten. Das wiederum veranlasste Iran, seine Unterstützung für das Regime auszuweiten.

Die Spirale der Gewalt war in Gang gesetzt. Ein Jahr nach dem Beginn der Proteste war aus dem Konflikt ein Stellvertreterkrieg konkurrierender Mächte geworden.[37] Die Rivalität zwischen den Regionalmächten Saudi-Arabien und Iran wurde zum Brandbeschleuniger des Konflikts. Saudi-Arabien will Syrien aus dem »schiitischen Halbmond«, der von Teheran über Bagdad nach Beirut reicht, herauslösen und in Damaskus eine sunnitische Vasallenregierung einsetzen; Iran will sich jedoch über Syrien den Zugang in den Libanon bewahren. Damit entscheidet sich in Syrien die Ordnung des Nahen Ostens und wer sie bestimmt: Saudi-Arabien oder Iran. Jede der beiden Regionalmächte hat ein vitales Interesse daran, seinen Einflussbereich in Syrien zu festigen und den Konflikt für sich zu entscheiden.

Die dritte, globale Ebene wurde erstmals im Januar 2012 deutlich. Russland legte mit Verweis auf die Erfahrungen in Libyen, wo der Westen im Jahr zuvor den Sturz des Gewaltherrschers Gaddafi durch die Rebellen ermöglicht hatte, im

UN-Sicherheitsrat gegen einen Resolutionsentwurf sein Veto ein. Die Resolution sollte Druck auf Assad ausüben und die Grundlage für eine mögliche Intervention werden.[38] Dann brachten die Außenminister Amerikas und Russlands im Juni 2012 in Genf zehn Staaten zusammen.[39] Sie einigten sich auf eine Vereinbarung, die den politischen Übergang regeln und damit den Krieg in Syrien beenden sollte. Kernstück der »Genf I« genannten Vereinbarung war ein *transitional governing body*, eine Regierung mit umfassenden exekutiven Vollmachten, an der Mitglieder der aktuellen Regierung und der Opposition beteiligt sein sollten. Der erste diplomatische Anlauf zur Beilegung des Konflikts in Syrien scheiterte aber – wie alle späteren. Diesmal war der Grund, dass keine Einigung über Assads Zukunft erzielt wurde. Russland bot an, nur zu Beginn der Übergangsperiode an Assad festzuhalten. Das Regime schien militärisch kurz vor dem Ende. Amerika und der Westen bestanden daher auf Assads sofortigem Rücktritt.

Eine Chance wurde vertan, und der Konflikt entwickelte eine Eigendynamik. Auf dem Schlachtfeld wendete sich das Blatt zugunsten des Regimes, sodass Saudi-Arabien reagierte. Im Herbst 2013 schloss das Königreich 13 salafistische Milizen zur »Islamischen Front« zusammen, die 50 000 Mann unter Waffen hatte. Der frühere saudische Geheimdienstchef Turki al-Faisal Al Saud verglich die saudische Syrienpolitik mit der Unterstützung des Dschihad in Afghanistan in den 1980er Jahren, die ja erfolgreich gewesen sei, weil sich die Rote Armee letztlich aus dem Land zurückgezogen habe. In Syrien trug die saudische Politik nun dazu bei, dass die zerrissene syrische Opposition immer mehr auf einen bewaffneten Aufstand setzte und nicht mehr auf Politik.[40] Qatar, die Türkei und Saudi-Arabien »waren nicht besonders wählerisch bei der Zuteilung von Waffen, solange die Empfänger ordentlich kämpften«.[41]

Der saudische Geheimdienstchef Bandar Bin Sultan Al Saud wurde am 14. April 2014 jedoch abgesetzt, weil sich seine Strategie als völliger Fehlschlag erwiesen hatte. Sie hatte den Aufstand radikalisiert und zur unkontrollierten Ausbreitung von Gewalt geführt. »Bandar hatte ein riskantes Blatt schlecht gespielt.«[42] Andererseits war der amerikanische Präsident Barack Obama nicht zu einer Intervention bereit, auch nicht nach dem Überschreiten der »roten Linie« durch den Giftgasangriff des syrischen Regimes am 6. August 2013 auf den Damaszener Vorort Ghouta. Obama hatte erkannt, »dass die amerikanische Militärmacht nicht imstande ist, die Konflikte der Region zu lösen, und dass eine begrenzte Intervention nur den Weg für immer neue und immer weiter gehende Forderungen ebnen würde«.[43]

Auch eine zweite Konferenz in Genf, die am 22. Januar 2014 begann, scheiterte. Washington akzeptierte zwar zwei russische Bedingungen von Genf I: Zum einen sollte Assads Abgang nicht länger Vorbedingung für die Einleitung des Übergangsprozesses sein, und zum anderen sollten beide Konfliktparteien gleichbehandelt werden. Doch es war zu spät. Auf dem Schachtfeld war das Regime im Vorteil, Russland saß am längeren Hebel und war nicht zu Konzessionen bereit. Die Diplomatie zwischen Amerika und Russland glich »einem Dialog von Taubstummen«.[44] In Abwandlung eines Bonmots des früheren US-Außenministers Henry Kissinger lässt sich sagen: Für einen Krieg in Syrien braucht man Iran, für den Frieden aber Russland, das dazu jedoch keine Bereitschaft zeigt.

Der »Islamische Staat« hatte inzwischen vom Zerfall des Staates profitiert. Sein Anführer, Abu Bakr al-Baghdadi, hatte schon im Sommer 2011 seinen Stellvertreter, Abu Muhammad al-Dschaulani, nach Syrien geschickt. Der gründete die Terrorgruppe Nusra-Front, die im Januar 2012 den ersten Terroranschlag in Damaskus verübte. Als sich Dschaulani vom »Islamischen Staat« löste, setzte ein Bruderkrieg zwischen diesem und der Nusra-Front ein. Der »Islamische Staat« gewann ihn und begann seinen Eroberungsfeldzug. Innerhalb eines Jahres eroberte er jeweils ein Drittel Syriens und des Irak. Die unterlegene Nusra-Front aber, die sich von April 2013 bis Juli 2016 offiziell zu Al-Qaida bekannte, ging eine Allianz mit den »gemäßigten« Rebellengruppen ein, sodass sich beide behaupten konnten.

Von denen, die die Proteste begonnen hatten, war nichts mehr übrig. Die Proteste des Jahres 2011 waren von den Initiatoren der »Damaszener Erklärung für den demokratischen Wandel in Syrien« getragen worden. Im Oktober 2005 hatten säkulare Oppositionelle und die Muslimbruderschaft gemeinsam diese »Damaszener Erklärung« als Plan für einen demokratischen Wandel vorgelegt. Bereits 2012 waren die säkularen Aktivisten aber aufgerieben, und das sunnitische Stadtbürgertum, das mit den Ideen der Muslimbrüder sympathisierte, war bestenfalls noch im Exil eine Kraft.

Salafistische Brigaden, die sich aus den Elendsvierteln am Rande der großen Städte rekrutierten, dominierten bald die bewaffneten Rebellen. Der »Islamische Staat« wiederum rekrutierte sich vor allem aus jungen nichtsyrischen Dschihadisten, auch aus Europa. Im September 2014 handelte Amerika wieder. Nach dem Eroberungsfeldzug des »Islamischen Staats« rief Präsident Obama die Anti-IS-Koalition aus. Der Krieg gegen den »Islamischen Staat« war wichtiger geworden als der Konflikt zwischen dem syrischen Regime und den Rebellen.

Der Nahostexperte Tim Eaton von der britischen Denk-fabrik Chatham House identifiziert sechs entscheidende Etappen, die den Verlauf des Konflikts veränderten:[45] Den Übergang von friedlichen Protesten in einen Bürgerkrieg, spätestens im Juli 2012; die Weigerung Obamas, nach dem Giftgasangriff vom August 2013 zu intervenieren; das Wachstum der extremistischen Rebellengruppen, die spä-testens 2015 die gemäßigten zahlenmäßig übertrafen; die Ausrufung des »Kalifats« durch den »Islamischen Staat« im Juni 2014; die russische Intervention im September 2015; die Eroberung von Ost-Aleppo durch Einheiten des Regimes sowie, vor allem, durch schiitische Bodentruppen aus Iran und dem Libanon im Dezember 2016. Dadurch kontrolliert das Regime wieder die vier größten Städte Syriens, die über eine Achse miteinander verbunden sind.

Die Bevölkerung ist erschöpft und kriegsmüde. Der Sy-rienbeauftragte der UN, Staffan de Mistura, klagt, dass »bislang jede einzelne Regel des humanitären Völkerrechts missachtet worden«[46] sei und dass es »Angriffe auf alles und jeden« gebe. Doch noch immer versorgen die ausländischen Sponsoren die Konfliktparteien mit Waffen, sobald eine davon in die Defensive gerät. Das führt zu einer militäri-schen Pattsituation, in der keine Seite die andere militärisch besiegen kann.[47] Um den Krieg zu beenden, wäre eine Ver-ständigung auf allen drei Ebenen erforderlich, auf der loka-len, regionalen und globalen, was der Quadratur des Kreises entspräche. Die lokalen Akteure beharren auf ihren Ma-ximalforderungen und können sich so nicht auf ein politi-sches Abkommen verständigen. Es hätte auch keine Chance, solange die regionale und globale Unterstützung fehlt. Der Strom von Flüchtlingen wird daher nicht versiegen.

Im Herbst 2017 scheint eine Ebene des Konflikts in Syrien, nämlich die zwischen dem Regime und den Rebellen, entschieden zu sein. Den Ausschlag dazu gab zum einen die russische Militärintervention zugunsten des Regimes im September 2015 und zum anderen im Juli 2017 die Einstellung der amerikanischen Waffenhilfe an die Rebellen, die sich in die Provinz Idlib als letzte Bastion zurückgezogen hatten. Die Einstellung der Waffenhilfe durch Präsident Trump war konsequent.[48] Denn die von der CIA organisierte Militärhilfe war nie mehr als eine symbolische Solidarität gewesen. Der Westen hätte die bewaffnete Opposition schon früher massiv unterstützen müssen, hätte er gewollt, dass sie im syrischen Krieg überhaupt eine Chance hat. Das hatte Präsident Obama auch deshalb nicht getan, weil zu viele gelieferte Waffen bei islamistischen Extremisten gelandet waren. Die Entscheidung erkennt zudem die Kräfteverhältnisse in Syrien an: Assad wird bleiben, weil Russland für ihn den Krieg gewonnen hat. Außerdem verdeutlicht sie die amerikanischen Prioritäten in Syrien: den »Islamischen Staat« zu bekämpfen und den iranischen Einfluss einzudämmen, nicht aber Assad zu stürzen. Die Entscheidung hat Folgen. Denn wer bisher gegen Assad gekämpft hat, wird sich jetzt islamistischen Gruppen anschließen.

Im Jahr 2017 trat der Kampf um Syrien in eine neue Phase. Syrien zerfällt (neben der autonomen kurdischen Region und den Resten des »Islamischen Staats«) in drei Einflussbereiche: Russland sichert sich den Westen, Iran kontrolliert den Großraum Damaskus (und nähert sich damit Israel) und Amerika die Region östlich des Euphrat, wo es mit den Kurden zusammenarbeitet. Dort bahn sich ein Kampf zwischen Amerika und Iran an. Iran will den *schiitischen Halbmond* von Teheran über Bagdad nach Damaskus und Beirut zu einem Korridor ans Mittelmeer erweitern. Das wollen Washington und Saudi-Arabien verhindern. Die Konstellationen des Kriegs verändern sich in Syrien also, der Krieg aber bleibt. Die Konflikte in Syrien sind nicht gelöst, solange die externen Akteure konträre Ziele verfolgen. Weitere Phasen des langen Kriegs stehen bevor. Am 20. Januar 2018 begann die Türkei eine Boden- und Luftoffensive gegen den kurdischen Kanton Afrin. Ein weiterer Konflikt droht wegen der iranischen Präsenz in Syrien, die sowohl die sunnitischen Muslime wie Israel beenden wollen.

## Libyen – Land der Milizen

Tripolis, Dienstag, den 13. September 2011. Im Mai 2011 haben Nato-Flugzeuge den gesamten Militärkomplex Bab Al-Aziziya, in dem Muammar al-Gaddafis Palast gelegen hat, in Schutt und Asche gelegt. Der Raketeneinschlag hat auch die Fassade mit der Balustrade stark zerstört. Von eben dieser hat Gaddafi seine großen Ansprachen gehalten, die das Fernsehen in alle Welt übertrug. Der Militärkomplex war durch mehrere Wälle gegen Eindringlinge geschützt. Die Libyer, für die der Komplex seit Gaddafis Flucht aus Tripolis Mitte August nicht mehr die Festung ist, von der Schrecken ausgeht, sondern ein beliebtes Ausflugsziel,[49] hatten nur diese Balustrade gekannt. 1986 hatte Gaddafi von dort gesprochen, nachdem amerikanische Flugzeuge das Gebäude nur leicht zerstört hatten. Seither stand davor eine Skulptur des sozialistischen Realismus: eine gewaltige Faust, die ein amerikanisches Flugzeug zerdrückt.

Am 22. Februar 2011 zog ein traumatisiert wirkender Gaddafi von hier aus mehr als eine Stunde lang über die »Ratten« her, die sich gegen ihn erhoben hatten, fuchtelte mit der rechten Hand immer wieder mit einem Manuskript in Richtung einer imaginären Zuhörerschaft und drohte seinen Feinden mit der Auslöschung.[50] Er brachte anschließend seine Armee vor der Hafenstadt Benghasi, dem Zentrum des Aufstands, in Stellung. »Ein Erfolg Gaddafis hätte allen anderen Despoten grünes Licht gegeben, ihre Kettenhunde loszulassen.«[51] Gaddafis Rhetorik schürte Ängste vor Massakern wie in Ruanda und Srebrenica. Die Nato begann am 19. März mit ihren Bombardements, auch der Komplex Bab al Aziziya wurde zerstört.

Gaddafi war abgetaucht. Am 20. August, dem Jahrestag der Eroberung Mekkas durch Mohammed, eroberten die Rebellen den gefürchteten Komplex. Seither ziehen endlose Autokarawanen durch das einstige Zentrum von Gaddafis Macht, schwingen die Flagge des libyschen Staates vor der Ära Gaddafi. Junge Männer schießen als Ausdruck ihrer Freude mit der Kalaschnikow in die Luft, andere rufen »Allahu akbar«, »Gott ist am größten«. Vor den verkohlten Überresten eines Zelts steht ein junger Libyer und schüttelt den Kopf. Hier hatte Gaddafi, auf dem Boden sitzend, Gäste empfangen und das Bild Libyens in der Welt geprägt. Im Palmenhain daneben lagen die Stallungen für die Kamele, deren Milch Gaddafi trank. »Das ist doch nicht libysch«, sagt der junge Mann, »in einem Beduinenzelt schlafen und sich mit Kamelen umgeben.« Am 20. Oktober 2011 entdeckten Rebellen Gaddafi auf der Flucht und töteten ihn. Er wurde an einem unbekannten Ort in der Wüste beigesetzt.

Der Aufstand in Libyen wurde der entscheidende Wendepunkt des Jahres 2011. Denn die bedrohten Herrscher sahen, dass ein bewaffneter Aufstand erfolgreich sein kann, wenn er von außen unterstützt wird. Russland, das eine Resolution des UN-Sicherheitsrats zu Libyen noch hatte passieren lassen, legte danach sein Veto gegen Resolutionen zu anderen Ländern ein. »Der nachfolgende Sturz Libyens in den Bürgerkrieg wurde zu einem Lehrbeispiel für die Gefahren der Intervention und eines Staatszerfalls«, schrieb der amerikanische Nahostexperte Marc Lynch.[52] Libyen wurde dann für viele externe Akteure zum Schlachtfeld, vor allem für die Vereinigten Arabischen Emirate und Ägypten auf der einen Seite sowie für Qatar und die Türkei auf der anderen.

Unter Gaddafi hatte Libyen kaum von seinem Ölreichtum profitiert. Der Optimismus war daher groß, dass das Land mit seiner kleinen, urbanisierten Bevölkerung zu einem Modellfall für eine positive Entwicklung werden könnte.[53] Die erste Hälfte des Jahres 2012 verlief noch in geordneten Bahnen. Es fanden Wahlen statt, die Ölproduktion stieg wieder. Doch bald erwies sich, wie schwer das Erbe der 42 Jahre langen Herrschaft Gaddafis wog. Er hatte – bis auf die Zentralbank und die Ölgesellschaft – keine Institutionen zugelassen, nur »revolutionäre Räte« seiner Volks-*Dschamahiriya*. Er allein hatte den Staat verkörpert. Er hinterließ keine Institutionen, sondern ein institutionelles Vakuum – keine Justiz, keine wirkliche Armee, sondern nur Eliteeinheiten zu seinem Schutz; keine Polizei, sondern nur »Volkskomitees« für Sicherheit.

Noch 2012 zerfiel der libysche Staat völlig. Rivalisierende Fraktionen bekämpften sich in Benghasi, wo die Revolution am 15. Februar begonnen hatte, und zerstörten weite Teile der Stadt. In dem Machtvakuum bildeten sich regionale Milizen, die die Kontrolle im Land übernahmen. Die wichtigsten Milizen waren die aus Misrata, Zintan und Tobruk sowie eine Reihe islamistischer Gruppen.[54] Sie boten Sicherheit und Arbeit, sie kontrollierten Ministerien und Behörden, und sie lenkten staatliche Gehälter in ihre Kassen. Die Lage wurde immer unübersichtlicher: Städte und Stämme kämpften gegeneinander, Dissidenten und die wenigen Technokraten blockierten sich gegenseitig, die jungen Revolutionäre hatten andere Ziele als die wenigen ehemaligen Berufssoldaten.

Islamisten bildeten in Tripolis eine Regierung, unterstützt von Qatar und der Türkei; deren Gegner scharten sich in Benghasi um Khalifa Haftar, einen General aus der Ära Gaddafi, den Ägypten, Saudi-Arabien und die Vereinigten Arabischen Emirate unterstützten. Sie hofften, dass Haftar die Kontrolle über das ganze Land übernehmen würde. Als ein möglicher Kandidat, um das zerrissene Land zu einen, gilt auch Gaddafis Sohn Saif al-Islam. Er war im November 2011 von den Milizen der Stadt Zintan im Süden Libyens festgenommen worden. Im Juli 2015 verurteilte ihn ein Gericht in Tripolis zum Tod durch Erschießen. Die Milizen von Zintan erkannten das Urteil nicht an und entließen Saif al-Islam am 9. Juni 2017 aus ihrem Gefängnis – in der Hoffnung, dass Gaddafi eine Allianz unter den großen Stämmen Libyens bilden könne.

Unter solchen Bedingungen ist der Versuch der Vereinten Nationen, eine Regierung der nationalen Einheit zu bilden, zum Scheitern verurteilt. Immerhin ist es den Vereinten Nationen im Dezember 2015 gelungen, den Bürgerkrieg für einige Monate zu unterbrechen. Normalität besteht weiterhin nur in den Regionen, in der eine Miliz das Sagen hat. Denn sie sorgen für Arbeit und setzen in ihrem Territorium ihr Recht durch. Der libysche Staat hat aufgehört zu existieren, ohne dass er indessen ganz auseinanderbricht. So kooperierten einige Milizen bei der Vertreibung des »Islamischen Staats« aus Sirte mit Einheiten der amerikanischen Armee und der libyschen Einheitsregierung von Fayez al-Sarradsch. Der »Islamische Staat« wollte in Sirte einen

Brückenkopf für seine Operationen in Europa errichten. Solange die Nachbarstaaten Libyens intakt bleiben, ändern sich die Grenzen des gescheiterten Staats nicht. In seinem Inneren zerfällt er aber in viele Teile.

## Jemen – zentrifugale Kräfte

Sanaa, Mittwoch, den 4. Mai 2011. Einige Wochen bereits wohnt Tawakkul Karman Tag und Nacht in der »Straße der Freiheit«. Eine Straße ist es nicht, eher ein unbefestigter Schotterweg. In dem Protestcamp nahe der Universität mit mehr als 2000 Zelten biegt ein Weg von der »Straße des Wandels« dorthin ab. Eine Hausnummer hat das Zelt der 1979 geborenen Aktivistin nicht. Aber jeder kennt es als das »Zelt der Würde«. Nachdem am 15. Januar die ersten Proteste gegen Präsident Ali Abdullah Salih begonnen hatten, bauten ihr Mann Muhammad al-Nahmi, ein Mathematiklehrer, und sie dort ein Holzgestell auf, nagelten es zusammen und legten blaue Planen darüber. »Das Zelt der Würde« wurde rasch das Zentrum des Protests. Tawakkul Karman, deren Vater Salih als Justizminister gedient hat und aus Protest gegen die gewaltsame Niederschlagung von Kundgebungen im Südjemen 1994 zurückgetreten ist, wurde im Januar zum ersten Mal festgenommen. Das trieb mehr Demonstranten auf die Straße, sodass sie auf freien Fuß gesetzt wurde und am 3. Februar die Demonstrationen zum »Tag des Zorns« anführte. Am 17. März wurde sie abermals für einige Tage inhaftiert.

Am Eingang ihres Zelts empfängt Tawakkul Besucher.[55] In einer Ecke schafft eine Zimmerpflanze häusliche Atmosphäre, in einer anderen springt ein Generator an, in einem zweiten Raum hängt an einem Nagel ein Bauarbeiterhelm, der bei Demonstrationen ein wenig Schutz bietet. An einem kleinen Schreibtisch verfasst sie, die zu den wenigen Frauen im Jemen gehört, die ihr Gesicht nicht verhüllen, ihre nächste Erklärung. Das kritische Denken verdanke sie ihrem Vater, sagt die eloquente Frau, die Mitglied der Islah-Partei ist, dem Ableger der Muslimbruderschaft im Jemen. Er habe mit ihr viel über Gerechtigkeit und über Fehlentwicklungen im Jemen gesprochen. Sie begann als Journalistin zu schreiben und organisierte von 2007 an jeden Dienstag vor dem Amtssitz der Regierung Kundgebungen gegen Korruption und Tyrannei.

Dieser Kreis kam, inspiriert durch den Sturz von Ben Ali, am 15. Januar wieder zusammen. Nun forderten auch sie den Sturz von Salih. Mit raschen Schritten bricht die Friedensnobelpreisträgerin[56] des Jahres 2011 zum zentralen Kundgebungsplatz auf und besteigt ein kleines Podest, von dem sie jeden Tag spricht. Sie wendet sich an die Jugend, ermutigt sie, ihr Land zu gestalten, und rüttelt die Frauen auf, sich nicht nur für sogenannte Frauenthemen zu interessieren. Es folgt ihr Ceterum censeo: »Es ist unsere Entscheidung, wann er geht, und nicht seine. Wir wollen und wir werden ihn zum Rücktritt zwingen.«

Zwei Tage später fordern vor der Universität eine halbe Million Jemeniten, Salih solle abtreten. Doch der erlebt an dem Tag auf dem »Platz der 70«, nahe der von ihm gebauten Moschee, ein Spektakel, das ihn nicht an Rücktritt denken lässt.[57] Jeden Freitag strömen die Anhänger des bedrängten Präsidenten auf dem weitläufigen Platz zusammen, um das Freitagsgebet zu verrichten, ihren Präsidenten zu hören und ihm ihre Loyalität zu bekunden. Vertreter von Stämmen kommen von weit her, Spruchbänder zeugen davon, welche Stämme ihn unterstützen. Mit Girlanden geschmückte

Porträts von Salih werden herumgetragen und zeigen ihn etwa den Koran lesend. Der Einpeitscher gibt vor: »Das Volk will ...«, und die Menge vollendet in gewaltiger Lautstärke: »Ali Abdullah Salih!« Dann tritt der frühere Offizier auf die Bühne, auf der er an den Nationalfeiertagen über viele Jahre Militärparaden abgenommen hat. Im anthrazitfarbenen Sakko schreitet er die Tribüne hinab. Jubel brandet auf, und er genießt ihn. Seine Anhänger singen die Nationalhymne. Dann versichert er der kreischenden Menge: »Wir werden bleiben, genau wie ihr wollt.« Vier Wochen später, am 3. Juni 2011, wird er bei einem Raketenangriff auf seinen Präsidentenpalast verletzt und nach Saudi-Arabien zur medizinischen Behandlung gebracht.

Am 22. Januar 2012 musste der 1942 geborene Salih, der seit 1978 Präsident des Jemen war, sein Amt an seinen Stellvertreter Hadi abgeben und abdanken. Den Plan zu diesem Machtwechsel hatten die sechs Monarchien des Golfkooperationsrats ausgearbeitet. Salih hatte das ärmste Land der arabischen Welt 34 Jahre lang zusammengehalten. In einem Interview mit der *New York Times* hatte er das Regieren im Jemen mit dem Tanz mit einer Schlange verglichen.[58] Keinem sei das so gut gelungen wie ihm. In seiner Amtszeit hatten vier Konflikte den Jemen bedroht, die als zentrifugale Kräfte den Zentralstaat schwächten: der Konflikt mit den Houthis, die Sezessionsbewegung im Südjemen, die mächtigen Stämme und Al-Qaida.

Für den Konflikt mit den Houthis trug Salih eine Mitverantwortung. Denn die Houthis, benannt nach ihrem 2004 getöteten Gründer Hussein Badr al-Din al-Houthi, hatten sich seit 2004 aus Protest gegen die Vernachlässigung ihrer Provinzen, die an der Grenze zu Saudi-Arabien liegen, in mehreren Wellen gegen die Zentralregierung erhoben. Da die Houthis zur Religionsgemeinschaft der Zaiditen gehören, die Teil des schiitischen Islams sind, wurde daraus im Laufe der Jahre ein Stellvertreterkonflikt zwischen Iran und Saudi-Arabien.

Die zweite zentrifugale Kraft ist die Sezessionsbewegung im Südjemen, der sich schon wenige Jahre nach der Vereinigung mit dem Nordjemen im Jahr 1990 ebenfalls benachteiligt fühlte. 1994 schlug die Zentralregierung Proteste im Südjemen gewaltsam nieder, worauf die Sezessionsbewegung einsetzte. Jede Kraft hat eine Schutzmacht im Ausland: Ein Teil des saudischen Königshauses unterstützte Präsident Salih, ein anderer den Südjemen aus Verärgerung darüber, dass Salih den irakischen Einmarsch in Kuwait guthieß. Iran schließlich, die Schutzmacht der Schiiten, lässt die Houthis nicht im Stich.

Die dritte zentrifugale Kraft waren und sind die mächtigen Stämme. Da der Zentralstaat immer schwach war, verdankt der Einzelne seine Sicherheit allein dem Stamm; für ihn ist der Staat daher kaum relevant. Auch der vierte Konflikt dauert an, der mit Al-Qaida. Die saudischen Kämpfer von Al-Qaida hatten sich, seitdem sie 2004 aus dem Königreich vertrieben worden waren, in den sicheren Jemen zurückgezogen und brachten dort weite Landesteile unter ihre Kontrolle.

Nach Salihs Rücktritt gab es keinen mehr, der mit der Schlange tanzen und die vier zentrifugalen Kräfte unter Kontrolle halten konnte. Salih zog sich aber nicht zurück, denn er verbündete sich mit den Feinden seiner Feinde, den Houthis. Denen war Salih willkommen, denn er schloss sich ihnen mit der Präsidialgarde unter Führung seines Sohns Ahmed Ali Salih und den Teilen der Armee an, die loyal zu ihm waren. Das Bündnis hielt nicht lange. Salih löste sich von den Houthis, und die ermordeten ihn am 5. Dezember 2017.

Von 2014 an zerfiel der Jemen und glitt in einen Bürger-krieg ab.[59] Die Houthis eroberten im September 2014 Sanaa, und der international anerkannte Präsident Hadi floh dar-aufhin nach Saudi-Arabien. Die Saudis bezeichneten die Houthi-Rebellen als Schiiten im Dienste Irans, was die Mo-bilisierung zum Kampf gegen sie erleichtern sollte. So riefen sie im März 2015 eine Koalition sunnitisch-islamischer Län-der zur Bekämpfung der Houthis ins Leben und begannen einen Krieg gegen sie. In diesem Zusammenhang zogen sie ihre Flugzeuge aus der Anti-IS-Koalition zurück.

Seit dem Beginn des Kriegs hat sich die Lage für die Jeme-niten dramatisch verschlechtert; die meisten Kinder sind unterernährt, die Cholera breitet sich aus.[60] Die Vereinten Nationen warnten im November 2017, dass jedem Vierten der 28 Millionen Jemeniten der Hungertod drohe. Saudi-Arabien begründet den Krieg damit, dass es verhindern wolle, in einem Nachbarland von einer Miliz bedroht zu werden. Ein abschreckendes Beispiel sei ihnen die Bedro-hung Israels durch die Hamas und die Hizbullah. Der Jemen ist damit neben Syrien und dem Irak ein weiteres Terrain für den Stellvertreterkrieg zwischen Saudi-Arabien und Iran. Zudem gehen Saudi-Arabien und die Vereinigten Arabi-schen Emirate, die sonst eng zusammenarbeiten, im Jemen getrennte Wege. Beide bekämpfen die Houthis, die Emirate wollen den Südjemen aber unter ihren Einfluss bringen und die Hafenstadt Aden kontrollieren, die für den Hafen von Dubai zur Konkurrenz werden könnte. Den Nordjemen wollen sie Saudi-Arabien überlassen. Auch für den Jemen gilt: Zerfallen Staaten, nutzen das einzelne Länder, um ihre Macht auszubauen.

# Zerfall der regionalen Ordnung

## Geschwächt: die sunnitisch-arabische Welt

Amuda, Sonntag, den 7. Dezember 2014. Ein Jahrhundert nach dem großen Versprechen soll die Selbstbestimmung der Kurden Wirklichkeit werden. Die Sieger des Ersten Weltkriegs hatten ihnen 1920 im Friedensvertrag von Sèvres einen eigenen Staat versprochen. Drei Jahre später rückten sie im Vertrag von Lausanne davon wieder ab. Erst die innerarabischen Konflikte der Gegenwart haben neue Gelegenheiten für die Selbstbestimmung eröffnet. Eine davon war der erste Golfkrieg. Denn nach der Befreiung Kuwaits hat die Resolution 688 des UN-Sicherheitsrats vom 5. April 1991 über dem Nordirak eine Flugverbotszone eingerichtet; sie legte den Grundstein für eine Autonomie der drei irakischen Kurdenprovinzen Arbil, Dohuk und Sulaimaniya. Seit dem Sturz Saddam Husseins im April 2003 haben sie ihre Autonomie ausgebaut.

Von dem Zerfall des Irak haben die Kurden im Nordirak profitiert; Nutznießer des Zerfalls von Syrien sind die Kurden im Norden Syriens. So einigten sich am 12. November 2013 die kurdische Partei PYD, die Partei der christlichen Assyrer und einige kleinere Parteien, im Norden Syriens eine Übergangsverwaltung einzurichten und dort – trotz des Krieges – die Verwaltung und Versorgung von mehr als vier Millionen Menschen sicherzustellen. Dazu gründeten sie entlang der Grenze zur Türkei drei Kantone; im Januar 2014 nahmen die Autonomieverwaltungen der Kantone Cizire, Kobane und Afrin ihre Arbeit auf.

Im September 2014 rückten Kämpfer des IS auf die kurdische Stadt Kobane vor und nahmen sie teilweise ein. Daraufhin wurde die Anti-IS-Koalition unter amerikanischer Führung gegründet. Sie und die Miliz der syrischen Kurden, die YPG, fügten dem IS in den folgenden Monaten die erste Niederlage zu. Die Miliz nahm dem IS weiteres Territorium ab, im Juni 2015 schlossen die Kurden die beiden Kantone Cizire und Kobane zusammen. Dann verhinderte die Bodenoffensive der türkischen Armee, die im Sommer 2016 begann, dass die beiden Kantone mit dem dritten Kanton, Afrin, zu einem zusammenhängenden Kanton zusammenwachsen konnte.

Hauptstadt von Cizire, des größten der drei Kantone, ist Qamishli. Aus Sicherheitsgründen haben die syrischen Kurden den Regierungssitz aber in Amuda eingerichtet, in einer Kleinstadt, die etwas verschlafen wirkt; der Krieg scheint weit weg. Das bescheidene dreistöckige Gebäude, in dem die Legislative und die Exekutive ihren Sitz haben, fällt in dem Gewirr der engen Straßen kaum auf.[61] Es liegt in einer staubigen Seitengasse, lediglich ein Schlagbaum und aufgeschichtete graue Backsteine kündigen es an, einige Uniformierte halten mit umgehängter Kalaschnikow Wache. Ein großes Schild über dem Haupteingang in den drei offiziellen Sprachen des Kantons – Kurdisch, Arabisch und Suroyo der assyrischen Christen – klärt auf: Das ist der Sitz des Parlaments und des Exekutivkomitees.

Hier haben sich 52 Parteien und gesellschaftliche Gruppen auf den Schlüssel für die Zusammensetzung des Übergangsparlaments geeinigt: 61 Kurden, 25 Christen und 15 Araber bilden das Parlament. Damit über ein Gesetz abgestimmt werden kann, müssen von jeder Gruppe mindestens zehn Abgeordnete anwesend sein. Dem Übergangsparlament steht der 1959 geborene Hekem Xelo als Präsident vor. Bis vor Kurzem hat er noch als Architekt gearbeitet. Er sagt:

»Die Revolution von 2011 hat die Grundlage für einen neuen Gesellschaftsvertrag geschaffen, der alle Ethnien anerkennt, der Pluralismus in der Politik und in der Gesellschaft garantiert.« Das sei das wichtigste Projekt der neuen Selbstverwaltung in Rojava, also dem in Syrien gelegenen Westkurdistan. Dieser Gesellschaftsvertrag sei die Antwort auf die Herrschaftspraktiken des Baath-Regimes, das ja stets von oben per Dekret regiert hat.

*

Im Irak wie in Syrien reagieren die Kurden auf den anhaltenden Krieg und den Staatszerfall. In Syrien rief am 17. März 2016 eine Versammlung kurdischer, christlich-assyrischer, arabischer und turkmenischer Delegierter die völkerrechtlich nicht anerkannte »Föderation Nordsyrien – Rojava« aus. Am 25. September 2017 stimmten in den drei kurdischen Provinzen der autonomen Region Irakisch-Kurdistan sowie in Gebieten, die wie die Stadt Kirkuk sowohl von den Kurden wie von der irakischen Zentralregierung beansprucht werden, in einem nicht verbindlichen Referendum 92 Prozent für eine Unabhängigkeit vom Irak. Massud Barzani, der Präsident von Irakisch-Kurdistan, hatte zuvor erklärt, die offiziellen Staatsgrenzen in der Region hätten nichts mehr zu bedeuten, sie seien Geschichte. »Die Tage des Irak als eines Staates mit einer starken Zentralregierung sind vorbei.«[62] Nun gehe es um Selbstbestimmung.

Ein Jahr davor hatte er gesagt, die Kurden trügen keine Verantwortung dafür, dass der Irak geteilt sei. Da es im Irak keine Kultur der Koexistenz gebe, müsse nach anderen Möglichkeiten gesucht werden.[63] Die irakische Regierung erkannte das Referendum nicht an, und am 16. Oktober 2017 rückte die irakische Armee ohne Gegenwehr in Kirkuk ein. Noch im Juni 2014 waren die irakischen Soldaten vor dem anrückenden IS aus Kirkuk geflohen, die kurdischen Peschmerga-Milizen hatten die Stadt aber verteidigt.

Die heftigsten Proteste gegen das Referendum kamen nicht aus der arabischen Welt, sondern von der Türkei und Iran, die die Auswirkungen des kurdischen Strebens nach Unabhängigkeit auf ihre kurdischen Minderheiten fürchteten. Die erhoffte Unabhängigkeit blieb aus. Barzani, der als Präsident von 2005 bis 2017 der kurdischen Regionalregierung vorstand, geriet wegen seiner Fehleinschätzung in die Defensive[64] und erklärte am 29. Oktober seinen Rückzug von der Politik.

Dass Äußerungen wie die Barzanis im Rest der arabischen Welt keinen Sturm der Entrüstung mehr auslösen, sagt viel über deren Zustand aus. In der Vergangenheit stieß noch jede kurdische Initiative für Selbstbestimmung auf geschlossenen arabischen Widerstand. Heute aber sind die Araber mit sich selbst beschäftigt, mit den Kriegen in ihren Ländern und mit den innersunnitischen Konflikten, die die arabische Welt lähmen.

Jenseits des Zerfalls von Staaten schwächen vier Konflikte die arabische Welt.[65] Eine regionale Ordnung kann nur dann geschaffen und stabil gehalten werden, wenn alle vier gelöst werden. Erstens gehört dazu der große Konflikt zwischen Saudi-Arabien und Iran um die Vormacht in der Region; er äußert sich in Stellvertreterkonflikten im Irak und in Syrien, auch im Jemen und in Bahrain. Damit bekommen lokale Konflikte eine regionale Dimension; die Einmischung von außen unterläuft die Demokratisierung und treibt die Länder in Bürgerkriege. Die Schutzmächte lösen keine Probleme, sie gießen neues Öl ins Feuer.

Zweitens zermürben sich sunnitische Länder selbst und fordern sich in zusätzlichen Stellvertreterkriegen heraus. Dabei stehen auf der einen Seite Saudi-Arabien und die Vereinigten Arabischen Emirate, die den politischen Islam als Gefährdung ihrer eigenen Herrschaftsmodelle bekämpfen, und auf der anderen Qatar und die Türkei, die sich als Schutzmächte der Muslimbruderschaft in Szene setzen. Letztere erwarten, dass langfristig die Muslimbruderschaft die dominierende politische Kraft in der arabischen Welt sein wird. Denn die Muslimbrüder haben seit den Massenprotesten von 2011 die meisten freien Wahlen entweder gewonnen, etwa in Ägypten und in Marokko, oder sie haben, wie in Tunesien, gut abgeschnitten. Zudem spielen sie in Libyen und in der syrischen Exilopposition eine wichtige Rolle.

Saudi-Arabien will die Führungsmacht in der arabischen Welt sein, mit den Vereinigten Arabischen Emiraten als Juniorpartner an seiner Seite, und versucht daher, mit massiven Mitteln Qatar zu einem Politikwechsel zu zwingen. Saudi-Arabien hat im Juni 2013 durchgesetzt, dass der damalige Emir Qatars, Hamad Bin Khalifa Al Thani, zugunsten seines Sohnes Tamim Bin Hamad Al Thani abdankte. Im März 2014 riefen Saudi-Arabien, die Vereinigten Arabischen Emirate und Bahrain für die Dauer von zehn Monaten ihre Botschafter aus Qatar zurück. Am 5. Juni 2017 brachen sie die diplomatischen Beziehungen zu Qatar ganz ab, schlossen die Grenzen und verhängten ein umfassendes Embargo.

Ziel der Operation ist, dass Qatar auf die Linie Saudi-Arabiens und der Vereinigten Arabischen Emirate einschwenkt, dass es also die Unterstützung für die Muslimbrüder und für andere Islamisten aufgibt, beispielsweise für die Hamas, die islamistische palästinensische Terrororganisation in Gaza. Ebenso soll Qatar auf Distanz zu Iran gehen, mit dem es das weltweit größte Gasfeld teilt.

Die dritte Konfliktebene ist die ständige Gefährdung arabischer Staaten durch die transnationale Ideologie und den Terror des dschihadistischen Salafismus, die die Staaten schwächt und auch den inneren Zusammenhalt der Gesellschaften bedroht. Gegen den Terror des Dschihadismus mag eine bloß militärische Lösung möglich sein. Der Salafismus in seiner dschihadistischen Ausprägung ist jedoch eine Ideologie, die sich des Terrors bedient, und daher nicht allein militärisch zu lösen ist.

Viertens schwebt schließlich der Konflikt zwischen Israel und den Palästinensern seit Jahrzehnten wie ein Damoklesschwert über der Region. Denn externe Kräfte wie Iran und die Hizbullah rechtfertigen ihr Handeln mit der Befreiung Jerusalems. Sie beziehen ihre Popularität in der arabischen Welt aus ihrem »Widerstand« gegen Israel.

Die Folgen der vier Konflikte sind immer schwieriger zu beherrschen und einzudämmen. Am Ende des 20. Jahrhunderts, als die regionale Ordnung weitestgehend eine »Pax Americana« war, war das noch einfacher. Heute aber findet der Kampf um eine neue Ordnung in aller Härte statt. Er soll entscheiden, wer künftig das Sagen haben wird: Saudi-Arabien oder Iran. Er soll entscheiden, ob im arabischen Osten und auf der Arabischen Halbinsel eine »Pax Saudica« herrscht oder aber eine »Pax Iranica«.[66]

Die Terroranschläge vom 11. September 2001 markieren für die regionale Ordnung eine Zäsur. Als eine erste Folge der Anschläge begann noch im selben Jahr der amerikanische Krieg gegen Afghanistan, das Rückzugsgebiet von Al-Qaida. Eine zweite Folge war zwei Jahre später der

Sturz Saddam Husseins durch eine internationale Allianz unter Führung der Vereinigten Staaten. Danach stationierten die USA 160 000 Soldaten im Irak. Keiner der beiden Kriege war, gemessen an ihren Zielen, ein Erfolg. In den USA wuchs die Kriegsmüdigkeit. Bereits Präsident George W. Bush (2001–2009) lehnte es ab, den Krieg auf Syrien und Iran auszuweiten, um auch dort einen Regimewechsel herbeizuführen. Stattdessen fuhren die Amerikaner ihr Engagement im Nahen Osten wieder zurück. Von den traditionellen vier arabischen Regionalmächten waren da bereits drei ausgeschieden: der Irak wegen des Bürgerkriegs, Syrien aus eigener Schwäche und Ägypten, weil Präsident Mubarak das Land in die Stagnation geführt hatte.

Saudi-Arabien blieb als einzige arabische Ordnungsmacht übrig. Sein wichtigstes Ziel ist, den Einfluss des Erzfeindes Iran einzudämmen. Dazu will es eine breite Allianz auf die Beine stellen. Im April 2008 nannte der damalige König Abdullah Bin Abd al-Aziz Al Saud im Gespräch mit dem US-Botschafter in Riad, Ryan Crocker, Iran eine »Schlange«, deren Kopf abgeschlagen werden müsse.[67] Israel zeigte sich erfreut, und eine – zunächst geheim gehaltene – Allianz Israels mit Saudi-Arabien und anderen Golfstaaten gegen Iran bahnte sich an.

Aufgrund der amerikanischen Passivität witterten auch andere Staaten in der Region eine Gelegenheit, ihren Einflussbereich auszubauen: Die Türkei will sich, nach dem Ende ihres europäischen Traums, ein neues Betätigungsfeld im Nahen Osten erschließen, und Qatar strebte zunächst danach, seinen sagenhaften Gasreichtum und die Medienmacht seines Nachrichtensenders al-Jazeera in politische Macht umzumünzen. Damit scherte Qatar früh aus der arabischen Einheitsfront, die Saudi-Arabien anstrebte, aus und ging, etwa im Jemen und in Palästina, aber auch gegenüber Iran eigene Wege.

Drei große arabische Mächte sind also ausgefallen – der Irak, Syrien und Ägypten; Amerika hat sich teilweise zurückgezogen; neue Akteure wie Qatar und die Türkei, wie Iran, aber auch die Vereinigten Arabischen Emirate haben begonnen, das Vakuum zu füllen. Sie sehen eine Gelegenheit, die Region, die sich bereits verändert hat, zu ihren Gunsten und zu ihrem Vorteil zu gestalten und machen damit alle Hoffnungen auf einen friedlichen und demokratischen Wandel zunichte. Vielmehr befeuern sie die einzelnen lokalen Konflikte, die inzwischen zu einem großen Flächenbrand verschmolzen sind. Marc Lynch bilanziert daher: »Vereinfacht gesagt, befürwortete die Obama-Regierung einen demokratischen Wandel in Ägypten, ein Atomabkommen mit Iran, ernsthafte israelisch-palästinensische Friedensgespräche und eine politische Lösung in Syrien. Saudi-Arabien – und Israel – wollten genau das Gegenteil.«[68]

## Der Grundkonflikt: Saudi-Arabien gegen Iran

Basra, Donnerstag, den 27. November 2014. Es wird Abend. Freiwillige aller Altersstufen, nicht nur junge Männer, auch Rentner, versammeln sich auf einem kleinen Exerzierfeld nördlich von Basra, der größten Stadt im schiitischen Südirak.[69] Es sind Männer in Kampfuniform mit Barett und Männer im bodenlangen Gewand der Araber, der *Gallabiya*; ein Querschnitt durch die Bevölkerung. Am Horizont ziehen dort, wo Öl gefördert und abgefackelt wird, schwarze Rauchschwaden über das flache Land und über die Palmenhaine. Funktionäre in Anzügen nehmen die letzten noch fehlenden Daten der Rekruten auf. Der Kommandeur wird angekündigt, und die etwa zweihundert Männer in Uniform stellen sich in Reih und Glied auf und marschieren, nicht gerade im Gleichschritt, unter Führung ihrer künftigen Ausbilder in die Mitte des Exerzierfelds, wo sie, vor ihren Freunden, um das Rednerpult eine Hufeisenform bilden.

Der Kommandeur, ein Offizier der regulären irakischen Armee, greift zum Mikrofon und sagt ihnen, wie wichtig die Volksmobilisierung angesichts des gefährlichen und nahen Feindes sei. Denn seit Juni 2014 überrennen die Kämpfer des IS weite Teile des Irak, sie bedrohen die Hauptstadt Bagdad, wo die Schiiten inzwischen die Mehrheit stellen, und selbst den schiitischen Südirak. Dann werden die jungen und nicht mehr so jungen Rekruten der Volksmobilisierung vereidigt. Sie rufen »*Labbaik ya Hussein*«, also »Zu deinen Diensten, oh Hussein«. Mit diesem Ruf ziehen schiitische Muslime in den Kampf, und mit diesen Worten versprechen sie Hussein, dessen Märtyrertod 680 in Kerbela die Geburtsstunde des schiitischen Islams war, dass sie mit ihrem Leben und mit allem, was sie haben, für seine edle Sache kämpfen.

Der »Islamische Staat« hatte am 10. Juni 2014 Mossul eingenommen, und die Soldaten der regulären irakischen Armee hatten die zweitgrößte Stadt des Irak den Dschihadisten kampflos überlassen. Der Ruf der Armee, die nach der 2003 erfolgten Auflösung durch den amerikanischen Zivilverwalter Paul Bremer neu aufgebaut worden war, war so schlecht, dass sie Probleme hatte, junge Iraker zu rekrutieren. Die schlossen sich aber in Scharen den schiitischen Milizen an, etwa den *Badr*-Brigaden von Hadi al-Amiri und den *Asaib Ahl al-haq*, die beide unter starkem iranischen Einfluss standen, sowie den *Saraya al-salam*, den »Friedensbrigaden« des Predigers und irakischen Nationalisten

Muqtada al-Sadr. Allein Letztere hatten in Basra mehr als 50 000 Mann unter Waffen, und jederzeit hätten sie zusätzlich 10 000 Freiwillige mobilisieren können. Alle diese Milizen hatten in Syrien gekämpft und kämpften dort weiter.

Am 16. Juni 2014 – ungleich schneller als die USA – hatte der schiitische Großajatollah Ali al-Sistani auf den Blitzkrieg des IS reagiert. In einer Fatwa rief er zur »Volksmobilisierung« (*al-hashd al-shaabi*) auf. Die Fatwa löste einen Ansturm auf die Rekrutierungsbüros aus, nicht allein in Basra. Er hatte in der modernen Geschichte des Irak nur eine Parallele: Als 1920 schiitische Religionsgelehrte die Iraker dazu aufriefen, das britische Joch abzuwerfen. Al-Sistanis Fatwa habe das Blatt gewendet, sagt in Basra der schiitische Parlamentsabgeordnete Falih al-Khazali, der in Syrien gekämpft und dort sein rechtes Auge verloren hat: »Seither sind wir in der Offensive.«

Gemeinsam mit anderen schiitischen Milizen haben diese neuen Einheiten der Volksmobilisierung Städte und Gegenden vom »Islamischen Staat« zurückerobert. Die neue schiitische Volksmobilisierung steht im Dienst des Staats. Denn die reguläre irakische Armee verteilt aus Beständen Waffen an sie, und die irakische Regierung zahlt den Milizionären den Sold. Unterstützt und ausgebildet werden die Milizen vor allem von iranischen Revolutionswächtern, denn diese irakischen Milizen sind für die Iraner wichtige Garanten dafür, dass ihr Einfluss im Irak intakt bleibt.

*

Die iranische Revolution von 1979 hat wie kein zweites Ereignis die regionale Ordnung verändert. Damals stürzten Revolutionäre aus vielen Schichten der Gesellschaft einen

Machthaber, der mit dem Westen eng zusammengearbeitet hatte. Sie errichteten eine Republik, hielten Wahlen ab. Unter den Revolutionären setzte sich der islamische Flügel um Ajatollah Khomeini durch, und so wurde Iran eine Islamische Republik. Der iranische Nationalismus, der im Krieg von 1980 bis 1988 gegen den Irak populär geworden war, verband sich nun mit der Ideologie des schiitischen Islams. Diese Ideologie zielt darauf, die Diskriminierung der schiitischen durch die sunnitischen Muslime zu beenden und dem für rechtmäßig gehaltenen schiitischen Glauben Geltung zu verschaffen.

Zunächst wollte die Islamische Republik Iran den Islam selbst als Mobilisierungskraft nutzen, und so beanspruchte sie, nicht nur die schiitischen Muslime zu vertreten, sondern für alle Muslime zu sprechen. Als Minderheit innerhalb des Islams hätten die revolutionären schiitischen Iraner unter den anderen Muslimen aber kaum ein Echo auslösen können. Einige Jahre funktionierte das aber, beispielsweise als Iran als Schutzmacht der Hamas und der Hizbullah Sympathien in der gesamten arabischen Welt gewann. Im Krieg von 2006 leistete die Hizbullah Israel länger als erwartet Widerstand. Der Wandel setzte in dem Augenblick ein, als die Hizbullah nicht mehr als eine islamische Widerstandsorganisation wahrgenommen wurde, sondern nur noch als schiitische Bewegung im Libanon, die sich beispielsweise 2008 in Beirut Straßenschlachten mit sunnitischen Bewaffneten lieferte. Seither bestimmt sie immer stärker die politische Agenda des Landes.

Die Behauptung, dass die Hizbullah ihre militärische Macht nur gegen Israel richte, war damit obsolet geworden. Denn nun setzte sie ihre militärische Macht auch gegen sunnitische Politik ein – erst im Libanon, später in Syrien. Die

Schiiten bauten ihren Einfluss aus, die Sunniten verloren im Irak an Macht, und auch dort gewannen die Schiiten die Oberhand. Unterstützt wurden sie dabei von Iran, das auch die Hizbullah mit Waffen belieferte. Irans schiitische Identität, die vorübergehend wegen Teherans Einsatzes für den »islamischen Widerstand« kaschiert war, wurde wieder offensichtlich. Iran konnte nicht länger verbergen, dass es in einzelnen Ländern die schiitischen Muslime mobilisiert, um seine politischen Ziele gegen die Interessen der sunnitischen Muslime zu erreichen.

In Iran konvergierten zwei Ideologien: der iranische Nationalismus, der fast nahtlos aus der säkularen Schah-Ära übernommen wurde, und die politische Ideologie des schiitischen Islams. Saudi-Arabien war alarmiert. Denn der revolutionäre Iran forderte die gesamte arabische Welt heraus, insbesondere die konservativen sunnitischen Monarchien auf der Arabischen Halbinsel, in denen teilweise bedeutende schiitische Minderheiten leben. Iran sah seine Stunde gekommen, die amerikanisch dominierte Ordnung am Golf zu verändern und selbst Hegemon zu werden.

Seit 1948, dem Jahr der Gründung des Staates Israel, war Palästina über Jahrzehnte der Schlüsselkonflikt des Nahen Ostens gewesen. Nach 1979 gab es nun einen neuen Grundkonflikt, der zudem weit mehr Zerstörungspotenzial birgt – der zwischen den Arabern und Iran. Die Saudis mussten handeln, und das taten sie auch. Um ihre Herrschaft zu legitimieren, führte der König für sich den Titel »Hüter der beiden heiligen Stätten« des Islams, Mekka und Medina, ein. Um einer Ausbreitung des als bedrohlich empfundenen schiitischen Islams entgegenzutreten, forcierten die Saudis den Export ihres eigenen Islams, des reaktionären wahhabitischen. Wo immer iranischer Einfluss sich bemerkbar machte, förderte Saudi-Arabien die Gegner Irans. Das Ziel war nicht die Eindämmung, sondern die Zerstörung von Irans revolutionärem Einfluss.[70]

Daher unterstützte Saudi-Arabien zunächst den Irak im Krieg gegen Iran, und 1990 beteiligte sich die Monarchie an der amerikanisch geführten Allianz zur Befreiung Kuwaits. Beides sollte dazu dienen, ein Bollwerk gegen Iran zu halten.[71] Die Strategie ging jedoch nicht auf. Seit Saladin 1171 die schiitische Dynastie der Fatimiden in Ägypten gestürzt und seine eigene sunnitische Dynastie begründet hatte, war die arabische Welt sunnitisch gewesen. Aber von 1979 an wuchs Irans Einfluss entlang eines »schiitischen Halbmonds«, der von Teheran über Bagdad und Damaskus nach Beirut reicht.[72] Denn zunächst ergriff 1980 der syrische Präsident Hafiz al-Assad im iranisch-irakischen Krieg Partei gegen seinen Erzfeind Saddam Hussein und setzte sich für Iran ein. Dann gründeten die iranischen Revolutionswächter, die in Iran die wichtigste Stütze der Revolution sind und als bewaffnete Institution wichtiger als die Armee wurden, 1982 im Libanon die Hizbullah. Schließlich übernahmen im Jahr 2003 die Schiiten die Macht in Bagdad.

Seither zielt die saudische Politik darauf ab, den Status quo ante aus der Zeit vor 1979 wiederherzustellen. Dabei schreckte Saudi-Arabien weder davor zurück, im Irak auch extremistische sunnitische Bewegungen zu unterstützen, noch davor, kleine Länder zu Bühnen für seinen Stellvertreterkrieg mit Iran zu machen – beispielsweise den Libanon, den Jemen und im Jahr 2011 Bahrain, wo saudische und emiratische Truppen die Rebellion der schiitischen Bevölkerungsmehrheit gegen das sunnitische Königshaus niedergeschlagen haben.

Das iranische Atomprogramm ließ die Spannungen wei

ter eskalieren. Denn die arabischen Golfmonarchien fürchten, dass Iran mit dem Atomprogramm zum Hegemon in der Golfregion aufsteigen und mächtiger als die arabischen Staaten werden könnte. Mutmaßlich dienen das Atomprogramm und das Ziel, atomwaffenfähig zu werden, in erster Linie einer defensiven Absicht. Iran fühlt sich verwundbar und von Feinden umgeben. So waren seine Nachbarstaaten Afghanistan und Irak in den Jahren 2001 und 2003 Ziele amerikanischer Invasionen; im weiteren Umfeld befinden sich zudem vier Atomwaffenmächte: Israel, Pakistan, Indien und Russland. Schließlich erwies sich in der Vergangenheit kein Nachbar als verlässlicher Verbündeter. Iran aber sieht sich selbst als eine Insel der Stabilität in einem Meer von Konflikten und Kriegen.

In einem solchen Umfeld sollen das Atomprogramm und die Entwicklung neuer Raketensysteme die Islamische Republik Iran vor einem Angriff schützen und auch vor einem Regimewechsel, der von außen angestoßen werden könnte. Nicht defensiv sind indessen die propagandistischen Hasstiraden Irans gegen Israel und die wiederholten Drohungen, Israel von der Landkarte zu tilgen.[73]

Iran ist der Gewinner der Umwälzungen, die den Nahen und Mittleren Osten in den vergangenen Jahrzehnten verändert haben. Während in seiner Nachbarschaft Staaten zerfallen, ist Iran das einzige Land in der Region mit einem modernen, funktionierenden Staat und mit einer Geschichte von 2500 Jahren Staatlichkeit.[74] In der Gegenwart nutzt Iran eine präzedenzlose Schwächephase der Araber und stößt in arabische Länder vor. Noch nie hat in der modernen arabischen Geschichte ein nichtarabisches Land in der Levante eine derartige Macht ausgeübt. Die Iraner haben keine Skrupel, sie fühlen sich mit ihrer langen Geschichte den Arabern zivilisatorisch weit überlegen. Seit der Einigung über sein Atomprogramm mit der Staatengemeinschaft im Juli 2015 streift Iran zudem die Sanktionen ab, die das Land mehr als ein Jahrzehnt gelähmt haben. Iran verfügt nun über mehr Mittel, um nicht allein die Modernisierung seiner Wirtschaft, sondern auch seine Expansion in der arabischen Welt zu finanzieren.

In der Ölpolitik nimmt Iran ebenfalls unbeeindruckt den saudischen Fehdehandschuh auf. Saudi-Arabien will mit einem niedrigen Ölpreis vor allem amerikanische Fracker und Iran treffen. Iran bleibt jedoch gelassen. Denn die Wirtschaft des Landes ist diversifiziert und weniger vom Öl abhängig als es die Golfmonarchien sind.[75] Irans Staatshaushalt basiert auf Steuern, nicht auf Öleinnahmen. Zudem hat sich Iran während der Sanktionen von importierter Technologie unabhängig gemacht und kommt selbst bei einem niedrigen Ölpreis über die Runden. Während der Sanktionen hat sich das Land an einen geringen Ölexport gewöhnt. Iran hat daher gute Karten, den Konflikt mit Saudi-Arabien für sich zu entscheiden. Auch militärisch ist Iran nicht unterlegen, selbst wenn die Islamische Republik eher auf Masse setzt und das saudische Königreich auf moderne amerikanische Technologie. So stehen den 523 000 Iranern unter Waffen lediglich 227 000 saudische Soldaten gegenüber. Irans Panzer und Kampfflugzeuge sind allerdings veraltet.[76]

Im Konflikt zwischen dem Königreich Saudi-Arabien und der Islamischen Republik Iran geht es um politische Macht und um die Vormachtstellung in der Region. Beide Akteure setzen die Religion als mächtiges Instrument ihrer Politik ein. Saudi-Arabien hat dabei mehr zu verlieren, es muss gegen den iranischen Expansionismus rasch Erfolge vorweisen; daher setzt das Königreich zur Mobilisierung auf den

Konfessionalismus, macht also – zumindest bis 2017 – den wahhabitisch-sunnitischen Islam zu einem Instrument seiner Politik und schürt damit einen Glaubenskrieg.[77] Aber auch Iran setzt bei seiner Expansion auf die konfessionelle Mobilisierungskraft, und das fachte den Flächenbrand im Nahen Osten kräftig an. Dabei machen sich die regionalen Akteure die inneren Konflikte gescheiterter Staaten zunutze. Indem sie einen bestehenden Konflikt konfessionalistisch aufheizen, rückt ein Kompromiss in weite Ferne.

Die Iraner sind fest davon überzeugt, dass sie ihren Einfluss ausbauen können und dass sie den Sieg davontragen werden. Daher sind sie auch zu keinem Kompromiss bereit: Schließlich verspricht die Fortsetzung des Konflikts ja ein besseres Ergebnis als jeder Kompromiss. Andererseits sehen die Saudis die sunnitischen Muslime im Osten der arabischen Welt einer existenziellen Bedrohung ausgesetzt, sollte die eingetretene Verschiebung der Macht nicht rückgängig zu machen sein. Der Konfessionalismus dient daher der maximalen Mobilisierung. Und so nehmen die Bauern auf dem Schachbrett ihren Konflikt als einen zwischen Sunniten und Schiiten wahr. Solange das funktioniert, lassen die Strategen in Riad und Teheran nicht vom Konfessionalismus ab.[78]

Theologische Unterschiede trennen Sunniten und Schiiten. Die Schiiten erkennen nur Ali als rechtmäßigen Kalifen und als einzigen göttlich legitimierten Nachfolger des Propheten an, nicht aber die ersten drei Kalifen Abdallah Abu Bakr, Omar Ibn al-Khattab und Othman Ibn Affan. Sie erkennen damit auch nicht die Sunna an, also die Sammlung der Worte und Taten des Propheten, die durch diese drei Kalifen überliefert wurden. Selbst bei einer Annäherung der beiden Konfessionen würde dieser gravierende theologische

Unterschied bestehen bleiben. Noch schwerer wiegen indessen die unterschiedlichen Grundsätze der Legitimation: Für die Sunniten ist jede Herrschaft legitim, die sich durchgesetzt hat und ein islamisches Leben ermöglicht; auf diese Weise, so das Argument, verhindere Allah Chaos und sichere Stabilität und Frieden. Für die Schiiten steht hingegen die eigene Opferbereitschaft im Vordergrund, mit der sie der Tyrannei der Usurpatoren ein Ende bereiten und auf Erden wieder die Gerechtigkeit ermöglichen wollen, die mit dem Martyrium von Hussein im Jahr 680 in der Schlacht bei Kerbela verloren gegangen sei.

Der Konflikt zwischen dem sunnitischen Saudi-Arabien und dem schiitischen Iran wird damit zu einem existenziellen Glaubenskonflikt. In diesem hat sich die Balance kräftig verschoben. So sind die Schiiten, die in der Geschichte benachteiligt waren und unterdrückt wurden – sie selbst nennen sich *Mustadhafun*, die »Diskriminierten« –, heute in der besseren Position. Die Sunniten aber, lange die Herren, fühlen sich in Ländern wie dem Irak und in Syrien marginalisiert, und die Golfaraber fürchten, dass sich ihre schiitischen Bürger in der saudischen Ostprovinz, in Kuwait und in Bahrain erheben könnten. Um die Schiiten im Königreich einzuschüchtern, ließ Saudi-Arabien am 2. Januar 2016 deren geistlichen Führer, Nimr al-Nimr, hinrichten. Für die Schiiten war das eine weitere Kriegserklärung durch ihre sunnitischen Glaubensfeinde.

Indem Saudi-Arabien und Iran den Gegensatz von Sunniten und Schiiten instrumentalisieren, reaktivieren sie dabei auch jene geschichtlichen Erinnerungen, die ihre Beziehungen belasten, etwa die Plünderung der den Schiiten heiligen Stadt Kerbela 1802 und die Zerstörung der schiitischen Friedhöfe in Medina 1806 durch wahhabitische Saudis.

Beide Seiten rufen mit der Konfessionalisierung zudem in Erinnerung, dass sie sich gegenseitig die Legitimität absprechen, in der islamischen Welt zu herrschen.

»Trotz dieser historischen Spannungen ist die Spaltung erst in der Gegenwart zu einem beherrschenden Thema geworden und ein Vehikel für eine neue Form der Re-Islamisierung beider Akteure«,[79] sagt der libanesische Politikwissenschaftler Tariq Mitri. In Gesellschaften, die heterogen und damit gespalten sind, suche man in seiner eigenen Geschichte nach Anknüpfungspunkten, um seine Identität zu finden. Diese Identität ist nicht naturgegeben. »Man wird nicht als Schiit geboren, man wird dazu gemacht. Man wird nicht als Sunnit geboren, man wird dazu gemacht«, sagt Mitri.[80] Erst die bewusste Erziehung forme einen Schiiten und mache ihn zu einem, der die Sunniten hasse. Um das zu ändern, brauche man eine Generation oder länger.

Der Konfessionalismus ist zum einen ein wichtiges Vehikel für die Re-Islamisierung in der Gegenwart. Er ist zum anderen auch eine Kampfansage an den Nationalstaat, der durch die autoritären Machtstrukturen und totalitären Ideologien ohnehin in einer Krise steckt. Der ägyptische Politikwissenschaftler Soltan erklärt, worin die Unterschiede liegen: »Beim Nationalismus geht es um einen Staat, beim Sunnismus und beim Schiismus aber nicht um einen Staat, sondern um Macht.«[81] Der Konfessionalismus ist also transnational und greift über eine Nation hinaus. Wenn dann der territoriale Nationalismus nicht länger als Ordnungsprinzip wirksam ist, kann ihm der Konfessionalismus den Todesstoß versetzen.

Die konfessionalistische Mobilisierung, wie sie Saudi-Arabien und Iran schüren, fordert ein weiteres Opfer: die gemäßigten Gruppen.[82] Denn die Schutzmächte, die an religiöse Identitäten appellieren, fördern gezielt jene, die ihre Politik am wirksamsten vertreten. Das sind aber meistens die radikalsten Gruppen, die auch exklusiver als die gemäßigten Gruppen vorgehen. Eine konfessionalistische Politik marginalisiert damit gemäßigte Positionen.

So sind im Irak bereits die schiitischen Milizen der »Volksmobilisierung«, die mit dem Schlachtruf »Zu deinen Diensten, oh Hussein« in den Kampf ziehen, radikaler als der schiitische Mainstream. Andererseits unterstützen die sunnitischen Mächte in Syrien auch Extremisten wie die Nusra-Front, weil sie glauben, dass diese effizienter als gemäßigte Sunniten kämpfen. Fatal ist, dass sich in der Gegenwart dieser konfessionalistische Gegensatz über die meisten Konflikte in der arabischen Welt legt, ausgenommen die inneren Konflikte in Ägypten und den Bürgerkrieg im sunnitischen Libyen. Fatal ist auch, dass diese Politik die Konflikte weiter anheizt.

## Ungeliebter Stabilitätsanker: Saudi-Arabien

Berlin, Freitag, den 27. Mai 2016. Iran ist das große Thema des saudischen Außenministers al-Jubeir. Saudi-Arabien wolle mit Iran Handel treiben und seine Ressourcen nicht in die Sicherheit investieren, sondern in die wirtschaftliche Entwicklung, sagt er in einem Interview im Berliner Hotel Adlon.[83] »Wir haben aber den Punkt erreicht, an dem wir sagen: Genug ist genug.« Iran müsse sich entscheiden, ob es ein revolutionärer Staat sein wolle oder ein Nationalstaat.[84] Sein Misstrauen gegenüber Iran hat auch einen persönlichen Hintergrund. Am 11. Oktober 2011 gab der damalige US-Justizminister Eric Holder bekannt, es sei ein Anschlag irani-

scher Agenten auf al-Jubeir, der von 2007 an saudischer Botschafter in den Vereinigten Staaten war, verhindert worden.

Der Karrierediplomat al-Jubeir wurde am 29. April 2015
zum Außenminister ernannt. Dabei ist Außenpolitik in
Saudi-Arabien Chefsache. Als Abd al-Aziz Al Saud, der
Gründer des Königreichs, die Institutionen seines jungen
Staates schuf, richtete er 1930 auch ein Außenministerium
ein und machte seinen Sohn Faisal Bin Abd al-Aziz Al Saud
zum ersten Chefdiplomaten. Bis auf wenige Jahre waren
Faisal und – von 1975 an – sein Sohn Saud al-Faisal Al Saud,
mit Ausnahme der Jahre 1960 bis 1962, die einzigen Außenminister.

Auf Saud al-Faisal folgte al-Jubeir. Mit seiner Ernennung
zum Außenminister zeigte die Königsfamilie, welch großes Vertrauen sie in ihn hat, indem sie ihn das Königreich
in diesen turbulenten Zeiten außenpolitisch vertreten lässt.
In einem Umfeld zerfallender Staaten und des Niedergangs
der regionalen Ordnung versteht sich Saudi-Arabien als
Ordnungsmacht: »Wir wollen die territoriale Integrität der
Länder erhalten«, sagt al-Jubeir. Das sei »sakrosankt«. Dazu
müsse man auch an der Wirtschaft ansetzen, müsse man
Arbeitsplätze und Chancen schaffen, Wachstum erzeugen.
»Das bringt Stabilität. Ohne gute Regierungsführung kann
das nicht gelingen.« Gebraucht würden transparente Regierungen, die etwas leisten. »Dann wird es Diktaturen, die auf
externe Abenteuer setzen, um eigenes Scheitern zu rechtfertigen, nicht länger geben.«

*

Aus saudischer Perspektive zerfällt die arabische Welt, und
das nicht erst seit dem Jahr 2011. Der Zerfall hat schon früher

eingesetzt. Eine große Verantwortung trägt dafür, so sieht es Saudi-Arabien, die amerikanische Politik: mit der Invasion im Irak, vor der Saudi-Arabien gewarnt hat; mit dem Zögern in Syrien, das Assads Macht stabilisiert und Irans Einfluss stärkt; mit dem Atomdeal mit Iran, der Teheran ermuntere, in Saudi-Arabiens Hinterhöfe einzudringen. Daher habe Saudi-Arabien, so das Selbstverständnis in Riad, keine andere Wahl gehabt, als das Heft des Handelns selbst in die Hand zu nehmen. Denn während Obamas Amtszeit sah sich Saudi-Arabien zwischen Skylla und Charybdis, zwischen den Übeln der »iranischen Aggression« und der »amerikanischen Passivität«.

Nie zuvor war in Riad ein amerikanischer Präsident so kühl empfangen worden wie am 21. April 2016 Obama. Die beiden Länder, die seit dem Ende des Zweiten Weltkriegs eine enge strategische Partnerschaft verbunden hat, haben sich auseinandergelebt. Damit standen sich zum Ende der Amtszeit Obamas zwei konträre Doktrinen gegenüber. Die Obama-Doktrin lautete, der Nahe Osten sei für Amerika immer weniger relevant, auch dank der Möglichkeiten, die das sogenannte Fracking für die Förderung amerikanischen Erdöls bietet. Der Blick richte sich nun nach Asien (*pivot to Asia*). In seiner Nahostpolitik stand für Obama im Vordergrund, die nukleare Gefahr durch Iran zu entschärfen. Obama forderte von Saudi-Arabien sogar, sich mit Iran die Region zu »teilen«. Riad ging darauf ebenso wenig ein wie auf den Vorschlag eines früheren iranischen Diplomaten, der die OSZE als Vorbild für eine neue regionale Sicherheitsarchitektur am Golf empfahl. Der Nukleus könne die P5+1-Gruppe sein, also die sechs Staaten plus Iran, die das Atomabkommen ausgehandelt haben, ergänzt um die sechs Staaten des Golfkooperationsrats (GCC) und den Irak.[85]

Als Reaktion entstand die Salman-Doktrin: Saudi-Arabien will unter König Salman Bin Abd al-Aziz Al Saud, der im Januar 2015 den Thron bestiegen hat, die Region nicht mit Iran teilen, sondern alleinige Hegemonialmacht sein. Als die Saudis im Frühjahr 2015 den Krieg im Jemen begannen, war die Ansage: Jetzt führen wir.[86] Dazu gab der damalige zweite Kronprinz Muhammad Bin Salman Al Saud im Dezember 2015 die Gründung einer islamischen Militärallianz zur Bekämpfung des Terrors mit Sitz in Riad bekannt, der mehr als 40 Nationen angehören. An der Spitze steht zwar ein pakistanischer General, die Allianz ist jedoch ein Instrument der saudischen Politik. Im Oktober 2017 nahm Muhammad Bin Salman, inzwischen Kronprinz, die Hizbullah ins Visier.

Seit der iranischen Revolution 1979 hatte in der Region ein – wenn auch fragiles – Gleichgewicht bestanden: Saudi-Arabien und die USA auf der einen Seite und Iran auf der anderen. Unter Obama zogen sich, so der saudische Eindruck, die USA aber aus der Gleichung zurück, beispielsweise mit ihrem verfrühten Abzug aus dem Irak, den sie somit Iran überließen. Die Gleichung hieß dann nur noch: Iran versus Saudi-Arabien; ein wirkliches Gleichgewicht war das nicht mehr. Saudi-Arabien war sich auch nicht mehr sicher, wie weit es sich auf die amerikanische Sicherheitsgarantie für die Golfstaaten verlassen konnte. Das Königreich hatte aber keine starken sunnitisch-arabischen Verbündeten mehr: Der Irak war durch den Sturz Saddam Husseins gewissermaßen an Iran gefallen, und die Ägypter fallen als regionale Akteure aus, da sie bisher nicht einmal in der Lage sind, in ihrem Land Ordnung herzustellen.

Unterdessen wurde Iran für Saudi-Arabien zu einer Obsession. Oft ist in Riad zu hören, Iran dränge wieder an das östliche Mittelmeer, wie in der Antike unter der Herrschaft der Achämeniden. Das hat Iran teilweise bereits geschafft. Es ist, neben Qatar, der wichtigste Unterstützer für die Hamas im Gazastreifen, im Libanon geht ohne die schiitische Hizbullah nichts, und in Syrien sind die von Iran geführten schiitischen Milizen die wichtigsten Bodentruppen des Regimes. Die iranischen Revolutionswächter feiern zudem an jedem letzten Freitag im Ramadan auf den Straßen Teherans den »Qods-Tag«, den »Jerusalem-Tag«. Bei den staatlich organisierten Massendemonstrationen, die seit 1979 abgehalten werden, fordert das Regime die Befreiung von Jerusalem und droht Israel mit Vernichtung. Jerusalem, das Iran angeblich »befreien« will, liegt ebenfalls nahe am Mittelmeer.

Iran setzt zwei Instrumente ein, um seine Macht zu demonstrieren: seine internationalen Milizen und seinen Status als Fast-Nuklearmacht. Und so fühlt sich Saudi-Arabien eingekreist: von der Fast-Nuklearmacht Iran im Osten; den schiitischen Milizen in Syrien und im Irak im Norden; schließlich im Süden, also im Jemen, von den Houthi-Rebellen, die Iran unterstützt. Unter Obama haben sich die Golfaraber daran gewöhnt, allein gegen Iran zu stehen. Ein *game changer* wurde Donald Trump, der seit Januar 2017 amerikanischer Präsident ist. Saudi-Arabien sieht nun einen Neustart der traditionellen strategischen Partnerschaft mit Washington und ein gemeinsames Vorgehen mit dem Ziel, Teheran zurückzudrängen.

Außenminister al-Jubeir hat im Interview indirekt gesagt, dass es Saudi-Arabien, einer absoluten Monarchie, nicht um Demokratie geht. Oberste Priorität ist vielmehr, den Fortbestand der arabischen Nationalstaaten und ihrer Institutionen zu gewährleisten, unabhängig von deren innerer Ordnung. Daher hat sich Saudi-Arabien 1990, als irakische Truppen in

Kuwait einmarschierten, der internationalen Koalition zur Befreiung Kuwaits angeschlossen. Kuwait durfte nicht von der Landkarte verschwinden.

Als sich dann nach dem Sturz Saddam Husseins im Jahr 2003 die Balance in der Region dramatisch verschob, unterstützten die Saudis im Irak die sunnitischen Aufständischen in der Hoffnung, damit einen Beitrag zu leisten, um den Status quo ante wiederherzustellen. Saudi-Arabien will an den Nationalstaaten festhalten, und es will die bestehenden Grenzen nicht verändern. Denn die Saudis haben eine Abneigung gegen transnationale Ideologien, gegen den Panarabismus ebenso wie gegen den politischen Islam der Muslimbruderschaft.

Saudi-Arabien ist sowohl ein Teil des Problems als auch ein Teil der Lösung. So ist das Königreich das Ursprungsland eines intoleranten wahhabitischen Islams, den es seit 1961 gezielt exportiert hat[87] und der die ideologische Grundlage von Terrorgruppen ist, von Al-Qaida über Boko Haram und den somalischen Schabaab bis zum »Islamischen Staat«. Anlass für den Export des Islams saudischer Prägung war der Kampf um die Vorherrschaft in der arabischen Welt Anfang der 1960er Jahre.

Auf der einen Seite standen danach das prosowjetische Ägypten unter Nasser und das ebenso linke Syrien, auf der anderen das erzkonservative, aber prowestliche Saudi-Arabien. Um die Gefahr des Panarabismus und des arabischen Sozialismus Nassers abzuwehren, gründete Saudi-Arabien 1962 die »Islamische Weltliga«. Sie wurde das wichtigste Instrument des Königreichs, seinen Islam weltweit zu verbreiten, also Moscheen, Schulen und islamische Kulturzentren zu bauen und sie mit Predigern auszustatten, die in Saudi-Arabien ausgebildet worden waren. König Faisal (1964–1975) aktivierte dazu die wahhabitischen Theologen Saudi-Arabiens, die er 1972 über den neu gegründeten »Hohen Rat der Religionsgelehrten« in die staatliche Bürokratie einband.

Dank des raschen Anstiegs des Ölpreises von 1973 an konnte Saudi-Arabien jedes Jahr mehr als fünf Prozent seines Bruttoinlandsprodukts für die »islamische Solidarität« ausgeben, die es dem arabischen Nationalismus Nassers entgegensetzte. Als weiteres Instrument gründete das Königreich im Jahr 1969 die »Organisation der Islamischen Konferenz« (OIC), die heute »Konferenz für islamische Zusammenarbeit« heißt und die ein politischer Zusammenschluss von Staaten der islamischen Welt ist.

Der »Islam-Export«, den der innerarabische Konflikt zwischen Saudi-Arabien und Ägypten angestoßen hat, erhielt im Jahr 1979 drei weitere Impulse: Erst wurde er mit der Revolution in Iran zu einem Abwehrschild gegen den iranisch-schiitischen Revolutions-Export; dann, nach der Besetzung der Großen Moschee von Mekka durch Anhänger des puritanischen Extremisten Dschuhaiman al-Utaibi am 20. November 1979, wurde er auch als Argument im Inneren eingesetzt, um die Kritik an dem angeblichen unislamisch werdenden Königreich aufzufangen; schließlich bot der sowjetische Einmarsch in Afghanistan islamistischen Extremisten außerhalb ihrer Heimatländer ein Betätigungsfeld als *Mudschahidin*[88] gegen die Rote Armee. Nach der Invasion der Sowjetunion in Afghanistan, die am 25. Dezember 1979 begann, erklärten viele islamische Religionsgelehrte den Dschihad gegen die Besatzer zur Pflicht eines jeden Muslims; der Westen unterstützte diese *Mudschahidin*. Die Sowjetunion zog ihre Truppen im Februar 1989 ab. Das Feuer des Dschihad war jedoch entfacht, und Afghanistan ist bis heute ein Land im Kriegszustand.

Saudi-Arabien ist, wie bereits angedeutet, auch ein Teil der Lösung. Glaubwürdig ist die Entzauberung der zerstörerischen Ideologie vor allem dann, wenn sie durch ihre Urheber selbst, durch saudische Theologen, erfolgt; dazu muss sich Saudi-Arabien aber im Inneren verändern. Zudem ist Saudi-Arabien die einzige verbliebene arabische Ordnungsmacht. Selbst wenn sich viele im Westen aus verständlichen Gründen gegen eine Zusammenarbeit mit Saudi-Arabien sträuben: Sollte auch Saudi-Arabien scheitern und zerfallen, wäre die Region ohne eine Macht, die noch wenigstens einen Rest Ordnung aufrechterhält. Die Folgen des Kollapses für die Ausbreitung des islamistischen Terrors, der nach den Stätten Mekka und Medina greift, und für das Auslösen neuer Flüchtlingsströme wären unabsehbar.

Saudi-Arabien benutzt zur Erreichung seiner Ziele gewissermaßen zwei Identitäten, eine arabische und eine islamische. Einerseits nennt sich der Staat »Königreich Saudi-*Arabien*«, andererseits lautet der Titel des Königs »Hüter der beiden heiligen Stätte« Mekka und Medina. Fühlen sich die Saudis in der Defensive, nutzen sie den Islam, der sich effektiv mobilisieren lässt; fühlen sie sich sicher, nutzen sie den Arabismus, ohne deswegen ganz auf die islamische Karte zu verzichten, beobachtet der ägyptische Politikwissenschaftler Soltan.[89] Fühlen sie sich stark, wollen sie, wie in den 1990er Jahren und seit Mitte 2017, ihr Land modernisieren.

Saudi-Arabien ist ein islamischer Staat, in dem die Scharia eine bedeutende Rolle für die Gesetzgebung spielt und in dem die wahhabitische Geistlichkeit lange einen starken Einfluss hatte. Die saudische Elite fühlt sich jedoch, anders als zu Beginn der »islamischen Solidarität« in den 1960er Jahren, immer weniger dem Islamismus verpflichtet, also dem zu Politik gemachten Glauben. Der saudische Staat hat begonnen, den Einfluss der religiösen Institutionen einzuschränken, was immer wieder zu Spannungen führt, denen der Staat jedoch nicht ausweicht. Der Einfluss der Geistlichkeit auf die Justiz und das Bildungswesen wurde in den vergangenen Jahren erheblich beschnitten, eingeschränkt wurde die Macht der Religionspolizei.

Drei unterschiedlich große Gruppen bilden Saudi-Arabien – die königliche Familie, die Religionsgelehrten und die Gesellschaft –, und die Veränderungen in ihrem Verhältnis zueinander zeigen, wohin sich das Königreich bewegt. Die Al Saud sind weiter für Außen- und Sicherheitspolitik zuständig; die Kaste der Religionsgelehrten, die Jahrzehnte die Innen- und Gesellschaftspolitik bestimmt haben, müssen einen Teil ihrer Macht abgeben, seitdem sie mit einem Islamismus-Export außerhalb der staatlichen Kontrollen das Primat der Al Saud in der Außenpolitik unterlaufen haben; Einfluss gewinnen die Händlerfamilien und die Gesellschaft, die nicht mehr nur in der Wirtschaft freie Hand haben.

Änderungen bleiben von westlichen Augen oft unbemerkt. So sind selbst die großen Einkaufsmalls ein Mittel, um die Macht der Religionsgelehrten einzudämmen, denn der Konsumismus fördert eine säkulare Individualisierung der Bürger. Eine weitere Rolle spielen die arabischen Medien, die immer mehr in saudischer Hand sind. Die meisten von ihnen senden keine religiösen, sondern Unterhaltungsprogramme. Sie zeigen unverschleierte Frauen, obwohl die Religionsgelehrten Frauen aus dem öffentlichen Raum verbannen wollten. Die Religionsgelehrten lehnen kategorisch jegliche Musik ab, in den Malls ist jedoch neuerdings Hintergrundmusik wie im Westen zu hören. Für westliche Beobachter mögen das kleine Schritte sein, für Saudis sind es kleine Revolutionen am Beginn größerer Veränderungen.

Das führte zu einem Graben zwischen denen, die weniger religiös sind, und dem religiösen Establishment, das etwa im »Hohen Rat der Religionsgelehrten« organisiert ist und weite Teile der Justiz kontrolliert. Lange wäre es für das Haus Saud gefährlich gewesen, hätten sich die ewiggestrigen Religionsgelehrten marginalisiert gesehen und die islamische Identität des Staats in Frage gestellt. Dann hätte der sogenannte »Islamische Staat« als »legitimer Repräsentant eines sunnitischen Islams« auftreten können. Bereits König Abdullah hat die Macht der Religionsgelehrten beschnitten, unter König Salman setzte sich dieser Prozess fort, und seit dem Jahr 2017 gehen die Reformer nicht mehr schrittweise vor.

Vier große Konstanten bestimmen die Politik Saudi-Arabiens: die Dynastie Saud, der Islam, die Nähe zu den USA und die geostrategische Bedeutung des Erdöls. Ihr Zusammenspiel bestimmt die aktuelle Stellung des Landes und seine Politik. So legitimiert der Islam – wenn auch in abnehmendem Maße – die Herrschaft, die USA stellen idealerweise eine Sicherheitsgarantie, und das Erdöl sichert den Wohlstand. Über allen Faktoren steht die Dynastie Saud. Allein der König legt die Politik fest, und in Krisenzeiten finden sich die Prinzen zu einem Schulterschluss zusammen, um den Fortbestand der Herrschaft zu sichern.

Aber es kommt allein auf den König an. Als Abdullah 2005 den Thron bestieg, ersetzte er die Gefolgsleute seines Vorgängers Fahd mit eigenen Vertrauten. Als ihm der 1935 geborene Salman 2015 auf dem Thron folgte, tat der das Gleiche und besetzte mehr als tausend Posten neu. Die wichtigste Ernennung war, dass er seinen 1985 geborenen Sohn Muhammad Bin Salman zum zweiten Kronprinzen, Verteidigungsminister und Vorsitzenden des mächtigen Wirtschaftsrats machte, der die Richtlinien für die Wirtschafts-, Finanz- und Ölpolitik festlegt.[90] Es folgten weitere Ämter, etwa an der Spitze der Anti-Korruptions-Kommission. Seither hat Muhammad Bin Salman mit einem radikalen Umbau Saudi-Arabiens begonnen. Mit seiner Berufung zum ersten Kronprinzen im Juni 2017, der 31 der 34 Mitglieder im Familienrat zugestimmt haben, hat er noch mehr Macht. Zum ersten Mal in der Geschichte des Königreichs hat ein König einen Sohn zum Kronprinzen berufen. Zuvor war seit dem Tod von Abd al-Aziz Al Saud, dem Gründer des Königreichs, im Jahr 1953 auf einen König immer einer von den Söhnen des Staatsgründers gefolgt. Jetzt steht aber der Übergang zu der Generation der Enkel des Staatsgründers bevor, was faktisch vollzogen ist.[91]

Damit die Stabilität der Ordnungsmacht gewährleistet wird, muss sie in den kommenden Jahren zentrale Elemente ihres Fundaments ändern und dabei drei Herausforderungen bewältigen: Erstens muss die Dynastie Al Saud einen neuen Vertrag mit der Gesellschaft schließen. Bislang hat ein beispielloser Wohlfahrtsstaat jeden Untertan von der Wiege bis zu Bahre versorgt, und der hat im Gegenzug auf politische Partizipation verzichtet. Die Erlöse aus der Erdölförderung machten das möglich, das Erdöl hat als Schmiermittel gedient. Dieses Modell funktioniert jedoch nicht mehr, denn die Bevölkerung wächst schnell, der Ölpreis wird auf absehbare Zeit aber niedrig bleiben.

Zweitens muss die Dynastie ihren faustischen Pakt mit der wahhabitischen Geistlichkeit auslaufen lassen. Dieser legitimiert zwar die Herrschaft des Hauses Saud seit mehr als 200 Jahren, die wahhabitische Ideologie ist jedoch eine Last geworden, da sie mit der Moderne nicht kompatibel ist. Drittens kann es sich Saudi-Arabien nicht mehr lange leisten, ein Synonym für Reformstau zu sein. In keinem anderen Land der arabischen Welt ist, das zeigen Umfragen, der Wunsch nach Veränderungen größer als in Saudi-Arabien.[92] Die bisherige Formel »Fortschritt ohne Wandel« hielt nicht mehr, denn die saudische Jugend erwartet Reformen. 90 Prozent der befragten saudischen Jugendlichen sagen, die »Führer der arabischen Welt sollten mehr tun, um die individuellen Grundrechte und die Rechte der Frauen zu verbessern«. Das ist ein höherer Prozentsatz als in jedem anderen Land der arabischen Welt.

Vor diesem Hintergrund hat König Salman seinen Sohn Muhammad Bin Salman beauftragt, ein umfassendes Reformprogramm zu erarbeiten. Am 25. April 2016 stellte er die Grundzüge der »Vision 2030« vor.[93] Die Idee ist, über grundlegende Änderungen in der Wirtschaft indirekt gesellschaftliche Veränderungen auszulösen.[94] Ein Beispiel: Frauen stellen bereits zwei Drittel der Universitäts-Absolventen. Mit ihren Abschlüssen geben sie sich nicht mehr mit der Tätigkeit im Haushalt zufrieden, denn sie wollen Arbeit, die ihren Qualifikationen entspricht. Im Herbst 2017 arbeiteten aber erst 21 Prozent der saudischen Frauen außerhalb des Haushalts. Zudem waren die Frauen vom öffentlichen Leben ausgeschlossen, jetzt werden sie ein sichtbarer Teil der Wirtschaft, der Gesellschaft und auch der Politik. Dazu trägt auch die Aufhebung des Frauenfahrverbots durch König Salman Ende September 2017 bei.[95] Frühere Anläufe dazu waren an ideologischen Einwänden der Ewiggestrigen gescheitert.

Sollen künftig mehr Frauen arbeiten, müssen sie selbst zur Arbeit fahren können. Im Herbst 2017 waren noch 800 000 ausländische Arbeitnehmer als Fahrer beschäftigt, 87 Prozent aller Haushalte hatten einen Fahrer angestellt. Im

September 2017 stimmten schließlich die Religionsgelehrten der Aufhebung des Frauenfahrverbots zu.

Am 24. Oktober 2017 kündigte Muhammad Bin Salman an, Saudi-Arabien zu einem gemäßigten Islam zurückzuführen, der offen gegenüber der Welt und allen Religionen sei. Er wolle die »destruktiven Ideen« der religiösen Extremisten zerstören und den Extremismus beenden, sagte der Kronprinz. Denn die Saudis wollten ein normales Leben führen, die Religion und die Traditionen sollten sich in Toleranz ausdrücken.[96] Dazu hatte er bereits zuvor die Macht der gefürchteten Religionspolizei beschnitten.

Das Haus Saud nimmt die Religionsgelehrten zunehmend an die kurze Leine, und es geht auf seine Untertanen zu, will sie zu Bürgern machen. Damit verändert sich der Gesellschaftsvertrag, auf dem das Königreich bislang ruhte. Nicht mehr die bisherige Allianz mit den wahhabitischen Religionsgelehrten soll die Monarchie legitimieren, sondern die Unterstützung durch die Gesellschaft. Um diese sicherzustellen, fielen 2017 zahlreiche Beschränkungen – etwa das Frauenfahrverbot und das Stadionverbot für Frauen, die nun endlich Zuschauerinnen bei Sportveranstaltungen sein können. Zudem dürften Frauen Fatwas, also islamische Rechtsgutachten, erlassen. Es finden erstmals öffentliche Konzerte statt und zum ersten Mal seit 1979 sollen im März 2018 wieder Kinos öffnen.

Ein Paukenschlag war, als der Generalstaatsanwalt am 4. November 2017 im Rahmen der Anti-Korruptions-Ermittlungen die Festnahme von 208 Personen anordnete. Unter ihnen waren prominente Mitglieder der königlichen Familie, ehemalige Minister und führende Unternehmer des Landes. Korruption gehörte zu Saudi-Arabien wie das Erdöl unter seinem Boden. Begründet wurde das beispiellose Vorgehen damit, dass die Korruption die Entwicklung des Königreichs behindert habe und ausgeschaltet werden müsse. Zudem erforderten öffentliche Ämter Transparenz und Rechenschaftspflicht. Unter den Festgenommenen befanden sich auch Rivalen und Kritiker des Kronprinzen. Bereits in den Monaten zuvor waren Kritiker festgenommen worden, unter ihnen Religionsgelehrte, die zur Sahwa-Bewegung gehören, die inoffiziell der Muslimbruderschaft folgt. Nicht betroffen waren wahhabitische Religionsgelehrte, was ihren Bedeutungsverlust zeigt.

Ein wesentlicher Teil der Transformation ist der Umbau der Wirtschaft. So sollen die Reformen der »Vision 2030« die saudische Volkswirtschaft vom Erdöl unabhängig machen. Der Anteil von Öl und Gas am Bruttoinlandsprodukt soll von 47 Prozent auf nur noch 11 Prozent im Jahr 2030 sinken. Bis dahin soll sich das Bruttoinlandsprodukt je Einwohner auf 6000 Dollar fast verdoppeln. Der Umbau erfasst die ganze Wirtschaft. Das Ziel ist, das Land, dessen Wohlstand nicht auf einem produktiven Einsatz von Arbeit und Kapital gründet, in eine wettbewerbsfähige und wissensbasierte Wirtschaft umzubauen. Entscheidend ist dabei eine Bildungsoffensive, die der niedrigen Arbeitsproduktivität entgegenwirken soll. Selbst wenn nur ein Teil davon umgesetzt wird: Das Saudi-Arabien von morgen wird ein anderes sein als das von heute.

In der Vergangenheit hat Saudi-Arabien durch den Reformstau viel Zeit verloren, die Al Saud hatten dadurch aber Gelegenheit, ihre Macht zu konsolidieren. Die Zeitbombe tickt aber: Der Ölpreis ist niedrig, und die Bevölkerung wächst schnell. Zwei Drittel der 22 Millionen saudischen Staatsbürger sind jünger als 31 Jahre. Sollte die wirtschaftliche Transformation scheitern und sollte der Bevölkerung nicht eine politische Teilhabe geboten werden, könnte die Loyalität der Bevölkerung zur Dynastie Al Saud schwinden. Die Verhaftungswelle vom 4. November 2017 diente Kronprinz Muhammad Bin Salman auch dazu, sich die Sympathie großer Teile der Gesellschaft zu sichern, die sich über die Korruption und die Privilegien der Prinzen beklagt haben.

## Zerfall des Islams

### Der bürgerliche Islam – Erosion der Mitte

Amman, Montag, den 2. Januar 2017. Staaten zerfallen, die regionale Ordnung zerfällt, es zerfällt auch der Zement, der die Gesellschaften über Jahrhunderte zusammengehalten hat: der Islam. »Wir erleben eine Selbstzerstörung«, sagt der islamische Theologe Ahmad Nofal.[97] »Nicht andere zerstören uns, wir zerstören uns selbst, teilweise aus Ignoranz und Wahnsinn, teilweise im vollen Bewusstsein und gezielt. So etwas hat es noch nie gegeben.« Der emeritierte Professor der Universität Jordanien zählt zu den bekanntesten islamischen Theologen der Gegenwart, mit mehr als 1,5 Millionen Followern bei Facebook. »Die Werte werden zerstört, Ehrlichkeit gibt es nicht mehr«, klagt er. Menschen, die wirtschaftlich unter Druck stünden, würden sich Rauschgift und Gewalt zuwenden. »Der Mensch wurde zum Monster.«

Auch der Islam könne die Menschen nicht mehr von diesen Lastern zurückhalten. Denn die Herrscher trieben doch die Leute in den Dschihad, und zwar durch Korruption und Misswirtschaft, durch Ungerechtigkeit und fehlende Perspektiven. Barbarei und Anarchie sei es, wenn dadurch friedliebende Menschen getötet würden, sagt Nofal: »Der Islam will so etwas nicht.« Er versteht nicht, weshalb die arabischen Herrscher den gemäßigten Islam ablehnen, und er versteht auch nicht, wenn sie sagen, die Demokratie sei nichts für die arabische Welt. Dem hält Nofal entgegen: »Die Demokratie ist doch viel besser als die Alleinherrschaft, viel besser als ein Diktator, der die Herrschaft an seinen Sohn vererbt. Sollen uns die Assads bis zum Jüngsten Gericht regieren? Das ist Steinzeit.« Nofal fordert daher: »Es muss in unseren Ländern eine Magna Charta geben, eine Verfassung zwischen uns und den Regierenden. Alle vier Jahre sollte der Herrscher ausgewechselt werden.«

*

Den Extremismus, der sich im Namen des Islams entlädt, führt Nofal auf die politischen Missstände in den Ländern des Nahen Ostens zurück, und für die Selbstzerstörung, die er beklagt, macht er die Regime verantwortlich. Sie haben auch den bürgerlichen Islam zerstört, der bis in die Mitte des 20. Jahrhunderts die großen Städte der arabischen Welt geprägt hat. Das städtische Bürgertum Kairos hatte kaum Sympathie für Präsident Nasser. Um diese Bürger zu demoralisieren, ließ Nasser in ihren Wohngebieten Zementwerke bauen. Er wollte ihre Macht um jeden Preis brechen. Auch aus diesem Grund nahm er den islamischen Institutionen, die der Spiegel des religiösen bürgerlichen Selbstverständnisses waren, die Autonomie und höhlte so deren Glaubwürdigkeit aus.

In der arabischen Welt hat der bürgerliche Islam, wie ihn die gebildete Mittelschicht gelebt hat, seine Bedeutung verloren. In Europa verläuft die Entwicklung des Christentums ähnlich, wenn auch aus anderen Gründen. In Europa verliert die institutionalisierte christliche Religiosität ebenfalls ihre Bindekraft; die Kirchen sind nur noch für wenige die moralische Referenz, nach der sie sich ausrichten. Die Entwicklungen ähneln sich, die Folgen für den Islam in der arabischen Welt sind jedoch gravierender, als sie es für die europäischen Kirchen sind. Denn der bürgerliche Islam hat im vergangenen halben Jahrhundert nicht bloß seine moralische Autorität verloren, sondern auch seine Substanz. Erst dadurch konnten extremistische Auslegungen, die allein ihre intolerante Interpretation des Islams zulassen, emporkommen und sich behaupten.

Die Muslime hatten länger als ein Jahrtausend einen Islam praktiziert, in dem Vielfalt und gelebte Toleranz selbstverständlich waren. Die Vielfalt der Diskurse, auch bei der Koranauslegung, galt nicht als ein Ärgernis, sondern als ein Zeichen göttlicher Gnade. Für den an der Universität Münster lehrenden Arabisten Thomas Bauer ist die »Ambiguitätstoleranz« ein wichtiges Merkmal der arabisch-islamischen Kulturgeschichte.[98] Der Islam sei bei voneinander abweichenden Wahrheitsansprüchen viel toleranter gewesen, als es ihm der Westen unterstellt hat und es ihm noch immer unterstellt. Lange hat der historische Islam Normen, die im Widerstreit miteinander stehen, gelten lassen. Heute verdrängen Islamisten aber diese Ambiguitätstoleranz durch Ideologien, die, wie es auch bei westlichen Ideologien der Fall ist, nur noch eine Wahrheit, nämlich die eigene, zulassen.

Dieser Prozess setzte zu Beginn des 20. Jahrhunderts ein, als die arabische Welt nach einer Antwort auf den überlegenen Westen suchte. Klare, eindeutige Wahrheiten waren gesucht, für Ambiguitäten gab es keinen Platz mehr. Der institutionalisierte Islam sei bis zur Mitte des 20. Jahrhun-

derts nicht sehr verschieden von dem Islam der Bevölkerung, dem Volksislam, gewesen, sagt der jordanische Isla-
mismusforscher Muhammad Abu Rumman.[99] Heute trenne
jedoch ein tiefer Graben die staatlichen Institutionen des
Islams von den einfachen Gläubigen. »Der offizielle Islam
hat sich nicht entwickelt, er wurde sogar schlechter«, urteilt
Abu Rumman. Denn heute sei seine wichtigste Aufgabe, die
Handlungen eines Regimes zu rechtfertigen und es zu legitimieren.

Zu Beginn der zweiten Hälfte des 20. Jahrhunderts ver-
setzten die neuen autoritären Regime der lange selbstver-
ständlichen Toleranz für Vielfalt den Todesstoß, als sie die
islamischen Institutionen zu einem Instrument ihrer Herrschaft machten. Die Religionsgelehrten sollten nicht mehr
in erster Linie unabhängige Theologen sein, sondern hatten
die Herrschaft der Regime zu legitimieren. Je autoritärer ein
Regime wird, desto mehr bedarf es aber der Unterstützung
durch staatlich gelenkte islamische Institutionen.[100] »Diese
Institutionen ergreifen Partei für Diktaturen, und so entfer-
nen sie sich von den Menschen«, sagt Abu Rumman. »Damit
aber haben die Menschen das Vertrauen in sie verloren.«

Ein Beispiel ist die Azhar in Kairo, die gleichzeitig Moschee und Universität ist. Präsident Nasser unterstellte sie
der Regierung, seit 1961 ernennt der Staatspräsident ihr
Oberhaupt, den »Scheich al-Azhar«. Die bis dahin wichtigste Einrichtung des sunnitischen Islams verlor mehr als
ein Jahrtausend nach ihrer Gründung ihre Unabhängigkeit –
und ihre Glaubwürdigkeit.

Die bürgerliche Religiosität bröckelte, und der bisher
bürgerlich geprägte Islam büßte seine Bindekraft in der Gesellschaft ein. Darauf setzte zunächst ein Boom individua-
lisierter Frömmigkeit um charismatische Prediger ein.[101]

Einflussreicher wurde in diesem Prozess auch der politische Islam, der zu einer aktiven Gestaltung von Staat und Politik auf der Grundlage der Religion aufruft. Als die Regime dem politischen Islam dann die Grenzen aufzeigten und ihn verfolgten, wurde dieser zwar geschwächt. Der Preis war aber hoch: Nun bekam die Ideologie des Dschihadismus Zulauf.

Das Vakuum, das entstand, als die islamischen Institutionen, die die Religion über Jahrhunderte geprägt hatten, ihre Unabhängigkeit verloren, wurde durch islamistische Ideologien gefüllt. Fehlen Institutionen, die die Traditionen der religiösen Gelehrsamkeit überliefern, kann sich bald jeder seinen eigenen Islam schaffen. Jeder kann also für sich beanspruchen, die Schriften des Islams auszulegen, kann sich zu einer Autorität erklären. Hingegen erreichen die klassischen Institutionen immer weniger Gläubige. Und wenn die sozialen Medien erst einmal neue, radikale Lehren verbreiten, ist eine Korrektur kaum mehr möglich.

Das ist der Punkt, von dem an sich radikales Gedankengut leicht festsetzen kann. Dazu gehört die Behauptung, dass der Dschihad eine Säule des Islams sei. Wäre dem so, wäre der Dschihad die sechste Säule des Islams – neben dem Glaubensbekenntnis, den täglichen fünf Gebeten, der Almosengabe, dem Fasten im Ramadan und der Pilgerfahrt nach Mekka. Diese Deutung des Dschihad ist jedoch neu. Denn die klassische islamische Theologie betrachtet den Dschihad als eine gemeinschaftliche »Pflicht des Genügeleistens« (arabisch: *fard al-kifaya*). Demnach ist nicht jeder Einzelne zum Handeln verpflichtet, nur die islamische Gemeinschaft als Ganze darf unter Führung eines Staatsoberhaupts in einen solchen Krieg eintreten.

Die Extremisten machen den Dschihad aber zu einer verbindlichen »persönlichen Pflicht« (arabisch: *fard al-ain*), der jeder Muslim nachzukommen habe. Daraus leiten die Extremisten ab, ein wahrer Muslim könne nur sein, wer selbst im Dschihad kämpfe. Eine andere »Neuerung« der Extremisten ist, dass sie für sich das Recht beanspruchen, den Endkampf gegen den ungläubigen Westen auszurufen. Das haben die Ideologen des sogenannten »Islamischen Staats« getan.[102]

Solchen Neuerungen hat das Establishment der sunnitischen Gelehrsamkeit bislang nichts von Bedeutung entgegenzusetzen. Anders als der jordanische Religionsgelehrte Ahmad Nofal äußert es sich nicht zum Versagen der politischen Klasse in den islamischen Ländern. Aus diesem Grund hatte der asketisch wirkende Osama Bin Laden, der sich aus Höhlen Afghanistans an die Muslime gewandt hat, bei vielen Muslimen eine höhere Glaubwürdigkeit als die gutbezahlten staatlichen Religionsgelehrten.

Da die Religionsgelehrten der großen Institutionen als Sprachrohr ihrer politischen Herren gelten, finden sie selbst dann wenig Gehör, wenn sie extremistische Auslegungen der Schriften des Islams als unislamisch zurückweisen. Das gilt auch für das Oberhaupt der Azhar, Ahmad al-Tayyeb, den noch Präsident Mubarak im Jahr 2010 ernannt hat. Heute heißt er gut, was Abd al-Fattah al-Sisi tut, der knapp ein Jahr nach dem Putsch im Mai 2014 zum Präsidenten gewählt worden ist.

Dabei ist es sehr bedauerlich, dass er nur wenig gehört wird. Denn er sagt viel, was im Westen gut ankommt, aber in der traditionellen ägyptischen Gesellschaft oft nicht selbstverständlich ist. Beispielsweise sagte er in einem Interview: »Der Islam bleibt nicht stehen, wenn sich eine Gesellschaft verändert.«[103] Denn eine Gesellschaft finde »je nach Zeit und Ort« neue Antworten, denen sich der Islam nicht verschließen könne. Damit rechtfertigt er eine hermeneutische Auslegung des Korans, doch viele Muslime können das noch immer nicht akzeptieren. In einem anderen Interview rief er dazu auf, das »islamische Denken zu reformieren.«[104] Nicht die religiösen Texte müsse man reformieren, sondern die »kriminellen Abweichler«. In unseren Ohren klingt das plausibel. Der Reformdebatte im Islam schadet es aber, wenn Institutionen wie die Azhar, der al-Tayyeb vorsteht, vom Staat entmündigt werden und daher keine starken Akteure sind.

Der sunnitische Islam steckt in einer tiefen Krise. Die Welt verändert sich, die islamische Theologie aber nicht, und von den Religionsgelehrten gehen kaum Impulse dafür aus, wie der Islam für das Leben in der Gegenwart kompatibel gemacht werden könnte. Dennoch hat sich der sunnitische Islam in der arabischen Welt seit einem halben Jahrhundert verändert – wenn auch nicht zu seinem Vorteil.

So wurde, erstens, der relativ säkulare Alltagsislam, wie er in den Städten gelebt wurde, diskreditiert. Denn dieser lockere Alltagsislam wurde mit den säkularen, aber totalitären Ideologien und ihren autoritären Staaten, die gescheitert sind, identifiziert. Zweitens schrumpfte mit der Erosion der bürgerlichen Religiosität die Form des Islams, die viele Muslime privat und ohne großes Aufheben praktiziert hatten. Stärker wurde hingegen, drittens, ein konservativer Islam, der durch öffentliche Gebete und die demonstrative Verhüllung der Frau den öffentlichen Raum beherrschen will.

Unter den konservativen Muslimen bilden Salafisten, die oft unpolitisch sind und sich am Vorbild der frühen Muslime orientieren, eine große Gruppe. Sie glauben, der Islam sei nur im siebten Jahrhundert rein und unverfälscht gewesen. Kleiner als sie ist die Gruppe der dschihadistischen

Salafisten, die mit den Mitteln der Gewalt ihre Version des Islams zu verwirklichen trachten. Der Steinzeitislam, wie ihn der sogenannte »Islamische Staat« praktiziert, wirkt bei vielen sunnitischen Muslimen, vor allem in Syrien und im Irak, aber als Weckruf. Sie beginnen nun, selbständig über die Schriften ihrer Religion nachzudenken und diese auszulegen. Damit könnten sie sich von den verknöcherten theologischen Autoritäten emanzipieren, und eine positive Entwicklung könnte einsetzen.

## Die Muslimbruderschaft – die Brandmauer zum Dschihad fällt

Kairo, Freitag, den 19. Januar 2013. Muhammad Mursi war als fünfter Präsident Ägyptens ein halbes Jahr im Amt, als er in seinem ersten Interview mit einer nichtarabischen Zeitung sagte:[105] »Wir lernen noch, wie man in einem völlig demokratischen Umfeld zusammenarbeitet – mit wirklichen Freiheiten, zu unser aller Wohl, um gemeinsam voranzukommen. Niemand hat das Recht, Gewalt anzuwenden.« Kurz zuvor waren vor dem Präsidentenpalast in Kairo bei Zusammenstößen zwischen seinen Anhängern und Anhängern des alten Regimes zehn Menschen getötet worden. Noch hoffte Mursi, dass sich das Land in die »richtige Richtung« bewegen werde. Er bezeichnete es als »normal, dass es Differenzen und Demonstrationen gibt«. Einsetzen wolle er sich für einen »modernen Staat, in dem die Machtübergabe friedlich verläuft«. Dieser moderne Staat, sagte er, sei ein demokratischer und ein Rechtsstaat, in dem die Freiheiten garantiert seien.

Muhammad Mursi trat sein Amt am 30. Juni 2012 an. Zum ersten Mal in der modernen arabischen Geschichte gewann

ein Kandidat, der nicht die Ideologie seiner Vorgänger fort-
setzte, die Wahl für ein hohes Staatsamt. Denn Mursi, der
1951 geboren und in den USA zum Ingenieur ausgebildet
wurde, gehört seit 1979 der Muslimbruderschaft an. Er war
als Sieger aus einer freien und fairen Wahl hervorgegangen.
Nach dem Putsch vom 3. Juli 2013 wurde er wegen Mord und
Hochverrat angeklagt, gemeint waren damit seine Kontakte
zur palästinensischen Terrororganisation Hamas, die aus der
Muslimbruderschaft hervorgegangen war. Nun erklärte die
Regierung des Putschgenerals Sisi auch die Muslimbruderschaft zur Terrororganisation.

*

Vor den Protesten des Jahres 2011 war es undenkbar, dass ein
Vertreter der Muslimbruderschaft zum Präsidenten gewählt
werden könnte. Gegründet hatte sie im Jahr 1928 Hassan al-
Banna mit dem Ziel, die Gesellschaft zu islamisieren und sie
im Kampf gegen die britische Kolonialmacht zu stärken. Die
Organisation ist seit den 1950er Jahren zwar verboten, wird
aber geduldet. In der Bevölkerung genießt sie großen Rück-
halt, regelmäßig gewann sie die Wahlen für die Vorstände
der Berufsvereinigungen und der Studentenverbände, die
in Ägypten wegen der Einschränkungen für politische Parteien ein Barometer für die Stimmung in der Bevölkerung
sind.

Der friedliche Machtwechsel, von dem Mursi sprach,
hatte Auswirkungen, die über Ägypten hinausreichten.
Auf der einen Seite ging die Strategie der Muslimbrüder, die
auf Geduld setzt, auf. Sie haben vor einem halben Jahrhundert der Gewalt abgeschworen und mit langem Atem auf
ihre Stunde gewartet. Nach den friedlichen Protesten des

Jahres 2011 kamen sie schließlich in freien Wahlen an die Macht. Während zuvor Al-Qaida mit dem weltweiten Terror die autoritären arabischen Regime nur noch repressiver gemacht hatte, leitete die Regierung Mursi auf demokratischem Weg Veränderungen ein. In den Augen der meisten Muslime war die Muslimbruderschaft damit eine erfolgreiche Alternative zum Dschihad.

Auf der anderen Seite weckte der Erfolg der Muslimbruderschaft Ängste. Die Golfstaaten, allen voran Saudi-Arabien und die Vereinigten Arabischen Emirate, fürchteten, dass das Modell der Muslimbruderschaft, als islamische Bewegung über Wahlen an die Macht zu kommen, die Legitimation ihrer dynastischen Herrschaft gefährden könnte. Sie fürchteten, dass sich im innerarabischen Machtkampf die Balance zu ihren Ungunsten und zugunsten der Achse verschieben könnte, die Qatar, die Türkei und die Muslimbruderschaft bilden. Saudi-Arabien und die Vereinigten Arabischen Emirate unterstützten daher die Opposition gegen Mursi, und sie erhöhten den Druck auf Qatar, sodass der Emir Hamad Bin Khalifa Al Thani am 25. Juni 2013 zugunsten seines Sohnes abtrat. Zudem stellten sie ihre wirtschaftliche Unterstützung für Ägypten ein, woraufhin es dort zu Versorgungsengpässen kam.

Der Putsch gegen Mursi am 3. Juli 2013 »markierte den Beginn einer neuen Phase nicht nur für Ägypten, sondern für die gesamte Region. Das amerikanische Projekt des demokratischen Übergangs in Ägypten nach dem arabischen Aufstand, das so vielversprechend begonnen hatte, war durch enge Verbündete Amerikas in der Region abrupt beendet worden«.[106] Der Putsch hatte Folgen über Ägypten hinaus. So wie die Putschisten in Ägypten massive Gewalt einsetzten, um die alte Ordnung wiederherzustellen, griffen nun auch in Libyen, im Jemen und in Syrien erst die bedrohten Herrscher und dann nahezu alle Konfliktparteien zu Gewalt. Sie eskalierte in Ägypten am 14. August 2013, als Sicherheitskräfte die zwei Protestlager der Anhänger Mursis, die sich auf den Plätzen Rabi'a al-Adawiya und al-Nahda versammelt hatten, mit großer Brutalität auflösten und dabei nach vorsichtigen Schätzungen tausend Menschen getötet wurden.

Durch den Putsch kehrte sich wieder um, was die Wahl Mursis im Jahr davor bewirkt hatte: Im innerarabischen Konflikt waren nun wieder Saudi-Arabien und die Vereinigten Arabischen Emirate im Vorteil, und im innerislamischen Konflikt sahen sich die Dschihadisten in ihrer Skepsis gegenüber der Demokratie bestätigt. Der Grund für die Rückkehr der Dschihadisten war gelegt. Gewiss agierte die Regierung Mursi in einem schwierigen Umfeld nicht gerade geschickt, und sie war den gewaltigen Herausforderungen nicht gewachsen. »Aber eine Terrororganisation war die Muslimbruderschaft nicht.«[107] Mit ihrer Zerschlagung verschwand der wichtigste Akteur des gemäßigten Islamismus. »Der Schutzwall, den die (…) Muslimbrüder einst gegen den Dschihadismus gebildet haben, wurde niedergerissen.«[108]

Ihre Anhänger hatten nun die Option, sich entweder auf eine unpolitische Sozialarbeit zu verlagern oder sich im Untergrund dem gewaltsamen Aufstand anzuschließen. Die blutige Unterdrückung der Islamisten in Ägypten führe zum Verlust des Glaubens an die Demokratie, beobachtet der libanesische Politikwissenschaftler Tariq Mitri: »Die Anhänger der Muslimbruderschaft sind nun versucht, zu Gewalt zu greifen, sich extremistischen Gruppen anzuschließen und die Mittel einzusetzen, die sie 30 Jahre zuvor aufgegeben haben.«[109] Sein jordanischer Kollege Hassan Abu

Hanieh, der selbst Mitglied islamistischer Gruppen war, wird konkreter. Er sagt, die Diskussion unter jugendlichen Muslimbrüdern drehe sich nicht um Gewalt als solche, sondern nur noch um die Art der Gewalt – ob es »die des IS, von Al-Qaida oder eine neue Form« sein solle[110]. Noch befänden sie sich in einer Probephase und suchten nach einer neuen Form von Gewalt, die legitim sei und keine Unschuldigen treffe. Klar sei aber: »Die meisten Jugendlichen glauben heute nur noch an Gewalt.«

Die Auseinandersetzung zwischen den beiden wichtigsten Strömungen des Islamismus ist vorerst entschieden. Die friedliche islamistische Bewegung, die den demokratischen Prozess akzeptiert hat und von 2011 an die Oberhand behielt, gewann Wahlen. Den Ausschlag gaben aber nicht die freien Wahlen, sondern der Putsch von 2013. In Ägypten waren die Muslimbrüder keine politischen Akteure mehr, in Tunesien und Marokko blieben sie es.[111] Der »Islamische Staat« breitete sich aber mit roher Gewalt aus und rief im Juni 2014 sein »Kalifat« aus. Nun waren viele junge Islamisten überzeugt: Gewalt zahlt sich aus, Demokratie nicht.[112]

Denn wer heute eine Wahl gewinnt, der läuft Gefahr, in einem Gefängnis zu verschwinden; wer sich auf öffentlichen Plätzen Protesten anschließt, muss damit rechnen, getötet zu werden. Dennoch suchen jüngere Muslimbrüder, die ihre politischen Erfahrungen überwiegend in den Jahren von 2011 bis 2013 gesammelt haben, seit dem Putsch die Konfrontation mit dem Regime. Die alte Garde, die selbst über Jahrzehnte inhaftiert war oder im Exil lebte, wirbt indes unverändert für graduelle Reformen der Staaten, in denen sie lebt.[113] Sie will diese Staaten reformieren, nicht auflösen. Die Kämpfer des sogenannten »Islamischen Staats« akzeptieren jedoch keinen Staat außer dem ihren.

Murad al-Adaileh gehört zur alten Garde. Er ist der Sprecher der Partei der Muslimbruderschaft in Jordanien, der »Islamischen Aktionsfront«, und er hat den Glauben an die Demokratie nicht verloren.[114] Denn in Jordanien kann sich seine Partei, wenn auch unter Einschränkungen, am politischen Prozess beteiligen. Adaileh sagt, die Muslimbruderschaft akzeptiere die Ergebnisse von Wahlen, und sie verlange dies auch von anderen; die Muslimbruderschaft akzeptiere die Demokratie als Regierungsform und den friedlichen Machtwechsel, sie respektiere die Anderen und die Minderheiten sowie deren Rechte, sie respektiere die individuellen Freiheiten. Die Muslimbruderschaft stehe für eine islamische Demokratie und somit für eine Demokratie, wie sie im arabisch-islamischen Kulturkreis praktiziert werden könne. Schließlich habe Europa auch Jahrhunderte gebraucht, um zu seiner Form von Demokratie zu gelangen.

Demokratisierung bedeutet in der islamischen Welt mehr Islam in der Politik. Zu sehen ist das an den Demokratien Malaysia und Indonesien, in denen die Scharia bei der Gesetzgebung eine größere Rolle spielt als in den meisten Ländern des Nahen Ostens.[115] Die beiden Länder sind keine liberalen Demokratien wie die meisten europäischen Staaten. Demokratie und Liberalismus können sich überschneiden, sie sind aber nicht automatisch deckungsgleich. Und so liegt es an den einzelnen Völkern zu entscheiden, welches Verhältnis von liberalen und islamischen Werten sie für geeignet halten, um den gesellschaftlichen Zusammenhalt ihres Landes sicherzustellen.

Heute gebe es keine Möglichkeiten mehr, Änderungen auf friedlichem Wege herbeizuführen, sagt Adaileh, und er wirft dem Westen vor, die antidemokratischen Konterrevolutionen unterstützt und ihnen damit Legitimität verliehen zu haben. Der »Islamische Staat« biete zwar keine Perspektiven und werde wieder verschwinden, er sei aber »Ausdruck des Zorns der enttäuschten jungen Generation«. Die Etikettierung der Muslimbruderschaft durch das Sisi-Regime und die Golfmonarchien als Terrororganisation wird zur sich selbst erfüllenden Prophezeiung. Die Muslimbruderschaft kann nicht länger die »Brandmauer« zum Terrorismus sein, vielmehr wird sie von den Regimen zu dem »Förderband« erklärt, das Islamisten zum Terror führt.[116]

Das ist beispielsweise die Argumentation Saudi-Arabiens, das behauptet, der »Islamische Staat« sei das Produkt des extremistischen Flügels der Muslimbruderschaft. Dem widerspricht der jordanische Extremismusforscher Abu Hanieh. Er sieht den intoleranten wahhabitischen Islam Saudi-Arabiens als Quelle des islamistischen Terrors. Der »Islamische Staat« folge nicht der Ideologie der Muslimbrüder, sondern dem wahhabitischen Islam.[117] Um von dieser Verantwortung abzulenken, bezeichnet Saudi-Arabien die Muslimbruderschaft als Terrororganisation.

Mit diesem Vorwurf begründeten im Juni 2017 Saudi-Arabien, die Vereinigten Arabischen Emirate, Ägypten und Bahrain auch ihr Vorgehen gegen Qatar, das den Muslimbrüdern einen sicheren Rückzugsort gewährt. Dabei nutzt den Gegnern Qatars, dass es keinen internationalen Konsens für die Definition von Terrorismus gibt. Sie wollen bei ihren Partnern ihre Definition durchsetzen. Glaubwürdig ist dieses Vorgehen nicht. Denn in ihren eigenen Ländern verfolgen sie als »Terroristen« Kritiker, die weder zu Gewalt aufrufen noch solche anwenden. Diese Kritiker könnten aber mit ihrem Modell einer islamisch legitimierten Regierungsform die monarchische Herrschaft der Golfstaaten gefährden.

An dem Embargo gegen Qatar beteiligt sich auch der

kleine Inselstaat Bahrain. Das ist zum einen verständlich, weil Bahrain als die ärmste Monarchie auf der Arabischen Halbinsel das tut, was ihm seine reichen Nachbarn Saudi-Arabien und die Vereinigten Arabischen Emirate sagen. Zum anderen ist das aber widersinnig. Denn in Bahrain fordert eine schiitische Mehrheit die sunnitische Dynastie des Landes heraus. In diesem Kampf ist die Muslimbruderschaft, die im Parlament und in der Regierung vertreten ist, ein verlässlicher Partner des bahrainischen Königshauses.

Eine verlässliche Stütze des Staates sind die Muslimbrüder auch in Kuwait, wo die Sunniten zwei Drittel der Bevölkerung stellen. Im Kabinett sind sie mit Ministern vertreten. Einer von ihnen ist Adel al-Falah, der Staatssekretär im Ministerium für religiöse Angelegenheiten und Direktor des *Wasatiyah*-Instituts.[118] Das Institut wurde im Jahr 2004 nach zwei Terrorangriffen auf amerikanische Soldaten in Kuwait gegründet. Sein Auftrag lautet, die Jugend – zunächst die kuwaitische, dann auch junge Muslime in aller Welt – mit präventiven Maßnahmen vor Extremismus zu bewahren.

Falah und seine Fachleute erfassten in einem ersten Schritt 163 Anschuldigungen, die Extremisten gegen gemäßigte Muslime erheben. Daraufhin formulierten sie Antworten zu jeder Anschuldigung, in einem weiteren Schritt geben sie diese in Kursen an Imame und einzelne Muslime weiter. Der arabische Begriff »*wasat*« (Mitte), der dem Namen des Instituts zugrunde liegt, bezieht sich auf die Koransure 2:143, in der es heißt: »So machten wir euch zu einer Gemeinde, die in der Mitte steht.« Für Falah bedeutet *wasatiyah*, gerecht zu sein, zu Muslimen wie zu Nichtmuslimen, und nicht auf andere herabzublicken. Der Muslimbruder Falah fordert die Bereitschaft zu zweifeln; vielleicht habe der Andere ja Recht.

Muslimbrüder erkennt man unter anderem daran, dass sie sagen, sie folgten einem *Wasatiyah*-Islam. Der »Islamische Staat« hat jedoch mit seiner Staatsgründung den Anspruch untergraben, dass Islamisten allein mit dem zentristischen Ansatz der »Mitte« Erfolg haben können.[119]

## Der Dschihadismus – die Hydra des Terrors

Riad, Mittwoch, den 9. Mai 2017. Der saudische Religionsgelehrte Scheich Muhammad al-Issa zieht eine klare Trennlinie zwischen dem Mainstream-Islam und dem »Islamischen Staat«, zu dem die Araber abgekürzt *Daesh* sagen: »Solche Auslegungen des Korans akzeptiert ›Daesh‹ aber nicht«, sagt der Generalsekretär der Islamischen Weltliga. Als ein Beispiel, wie sich die Auslegungen unterscheiden, nimmt er den Begriff *kuffar*. Mit »Ungläubige« sei er falsch gedeutet und falsch übersetzt, sagt er. Vielmehr seien *kuffar* »Nichtmuslime« und »Andersgläubige«. Ein Nichtmuslim sei jedoch kein Feind, der bekämpft werden müsse; er verdiene im Gegenteil Anerkennung und habe Rechte. Allah verbiete, andere zu Feinden zu erklären und Krieg gegen sie zu führen, sagt al-Issa. »Es sei denn, sie hätten zuvor gegen uns einen Religionskrieg begonnen.«[120] Der »Islamische Staat« akzeptiere das aber nicht, er verführe vielmehr junge Muslime, baue auf religiöse Emotionen, nehme Ausschnitte aus dem Koran und missbrauche sie für seinen Drang zu töten. *Daesh* wolle den Zusammenstoß der Zivilisationen herbeiführen und schüre dazu die Angst vor dem Islam. Soweit der Generalsekretär der Islamischen Weltliga.

Scheich Muhammad al-Issa trat das Amt im Frühjahr 2016 mit dem Auftrag an, die in Verruf gekommene Institution zu reformieren. Über Jahrzehnte hatte sie einen erheblichen Anteil an der Verbreitung eines intoleranten Islams. Zuvor hatte al-Issa als Justizminister das saudische Recht, das auf der Scharia basiert, kodifiziert und den Einfluss der wahhabitischen Religionsgelehrten zugunsten von weltlich ausgebildeten Juristen zurückgedrängt. Nun soll er beenden, was ein halbes Jahrhundert lang Praxis war: dass die Weltliga ein intolerantes Islamverständnis exportiert und dabei islamistische Extremisten unterstützt. Selbst wenn das unter al-Issa nicht mehr geschieht: Der Geist ist aus der Flasche.

*

So franst der bürgerliche Islam an seinen Rändern aus, und die Brandmauer des gemäßigten Islamismus fällt. Unterdessen stößt der dschihadistische Terror die Ordnung in der Region um und bedroht auch Europa. Das Jahr 2014 ist in der Geschichte des islamistischen Terrors eine wichtige Wegmarke, denn der »Islamische Staat«[121] überrannte in jenem Jahr weite Teile Syriens und des Irak und rief sein »Kalifat« aus.

Eine andere wichtige Wegmarke waren zuvor am 11. September 2001 die Terroranschläge in New York und Washington. Daraufhin rief der amerikanische Präsident George W. Bush den Krieg gegen den Terror aus. Der Feldzug gegen den Irak im Jahr 2003 sollte ihn beenden, er wurde jedoch zum Geburtshelfer für den »Islamischen Staat« und löste eine viel größere Terrorwelle aus. Als der Irak nach der Invasion zerfiel, füllte der »Islamische Staat« einen Teil des Vakuums. In den folgenden Jahren nutzte er auch rechtlose Zonen in anderen Ländern, selbst funktionierende Staaten waren nun gefährdet. Der frühere tunesische Präsident Moncef Marzouki erklärte die Attraktivität des »Islamischen Staats« so: »Sie haben einen Traum, wir haben keinen. Wir hatten einen Traum, er hieß Arabischer Frühling. Unser Traum wurde ein Albtraum. Die Jungen brauchen aber einen Traum, und der einzige, der zur Verfügung steht, ist der vom Kalifat.«[122]

Neu und anders als bei Al-Qaida ist beim »Islamischen Staat« die Mischung aus Organisation und Ideologie; sie verlieh ihm eine unerwartete Durchschlagskraft. Das Gros seines Kaders stammte aus der irakischen Armee und den Geheimdiensten Saddam Husseins.[123] Viele von ihnen sind 2003 von der amerikanischen Zivilverwaltung aus ihren Ämtern und Positionen entlassen und inhaftiert worden. Im Gefängnis Camp Bucca kamen sie mit Mitgliedern von Al-Qaida zusammen. Gemeinsam bildeten sie von 2005 an das Rückgrat des sunnitischen Widerstands, der sich erst als »Al-Qaida im Irak« organisierte, dann als »Islamischer Staat im Irak« (ISI) und als »Islamischer Staat im Irak und in Syrien« (ISIS), schließlich als »Islamischer Staat« (IS). Die Araber sagen dazu, nach dem arabischen Akronym, »*Daesh*«. Die entscheidenden Änderungen vollzogen sich 2010, als Abu Bakr al-Baghdadi die Führung übernahm. Er übertrug die Führungspositionen in der Armee, im Sicherheitsapparat und in der Wirtschaft erfahrenen Fachleuten aus dem früheren irakischen Staat. Damit schuf er die Voraussetzung, dass der IS mehrere Jahre lang wie ein Quasi-Staat funktionieren konnte.[124]

Seine Ideologie ist die des dschihadistischen Salafismus. Der Begriff Salafismus bezieht sich auf die Geistesströmung im Islam, die sich am Vorbild der »frommen Altvorderen«, also den Zeitgenossen des Propheten Mohammed, ausrichtet: nach dem »*al-salaf al-salih*«. Der mittelalterliche Religionsgelehrte Ibn Taimiyah (1263–1328) hat die Denkrichtung des Salafismus begründet, und Muhammad Abd al-Wahhab (1702–1792) hat ihm zu Beginn der Moderne einen neuen Impuls gegeben. Denn der ultrakonservative, intolerante Erneuerer wollte den Islam auf der Arabischen Halbinsel von den Traditionen reinigen, die sich im Laufe der Jahrhunderte über den ursprünglichen, den »wahren« Islam gelegt haben.

Eine Gruppe von Salafisten begnügt sich damit, so zu leben, wie die frühen Muslime mutmaßlich gelebt haben; eine andere Gruppe arbeitet aktiv, aber mit friedlichen Mitteln daran, dass der Staat und die Gesellschaft diesem Vorbild aus der Zeit des Propheten wieder entsprechen; am gefährlichsten ist die dritte Gruppe, die sich zur Erreichung dieses Ziels des Dschihad bedient. Auf zwei Ägypter geht diese moderne Theorie des Dschihad zurück, auf Sayyid Qutb (1906–1966) und auf Muhammad Abd al-Salam Farag (1954–1982). Gegen Ende des 20. Jahrhundert verschmolzen die beiden Strömungen zu einer neuen Ideologie des Terrors, zum dschihadistischen Salafismus. Der Salafismus bildet dabei die ideologische Grundlage, der Dschihad ist das Mittel zur Erreichung des Zieles.

Die ideologische Entwicklung zum heutigen dschihadistischen Salafismus dauerte mehr als ein Jahrhundert und durchlief sieben Phasen. In der ersten beklagte der Theologe Muhammad Abduh (1849–1905) das Verschwinden des kulturellen muslimischen Erbes und forderte dessen Wiederbelebung. In Kairo orientierte er sich bei seiner Suche nach einem Islam, der gegenüber der westlichen Moderne bestehen würde, am Salafismus. Mit dieser Idee wandte er sich an eine Elite; sein Salafismus war quietistisch, mischte sich also nicht in die Politik ein und rief nicht zu Gewalt auf.

Auf diese Vorarbeit griff Hassan al-Banna (1906–1949)

zurück, der Gründer der Muslimbruderschaft. Er ging über Abduh hinaus, indem er auch einen Werteverfall beklagte und die Menschen zu einer inneren Mission aufforderte. Die *Umma*, die Gemeinschaft der Muslime, solle erwachen und mit einer islamischen Identität wieder ihr eigener Herr werden, fordert er. Dazu gründete er 1928 die Organisation der Muslimbruderschaft. Im Gegensatz zu Abduh war seine Zielgruppe die gesamte Gesellschaft. In sie trug er die Ideen Abduhs und die Rashid Ridas (1865–1935) hinein, der stärker als Abduh auch die politischen Zustände seiner Zeit kritisierte und nach Lösungen aus dem Islam heraus suchte. Rida propagierte beispielsweise als Erster das koranische Prinzip der »Beratschlagung« (arabisch: *shura*) als ein islamisches Gegenmodell zur westlichen Demokratie.

Einen entscheidenden Schritt weiter ging Sayyid Qutb (1906–1966). Im Mittelpunkt seines Denkens stand der Begriff *Dschahiliya*, den der Koran vier Mal verwendet. Der Begriff bezeichnet die Zeit vor der Ankunft des Islams, sie gilt als das heidnische Zeitalter der »Unwissenheit«. Daran knüpfte Qutb an, als er der modernen arabischen Welt vorwarf, in ihr herrsche wieder eine *Dschahiliya*: In den säkularen Regimen herrschten also Menschen über Menschen, anstatt sich Allah zu unterwerfen. Später sollten extremistische Gruppen den bewaffneten Dschihad mit Qutbs Aufruf rechtfertigen, die *Dschahiliya* der Gegenwart zu bekämpfen.

Qutb allein auf diese Auslegung zu reduzieren, würde ihm jedoch nicht gerecht werden. Er wurde 1966 gehängt, bevor er eindeutig erklären konnte, welche Konsequenzen die Wiederkehr der *Dschahiliya* haben solle. Drei Auslegungen stehen seither im Widerstreit.[125] Die erste will von Qutb ableiten, dass die ganze Welt »ungläubig« geworden sei, was einen generellen Dschihad rechtfertige. Die zweite erklärt lediglich die Herrscher zu »Ungläubigen«, weil sie nicht den islamischen Vorschriften entsprechend regierten. Die dritte Auslegung, die unter den gemäßigten Muslimbrüdern verbreitet ist, sieht in Qutbs Schriften lediglich einen Aufruf zur spirituellen Erneuerung der Gesellschaft.

Die Exegese von Qutbs Schriften ist widersprüchlich. Er selbst hatte sich zu seinen Lebzeiten nicht eindeutig festgelegt. Er appellierte an eine Avantgarde, die *Dschahiliya* mit den Mitteln der Politik zu beseitigen und so ein Erwachen einzuleiten. Zunächst propagierte er einen »defensiven Dschihad«, später erweiterte er aber die Gründe für einen Dschihad. In seinem Buch *Zeichen auf dem Weg* (*ma'alim fi al-tariq*), das er im Gefängnis verfasst hat und das zu den wichtigsten islamistischen Werken der Gegenwart zählt, schrieb er im vierten Kapitel mit dem Titel »Der Dschihad für die Sache Allahs«, ein Grund für den Dschihad sei, wenn es gelte, »die Herrschaft eines Menschen über einen anderen zu beenden, bis alle Menschen nur Diener Allahs sind«.[126] Das kann defensiv ausgelegt werden, aber auch als Aufruf, der Herrschaft des Islams mit den Mitteln der Gewalt weltweit Geltung zu verschaffen. In diesem Sinne begründeten Extremisten noch zu Qutbs Lebzeiten ihren Terror mit dessen Lehren, erzielten damit aber keine Breitenwirkung.

An Qutb knüpfte Muhammad Abd al-Salam Farag (1954–1982) an. Er berief sich auf Qutbs Schriften, kam aber zu anderen Ergebnissen als die Muslimbrüder, denen er vorwarf, den unislamischen Charakter des Regimes in Ägypten zu unterschätzen. Er stützte sich auf den mittelalterlichen Theologen Ibn Taimiya[127] und entwickelte Qutbs Theorien weiter. Sein Hauptwerk nannte er *Die vernachlässigte Pflicht* (*al-farida al-gha'iba*). Farag warf darin den Religionsgelehrten vor, sie hätten es versäumt, den Dschihad gegen Herrscher auszurufen, die nicht nach den Vorschriften des Islams regierten. Er rief daher die muslimische Jugend zu einer islamischen Revolution auf und gründete 1980 die Terrororganisation »Islamischer Dschihad«.

Ihr Ziel war der »nahe Feind«, also der Feind im eigenen Land, und so gehörte Farag 1981 zu den Attentätern auf den ägyptischen Präsidenten Anwar al-Sadat. Hinter dem Attentat stand die Überzeugung, dass nur Gewalt die bestehende Ordnung verändern könne und der Islam siegen werde, wenn die Ordnung erst einmal zerbrochen sei. Farag wurde 1982 hingerichtet. Die Azhar verwendet seither große Bemühungen darauf zu zeigen, dass sein Denken »abweichlerisch« sei und Ibn Taimiyahs Lehren verdrehe.[128]

Eine weitere Stufe auf dem Weg zum dschihadistischen Salafismus beschritten die Besetzer der Großen Moschee von Mekka im November 1979. Die Gruppe um Dschuhaiman al-Utaibi (1936–1980) betonte wieder die zentrale Bedeutung des Salafismus. Utaibi und seine Anhänger beklagten einen Werteverfall in Saudi-Arabien, für den sie die angebliche Abkehr der Dynastie Al Saud vom Islam verantwortlich machten. Sie riefen zu einer religiösen Erneuerung und zur Rückkehr zu den Prinzipien der Prophetengenossen auf. Dschuhaiman al-Utaibi leitete eine neue Phase ein, weil er von seinen Anhängern als *Mahdi*, als Messias, verehrt wurde. Er wurde am 9. Januar 1980 in Saudi-Arabien hingerichtet.

In der Propaganda des saudischen Staatsbürgers Osama Bin Laden (1957–2011) verschmolzen als nächste Stufe erstmals die Konzepte des Dschihadismus und des Salafismus. Bin Laden identifizierte den fernen, internationalen Feind als die Hauptursache für den Zustand der arabisch-islamischen Welt. Er und sein ägyptischer Stellvertreter Ayman al-Zawahiri (geb. 1951) gründeten 1988 *Al-Qaida*, was »die Basis« bedeutet. Sie trugen den Dschihad aus den arabischen Kernländern des Islams hinaus, zuerst nach Afghanistan, dann in den Westen. Bin Laden bekämpfte den Westen und hoffte, durch dessen Schwächung indirekt den Sturz der »nichtislamischen« arabischen Herrscher auszulösen. Er verstand, wie fragil die arabischen Staaten und wie künstlich die heutigen Grenzen sind. Was wir seit dem Sturz Saddam Husseins erleben, läuft tatsächlich nach Bin Ladens Skript ab.

Al-Qaida bekämpfte zwei Feinde: Ihr Dschihad richtete sich zum einen gegen die autoritären arabischen Regime, vor allem gegen das Königreich Saudi-Arabien; denn Bin Laden lehnte 1990 zur Befreiung Kuwaits die Stationierung amerikanischer Soldaten und Soldatinnen auf »heiligem« saudischen Boden ab. Zum anderen erklärte Al-Qaida die sogenannten »Kreuzritter und Zionisten« des Westens zu Feinden. Um diesen internationalen Feind zu bekämpfen, mobilisierten Bin Laden und Zawahiri – und auch andere wie der Palästinenser Abdullah Azzam – islamische »Glaubenskrieger« aus der ganzen islamischen Welt, die sogenannten *Mudschahidin*. Damit sie in Afghanistan frei agieren konnten, legte Al-Qaida gegenüber dem Emirat der Taliban einen Treueeid ab, gründete also keinen eigenen Staat.

Diesen Schritt ging der »Islamische Staat« unter seinem »Kalifen« Abu Bakr al-Baghdadi (geb. 1971).[129] Die Macher des »Islamischen Staats« gingen auch ideologisch über das hinaus, was ihre Vorgänger entwickelt hatten. Sie behaupteten, die Feinde des Islams führten weltweit einen Krieg gegen den Islam. Was mehr als ein Jahrhundert zuvor bei Abduh mit einer Ideologie zur Wiederbelebung des kulturellen Erbes begonnen hatte, war nun ein Aufruf an alle Muslime geworden, die *Umma* zu befreien und dem »Krieg gegen die Muslime« durch die Errichtung eines Kalifats ein Ende zu setzen. Was bei Bin Laden noch eine Verschwörung der »Kreuzritter und Zionisten« war, wurde beim »Islamischen Staat« zur Behauptung, der Westen wolle den Islam zerstören; das geschehe schon im Irak und in Syrien.

An der Steigerung der Gewaltbereitschaft wird deutlich, in welchem Maße die zerstörerische Kraft des dschihadistischen Salafismus gewachsen ist. So galt Dschuhaiman al-Utaibi seinen Anhängern noch als »Messias«; die Erneuerung, die sie anstrebten, war theologisch. Bin Laden ging ein Jahrzehnt später über die Theologie hinaus; er verstand sich als *Mudschahid*, als ein Glaubenskämpfer, der mit Gewalt sein Ziel erreichen will. Abu Bakr al-Baghdadi bezeichnete sich schließlich als »Kalif«, als geistliches und politisches Oberhaupt aller Muslime; er und sein »Staat« haben mit ihrem Dschihad der ganzen Welt den Krieg erklärt.

Der »Islamische Staat« herrschte mehr als drei Jahre über ein Territorium und brachte eine rudimentär funktionierende Staatlichkeit hervor. In ihr galten *law and order*, das Brot war billiger als in Bagdad, die Müllabfuhr funktionierte, und es wurden Steuern eingezogen. Der »Staat« fußte auf islamischen Vorschriften, und für nicht wenige Sunniten schien er – zumindest in der Anfangsphase – gerechter zu sein als die verhassten Regime, die er (vorübergehend) ablöste. Zu einem gewissen Grad hat ihn das ideologisch legitimiert. Trotz seines Terrorregimes im Innern verfügte er über eine relativ breite gesellschaftliche Basis, denn viele Sunniten akzeptierten ihn als eine effektive Widerstandsorganisation gegen die nichtsunnitischen Machthaber in Bagdad und Damaskus.

Jede Stufe hat die nächste vorbereitet. Von Jahrzehnt zu

Jahrzehnt wurden die Kreise der Extremisten größer und ihr Fokus erweiterte sich: Der Kreis der identifizierten Feinde wurde größer; ebenso die Organisation, um diesen Feinden entgegenzutreten; auch die Zielgruppe, die es zu mobilisieren galt. Es reichte nicht mehr aus, als *Mudschahid* im fernen Hindukusch zu kämpfen; alle frustrierten Muslime sollten nun zur Waffe und zum Terror greifen.

Auch wenn der »Islamische Staat« in Syrien und im Irak militärisch besiegt sein sollte, werden von ihm weiter Gefahren ausgehen. Die Ideologie des Dschihad hat sich in den Köpfen vieler radikalisierter Muslime festgesetzt, daraus ist sie nicht mehr so leicht zu beseitigen. Eine weitere Gefahr entstünde, würden der »Islamische Staat« und Al-Qaida fusionieren. Eintreten könnte das nach dem Tod ihrer beiden Anführer, Baghdadi und Zawahiri. Dann wären die Terrorgruppen nicht länger durch persönliche Rivalitäten getrennt. Sie stünden jedoch den gleichen Feinden gegenüber und könnten ihre lokalen, regionalen und internationalen Organisationen zusammenführen.[130]

Eine andere Gefahr ist, dass der anhaltende Zerfall des Irak und Syriens, Libyens und des Jemen, dem »Islamischen Staat« auch künftig Brutstätten des Terrors bietet. Denn der »Islamische Staat« hat während seiner Terrorherrschaft in Mossul und Raqqa eine neue Generation von Dschihadisten herangezogen. Die Kämpfer gründeten Familien, pflegten Verbindungen zu Stämmen und schufen Zellen und Strukturen im Untergrund. Bereits ein Vorläufer des »Islamischen Staats«, der »Islamische Staat im Irak«, hatte unter vergleichbaren Bedingungen in den Jahren 2007 und 2008 überlebt. 2008 schien er am Ende. Dann kehrte er zurück und war dank einer neuen Strategie und einer umgebauten Organisation noch schlagkräftiger geworden.

Verschwinden wird der »Islamische Staat« auch deshalb nicht, weil sich im Irak und in Syrien keine Lösung der »sunnitischen Frage«[131] abzeichnet und sich viele sunnitische Muslime weiter als Bürger zweiter Klasse fühlen, somit keine Hoffnung auf friedliche politische Änderungen haben. Für sie könnte der »Islamische Staat« weiterhin als eine effektive »Widerstandsorganisation« attraktiv bleiben. Damit läge der Schlüssel, dem »Islamischen Staat« die breite gesellschaftliche Basis zu nehmen, eher bei der Politik als bei der Theologie, die die Ideologie zu entzaubern hat.

Mit seinem Krieg gegen den Rest der Welt hat sich der »Islamische Staat« übernommen. Bereits vom Jahr 2016 an bereitete er seine Anhänger auf eine Niederlage vor. Seine Ideologen erhöhten die sich anbahnende militärische Niederlage zu einer »Prüfung« (arabisch: *mihna*) der Glaubensstärke der Kämpfer, die bestätigen werde, dass der »Islamische Staat« auf dem rechten Wege sei. Wieder dient die Frühzeit des Islams als Orientierung. So wie heute der »Islamische Staat« belagert werde, sei auch der Prophet Mohammed in Medina von seinen Feinden belagert worden. Er habe dennoch die Oberhand behalten und sei siegreich nach Mekka zurückgekehrt.[132]

In der Entwicklung des dschihadistischen Salafismus wird der »Islamische Staat« nicht die letzte Stufe sein. In vier Publikationen ist bereits die nächste Phase erkennbar.[133] So lautet der Titel des Hauptwerks von Abu Bakr Naji *Die Verwaltung der Barbarei* (*Idarat al-tawahhush*). Das Werk ist seit 2004 online, eine englische Übersetzung erschien 2006.[134] Der Autor, mutmaßlich ein Ägypter und früherer Chefstratege von Al-Qaida, entwickelt in zehn Leitlinien, wie zunächst mit Terror Chaos geschaffen werden solle, um die Schwächung der Gegner dann zu nutzen, um einen islamischen Staat aufzubauen. Abu Bakr Naji begründet seinen Ansatz mit der These, dass das schlimmste Ausmaß an Barbarei besser als ein gottloses Regime sei.

Der aus Aleppo stammende Abu Mus'ab al-Suri ist der Autor eines zweiten Grundlagenwerkes für den Dschihad im 21. Jahrhundert.[135] Inspiriert hat ihn dazu der oben zitierte Muhammad Abd al-Salam Farag.[136] Sein *Aufruf zum globalen islamischen Widerstand* erschien 2005 und ist 1600 Seiten umfangreich. Suri zieht darin die Lehren aus dem Scheitern früherer islamistischer »Widerstände« und entwirft einen globalen Dschihad, den Einzelne ausführen sollen, die nicht mehr miteinander vernetzt und in keiner Hierarchie miteinander verbunden sind. Ziel sei nicht mehr, bei einem Anschlag eine maximale Zahl von Menschen zu töten, sondern mit einem schnellen Rhythmus der Anschläge die Regierungen zu zwingen, für Sicherheit mehr Geld auszugeben, und vor allem in der Gesellschaft Zwietracht zwischen Muslimen und Nichtmuslimen zu säen, sodass sich mehr Muslime dem Terror zuwenden würden, weil dieser eine Notwendigkeit geworden sei.

Abu Abdullah al-Muhadschir[137] rechtfertigt in seinem Werk *Die Rechtslehre vom Töten*, dass ein Kämpfer jeden »Gottlosen« töten dürfe, dem er gegenüberstehe. Zudem kursiert seit März 2015 ein E-Book eines anonymen Autors mit dem Titel *Wie man im Westen überlebt*.[138] Es enthält auf 71 Seiten Ratschläge für Dschihadisten, wie man in Europa unauffällig leben und Terroranschläge verüben kann. Der erste Satz lautet: »Im Herzen Europas beginnt ein Krieg.«

Der Dschihadismus ist die moderne Hydra des Terrors. Ein Blick auf die Geschichte des islamistischen Terrors zeigt, dass auf eine Terrorgruppe, nachdem sie besiegt worden ist, immer neue gefolgt sind. Dabei führen die Dschihadisten in islamistischer Selbstjustiz Krieg gegen alle, von denen sie behaupten, dass diese einen Krieg gegen den Islam führten. Über den »nahen Feind«, die arabischen Regime, und den »fernen Feind«, den Westen, hinaus haben sie nun die ganze Welt, die sie zum »Haus des Kriegs« (*dar al-harb*) erklären, im Visier. Das Ziel, einen Krieg der Religionen auszulösen, heiligt die Mittel.

Der »Islamische Staat« ist ein Krebsgeschwür, aber nicht selbst die Krankheit. Die eigentliche Krankheit liegt tiefer: im Versagen der arabischen Moderne. Ausgelöst wird das Krebsgeschwür durch die autoritären Diktaturen. Die arabische Welt wäre nicht auf Dauer geheilt, würde lediglich der Krebs operiert. Die Zukunft hängt daher davon ab, was mit den Regimen geschieht.

# SCHEITERN

## Das Beben des Jahres 2011

### Verpasste Chancen: 1945 wie 1918

Der Erste Weltkrieg hatte Europa verwüstet. Doch als der Krieg zu Ende war, geriet die Welt aus den Fugen, erschütterte ein Beben Deutschland und Europa. Ein vergleichbares Beben erschütterte nach dem Zweiten Weltkrieg den Nahen Osten. 1918 war die Welt aus den Fugen. Es wurde eine Friedensordnung gebraucht, sie gelang aber nicht. Zu groß waren die Zerstörungen des Bebens, nachdem vier Großreiche implodiert waren: das deutsche Kaiserreich, die Donaumonarchie der Habsburger, das Zarenreich und das Osmanische Reich. Nicht vereinbar waren die Vorstellungen der Siegermächte, wie das Vakuum gefüllt werden solle.

Im Nahen Osten bot sich 1945 eine ähnliche Konstellation. Mit einem Schlag verließen die Kolonialmächte die arabische Welt, es entstand ein Vakuum. Zudem hatten die Kolonialmächte ihren Auftrag nicht erfüllt. Denn die Mandatsmächte Großbritannien und Frankreich hatten dem Völkerbund versprochen, die Länder der Levante auf die Unabhängigkeit vorzubereiten. Das war nicht geschehen, und so übernahmen nun in vielen Ländern Militärdiktaturen die Macht. Dazu kam ihnen der kalte Krieg zwischen den USA und der Sowjetunion gelegen; denn sie fanden in Moskau einen Patron, der sie lange beschützte.

So wie 1919 Deutschland nicht an der Friedenskonferenz von Versailles beteiligt war, fand die Gestaltung des neuen Staatensystems nach 1945 ohne die arabischen Staaten, die unabhängig wurden, statt und ohne die Kurden, die weiterhin keinen eigenen Staat bekommen sollten. Die neuen arabischen Staaten wurden auch zur Gründung des Staates Israels nicht gehört. Eine weitere Parallele war, dass die neuen Herrscher totalitäre und transnationale Ideologien verbreiteten: Nach dem Ersten Weltkrieg wurden in Teilen Europas der Kommunismus und der Faschismus das neue Ordnungsprojekt; wie diese scheiterte nach 1945 in der arabischen Welt die Ideologie des politischen Pan-Arabismus. Denn er vereinte die Araber nicht, sondern spaltete sie.

Nach 1945, am Ende des Kolonialzeitalters, war in der arabischen Welt die Hoffnung auf einen selbstbestimmten Neuanfang groß. Sie erfüllte sich aber nicht. Ebenso wenig wie das Ende des Erstens Weltkriegs in Deutschland ein Zeitalter des Friedens und der Demokratie eingeläutet hat, begann nach 1945 in der arabischen Welt eine solche Epoche. Deutschland fand erst nach den verlorenen Jahren der Weimarer Republik, dem Terror der Nazi-Herrschaft und dem Zweiten Weltkrieg zu Freiheit und Demokratie. Bevor die arabische Welt die Aussicht auf eine Ordnung hat, die besser sein soll als die nach 1945, scheint sie ebenfalls Katastrophen wie Kriege und den Zerfall von Staaten durchstehen zu müssen.

Die Ordnung, die sich Europa nach dem Ersten Weltkrieg gab, konnte den Aufstieg des Nationalsozialismus und des Faschismus weder verhindern noch eindämmen. In der Gegenwart ist die arabische Welt mit ihrer dysfunktionalen Ordnung den großen Herausforderungen ebenso wenig gewachsen. Die Jahrzehnte seit 1945 waren daher eine schmerzhafte Zwischenetappe auf dem Weg zu den revolutionären Momenten und Beben, die die arabische Welt seit dem Jahr 2011 erschüttern. Das Schlüsselland für die Arabellion war Ägypten.[1]

## Arabellion und Restauration

Kairo, Samstag, den 12. Februar 2011. Es sollte der erste Tag einer neuen Ära werden. Husni Mubarak, der 30 Jahre Präsident gewesen war, hatte am Abend zuvor dem Druck der wochenlangen Proteste nachgegeben und war zurückgetreten. Die Arabellion hatte ihren Höhepunkt erreicht. Friedliche Proteste hatten nun die Langzeitherrscher in Tunesien und Ägypten gestürzt. Von da an aber lösten Krieg und Gewalt die friedlichen Proteste ab.

In Kairo kamen am Morgen nach Mubaraks Rücktritt viele Jugendliche auf den Platz zurück, auf dem sie zuvor wochenlang ausgeharrt hatten.[2] Über Facebook war verbreitet worden, dass dieser Samstag der Tag des großen »Hausputzes« werden solle; in Ägypten solle mit dem Reinemachen begonnen werden. Die jungen Aktivisten kamen mit Besen und Müllsäcken, sie säuberten den Tahrir-Platz von den Abfällen der vergangenen Tage.

Der Großputz hatte auch symbolische Bedeutung. Wer kam, wollte den Platz vom Schmutz der Vergangenheit säubern. Die Aktivisten spannten ein breites Transparent auf, auf dem stand: »Wir bitten um Verständnis, wir bauen gerade Ägypten!« Überall waren Putzkolonnen am Werk, auch in anderen Straßen und in anderen Stadtteilen. Sie schrubbten und kehrten, sie hoben Zigarettenstummel und jeden Papierfetzen auf. So blitzsauber wie an jenem Morgen war der Platz wohl noch nie gewesen. Dann gingen die jugendlichen Aktivisten nach Hause. Sie hatten ihre Arbeit getan. Für das, was kommen sollte, hatten sie wohl eine Vorstellung: Es sollte ein Zeitalter der Freiheit und der Herrschaft ohne das Militär werden. Das hofften sie, sie waren aber naiv. Einen Plan und die Geduld für politisches Arbeiten hatten sie nicht. Und so verspielten sie, was sie erkämpft hatten.

\*

Die Revolutionäre waren eine heterogene Gemeinschaft aus vielen Schichten der Gesellschaft: säkulare Aktivisten aus der gehobenen Mittelschicht und gut organisierte Muslimbrüder, kampferprobte Ultras der Fußballvereine Kairos und schlecht bezahlte Arbeiter aus Staatsbetrieben. Ein revolutionärer Moment lag in der Luft, der eine Euphorie auslöste. Sie diskutierten Tag für Tag, in der Zeltstadt auf dem Tahrir-Platz auch nachts; daraus entwickelten sie aber jenseits von Schlagwörtern weder eine Vision noch gemeinsame Ziele. Den Demonstranten ging es nicht in erster Linie um Demokratie. Sie forderten vielmehr soziale Gerechtigkeit, Freiheit und Würde, sie protestierten gegen den Despotismus, die Korruption und den Klientelismus. »In einigen Ländern wurde der ›Sturz des Systems‹ verlangt; aber in keinem einzigen Land die Einführung einer liberalen Demokratie.«[3]

Zu groß war die Leere, die die vergangenen 60 Jahre hinterlassen hatten. Seit der Revolution von 1952, in der sich das Militär an die Macht geputscht hatte, gab es keine innenpolitischen Diskurse mehr, keine politisierten Bürger und keinen *homo politicus*, der sich am Leben der Gesellschaft aktiv beteiligte. Ein paar Wochen haben nicht genügt, um politisierte Bürger zu schaffen, die die Revolution von 2011 hätten verfestigen können. Die Illusion trieb sie an, dass die »Straße« sie schon vereine und stark machen werde. Es blieb eine Momentaufnahme, ein Schnappschuss wie der von einer Polaroid-Kamera: Der Augenblick ist einmal festgehalten, für weitere Abzüge gibt es aber kein Negativ. Vorbei ist vorbei.

Der revolutionäre Moment des Jahres 2011 wird sich nicht wiederholen. Er war zur Jahreswende 2010/2011 in mehreren Ländern zur gleichen Zeit vorhanden, der Funke sprang über, und er entzündete neue Feuer. Die Ursachen für die Unzufriedenheit ähnelten sich zwar, eine homogene, regionale Protestbewegung entstand aber nicht. In Tunesien verbrannte sich aus Verzweiflung ein junger Straßenhändler; in Ägypten schätzte der überraschte Innenminister Habib al-Adli die ersten Proteste am 25. Januar falsch ein und gab Präsident Mubarak den Rat, nicht einzugreifen; im Jemen ließ die Festnahme von Tawakkul Karman die Proteste nicht abebben, sondern entfachte sie erst recht; in der syrischen Hauptstadt Damaskus schlugen am 16. Februar, einen Tag nach dem Beginn der Proteste in Libyen, auf offener Straße zwei Polizisten Demonstranten zusammen, was die Ereignisse in Syrien ins Rollen brachte. In Damaskus gingen nun Hunderte auf die Straße und skandierten Slogans gegen das Regime, dann auch in der Provinzstadt Daraa. Als dort eine Frau einer Freundin in Kairo zum Sturz Mubaraks gratulierte, wurde sie festgenommen. Auf den Straßen skandierten Erwachsene »die Reihe ist nun an dir, Doktor« und meinten damit den Präsidenten Baschar al-Assad, einen promovierten Augenarzt; Kinder sprühten regimekritische Parolen an Häuserwände.

Diese Kinder wurden am 15. März festgenommen, dann auch ihre Eltern. Als Notabeln von Daraa den Gcheimdienstchef der Region, Assads Cousin Atef Nadschib, um deren Freilassung baten, soll er ihnen geraten haben: »Vergesst eure Kinder, macht neue. Könnt ihr das nicht, dann schickt mir eure Frauen.« Die Notabeln legten ihre Kopfbedeckung, das karierte *Kufiye*-Tuch, vor ihn auf dem Tisch, das Zeichen der Beduinen für höchste Respektbezeugung. Nadschib nahm die Tücher und warf sie in den Abfalleimer. Die Stämme der Region verstanden das als Kriegserklärung. Sie gingen auf die Straße, und Nadschib setzte gegen sie die Armee ein.

Politische Forderungen standen nirgends im Vordergrund. Auslöser wie die des Jahres 2011 wird es in dieser Form nicht mehr geben und wenn, dann kaum zur gleichen Zeit. Das schließt nicht aus, dass in den kommenden Jahren in den Ländern, die durch Diktaturen zugrunde gerichtet werden, sich ein neuer revolutionärer Moment in Konstellationen aufbaut, die nicht vorhersehbar sind.

Das könnte beispielsweise in Ägypten der Fall sein. Dort nahm im Frühjahr 2013 eine Bewegung ihren Anfang, von der die einen sagen, sie habe zu einer »zweiten Revolution« geführt, und die anderen, sie sei der Beginn der Konterrevolution gewesen. In den Monaten zuvor hatte sich die Stimmung aufgeheizt. Die Regierung des islamistischen Präsidenten Mursi warf ihren säkularen Gegenspielern vor, Angebote für eine Zusammenarbeit auszuschlagen, beispielsweise bei der Erarbeitung einer neuen Verfassung. Die Opposition behauptete jedoch, sie würde ausgeschlossen; die Muslimbruderschaft wolle Ägypten nur islamisieren. Die innenpolitischen Spannungen nahmen zu, und die Versorgungslage verschlechterte sich. Die Opposition machte für die Verknappung vieler Güter das Missmanagement der Regierung verantwortlich; die Regierung beschuldigte hingegen ihre Gegner, mit einer gezielten Verknappung von Benzin und Elektrizität die Bevölkerung gegen sie aufzubringen.

Drei junge Männer und zwei Frauen nutzten die wachsende Unzufriedenheit und starteten eine Unterschriftenkampagne, die Mursis Rücktritt forderte. Naguib Sawiris, der Besitzer des größten Mobilfunkunternehmens Ägyptens, stellte die Filialen seines Unternehmens im ganzen Land zur Verfügung, sodass sich die Bewegung, die die fünf Aktivisten *Tamarrod* (Rebellion) nannten, schnell im ganzen Land ausweitete. Bis zum ersten Jahrestag der Einführung Mursis als Staatspräsident wollten sie 22 Millionen Unterschriften sammeln, jeder vierte Ägypter sollte unterschreiben.

Der nach wie vor intakte Sicherheitsapparat unterstützte *Tamarrod*. Mit diesem Schlagwort fanden nun Tag für Tag Kundgebungen gegen den Präsidenten statt. Die meisten säkularen Aktivisten des Jahres 2011, auch Amr Hamzawi, unterstützten sie. Vier Jahre später gestand Hamzawi ein, dass dies ein Fehler gewesen sei. In jenem Frühsommer 2013, als die liberalen Kräfte des Landes nicht zum gewählten Präsidenten Mursi standen, sondern die Konterrevolution ermöglichten, sei nämlich die Revolution von 2011 verraten worden.[4] Hamzawi schrieb, offenbar glaube der neue Präsident Sisi, dass der von Mubarak teilweise zugelassene Pluralismus für dessen Sturz verantwortlich gewesen sei. Nun verschließe Sisi mit dem Vorwand eines »Kriegs gegen den Terror« den öffentlichen Raum. Wegen dieser Beschneidung der Freiheiten schließe er nun eine »neue demokratische Intifada« nicht mehr aus, schrieb Hamzawi.

Das Regime stellte zwar seit Mubaraks Sturz nicht mehr den Staatspräsidenten, es war aber weiter intakt. Inzwischen hatte es sich von verhassten Gestalten wie dem Innenminister Adli gesäubert und zuvor unbekannte Gesichter nach vorne gebracht. Dann schlug es mit äußerster Brutalität zurück. Die Menschenrechtsorganisation Human Rights Watch verglich das Massaker an Anhängern Mursis im August 2013 mit dem Tiananmen-Massaker 1989 in Peking. In dem ausführlichen Bericht von Human Rights Watch heißt es, bei der Auflösung von nur einem Protestlager seien mindestens 904 Menschen vorsätzlich getötet worden.[5] Allein auf dem Platz Rabi'a al-Adawiya müsse von einem Todeszoll von mehr als 1000 Menschen am 14. August 2013 ausgegangen werden. Die ägyptischen Sicherheitskräfte hätten bei systematischen und groß angelegten außergerichtlichen Massenhinrichtungen im Juli und August 2013 mindestens 1150 Demonstranten getötet, so Human Rights Watch.

Sisi hatte bereits vor dem Putsch, als er noch Oberbefehlshaber der ägyptischen Streitkräfte war, keinen Zweifel daran gelassen, dass hart durchgegriffen werden müsse. Vor Offizieren sagte er am 12. Mai 2013, kurz bevor das Militär Mursi absetzte, man solle Ägypten »30 bis 40 Jahre« vergessen, wenn das Militär »auf die Straße gehe«, also die Macht übernehme.[6] Es würde sich also mindestens bis 2035 nichts ändern. Als das Militär die Macht 1952 übernahm, dauerte es bis zur Revolution von 2011 fast 60 Jahre. Droht ein Rückfall in jene Zeit?

Nasser, dessen Ära von 1952 bis 1970 dauerte, hinterließ ein schweres Erbe. Er verfolgte die Opposition, trieb das Land mit dem Sozialismus in den Ruin und verlor im Krieg den Sinai an Israel. Um sich vom Westen abzugrenzen, trugen er und die anderen Offiziere grünliche Khakianzüge. Sie indoktrinierten über Jahrzehnte die Menschen, was erst den

Zerfall der Gesellschaft ermöglichte. Das sollte sich als der verhängnisvollste Teil ihrer Hinterlassenschaft erweisen. Sie setzen dazu alle Instrumente ein, die ihnen zur Hand waren: das Erziehungswesen, die gelenkte Kultur mit Kunst und Theater, die Medien und die Berufsvereinigungen, die ständig Propagandaveranstaltungen durchführten. Und so brachten die Herrscher die Bevölkerung dorthin, wo sie diese haben wollte: als formbare und gehorsame Masse, die sie nach Belieben lenkten. Bis zu den Protesten des Jahres 2011.

Ägypten war der Kernstaat der Arabellion. Wäre die Revolution dort geglückt, hätte sie als Modell auf andere Länder übergreifen können. Sie glückte aus vielen Gründen nicht. Denn die Aktivisten konnten einen Herrscher stürzen; sie waren aber nicht darauf vorbereitet, eine neue Ordnung zu gestalten. Millionen waren auf die Straße gegangen, sie verschmolzen aber nicht zu einer homogenen Einheit; jede Gruppe – ob Arbeiter, Studenten, Händler oder kleine Staatsbedienstete – rechnete anders, hatte andere Erwartungen. Entscheidend für das Scheitern war letztlich, dass das Beharrungsvermögen des Regimes unterschätzt wurde. Ein Präsident wurde gestürzt, das Regime blieb intakt.

Hinter dem Regime stehen in Ägypten mutmaßlich etwa 30 Prozent der Bevölkerung. Entweder sind sie selbst das Regime, oder sie haben sich mit ihm arrangiert; die Letzteren wollen den Status quo erhalten, oder sie warten in Krisenzeiten ab, bis das Regime (wieder) die Oberhand gewonnen hat. Die eigentlichen Stützen des Regimes sind das Militär und die Polizei, jene, die in den Ministerien und bei den staatlichen Institutionen beschäftigt sind, ferner die Familien der mächtigen Berufskasten wie der Justiz. Wer enger an das Regime angebunden werden soll, kann darauf hoffen, dass der mächtige Bauminister ihm ein staatliches Grundstück überträgt.

Das Militär herrscht seit dem Putsch von 1952 über Ägypten. Seither hat es, mit Ausnahme von Mursi, alle Staatspräsidenten gestellt. Der Einfluss des Militärs reicht weit über die Politik hinaus. Es kontrolliert mutmaßlich mindestens 40 Prozent der ägyptischen Wirtschaft; führende Posten in der Bürokratie, beispielsweise die Gouverneure der Provinzen, werden mit pensionierten Generälen besetzt. Das Ansehen des Militärs als die Institution, die die staatliche Einheit symbolisiert, ist relativ hoch, obwohl es nie einen Krieg gegen Israel gewonnen hat. Lediglich im Oktoberkrieg von 1973 war es eine Woche lang gegen die israelische Armee erfolgreich.

Selbst wenn das Militär als Ganzes Ansehen genießt, überträgt sich das nicht auf die ägyptischen Offiziere. Denn die stammen nicht aus den angesehenen Familien der Oberschicht, die eine Karriere in zivilen Berufen vorziehen, sondern aus der unteren Mittelschicht. Zudem sind die Aufnahmebedingungen der Militärakademien weniger anspruchsvoll als die der Universitäten. Ein Korpsgeist hält dann die Offiziere zusammen. Sie schicken ihre Kinder in Schulen des Militärs, sie erhalten Sonderkredite und haben auch sonst zahlreiche Privilegien. Als Präsident Sadat Israel 1977 Frieden anbot und nach Jerusalem flog, besänftigte er die Offiziere, indem er ihnen lukrative zivile Verdienstmöglichkeiten eröffnete. Er übertrug ihnen die Mittelmeerküste bis an die libysche Grenze und auch die Sinai-Halbinsel, die sie nun selbst erschließen konnten. Zudem öffnete Sadat die Wüstenstraße von Kairo nach Alexandria für zivile Fahrzeuge und übertrug dem Militär die wirtschaftliche Nutzung auf beiden Seiten der Straße.

Die wirtschaftlichen Interessen stärken den Korpsgeist, und die innere Führung festigt ihre ideologische Ausrichtung. Sie bestärkt sie in dem Glauben, der Bevölkerung überlegen zu sein. Seit der Ära Nasser wird ihnen als Feindbild die Muslimbruderschaft eingetrichtert. Diese Echokammer wird auch nicht gestört, wenn die Offiziere am Wochenende zu Hause sind. Dann vermitteln ihnen die ägyptischen Medien weiterhin das vertraute Weltbild. Denn im Fernsehen und in den Zeitungen haben lediglich die Journalisten eine Chance, die loyal zu dem Regime stehen.

Während das Militär Ansehen genießt, ist die Polizei bei der Bevölkerung verhasst. Das hat damit zu tun, dass der Wohlstand der Offiziere auf den Ressourcen des Staates aufbaut, also nicht direkt spürbar für die einzelnen Bürger ist. Dagegen setzt die Polizei das staatliche Gewaltmonopol ein, um sich zu bereichern, und die Polizisten nehmen den einfachen Ägyptern unter jedem erdenklichen Vorwand auf offener Straße das ab, was sie brauchen. Juristisch belangt werden sie dafür nicht.

Eine wichtige Berufskaste und Stütze des Regimes ist die Justiz. Sie hätte bei jeder Revolution Privilegien zu verlieren. Denn die Richter und die Staatsanwälte haben eigene Krankenhäuser und Urlaubsressorts, für ihre Kinder eigene Schulen und erhalten von den Banken günstigere Kredite als der Rest der Bevölkerung. Diese Privilegien bleiben generationenübergreifend in den Familien, da nahezu die Hälfte der Richter und Staatsanwälte miteinander verwandt oder verschwägert ist. Wer solche Privilegien verlieren könnte, geht nicht auf die Straße – es sei denn, er würde zuvor überzeugt, dass sich eine Revolution nicht gegen ihn richte. Das aber hatte die Justiz 2011 erwartet.

Jene, die 2011 für die Revolution waren, stellten ebenfalls ein knappes Drittel der Bevölkerung. Sie wollten und wollen einen Wandel, weil ihnen das Regime eine Teilhabe verwehrte und noch immer verwehrt. Zu diesem Teil der Bevölkerung gehören vor allem drei Gruppen: die säkularen Aktivisten der gehobenen Mittelschicht; die breite Bewegung der Muslimbruderschaft, die vor allem in den Städten stark ist, wo sie vielen Menschen Dienstleistungen bietet, die eigentlich der Staat leisten sollte; und schließlich viele schlecht bezahlte Arbeiter in den Staatsbetrieben.

Die übrigen 40 Prozent der Bevölkerung sind die »Sofa-Partei«. Sie hatten auch Anfang 2011 die Ereignisse zu Hause auf dem Sofa vor dem Fernsehgerät verfolgt, und sie sind überwiegend damit beschäftigt, ihren Alltag zu bewältigen und Tag für Tag genügend Essen für die Familie auf den Tisch zu bringen. Diese 40 Prozent lassen sich nach Schätzungen ägyptischer Beobachte nur schwer mobilisieren. Wer immer in Ägypten eine neue Revolution auslösen und dabei erfolgreicher als im Jahr 2011 sein will, muss daher versuchen, die Unterstützung jener zu bekommen, die opportunistisch zum Regime stehen, aber nicht notwendigerweise am Status quo hängen.

»Versuche, die Uhr auf die Zeit vor 2011 zurückzustellen, werden höchstwahrscheinlich scheitern, da die Frustrationen, die zu den Aufständen geführt haben, weiterhin vorhanden sind«, schrieben im Jahr 2017 die Autoren eines Berichts der Carnegie-Stiftung zum Zustand der arabischen Welt.[7] Dennoch wurde die Uhr zunächst einmal zurückgestellt, in Ägypten kehrte das Regime zurück und machte damit die Hoffnungen der Demonstranten zunichte. 2011 waren die beiden Gruppen – die eine für die Revolution, die andere für den Status quo – noch etwa gleich groß gewesen. Nur so konnte die eine Seite die andere herausfordern. Ein

Zusammenprall setzt voraus, dass sich zwei starke Kräfte gegenüberstehen.

Das ist auf absehbare Zeit nicht mehr der Fall. Denn das Sisi-Regime setzt auf Repression, um potenzielle Demonstranten zu zermürben und einen neuen Aufstand im Keim zu ersticken. Bereits unter Nasser waren die Gefängnisse voll. Es gab Zehntausende politische Gefangene; die meisten wurden gefoltert, kamen aber wieder frei und knüpften dann an das an, was sie zuvor getan hatten. Das ist heute anders. Wer in den Gefängnissen landet, soll lange dort bleiben, und so kann sich der Tahrir-Platz nicht mehr füllen.

Heute sind die Kräfteverhältnisse in Ägypten sehr ungleich. Und in den Ländern, in denen Krieg herrscht, kann es wegen der bewaffneten Auseinandersetzungen ebenfalls keine Revolution geben. Wenn es heute aber eine Gewissheit gibt, dann die, dass der nächste große Knall größer sein wird als der im Jahr 2011 und dass es nur eine Frage der Zeit ist, bis das geschieht. Länder wie Ägypten werden von Jahr zu Jahr weniger regierbar. Die demographische Zeitbombe tickt, die ungezügelte Urbanisierung treibt die Städte in den Kollaps, die Lizenzen für die Ausbeutung der Bodenschätze werden auf Jahrzehnte an Investoren verkauft, Agrarland wird zerstört, das Wasser wird knapp. Die Lage wird sich dramatisch zuspitzen.

Die Proteste des Jahres 2011 sind in vielen Ländern verpufft, nicht aber in Tunesien, wo die Arabellion mit der Selbstverbrennung von Muhammad Bouazizi begonnen hat. Von allen Ländern hat Tunesien die besten Chancen, mit einem historischen Kompromiss das Land zu stabilisieren und zu einer funktionierenden parlamentarischen Demokratie zu finden. Zu diesem Kompromiss sind die beiden großen Parteien bereit, das säkulare Regime, das gemeinsam mit Technokraten wieder die Zügel in der Hand hält, und die islamistische Muslimbruderschaft. Zweimal haben die Muslimbrüder gezeigt, dass sie zu diesem Kompromiss bereit sind und nicht auf ihren Forderungen bestehen: bei der Arbeit an einer neuen Verfassung und bei dem Verzicht auf den Posten des Ministerpräsidenten.

Die Regierung der Technokraten unter Präsident Said Essebsi hat aber noch immer keine wirtschaftlichen Erfolge vorzuweisen, das Land befindet sich in einer Art Schwebezustand. Daher brachen am 14. Mai 2017 im unterentwickelten Süden neue Proteste aus. Die Demonstranten kritisierten, dass die Regierung ihr Versprechen, Arbeitsplätze zu schaffen, nicht erfüllt habe.[8] Die Regierung wird daran gemessen, ob genügend Arbeitsplätze entstehen. Gelingt ihr das nicht, wird die Unzufriedenheit weiter zunehmen.

Für die Bürgerkriegsländer Libyen, Syrien und Jemen sind die Szenarien indessen düster. Sie befinden sich nicht zuletzt aufgrund der massiven Einmischung externer Akteure im freien Fall. In Libyen wird der Staatszerfall bestenfalls zu einer losen Föderation einzelner Landesteile führen, im schlimmsten Fall zu einer »Somalisierung« des Landes, in dem die Dschihadisten weiterhin eine bestimmende Rolle spielen. In Syrien haben externe Akteure zwar einen Erfolg der Revolution gegen das Regime Assad verhindert, beendet ist der Krieg damit aber nicht; zudem führt der Staatszerfall zu einer Aufteilung des Landes, die mit Gewalt und der Loslösung einzelner Landesteile verbunden ist. Im Jemen haben externe Kräfte wie Saudi-Arabien, die Vereinigten Arabischen Emirate und Iran den Bürgerkrieg erst angeheizt, dann haben sie den Staatszerfall befeuert. Das Land droht eine Föderation von »Vasallenstaaten« einzelner ausländischer

Schutzmächte zu werden – falls diese nicht bis zu einem endgültigen Sieg kämpfen wollen. Für Ägypten hingegen ist es sehr wahrscheinlich, dass der Staatsterror und der drohende wirtschaftliche Kollaps eine zweite Revolution auslösen werden.

## Repression und Staatsterror

Kairo, Mittwoch, den 14. August. Das Bild ist das Mahnmal der ägyptischen Revolution, die arabische Version von Edvard Munchs Gemälde »Der Schrei«. In der arabischen Welt kennt man das Foto als »Der stärkste Schrei«.[9] Es zeigt einen jungen Mann, Anas Scharaf, der sich vor einem brennenden Inferno rettet. Die Welt hinter ihm steht in Flammen. Zuvor haben ägyptische Sicherheitskräfte und Schlägertrupps des Regimes auf dem Platz Rabi'a al-Adawiya ein Massaker mit tausend Toten angerichtet. Anas Scharaf rennt davon und stößt einen Schrei der Verzweiflung aus. Das Foto ist eine Momentaufnahme. Auf den Betrachter wirkt es wie ein Bild des Schreckens, der nicht endet: der Körper des Mannes voller Anspannung, der Mund weit aufgerissen, die Augen geschlossen. Man will die Wirklichkeit nicht mehr sehen.

Anas Scharaf hatte im Januar 2011 von Anfang an für die Revolution gekämpft. Von seiner Heimatstadt Melig, 100 Kilometer nördlich von Kairo im Nildelta gelegen, war er kurz vor dem Abschluss seines Studiums der Naturwissenschaften auf den Tahrir-Platz gekommen, gemeinsam mit seinem Vater und vier Geschwistern. Als Mubarak am 11. Februar zurücktrat, kehrte er voller Hoffnung und Enthusiasmus in seine Heimatstadt zurück. Er beteiligte sich an zivilgesellschaftlichen Aktionen, verteilte Brot, beseitigte Müll.

Als Präsident Mursi am 3. Juli 2013 gestürzt wurde, kehrte er nach Kairo zurück. Mit seinen Eltern, einem Onkel und den Geschwistern kampierte er mehr als 40 Tage auf dem Platz Rabi'a al-Adawiya. Sein Onkel wurde im Juli durch einen Kopfschuss getötet, Anas Scharaf trug seinen Leichnam vom Platz. Dann kam der 14. August, das große Massaker. Erst rettete er Verletzte, dann schleppte er seinen verletzten Bruder weg, schließlich war der Platz von Toten übersäht. Da stieß Anas Scharaf seinen Schrei der Verzweiflung aus.

Er kehrte nach Melig zurück und war nicht bereit aufzugeben. Am 6. Oktober 2013 wurde er verhaftet und nach einem Monat gegen Kaution wieder freigelassen. Er demonstrierte weiterhin für den legitimen Präsidenten, den gestürzten Mursi. Dann wurde er wieder verhaftet. Seither verbüßt er eine 24-jährige Haftstrafe. Im Gefängnis verfasste er am 28. April 2014 einen Aufruf an seine Weggefährten: »Ich sehne mich danach, zu euch auf die Plätze zurückzukommen, um die Despotie und die Despoten zu bekämpfen.«[10]

*

Das ägyptische Militär steht vor gewaltigen Aufgaben. Am 3. Juli stürzte es Präsident Mursi, für den 26. Juli 2013 rief Feldmarschall Abd al-Fattah al-Sisi die Ägypter zu Großkundgebungen auf die Straße; sie sollten ihn mit einem Mandat für den Kampf »gegen den Terror« ausstatten. Danach erweiterte er seine Kompetenzen und die der Sicherheitskräfte. Sisi ließ sich als Ägyptens Retter feiern, Ende Mai 2014 wurde er mit 97 Prozent der Stimmen zum Staatspräsidenten gewählt. Er übernahm das Amt am 8. Juni 2014 mit den Versprechen, den Lebensstandard der 90 Millionen Ägypter zu verbessern und für Sicherheit zu sorgen.

Die Maßnahmen, die die Militärregierung ergriffen hat, schwächten das Land aber und stärkten es nicht. Sicherheit wird geschaffen, ohne dass man sich an Gesetze hält.[11] Zudem wurden die Privilegien des Militärs nochmals ausgeweitet, was den Wettbewerb außer Kraft setzt, ohne den es kein nachhaltiges Wirtschaftswachstum geben kann. Die in Sisi gesetzten Hoffnungen wurden rasch enttäuscht, seine Popularität ging zurück.

Eine bleierne Ruhe hat sich über das Land gelegt. Der islamistische Terror nahm dennoch weiter zu. Die Terrorgruppe *Ansar Bait al-Maqdis*, ein Ableger des »Islamischen Staats«, hatte zunächst Anschläge auf der Sinai-Halbinsel verübt, nun trug sie den Terror nach Kairo. Dort verübten sie fast im Monatsrhythmus Anschläge gegen die ägyptischen Sicherheitskräfte. Auch die Anschläge auf der Sinai-Halbinsel ebbten nicht ab. Dort griffen dschihadistische Terrorgruppen weiterhin Polizeistationen und militärische Einrichtungen an. Am 24. November 2017 wurden bei einem Anschlag auf eine Moschee in der Kleinstadt Bir al-Abd während des Freitagsgebets 305 Menschen getötet.

Am 31. Oktober 2015 war ein Flugzeug, das mit russischen Urlaubern in Scharm al-Scheich mit dem Ziel St. Petersburg gestartet war, kurz nach dem Start abgestürzt. Alle 224 Insassen wurden getötet. Mutmaßlich brachte eine an Bord geschmuggelte Bombe das Flugzeug zum Absturz. Der »Islamische Staat« bekannte sich zu dem Anschlag.

Das Regime zog die Zügel weiter an, und die Verletzungen der Menschenrechte wurden immer gravierender. Wer demonstrierte – ob Studenten, Aktivisten, Arbeiter oder kleine Staatsbedienstete –, wurde fortan verdächtigt, im Dienste ausländischer Mächte zu stehen und sich »gegen die Nation« zu verschwören.[12] Das hatte sich bereits unmittelbar nach dem Putsch vom Juli 2013 angedeutet. Sisi erließ Dekrete, die ihm präzedenzlose Macht verleihen und ermöglichen, unliebsame Kritik auszuschalten. Die Dekrete dienten drei Zielen: Sie hoben die Meinungs- und Versammlungsfreiheit auf, sie versiegelten den öffentlichen Raum, und sie sicherten die Vollmachten des Militärs und der Sicherheitskräfte ab.[13] Ziviler Ungehorsam wurde ein Tatbestand des Terrors, eine Ansammlung von mehr als zehn Menschen ist seither verboten.

Am 30. November 2013 wurde Ahmad Maher, der Gründer der Bewegung »6. April« und einer der Aktivisten des Jahres 2011, festgenommen. Maher lehnte es ab, die Machtübernahme durch das Militär im Juli 2013 als Revolution zu bezeichnen; für ihn war es ein Putsch. Er beschuldigte die Sicherheitskräfte, am 14. August 2013 ein Massaker angerichtet zu haben. Überdies forderte er Neuwahlen, um Ägypten eine legitime Regierung zu geben. Damit stellte er in allen wichtigen Punkten die Sprachregelung des Regimes in Frage. Wegen der Teilnahme an »illegalen Demonstrationen und Krawallen« sowie wegen »Rücksichtslosigkeit« und der Beleidigung eines Offiziers wurde er zu drei Jahren und sechs Monaten Haft verurteilt. Die Zeit verbrachte er in Einzelhaft im Tora-Gefängnis, in dem die meisten anderen politischen Gefangenem einsitzen.

Die New York Times überschrieb einen langen Artikel über die Repression in Ägypten und über Ahmad Maher mit »Generation Gefängnis«. Maher wurde am 5. Januar 2017 aus der Haft entlassen, aber nicht auf freien Fuß gesetzt. Er muss sich weiter regelmäßig bei der Polizei melden.[14] Die Zeitung zitiert Menschenrechtsorganisationen, die die Zahl der politischen Gefangenen in Ägypten auf 60 000 schätzen, das sind zehnmal so viele wie unter Mubarak. Die Gefängnisse seien um das Dreifache über ihrer Kapazität belegt, weshalb das Regime den Bau von 16 neuen Gefängnissen in Auftrag gegeben habe.[15]

Ahmad Maher hat im Jahr 2008 die Arbeiterproteste in al-Mahalla al-Kubra dokumentiert und dafür gesorgt, dass die Welt davon erfuhr. Die Arbeiterproteste endeten nicht mit dem Putsch von 2013. Allein 2016 zählte das ägyptische Nachrichtenportal *Rassd*, das als Facebookgruppe zu den Initiatoren der Proteste vom 25. Januar 2011 gehört hat und unter Sisi in Ägypten gesperrt ist, landesweit 744 Arbeiterproteste.[16]

Mutmaßlich hat die Angst des Regimes vor solchen Arbeiterprotesten zur Ermordung des italienischen Studenten Giulio Regeni geführt. Regeni forschte für seine Dissertation an der Universität Oxford in Kairo über unabhängige Gewerkschaften, die bei den Protesten von 2011 eine wichtige Kraft waren. Am 25. Januar 2016, am fünften Jahrestag des Beginns der Proteste von 2011, wurde er entführt und zu Tode gefoltert.[17] Die Polizei hatte an jenem Tag 5000 Wohnungen durchsucht, nicht aber die von Regeni, der erst am Abend das Haus verließ. Zunächst behaupteten die ägyptischen Behörden, Regeni sei von einem Auto tödlich verletzt worden.

Die Nachrichtenagentur Reuters berichtete jedoch am 21. April 2016 unter Berufung auf sechs anonyme Quellen im ägyptischen Sicherheitsapparat, Regeni sei am 25. Januar in Polizeigewahrsam genommen worden. Eine Autopsie in Italien ergab, dass er vor seinem Tod mehrere Tage lang gefoltert wurde. Danach änderte das Regime seine Darstellung

und machte nun eine Bande, die sich angeblich auf die Ent-
führung von Ausländern spezialisiert habe, für Regenis Tod
verantwortlich.

Was selbst Ausländern wie Regeni zustoßen kann, droht
Ägyptern jeden Tag. Das Nachrichtenportal *Rassd* ist eine
der wichtigsten Informationsquellen über die täglichen
Schikanen und die tagtägliche Terrorisierung der Bevölkerung. So berichtete es am 28. Mai 2017 über einen offenbar
nicht ungewöhnlichen Vorfall in Talkha, einem Viertel der
Stadt al-Mansoura im Nildelta. Dort hatte sich im Ramadan
kurz vor dem Fastenbrechen (*iftar*) ein Taxifahrer, der nach
Hause wollte, geweigert, einen Polizisten in einen anderen
Stadtteil zu fahren. Der Polizist schlug den Taxifahrer blutig und entriss ihm den Führerschein. Als sich der Fahrer
wehrte, wurde er festgenommen. Am nächsten Morgen
begannen Proteste der Bevölkerung, bei denen dann auch
Verwandte des Fahrers festgenommen wurden.[18]

Die Repression trifft die gesamte Gesellschaft, sie legt
auch die Zivilgesellschaft, die einen entscheidenden Anteil
am Erfolg der Proteste von 2011 hatte, lahm. Im November 2016 verabschiedete das Parlament ein neues Gesetz
zu Nichtregierungsorganisationen (NGOs). Präsident Sisi
unterschrieb es, am 30. Mai 2017 erschien es im Amtsblatt
und trat damit in Kraft.[19] Demnach sind nur noch Aktivitäten von NGOs erlaubt, die sich an den Zielen der nationalen Entwicklungspläne Ägyptens orientieren; ein Verstoß
dagegen kann mit bis zu fünf Jahren Haft geahndet werden.

Verboten sind demnach Aktivitäten, die die »nationale
Sicherheit, *law and order*, die öffentliche Moral und die öffentliche Gesundheit« gefährden. Die NGOs haben sich bei
einer Aufsichtsbehörde registrieren zu lassen, die mit Vertretern der Sicherheitskräfte und des Außenministeriums

besetzt ist. Das Gesetz schreibt für die Annahme von umgerechnet mehr als 510 Euro aus dem Ausland – beispielsweise für Spenden – einen komplizierten Mechanismus vor, der abschrecken soll. Zudem schränkt ein neues Mediengesetz die Freiheit der Presse mit prohibitiven Maßnahmen, etwa der Forderung hoher Banksicherheiten und der Androhung drakonischer Strafen, erheblich ein.[20] Und trotzdem: Junge Ägypter finden immer wieder Räume, auch wenn sie klein sind, um ihren Protest weiterhin publik zu machen.[21]

Das Regime schränkt einerseits den Spielraum der Gesellschaft mit neuen Gesetzen und Erlassen ein, andererseits baut es die Vollmachten des Militärs weiter aus, etwa bei der Militärgerichtsbarkeit.[22] So unterstellt ein neues Gesetz nicht nur Staatsbetriebe und öffentliche Gebäude den Militärgerichten, die dafür bekannt sind, dass das Militär stets Recht bekommt. Den Militärgerichten sind nun auch die Infrastruktur und alle Bundesstraßen, einschließlich eines Streifens von zwei Kilometern auf beiden Seiten, unterstellt. Das hat zur Folge, dass die wirtschaftlichen Interessen des Militärs nochmals ausgeweitet werden. Obsolet wird damit der bis zum Jahr 2013 gültige Leitsatz der ägyptischen Politik, nach dem die Politik weitgehend frei war, solange sie nicht den Wirtschaftsinteressen des Militärs schadete. Seither hat sich das Militär immer weitere Teile der Wirtschaft einverleibt und ist noch mehr zum dominierenden wirtschaftlichen Akteur geworden. Das Militär hat sich die privaten Unternehmen als Subkontraktoren untertan gemacht und bestimmt nun auch die Wirtschaftspolitik.

Die etwa 5000 Unternehmen des Militärs produzieren eine breite Palette von zivilen Produkten: Ketchup und Kühlschränke, Reifen und Kochtöpfe, daneben vertreiben sie Zucker und andere Grundnahrungsmittel, und sie betreiben Hotels. Der pensionierte General an der Spitze eines solchen Unternehmens ist in seiner Region der mächtigste Mann. Die Unternehmen des Militärs sind liquide, und sie zahlen pünktlich – anders als viele private Unternehmen, für die es schwierig geworden ist, die Anzahlung für einen Importauftrag aufzubringen. Die Zeitung *Financial Times* kommt daher zu einem vernichtenden Urteil: »Geschäftsleute fürchten, dass es nicht möglich sein wird, mit einer Institution zu konkurrieren, die über eine unvergleichliche Macht verfügt und die das Gesetz davor schützt, ihre Zahlen offenzulegen.«[23]

Das Militär nimmt in Ägypten alle Großprojekte in die Hand, ob es sich um die Erweiterung des Suezkanals handelt oder den Bau einer neuen »Hauptstadt«, in die die Ministerien und Behörden eines Tages ziehen sollen. Zur »patriotischen Pflicht« wurde im Jahr 2014 erklärt, dass sich jeder Ägypter an der Finanzierung der Erweiterung des Suezkanals beteiligt. Viele Ägypter steckten ihre Ersparnisse in entsprechende Zertifikate. Der versprochene Zins von 12 Prozent wurde ausbezahlt, die Inflation lag da bei 15 Prozent. Sollten die Ägypter 2019 ihr Geld zurückbekommen, wird es voraussichtlich ein Drittel weniger wert sein als 2014.

Mehr als zwei Jahre lang ignorierte das Militär die Marktmechanismen und die Bedürfnisse der privaten Unternehmen. Im Vordergrund stand die Sicherung der Pfründe; die ägyptische Bürokratie war ohnehin nie als reformfreundlich bekannt.[24] Die Folge war, dass sich die Wirtschaftskrise verschärfte und Grundnahrungsmittel, beispielsweise Zucker, knapp wurden. Eine Umorientierung setzte im Jahr 2016 ein. Das Militär und die Bürokratie begriffen, was auf dem Spiel stand, und sie schwächten ihre wirtschaftsfeindliche

Politik ab. Eine Steuerreform und ein Investitionsgesetz sollen seither ein Klima schaffen, das Wachstum ermöglicht.[25]

Das ägyptische Militär ist für seine wirtschaftlichen Aktivitäten unverändert niemandem gegenüber Rechenschaft schuldig, es ist weder zu Transparenz verpflichtet noch zu Rechtsstaatlichkeit. Dieses System schafft für die 800 000 Ägypter, die jedes Jahr auf den Arbeitsmarkt drängen, aber nicht genügend Arbeitsplätze. Auch die privaten Unternehmen, die oftmals selbst ums Überleben kämpfen, können das nicht leisten. Die Jugendarbeitslosigkeit steigt daher weiter an, und dabei lebt bereits mindestens jeder vierte Ägypter in Armut.

Die Wirtschaft liegt am Boden, das demokratische Experiment ist gestorben. Gescheitert ist es aus zwei Gründen: Zum einen haben sich die Muslimbrüder darauf berufen, dass sie alle Wahlen von 2011 bis 2013 gewonnen haben, und sie gingen zu wenig auf ihre Gegner zu; zum anderen betrieb die alte Staatselite eine erfolgreiche Obstruktionspolitik. So löste die Justiz alle gewählten Organe auf, in denen die Muslimbrüder Mehrheiten hatten; davon betroffen war auch das Parlament. Die Netzwerke der Staatselite sorgten zudem dafür, dass die Kraftwerke ruhten, dass keine Ölprodukte wie Benzin und Heizöl verteilt wurden und so Versorgungslücken entstanden.

Die Herausforderungen sind für jede ägyptische Regierung gewaltig. Die Bevölkerung wächst rasch, es stehen aber nicht genügend Arbeitsplätze zur Verfügung, eine Reform des Bildungssystems ist längst überfällig, und die Auswanderung junger Akademiker nach Europa und Nordamerika hält weiter an. Zudem ist das wirtschaftliche System nicht überlebensfähig. Unter Mubarak waren die Gewinne der Unternehmen, ob sie staatlich, privat oder militärisch waren, so hoch wie die Energiesubventionen, die sie bezogen. Das entsprach zehn Prozent des Bruttoinlandsprodukts. Zwar beschnitt die Regierung im Jahr 2014 die Energiesubventionen, sie schreckte aber vor der völligen Streichung zurück. Denn je weniger die Energiepreise subventioniert werden, desto höher steigen die Verbraucherpreise und desto härter wird der Kostendruck für die Unternehmen.

Das Regime ist auch deswegen nicht überlebensfähig, weil der repressive Sicherheitsstaat neuen Extremismus hervorbringt. Der jordanische Extremismusforscher Abu Hanieh wagt eine düstere Prognose: »Die dschihadistische Bewegung hat in Ägypten begonnen, und sie wird in Ägypten ihren Abschluss finden.«[26] Ägypten sei das Herz der arabischen Welt. Und heute, wo deren Randbereiche kollabierten, werde Ägypten wieder wichtiger.

Ägypten ist auch das Land des Dschihad. Der hat unter den Präsidenten Nasser und Sadat begonnen. Denn unter Nasser kam die Frage nach der Identität des Staats auf; die Islamisten sprachen dem Regime eine islamische Identität ab und nahmen es als den »nahen Feind« ins Visier. Dann schloss Sadat im Jahr 1978 mit Israel das Camp-David-Abkommen; nun war Israel noch mehr der »ferne Feind«, was es bereits seit 1948 war. Heute nehme die Generation der Enkel dieser Islamisten Ägypten wieder so wahr, wie es unter Nasser und Sadat gewesen sei: als autoritären Staat, in dem die Bevölkerung verarme und der seine Zusammenarbeit mit Israel, die vorübergehend eingefroren war, wiederaufnehme. Und so, sagt Abu Hanieh, werde die dschihadistische Bewegung nach Ägypten zurückkehren. Das Stillschweigen zu der amerikanischen Anerkennung Jerusalems als Israels Hauptstadt kann diese Entwicklung beschleunigen.

# Der Druck im Kessel

## Der revolutionäre Moment

Zwei Kräfte prallen mit großer Wucht aufeinander: Jene, die den Status quo festhalten wollen, und jene, die auf Veränderungen drängen. Die Kräfte des Status quo tun alles, was in ihrer Macht steht, um den Zustand wiederherzustellen, wie er bis zum Jahr 2011 war. In Ägypten ist daher die Aufgabe der Militärregierung, die alte Pyramide der Macht, die durch die Proteste ins Rutschen gekommen ist, wieder zu zementieren und zu stabilisieren; falls erforderlich, mit massiver Repression. Ebenfalls mit Gewalt versucht in Syrien das Regime, das Land in den Grenzen von 2011 wiederherzustellen und die Macht des Assad-Clans zu sichern. Zudem versucht die saudische Königsfamilie krampfhaft, die Auswirkungen des großen Bebens mit einer rücksichtslosen Außenpolitik, etwa mit der Isolation Qatars und dem Krieg im Jemen, ungeschehen zu machen, um so den Status quo fortschreiben zu können.

Kein Herrscher hat indessen ein Programm oder gar eine Vision, um die Missstände zu beheben, die das Beben ausgelöst haben. Diese Missstände haben sich aber über die Jahrzehnte unentwirrbar verknotet. Die Kräfte des Wandels sind geschwächt, durch Repression in Ägypten, durch Kriege in Syrien und im Jemen; sie haben sich jedoch nicht aufgelöst. Den Versprechen der Herrscher schenken sie keinen Glauben mehr. Denn kein arabischer Staat hat auch nur ansatzweise begonnen, die Probleme anzupacken, an denen sich die Aufstände entzündet hatten.

In den meisten Ländern hätten sich die Probleme noch verschärft, schreibt der amerikanische Politikwissenschaftler Marc Lynch: »Wenn aber ein neuer Aufstand losbricht, wird er wahrscheinlich anders sein.«[27] Anders, als es 2011 der Fall war, begehre dann nicht mehr eine – mehr oder minder – homogene Öffentlichkeit auf; Lynch rechnet vielmehr damit, dass die neuen Aufstände entlang konfessioneller Bruchlinien verlaufen werden. Da die Demokratie in den vergangenen Jahren diskreditiert worden sei, wie Ägypten zeigt, werde es wohl auch keine Versuche mehr geben, unter den Demonstranten einen breiten Konsens herzustellen. Ein hoher Preis wird für die Zerschlagung der Muslimbruderschaft zu zahlen sein, denn sie kann in den islamistischen Teilen der Bevölkerung nicht mehr für Disziplin sorgen. Seine düstere Prognose lautet daher: »Aufgrund der blutigen Repression durch Regime wie in Bahrain und Ägypten wird der nächste Aufstand wohl sehr viel stärker von Rachedurst geprägt ein. Er wird weitaus weniger friedlich verlaufen.«[28]

Der ägyptische Politikwissenschaftler Amr Hamzawi rechnet ebenfalls damit, dass es in seinem Land, in dem er nicht mehr lebt, einen neuen Aufstand geben wird. Dafür führt er drei Gründe an: die wirtschaftliche und soziale Lage der Ägypter, die sich weiter verschlechtere; die Brutalität der Polizei und die Menschenrechtsverletzungen; die erfindungsreichen Ägypter, die trotz massiver Einschränkungen immer neue Formen von Aktivismus entwickeln, um das Regime herauszufordern.[29] Für Hamzawi ist der große Knall eine Frage der Zeit. Dann werde, anders als 2011, aber kein Stein mehr auf dem anderen bleiben. Offen ist, wann die Faktoren, die diesen Prozess antreiben, im Kessel so viel Druck erzeugen, dass sie mit einem Schlag einen neuen revolutionären Moment erzeugen.

Am wahrscheinlichsten entsteht dieser revolutionäre Moment in Ägypten. Sollte dadurch eine Revolution in Gang kommen, würde Ägypten plötzlich wieder in die Mitte der arabischen Welt rücken. Noch ist das Bollwerk des Regimes aber stark und kompakt genug, um den Druck im Kessel zu halten. Ändern wird sich das erst, wenn eine neue Generation – wie die von 2011 – gegen die bestehende, ungerechte Ordnung aufbegehrt. Der Zeitpunkt, wann dies der Fall sein wird, hängt zum einen von inneren Faktoren ab, etwa dem Leidensdruck, und zum anderen davon, wie die Welt dann aussieht und wie sich die Staatengemeinschaft verhalten wird.

Der Zeitpunkt für den revolutionären Moment lässt sich zumindest theoretisch leicht ermitteln. Er wird dann eintreten, wenn sich in einem Schaubild zwei Kurven kreuzen. Die eine bildet den Staatsterror und die Repression ab; sie ist bereits hoch und steigt kaum noch an. Die andere zeichnet die Bereitschaft der Menschen nach, dagegen aufzubegehren. Sie wird steigen, je größer der Druck, den die Menschen empfinden, wird und je weniger die Wahrheit über die Zustände unterdrückt werden kann. Was theoretisch leicht abzubilden ist, lässt sich in der Praxis indessen nicht prognostizieren.

Wenn es dann so weit ist, wird Ägypten in der arabischen Welt der Staat sein, auf den es ankommt. Im Winter 2010/2011 ist der Funke von Tunesien auf andere Länder übergesprungen. Ein Modell für die arabische Welt wurden die Proteste jedoch erst, als sie auch Ägypten erschütterten. Vom 25. Januar bis zum 11. Februar 2011 demonstrierten jeden Tag Millionen Ägypter, bis Mubarak zurücktrat. Während der Proteste sprachen die Ägypter erstmals offen über die Krankheiten und Defizite des Regimes.

Die Strategie von Präsident Mubarak war nicht aufgegangen. Es war ihm zwar gelungen, nahezu alle oppositionellen

Gruppen auszuhöhlen, nicht aber die Muslimbruderschaft, die stark in der Gesellschaft verwurzelt ist. Die Opposition schien geschwächt, und dennoch wurde Mubarak gestürzt. Das Militär versuchte es daher mit einer anderen Strategie, seitdem es den Revolutionären bereits im Frühjahr 2011 die Revolution aus der Hand genommen hat, ohne auch nur einen Schuss abzugeben. Die Generäle spalteten die Gesellschaft; sie dämonisierten und verfolgten die Muslimbruderschaft und hofften, den Rest der Gesellschaft auf ihre Seite zu ziehen. Zunächst ging das Kalkül auf. Dann aber verspielte das Militär die Sympathien der Bevölkerung. Denn es verhält sich wie eine Kolonialmacht, die Dissidenten unterdrückt und das Land ausraubt, beispielsweise mit langfristigen Lizenzverträgen zur Ausbeutung der Bodenschätze oder aber indem es, um Investoren zu bezahlen, Einnahmen aus neuen Projekten langfristig verpfändet.

Der 1954 geborene Präsident Sisi sitzt fest im Sattel, in der Armee und auch außerhalb ist ein Herausforderer nicht in Sicht. Lediglich die Armee selbst könnte ihn austauschen. Doch auch er kann den Bedeutungsverlust Ägyptens nicht aufhalten. Ägypten hat seine Rolle als führende arabische Macht schon vor Jahrzehnten eingebüßt. Damit ist es ein Land ohne Macht, aber mit einer Rolle, also mit Aufträgen, die es für seine Partner Saudi-Arabien und die Vereinigten Arabischen Emirate erledigt. Ein Auftrag zum Beispiel lautet, in Libyen den säkularen General Khalifa Haftar militärisch zu unterstützen; denn der führt im Nachbarland das Lager an, das die Islamisten bekämpft. Einen anderen Auftrag erfüllt die ägyptische Marine, indem sie sich im Roten Meer am Embargo der jemenitischen Häfen beteiligt. Schließlich spielt Ägypten für Europa eine wichtige Rolle, weil es Flüchtlinge aus Schwarzafrika aufnimmt und zurückhält.

Bis heute rechtfertigen die Generäle den Putsch von 2013 mit der Legende, er sei gegen die Muslimbruderschaft gerichtet gewesen. Es zeigt sich jedoch, dass sie sich weniger um die Muslimbruderschaft sorgten als um ihre Privilegien und Pfründe, auf die sie ein Recht zu haben glauben und die sie mit allen Mitteln verteidigen. Zu diesen Pfründen gehören auch die amerikanischen Militärhilfen. Die engen Beziehungen der ägyptischen Armee zur amerikanischen sind aus zwei Gründen wichtig: Sie sind eine Überlebensgarantie und eine wichtige Einnahmequelle, denn das ägyptische Militär bezieht einen Teil seiner Renteneinkommen aus den USA. Die jährliche Militärhilfe von 1,3 Milliarden Dollar besteht fast zur Hälfte aus Provisionen, die offenbar in die Taschen von Generälen fließen.

Zusammen mit Sisi rückte eine neue Generation junger Generäle an die Spitze von Staat und Armee. Sie lösten diejenigen ab, die im Krieg von 1973 gegen Israel gekämpft hatten. Dazu gehörten der 1928 geborene Luftwaffengeneral Mubarak, der 1981 Staatpräsident wurde, und der 1935 geborene Infanterieoffizier Tantawi, der 1989 zum Generalfeldmarschall aufstieg. Die neue Armeespitze um Sisi ist 20 Jahre jünger, als es die alte war. Wie die alte würde aber auch sie ihre privilegierte Stellung nicht freiwillig aufgeben. Die offene Frage ist, wie sich die Generäle einmal verhalten werden, wenn Ägypten wirtschaftlich am Abgrund steht.

Ihnen stehen als stärkste Gruppe die Muslimbrüder gegenüber. Die bisherige Muslimbruderschaft gibt es jedoch nicht mehr. Die einen sind im Gefängnis, sie werden gefoltert und nicht mehr freigelassen; andere haben sich ins Ausland abgesetzt; der Rest überlebt im Untergrund. Die Herausforderung für die junge Generation ist, neue Strukturen aufzubauen. Bis es so weit ist, werden Jahre vergehen. Sollte sich die junge Generation der Muslimbrüder verhalten wie die früheren, werden auch sie sich unter das Volk mischen und Kontakte zur internationalen Muslimbruderschaft knüpfen, um die Grundlage für eine neue Mobilisierung zu legen. Ägypten wird auch ein Jahrzehnt nach dem Putsch nicht zu einer Normalität gefunden haben, obwohl die Vereinigten Arabischen Emirate und Saudi-Arabien versuchen, das Land mit Milliardenhilfen zu stabilisieren.

Ein Umdenken setzt bei den säkularen Liberalen und Linken ein, die 2013 den Sturz des gewählten Präsidenten Mursi gefordert und begrüßt haben. Denn die Machtübernahme des Militärs hat nicht die von ihnen erhofften Freiheiten gebracht. Im Gegenteil, heute sitzen nicht nur Muslimbrüder im Gefängnis, sondern auch säkulare Aktivisten. Für den Putsch bezahlen beide Gruppen einen Preis, selbst wenn derjenige der Muslimbruderschaft höher ist. Da beide Opfer des Regimes Sisi sind, haben die säkularen Liberalen und Linken einen zunächst elektronisch geführten Dialog mit der jungen Generation der Muslimbrüder aufgenommen. Bis tatsächlich eine Allianz beider Gruppen entstehen könnte, ist der Weg weit. Eine solche Allianz gab es jedoch bereits von 2005 bis 2011, als sich beide in ihrem Vorgehen abgestimmt haben.

Die koptischen Christen gehören zu den wichtigsten Unterstützern des Militärregimes. Auch aus diesem Grund nimmt Sisi als erster ägyptischer Präsident gelegentlich an ihren Gottesdiensten teil. Die Kopten werden von der Angst getrieben, dass sie in einem von Muslimbrüdern regierten Ägypten verfolgt würden. Dabei hatte in der Vergangenheit das Regime die großen Anschläge gegen die koptische Kirche in Auftrag gegeben. Ein Beispiel ist der Anschlag auf eine koptische Kirche in Alexandria, bei dem am 1. Januar 2011 nach dem Neujahrsgottesdienst 23 Menschen getötet wurden. Im Juli 2011 stellte sich heraus, dass Innenminister Adli den Anschlag angeordnet hatte, um die Kopten fester an das Regime zu binden.

Dennoch trauen die Kopten – kurz vor dem 25. Januar 2011 – den ägyptischen Islamisten nicht. Die Kirche rief daher im Mai 2012 dazu auf, bei der Stichwahl für das Amt des Staatspräsidenten für den Kandidaten Ahmad Shafiq, den letzten Ministerpräsidenten Mubaraks, zu stimmen und nicht für Mursi. Als Sisi am 3. Juli 2013 die Absetzung Mursis bekanntgab, flankierten ihn der koptische Papst Tawadros II. und der Scheich der Azhar, Ahmad al-Tayyeb. Die Kopten sind möglicherweise zu misstrauisch; es liegt aber gewiss auch an der Muslimbruderschaft, die Kopten davon zu überzeugen, dass von ihr und einer neuen Revolution keine Gefahr für die Christen in Ägypten ausgehen würde. Die Muslimbrüder beteuern das zwar, eine Verständigung zwischen beiden Seiten ist aber nicht in Sicht.

Die Phalanx des Militärs steht. Denn die Generäle haben das Land fest im Griff, nur von ihnen geht politische und wirtschaftliche Macht aus. Abgesichert werden sie von der Polizei und dem Sicherheitsapparat, die garantieren sollen, dass es auf der Straße ruhig bleibt. Gegenüber dieser Phalanx wächst eine neue Generation von Muslimbrüdern und säkularen Liberalen heran. In den kommenden Jahren wird aus ihnen ein Block entstehen, der gegen diese Phalanx aufbegehren kann. Auslöser könnten sein, wenn die Menschen weiter verarmen und Brotunruhen drohen. Zu einem Zeitpunkt, der sich nicht voraussagen lässt, könnte das eine Kettenreaktion mit blutigen Ausschreitungen auf der Straße auslösen. Diese können dann Monate, vielleicht auch Jahre dauern.

Neben der inneren Dynamik in den Krisenländern selbst wird der Zustand der Welt ein zweiter wichtiger Faktor dafür sein, wie sich ein revolutionärer Moment, wenn er einmal entzündet ist, entfalten wird. Dann wird sich zeigen, welche Länder Macht ausüben und wer nur eine Rolle spielt, ohne selbst über Macht zu verfügen.

Fünf Länder werden im kommenden Jahrzehnt Einfluss auf diese Entwicklung haben. Ihre Ziele und ihre Handlungsfähigkeit, aber auch die Konstellation untereinander werden das Geschehen prägen. Eines der Länder ist Ägypten; dabei ist der Blick darauf zu richten, wie sich die Lage in dem Land zuspitzt. Ein wichtiger externer Akteur bleiben die USA. Es stellt sich die Frage, in welchem Ausmaß Washington bereit ist, sich für den Erhalt des Status quo im Nahen Osten oder aber für einen Wandel einzusetzen. Drei weitere Staaten sind wichtig: Kann Saudi-Arabien die Region in seinem Sinne ordnen? Bleibt die Türkei stabil, oder scheitert das Land des Recep Tayyip Erdoğan an seinen innenpolitischen Widersprüchen und überdehnten außenpolitischen Zielen? Ferner: Behält das militarisierte Iran der Revolution, das im Ausland über Milizen tätig wird, die Oberhand oder wird die Islamische Republik Iran, die Teil der Staatengemeinschaft ist und diplomatische Beziehungen mit den meisten Staaten der Welt unterhält, stärker?

Die amerikanische Nahostpolitik verändert sich. Präsident Barack Obama (2009–2017) hat in Ägypten einen demokratischen Wandel befürwortet und die amerikanische Überlebensgarantie für die nahöstlichen Regime in Frage gestellt. Das ändert sich unter seinem Nachfolger Donald Trump. Solange Trump im Amt ist, wird Amerika eher die

Regime des Status quo wie Saudi-Arabien und Ägypten unterstützen, als dass es diese fallen lässt. Ein Hinweis darauf ist, dass ihn seine erste Auslandsreise als Präsident im Mai 2017 nach Saudi-Arabien geführt hat. Zuvor, am 3. April 2017, lobte er den ägyptischen Präsidenten Sisi bei dessen Besuch im Weißen Haus und attestierte ihm, in einer »sehr schwierigen Situation einen fantastischen Job« zu machen, und er sicherte ihm eine »starke Unterstützung« zu.[30]

Trump verhält sich als Präsident wie er sich zuvor als Unternehmer verhalten hat. Gegenüber Ägypten und Saudi-Arabien tritt er wie ein Franchisegeber auf. Er stellt amerikanisches Wissen, Ausrüstungen und Waffen bereit, ob bei der Eindämmung des iranischen Einflusses oder im Kampf gegen den Terror. Die Partner haben das in seinem Sinne bei sich zu Hause anzuwenden. Er liefert die Ware, beispielsweise Waffen, und die Partner zahlen im Gegenzug ordentliche Gebühren. Von solchen Deals versprechen sich beide Seiten nicht nur lukrative Geschäfte, sondern auch Stabilität. Washington bindet damit diese Länder an sich, und die wiederum halten Washington auf diese Weise in der Region. In dieser Konstellation wird die amerikanische Regierung ihren Partnern beistehen, sollte ein revolutionärer Moment mit unabsehbaren Folgen für die regionale Ordnung ausbrechen. Wenn Trumps Nachfolger an dem Status quo der Region festhalten wollen, werden auch sie sich nicht von dieser Politik abwenden. Das würden sie nur tun, wollten sie bewusst von außen eine Veränderung ins Rollen bringen.

Wie wird sich Saudi-Arabien verhalten? Wird das Königreich den revolutionären Moment unterdrücken können, wenn er von Ägypten ausgeht? Oder wird Saudi-Arabien, das den Putsch von 2013 mit mehreren Milliarden Dollar unterstützt hat, Ägypten den Amerikanern überlassen? Es ist zwar die einzige Ordnungsmacht in der arabischen Welt, aber an mehreren Fronten gefordert. Im Inneren ist die Herrschaft der Al Saud in den vergangenen hundert Jahren dreimal durch Terror und Gewalt herausgefordert worden: 1929 durch einen Aufstand der *Ikhwan*, fanatischen wahhabitischen Kämpfern, die zunächst mit dem Gründer des dritten saudischen Reichs, Abd al-Aziz Ibn Saud, gekämpft hatten, sich dann aber gegen ihn stellten; 1979 durch die Anhänger von Dschuhaiman al-Utaibi, die die Große Moschee von Mekka besetzten; dann 2003 durch Al-Qaida. Der Krieg gegen den islamistischen Terror im eigenen Land hat daher Priorität.

Wiederholt musste sich Saudi-Arabien auch gegen das Dominanzstreben arabischer Rivalen zur Wehr setzen, beispielsweise gegen den Ägypter Nasser und gegen den Iraker Saddam Hussein. Eine vergleichbare Gefahr droht gegenwärtig nicht. Die Rivalität mit dem persischen Iran – und damit dem schiitischen Islam – beherrscht derzeit jedoch die saudische Außenpolitik völlig. Dabei verlässt sich Saudi-Arabien auf die strategische Partnerschaft mit den USA und insbesondere auf Präsident Trump; unumstritten ist diese Politik in der arabischen Welt nicht. So werfen arabische Islamisten der saudischen Regierung vor, sie habe die USA in die Region geholt und den Putsch in Ägypten unterstützt.

Saudi-Arabien steht unter Druck zu zeigen, dass es wirklich führen kann. Denn der Absturz Ägyptens hat in der Region eine Lücke hinterlassen, Saudi-Arabien will sie füllen und Regionalmacht sein. In der Vergangenheit hat es lediglich Scheckbuchdiplomatie betrieben, heute halten sich die außenpolitischen Erfolge in Grenzen: In Syrien ist Saudi-Arabien bei dem Versuch gescheitert, Präsident Assad zu stürzen; im Irak kann es an der Marginalisierung der Sunniten nichts ändern; und der Krieg im Jemen verläuft ganz anders, als es sich Riad erhofft hatte: Ein Ende ist nicht abzusehen.

Dabei bräuchten gerade diese Länder eine starke und ordnende Regionalmacht. Aus eigener Kraft können Syrien, der Jemen und Libyen nicht wieder funktionierende Staaten in den Grenzen von 2011 werden. In diesen drei Ländern haben die Menschen den Glauben daran verloren, dass der Zerfall noch abgewendet werden könnte. Würden jedoch Saudi-Arabien und Ägypten als zwei starke Regionalmächte gemeinsam im Jemen und in Libyen eingreifen, wäre immerhin denkbar, dass mit einer derartigen innerarabischen Initiative das Schlimmste verhindert werden könnte.

Die sechs Staaten des Golfkooperationsrats (GCC) bleiben das politische und wirtschaftliche Gravitationszentrum der arabischen Welt.[31] Das »alte Arabien« – Ägypten, Syrien und der Irak – ist mit der Last von Konflikten, der Geschichte und Ideologien beladen. Die jungen Staaten am Golf sind aber ohne eine solche Last in die Zukunft aufgebrochen. Unter ihnen gibt Dubai die Richtung und Geschwindigkeit der Veränderungen vor.

Dubai ist in der arabischen Welt, in Afrika und in weiten Teilen Asiens ein Codewort für Arbeit und Aufstieg, für Freiheit und die Erfüllung von Träumen. Wann immer sich Saudi-Arabien an Reformen wagt, sie wurden zuvor in Dubai erfolgreich erprobt. Nicht der Islam ist in Dubai radikal, sondern der Kapitalismus, und so ist in der arabischen Welt Dubai in den vergangenen 200 Jahren die einzige Erfolgsgeschichte. Einen Schatten auf den von Erfolg verwöhnten Golfkooperationsrat wirft indes die Qatar-Krise. Mit ihr greift die Arabellion auf ihre Staaten über. Denn ohne die Folgen der Arabellion wären Saudi-Arabien und Qatar nicht in diesem Maße Rivalen geworden. Beide wollen den Zerfall des Irak, Syriens und Libyens nutzen, um ihre Macht auszubauen.

Selbst für arabische Beobachter bleibt Algerien, das sich nach außen abkapselt, ein Rätsel. Sie schließen nicht aus, dass sich auch dort ein großer Knall anbahnen könnte. Denn die Missstände sind in Algerien nicht geringer, als in anderen Ländern. Arabische Beobachter haben die harte Reaktion des Regimes auf die Demonstrationen des Jahres 2011 als »alarmierend« gewertet. Dass es nicht zu neuen Massenprotesten kommt, ist vor allem eine Folge der traumatischen Erinnerungen an den Bürgerkrieg in den 1990er Jahren. Die Algerier fürchten eine neue Eskalation der Gewalt, und daher flauten die Kundgebungen 2011 rasch wieder ab.

Einfacher ist es für ein kleines und überschaubares Land wie Tunesien, einen Konsens zu finden, in diesem Fall zwischen den Muslimbrüdern und dem säkularen Lager. Selbst wenn viele der zu hoch gesteckten Erwartungen seit 2011 nicht in Erfüllung gegangen sind, ist in Tunesien keine neue Revolution nötig, um den sozialen Frieden zu sichern und den Wandel fortzusetzen. Denn das Land hat ein Instrument entwickelt, um bei Bedarf, eventuell mit europäischer Hilfe, den politischen Prozess wiederzubeleben: Dieses »Quartett für den nationalen Dialog« wurde 2015 wegen seiner Verdienste zur politischen Lösung der Konflikte, die nach 2011 aufgetreten waren, mit dem Friedensnobelpreis ausgezeichnet.

Die zwei wichtigsten nichtarabischen Akteure in der Region sind Iran und die Türkei. Beide nutzen die Schwäche der arabischen Welt, um ihren Einfluss auszuweiten. Iran setzt dabei auf die parallelen Strukturen seiner Islamischen Republik, um sich politische wie militärische Vorteile zu verschaffen. Der iranische Januskopf besteht zum einen aus dem Staat mit seinen gewählten Institutionen; ihre Repräsentanten haben den Atom-Deal ausgehandelt, der zur teilweisen Aufhebung der Sanktionen geführt hat. Zum anderen verfolgt das revolutionäre Iran mit seinen nichtgewählten Organen und den mächtigen Revolutionswächtern im Nahen Osten eine expansive Strategie. Viele Organe sind doppelt vorhanden. So steht dem Revolutionsführer der Präsident der Republik gegenüber; der Revolutionsführer schart einen Kreis mächtiger Beratern um sich, der Präsident beruft ein Kabinett; die Revolutionswächter und die Freiwilligenmiliz der *Bassidsch* bilden die Streitkräfte der Revolution, während die Streitkraft des regulären Staats die reguläre Armee ist. Der revolutionäre Iran holt sich aus den Abenteuern im Ausland Inspiration und Kraft, und so erlebt die Revolution mit den Revolutionswächtern im Libanon, im Irak und in Syrien eine Wiedergeburt.

Die Abenteuer kosten viel, und langfristig wird sich die Revolution nicht immer wieder erneuern lassen. Zudem haben die iranischen Jugendlichen andere Wünsche. Ihnen sind Freiheiten und Wohlstand wichtiger als militärische Erfolge in Bürgerkriegsländern. Sie wollen ein normales Leben führen, wie die Proteste zum Jahreswechsel 2017/18 zeigten. Daher arbeitet die Zeit für den »normalen« iranischen Staat und seinen Präsidenten Hassan Rohani. Würde dieser Staat gegenüber dem revolutionären gestärkt, wäre auch die Bereitschaft zu kriegerischen Abenteuern im Ausland wohl geringer.

Auch ein Staat Iran, der sich an das Völkerrecht gebunden fühlt, sieht sich jedoch als Schutzmacht der Schiiten, gerade in Zeiten, in denen sunnitische Extremisten Schiiten bedrohen. Ein einfacher Partner wäre der normale iranische

Staat aus einem weiteren Grund nicht. Für ihn steht zwar, anders als für den revolutionären Iran, der Revolutions-Export nicht im Vordergrund, denn bei diesem normalen Staat ist der Islam als Kitt weniger wichtig. Jedoch nimmt die Bedeutung des persischen Nationalismus wieder zu. Auch ein solcher Staat würde daher nicht auf eine Expansion verzichten, sollte die Schwäche der arabischen Nachbarn anhalten. Verzichten würde er lediglich auf die Provokationen der Repräsentanten der Revolution.

Iran war in den ersten Jahren nach der Arabellion einer der Gewinner, denn er baute seinen Einfluss in der arabischen Welt aus und wurde im Kampf gegen sunnitische Extremisten ein Partner des Westens. Ein Verlierer ist hingegen die Türkei, wofür es fünf Gründe gibt: Erdoğan erreichte sein Ziel, Assad zu stürzen, nicht; hohe Kosten verursachen im eigenen Land die Flüchtlinge aus Syrien; die Türkei verlor wegen ihrer Unterstützung für sunnitische Extremisten im Westen viel Vertrauen; und sie konnte nicht verhindern, dass die syrischen Kurden ein Partner des Westens wurden und eine autonome Region ausriefen; zudem setzte Erdoğan auf das falsche Pferd, als er damit rechnete, dass die Muslimbruderschaft, als deren Patron er sich versteht, in der arabischen Welt an die Macht gelangen würde.

Hinzu kommen innere Widersprüche, die zunehmend das Land verzehren. Erdoğans Herrschaft wird autoritärer, er schränkt die Freiheiten ein, Zehntausende Dissidenten sind ohne Gerichtsverfahren inhaftiert. Eine Hälfte der Bevölkerung unterstützt ihn, die andere lehnt ihn aber ab. Der Riss geht mitten durch die Gesellschaft, und der Hass gegeneinander ist groß. Tief ist der Graben zwischen Religiösen und Säkularen, zwischen Türken und Kurden, zwischen der sunnitischen Mehrheit und der Minderheit der Aleviten, auch zwischen denen, die sich an der arabischen Welt und an Asien orientieren, und denen, die sich nach Europa ausrichten.

Eine destabilisierte Türkei hätte für Europa fatale Folgen, denn die Türkei fiele als Puffer aus, und der Terror gelänge schneller nach Europa. Auch für den Nahen Osten wäre eine destabilisierte Türkei fatal, denn die Türkei fiele als Ordnungsmacht, was sie teilweise sein kann, aus. Für Erdoğan wird die Präsidentschaftswahl im Jahr 2019 zum entscheidenden Test. Mit der Wahl wird die neue Verfassung in Kraft treten, die den Staatspräsidenten mit umfassenden Vollmachten ausstattet. Sollte es zu einer fairen Stichwahl zwischen Erdoğan und einem Kandidaten der Opposition kommen, wäre ein Sieg Erdoğans keineswegs ausgemacht. Sollte er die Wahl von 2019 aber gewinnen, wird die Zukunft der Türkei davon abhängen, ob Erdoğan nach außen und nach innen weiter polarisiert, oder ob er versuchen wird, die Gräben, die er aufgerissen hat, wieder zuzuschütten.

Erdoğans großer Entwurf, die Türkei zu einer Regionalmacht zu formen, inspiriert vom Osmanischen Reich, ist gescheitert. Er wollte im Nahen Osten zum natürlichen Führer der sunnitischen Muslime aufsteigen. Als Juniorpartner wählte er sich dazu den kleinen Golfstaat Qatar. Die Türkei schloss 2014 ein Verteidigungsabkommen mit Qatar und eröffnete dort 2016 einen Armeestützpunkt, ihren ersten in der arabischen Welt. Der Druck, den Saudi-Arabien und die Vereinigten Arabischen Emirate im Sommer 2017 auf Qatar aufbauten, damit es auf die Linie der anderen Golfmonarchien einschwenkt und die Unterstützung für die Muslimbruderschaft einstellt, bedeutet für Erdoğan, dass er auf keinen arabischen Staat mehr als sicheren Partner zählen kann, so dass er wieder auf Saudi-Arabien zugeht.

Selten tritt in der Zukunft ein, was man aus gegenwärtiger Sicht hineinprojiziert. Projektionen zeigen aber, was möglich ist. Vieles deutet darauf hin, dass sich am heutigen Zustand im Nahen Osten bis in die Mitte der 2020er Jahre hinein nur wenig ändert. In Ägypten hält das Militär an seiner Politik fest; damit nehmen die Spannungen zu, die sich ohne grundlegende Kurskorrekturen in einem großen Knall entladen werden, der über Ägypten hinaus eine Kettenreaktion in Gang setzen würde. Saudi-Arabien ist seiner Rolle als einziger Ordnungsmacht nicht gewachsen; es kann sich weder in Syrien noch im Irak noch im Jemen durchsetzen, kann Veränderungen auch nicht aufhalten. Zudem versuchen die USA, die Staaten, mit denen sie verbündet sind, so lange wie möglich vor Veränderungen zu bewahren. Die Türkei ist mit sich selbst beschäftigt und nicht mit sich selbst im Reinen. In Iran nimmt zwar der Einfluss derer ab, die die Revolution exportieren wollen, was aber nicht bedeutet, dass das Land nicht auch in der Zukunft seinen Einfluss in der Region geltend machen wird.

Externe Mächte können sich in den arabischen Ländern nur deshalb Einfluss verschaffen, weil diese von inneren Konflikten zerrissen und geschwächt sind. Einer dieser Konflikte ist der Kampf zwischen Sunniten und Schiiten, ein anderer der zwischen der muslimischen Mehrheitsgesellschaft und der starken Minderheit säkularer Kräfte. Tunesien hat dafür eine Lösung gefunden, andere Länder, etwa Ägypten, sind dem tunesischen Modell nicht gefolgt.

Einen Frieden werden diese Gesellschaften erst finden, wenn die Islamisten und Säkularisten ihr Verhältnis zueinander geklärt haben. Zu einem solchen Kompromiss müssen beide Seiten bereit sein; hilfreich wäre, gäbe es eine starke säkulare Zivilgesellschaft als Korrektiv für die islamistischen Strömungen. Es wäre eine Gratwanderung. Ein Kompromiss ist nur dann möglich, wenn die Säkularen dem Islam eine Rolle in der Politik zugestehen (und sie nicht wie in Ägypten an den Rand drücken), und wenn die Islamisten eine säkularisierte staatliche Ordnung akzeptieren. Ansätze dazu gibt es. Die Islamisten nennen einen solchen Staat nicht »säkular«, sondern »zivil«, was in der Praxis fast auf das Gleiche hinausläuft.[32] Den Fragen, welche Faktoren die künftige gesellschaftliche, staatliche und regionale Ordnung gestalten, widmet sich das folgende Kapitel.

# ZUKUNFT

## Der Westfälische Friede als Denkmodell

Die Geschichte wiederholt sich nicht, man kann aber aus ihr lernen. Indem sie die Augen öffnet für denkbare Szenarien, kann sie ein Lehrmeister sein; sie nimmt die Zukunft aber nicht vorweg. Die kanadische Historikerin Margaret Mac-Millan fasste das so zusammen: »Wenn wir sie sorgfältig anwenden, kann die Geschichte uns Alternativen anbieten, sie kann uns helfen, die Fragen zu formulieren, die wir an die Gegenwart stellen, und sie kann uns davor warnen, was schiefgehen könnte.«[1]

Im Nahen Osten ist ziemlich viel schiefgegangen. Das Ergebnis ist ein Gewirr von Konflikten, die alle irgendwie zusammenhängen: Konflikte zwischen Staaten und Konflikte innerhalb von Staaten, die entweder zerfallen oder noch intakt sind; es verschmelzen lokale und regionale Konflikte, und religiöse Emotionen heizen die Konflikte auf. Neu ist diese Konstellation nicht, es gab sie in Europa bereits im 17. Jahrhundert in ähnlicher Form. Damals hatten die Zeitgenossen den Dreißigjährigen Krieg als eben dieses Knäuel von Konflikten verstanden, die alle irgendwie zusammenhingen. Die Welt war aus den Fugen, und der Westfälische Frieden fügte sie wieder zusammen. Er löste einen komplexen Großkonflikt und brachte dem Kontinent wieder Frieden. Die Frage stellt sich daher, was wir heute vom Westfälischen Frieden lernen können und ob er ein Denkmodell für die Beilegung der Konflikte im Nahen Osten sein kann.

Damals hatten drei Grundkonflikte zu einem großen Krieg geführt. In einem Grundkonflikt standen sich in Deutschland, also im Heiligen Römischen Reich Deutscher Nation, zwei Parteien gegenüber: der Kaiser auf der einen Seite und auf der anderen die Reichsstände, das waren alle, die im Reichstag Sitz und Stimme hatten. Der Konflikt eskalierte am 23. Mai 1618, als Vertreter der protestantischen böhmischen Stände den Statthalter des katholischen Kaisers aus der Prager Burg warfen. Das löste eine Kettenreaktion und weitere Konflikte aus, die ineinandergriffen und als Ganzes das besagte Gewirr des Dreißigjährigen Krieges bildeten. In mehreren Ländern der arabischen Welt hat es ebenfalls Aufstände gegen die Machthaber gegeben mit dem Ziel, die alte Ordnung durch eine neue, gerechtere abzulösen: so geschehen am 25. Januar 2011 in Kairo und am 15. März 2011 in Syrien.

In Europa ging der erste Grundkonflikt in einen zweiten über: in den Kampf um die Hegemonie über den Kontinent.[2] Damals machten Schweden, Frankreich und Dänemark dem Hause Habsburg, das auch über Spanien herrschte, die Vorherrschaft in Europa streitig. Ähnlich kämpfen heute Saudi-Arabien und Iran um die Vorherrschaft im Nahen Osten. Die machtpolitischen Konflikte in Deutschland und in Europa wurden von einem dritten Grundkonflikt überlagert: einem Krieg der Religionen. Denn religiöse Emotionen eignen sich für die Mobilisierung der Bevölkerung. So standen sich die Katholische Liga, in der sich etwa der Kaiser mit Bayern und Köln zusammenfand, und die Protestantische Union, zu der etwa Hessen und Sachsen gehörten, gegenüber. In der Gegenwart schüren die Kriegsparteien des Nahen Ostens mit dem sunnitischen und dem schiitischen Islam Emotionen.

Drei Konflikte fließen ineinander. So war es damals im Dreißigjährigen Krieg, und so ist es heute wieder im Nahen Osten. Damals war das Heilige Römische Reich Deutscher Nation in der Mitte des Kontinents die politisch fragmentierte »Katastrophenzone Europas«[3] und ein gescheiterter Staat; bei vielen Höfen und Regierungen war das politische Kapital des Vertrauens aufgebraucht, jeder setzte nur noch auf militärische Gewalt.[4] Auch das hat eine Parallele in der Gegenwart des Nahens Ostens. Denn dort sind heute Syrien und der Irak, zwei Kernländer der arabischen Welt, gescheitert.

Damals haben europäische Mächte in innerdeutsche Konflikte eingegriffen, um Rivalen daran zu hindern, im Kampf um die Hegemonie über Europa im Vorteil zu sein; heute sind Syrien und der Irak die Schlachtfelder, auf denen sich entscheidet, ob Saudi-Arabien oder Iran die künftige Ordnung der Region bestimmen. Damals fürchteten die Protestanten und auch das katholische Frankreich, die katholischen Habsburger könnten nach dem Ende des Kriegs ihre Vormachtstellung ausbauen und zur Politik der Unterdrückung zurückkehren; heute trennt ein tiefes Misstrauen die sunnitischen und die schiitischen Muslime.

Dann führte der Westfälische Frieden eine Wende herbei. Denn trotz des anhaltenden Misstrauens zwischen katholischen und protestantischen Christen fanden die Diplomaten und Gesandten aus ganz Europa, die von 1645 bis 1648 in Münster und Osnabrück verhandelten, Instrumente, die einen Frieden herbeiführten. Der Auslöser des großen Kriegs war religiöse Intoleranz gewesen. Die religiösen Unterschiede waren auch während der Verhandlungen noch lange nicht aufgehoben. Toleranz sollte erst ein Produkt des 18. Jahrhunderts und der Aufklärung werden.

Der Westfälische Frieden hat aber gezeigt, dass religiöse Emotionen auch ohne Toleranz kontrolliert werden können und dass Sicherheit trotz fehlenden Vertrauens möglich ist. Neben den Parallelen des Dreißigjährigen Kriegs mit den aktuellen Konflikten im Nahen Osten ist das ein weiterer Grund, sich heute mit dem Westfälischen Frieden als einem Denkmodell für den Nahen Osten zu beschäftigen.[5] Dies umso mehr, als bisher alle anderen Wege, die gegangen worden sind, die Konflikte nicht beendet haben.

In der Gegenwart sind die Kosten und Opfer der Konflikte im Nahen Osten enorm. Das waren sie auch damals, als Deutschland das Schlachtfeld Europas war, mit denselben Themen wie heute. In dem »größten Trauma der deutschen Geschichte« haben damals durch Krieg, Hunger und Seuchen 40 Prozent der Bevölkerung ihr Leben verloren; auf die 15 000 Einwohner der Stadt Ulm kamen 8000 Flüchtlinge; Magdeburg wurde 1631 dem Erdboden gleichgemacht.[6] Es dauerte danach noch 17 Jahre, bis ein Frieden unterzeichnet wurde. Der Weg dahin war lang.

Am 16. Mai 1635 verständigten sich der katholische Kaiser und der protestantische Kurfürst von Sachsen im Frieden von Prag, wo der Krieg 1618 seinen Ausgang genommen hatte, auf einen konfessionellen Ausgleich.[7] Einige dieser Bestimmungen wurden 1648 in den Westfälischen Frieden übernommen, etwa das »Normaljahr«, das der Kaiser den evangelischen Parteien angeboten hatte und das den Konfessionsstand im Reich auf ein bestimmtes Datum festschrieb. Die Friedensbereitschaft im Reich war 1635 gewachsen, die Kriegsparteien rangen aber bis 1648 um konkurrierende Friedenskonzepte. Ziel der Vertragsparteien war, in Prag zunächst einen Frieden im Reich zu schließen. Der Kaiser hoffte, anschließend auf dieser Grundlage mit Frankreich und Schweden bilaterale Abkommen auszuhandeln; das lehnten diese jedoch ab. Frankreich drängte auf einen Universalfrieden, was wiederum der Kaiser ablehnte.[8]

Immer mehr Gesandte der europäischen Mächte und der Reichsstände versammelten sich von 1643 an in Westfalen, von 1645 an verhandelten sie ernsthaft. 109 Delegationen nahmen teil, die nie an einem Tisch saßen, sondern separat miteinander sprachen. Im katholischen Münster wurden eher die europäischen Konflikte verhandelt, im lutherischen Osnabrück eher die anderen Themen. Entscheidend war die mündliche und informelle Kommunikation.[9] Der Frieden wurde am 24. Oktober 1648 unterschrieben. Erst danach schwiegen die Waffen. Eine Waffenruhe hatte es während der jahrelangen Verhandlungen nie gegeben, sie war nicht durchzusetzen gewesen. Der Westfälische Frieden von 1648 beendete den Krieg in Mitteleuropa. Der Krieg zwischen Frankreich und Spanien dauerte jedoch weitere elf Jahre.

Eine Erkenntnis aus dem Friedensschluss in Münster und Osnabrück ist, dass es bei einem derart komplexen Krieg keinen Universalfrieden geben kann, der alle Konflikte beilegt. Der Westfälische Frieden hat aber Lösungen für die drei Grundkonflikte des großen Krieges gefunden, die mit vielen separaten Friedensschlüssen schwerlich zu erreichen gewesen wären. Eine weitere Erkenntnis ist, dass es Vorläufer wie des Augsburger Religionsfriedens von 1555 und des Prager Friedens von 1635 bedarf, um einen großen Friedensschluss vorzubereiten. Denn der Westfälische Frieden war lediglich der Schlussstein eines langen Prozesses mit vielfältigen separaten Verhandlungen. Solche Vorläufer gibt es im Nahen Osten heute nicht.

In Münster und Osnabrück erkannten die Gesandten die bestehenden Machtverhältnisse an, jeder sprach mit jedem, ohne Vorbedingungen. Die Verhandlungen waren auch deshalb erfolgreich, weil sie realpolitisch geführt wurden. Keine Kriegspartei wurde also ausgeschlossen, wie das in der Gegenwart etwa bei den Syriengesprächen geschieht.

Neben diesen drei Elementen – keine Waffenruhe, mehrere Vorläufer, Realpolitik – haben vier innovative Ideen den Friedensschluss des Westfälischen Friedens ermöglicht: die Dritte Partei, das Normaljahr, die externen Garantiemächte und eine Ordnung kollektiver Sicherheit.

Die Verhandlungen waren Ende 1647 ins Stocken geraten. Das beunruhigte kleinere Reichsstände beider Konfessionen, die auf einen Kompromiss drängten. Als Einzelne spielten sie keine Rolle, deshalb taten sie sich zusammen und bildeten nun als Gruppe eine kritische Masse, die den Durchbruch der Friedensverhandlungen erst ermöglichte. Als Erster nannte sie der Gesandte des französischen Königs, der Graf von Avaux, in einem Tagebucheintrag vom Silvesterabend 1647 »die dritte Partei«. Sie verspreche für die Interessen Frankreichs nichts Gutes, notierte er weiter.[10] Die Dritte Partei[11] setzte einen neuen Verhandlungsmodus durch: Offene Punkte wurden einzeln behandelt, jede Einigung wurde gleich unterzeichnet. Erst im Anschluss daran wurden weitere Punkte verhandelt. Innerhalb eines halben Jahres wurden auf diese Weise offene Fragen gelöst. Heute wird im Nahen Osten ein ehrlicher Makler gesucht, der die Funktion dieser Dritten Partei übernehmen könnte. Der müsste aber wohl von außen kommen.

Innovativ war auch die Idee des »Normaljahres«. Sie beendete den Religionskrieg und leitete eine friedliche Koexistenz der Konfessionen ein. Das Normaljahr legte rückwirkend 1624 als Referenzjahr für die Besitzstände und Rechte der Konfessionen fest. Der konfessionelle Status einer Region, wie er in jenem Jahr gewesen war, wurde wiederhergestellt, was die militärischen Erfolge, die zu einer Veränderung der Besitzverhältnisse und Grenzen geführt hatten, zunichtemachte. Auch durfte ein Fürst seine Untertanen nicht länger zu einem Konfessionswechsel zwingen.

Die Idee des Normaljahres lässt sich nicht auf den heutigen Konflikt zwischen Sunniten und Schiiten übertragen. Gesucht ist aber eine vergleichbar geniale Idee. Denn noch immer haben die konfessionellen Gruppen für eine Nachkriegsära keine Sicherheiten. Die Situation ist paradox: Die Sunniten fühlen sich von den Schiiten bedroht und die Schiiten von den Sunniten. Das ist umso verhängnisvoller, als jeder Einzelne glaubt, vor allem in seiner Konfession Sicherheit zu finden, die sich jedoch wiederum bedroht fühlt. Diese Spirale darf sich nicht weiterdrehen.

Der Kampf um Deutschland, ein weiterer Grundkonflikt im 17. Jahrhundert, wurde durch das Konzept der externen Garantiemächte beendet, das nach 1648 die Souveränität der Herrscher in Deutschland einschränkte. Hätte ein Herrscher, ob Kaiser oder Fürst, beispielsweise gegen die Bestimmungen des »Normaljahres« verstoßen und die Religionsfreiheit verletzt, wären die Garantiemächte Frankreich und Schweden – später gehörte auch Russland dazu – verpflichtet gewesen, militärisch einzugreifen. Vor allem Frankreich hatte darauf bestanden, »das Reich zu einer Sicherheitszone unter internationaler Garantie zu machen«,[12] damit es sich nicht mehr an Kriegen beteilige. Der Westfälische Frieden hat also keineswegs völlig souveräne Staaten geschaffen.[13] Vielmehr hat er im Interesse des Friedens die Souveränität der Herrscher in Deutschland eingeschränkt.

Die externen Garantiemächte mussten nicht eingreifen; die Drohung allein reichte aus, dass sich alle an das Vertragswerk gehalten haben. Auch heute wird sich in Ländern wie Syrien, Libyen und dem Jemen ohne externe Garantiemächte keine Einstellung der Gewalt herbeiführen lassen. Noch ist jedoch kein Land bereit, dafür die Verantwortung zu übernehmen. Dabei gibt es auch im heutigen Europa Präzedenzfälle für die Einschränkung der Souveränität. So war beispielsweise das Kosovo von 1999 bis zu seiner Unabhängigkeit 2008 ein Protektorat der Vereinten Nationen.

In der Summe aller Bestimmungen hat der Westfälische Frieden ein System der kollektiven Sicherheit geschaffen, das allen Akteuren die Furcht vor der Hegemonie des Anderen nahm und somit den Kampf um die Hegemonie über Europa entschärfte. Das System nahm jeden Vertragspartner in die Pflicht und stellte sicher, dass die Situation in Deutschland, der Schlüsselregion Europas, nicht mehr konfessionell aufgeladen war.[14] Fortan galten die Prinzipien Legalität, Souveränität und Territorialität.[15] Staaten erkannten einander als gleichberechtigt an und mussten sich anderen nicht hierarchisch unterordnen. Das Völkerrecht entstand. In der arabischen Welt ist es heute außer Kraft gesetzt.

Eine Voraussetzung dafür, dass im Westfälischen Frieden das System der kollektiven Sicherheit zustande kommen konnte, war die Offenlegung der Sicherheitsinteressen aller. Jeder kannte die Sicherheitsinteressen der anderen Akteure. Frankreich wollte etwa die gleichzeitige Bedrohung durch das Reich und durch Spanien beenden. Sind die Sicherheitsinteressen und Bedrohungsperzeptionen einmal bekannt, gilt es in einem weiteren Schritt, die Angst vor der Hegemonie anderer einzudämmen. Im Nahen Osten gibt es in der Gegenwart jedoch nicht einmal vertrauensbildende

Maßnahmen zwischen den großen Widersachern. Desillusioniert fasste ein ranghoher arabischer Diplomat Ende 2016 in einem Hintergrundgespräch die Lage mit den Worten zusammen: »Die Region ist noch nicht für einen Frieden bereit.« Auch die Religionsgelehrten arbeiten nicht an Konzepten für den Frieden.

Der Westfälische Frieden war der erste große und multilaterale Friedenskongress der Neuzeit. Er entwickelte Instrumente und Ideen, die auch bei der Befriedung des Nahen Ostens angewendet werden könnten. Noch sind dort aber nicht einmal Anzeichen eines »nahöstlichen« Friedens erkennbar. Jeder der großen regionalen Akteure ist überzeugt, dass er von der Fortsetzung des Konflikts mehr profitiert als von dessen Beilegung, und die Akteure auf internationaler Ebene finden keinen gemeinsamen Nenner, um ein Machtwort zu sprechen.

Aktuelle Prozesse sind ergebnisoffen, eine Blaupause gibt es nicht. Ein Blick auf die historischen Prozesse hilft uns aber, »die Fragen zu formulieren, die wir an die Gegenwart stellen«, wie sich Margaret MacMillan ausgedrückt hat. So sind die Fragen des Dreißigjährigen Krieges auch die, denen wir heute im Nahen Osten begegnen. Eine wichtige Frage dreht sich um Identität. Für die meisten Europäer hat der Dreißigjährige Krieg diesen Prozess durch funktionierende Nationalstaaten, die auf der Basis von Nationen entstanden, auf lange Sicht beantwortet. Eine zweite Lehre aus dem 17. Jahrhundert ist, dass es einen Frieden nur geben kann, wenn es auch stabile Staaten gibt. Im Nahen Osten ringen die Akteure erst noch um die Identitätsfrage. Erst wenn sie geklärt ist, kann die Suche nach einer neuen stabilen Ordnung erfolgreich sein. Um diese Themen wird es in den folgenden Kapiteln gehen.

# Die Suche nach Identitäten

## Identität bietet Schutz und Geborgenheit

Die Ordnung zerfällt. Autoritäre Regime kollabieren, der gesellschaftliche Zusammenhalt löst sich auf, das Staatensystem zerfällt. Kriege verbreiten Leid. Es zerfällt, was den Menschen Halt gibt. Im Nahen Osten hat ein Prozess eingesetzt, der jenem ähnelt, den im 17. Jahrhundert auch Europa durchlebt hat. Damals, in den Wirren des Dreißigjährigen Krieges, fragten sich die Menschen: »Wer bin ich und als was verstehe ich mich? Mit wem will ich eine Gemeinschaft bilden?« Und schließlich: »Was verbindet uns zu einer Nation?« Dieses Fragen war mit Kriegen verbunden, aus denen Nationalstaaten entstanden sind. Die Fragen waren damit beantwortet. Nationen haben sich als Staaten eine Ordnung gegeben, die die Identitäten abbilden. Erst in der Gegenwart reklamieren auch Gruppen mit regionalen Identitäten unter dem Dach der Europäischen Union Unabhängigkeit.

In vielen Ländern der arabischen Welt stellen sich heute die Menschen angesichts des Zerfalls ihrer postkolonialen Welt ebenfalls diese Fragen: »Wer bin ich und als was verstehe ich mich?« Dann entscheidet sich jeder für einen Aspekt seiner Identität und begründet damit fortan sein Handeln. Man entscheidet, ob man ein irakischer Nationalist oder ein arabischer Muslim sein will, ob man die Zugehörigkeit zu einem Stamm oder zur panarabischen Nation in den Vordergrund stellt und, vor allem, zu welchem Islam man sich hingezogen fühlt: dem sunnitischen oder dem schiitischen. Damit verknüpft ist ebenfalls die Frage, welchen Grad der Verwestlichung jemand akzeptiert. Erst wenn die Konflikte beendet sind, die mit dieser Identitätssuche zusammenhängen, kann es eine neue und stabile staatliche Ordnung geben. Bis es so weit ist, werden Jahrzehnte vergehen.

Die Identitätsfrage ist kompliziert, weil sich mehrere Identitäten überlagern: Denn der Stamm und die Religionsgemeinschaft garantieren dem Einzelnen Schutz; der Islam verbindet über die Grenzen von Stamm und Staat hinweg die Einzelnen; die arabische Kultur wird über die Sprache vermittelt; der Staat, selbst wenn er zerfällt, stellt den Pass bereit, mit dem man reist, und es gibt eine Flagge, mit der man aufgewachsen ist.[16] Über die Zeit verändert sich das Mischungsverhältnis dieser Identitäten. Bei dem Beben, wie wir es derzeit erleben, stellt sich die Identitätsfrage mit einer Wucht, die sogar staatliche Ordnungen zum Einsturz bringt.

Im Westen schien die Frage nach der Identität für lange Zeit geklärt. Dann kehrte sie in Deutschland mit der Debatte über die Leitkultur wieder; ein großes Thema wurde sie erst mit den Migrationsströmen. Denn je dramatischer der gesellschaftliche Wandel erscheint, desto dringlicher wird die Frage nach der Identität. Auch in westlichen Gesellschaften ist die Identitätsfrage für viele Menschen wieder wichtiger als der Wohlstand geworden; für eine klare Identität schlagen sie alle Bedenken in den Wind, dass etwa der Verzicht auf Freihandel und der Rückbau der Globalisierung ihren Lebensstandard mindert, siehe Brexit.

Ein wesentlicher Unterschied zwischen der Identitätsfrage in transatlantischen Ländern und im Nahen Osten besteht aber: Im Westen soll die Identität eines Staates, wie sie ist, gegen Veränderungen geschützt werden; in der arabischen Welt ist jedoch nicht einmal die grundlegende Frage nach der Identität eines Gemeinwesens beantwortet. Erst wenn das der Fall ist, und das kann noch lange dauern, können um diese Identität herum Staaten entstehen und die Institutionen dieser neuen Staaten gefestigt werden.

Wenn Menschen von einem Staatsapparat unterdrückt werden oder wenn es gar keinen Staat mehr gibt, der sie schützen könnte, suchen diejenigen, die solche Fragen stellen, ihresgleichen, weil sie sich in deren Gemeinschaft Sicherheit erhoffen. Religiöse Bewegungen oder Stämme geben dann Geborgenheit und Schutz; eine starke Zivilgesellschaft, die das ebenfalls leisten könnte, gibt es in solchen Fällen nicht. Das Fragen nach Identität hat oft die Bildung einer homogeneren Bevölkerung zur Folge.[17]

Der Einzelne erhofft sich über die Identitätsfrage eine Sicherheit, die birgt aber auch Gefahren. Denn wer seine Religion in den Vordergrund stellt, zieht damit eine Trennlinie zu den anderen, betont die Unterschiede zu ihnen. Sicherheit hat für den Einzelnen jedoch Priorität. Erst wenn sie gewährleistet ist, können sich die Menschen auch um ihr wirtschaftliches Wohlergehen kümmern. Zu Beginn dieses Prozesses stellt sich aber weder Sicherheit noch Wohlergehen ein. Ein Beispiel dafür sind die Konflikte im Irak, wo die Identitäten gefestigter denn je sind, die politische Gewalt und der Terror aber nicht abebben, sodass es keine Sicherheit gibt.

Die Identitätsfrage allein schürt bereits Spannungen. Verschärft werden sie noch zusätzlich von Regimen, die um ihre Macht fürchten und die Unterstützung derer mobilisieren, die ihre Identität teilen; das ist umso wirksamer, je mehr sie andere Identitäten dämonisieren. Ebenfalls manipulieren und instrumentalisieren Einzelne, die nach der Macht greifen, Identitäten. Es ist also nicht so sehr ein von vornherein bestehender und tiefsitzender Hass der Menschen auf andere Gruppen und deren Identitäten, der die regionalen

Konflikte befeuert, als vielmehr die Nutzbarmachung solcher Identitäten für politische Ziele durch die Machthaber.

Dieser »gewaltbereite neue Konfessionalismus, der heute die Region zerreißt, ist eines der gefährlichsten Nebenprodukte der neuen Kriege in der arabischen Welt«,[18] schreibt der amerikanische Politikwissenschaftler Lynch. Psychologie spielt dabei eine Rolle: Wird die eigene Gruppenidentität einmal als gefährdet empfunden, breitet sich Angst aus. Und das ist, was die heutige arabische Welt prägt: Angst vor dem Nachbarn, Angst des Christen vor dem Muslim, Angst des Muslims vor dem Christen, Angst des Schiiten vor dem Sunniten, Angst des Sunniten vor dem Schiiten, Angst der Araber vor den Iranern, Angst der Iraner vor den Arabern – Angst.

Die Identitätsfrage löst aus einem anderen Grund im Nahen Osten Konflikte aus. In Europa hatten einst die Gesellschaften bestimmt, wie ihre Staaten beschaffen sein sollten. Im Nahen Osten wurde jedoch der umgekehrte Weg eingeschlagen: Die postkolonialen Eliten alleine legten fest, wie ihre Staaten und Gesellschaften beschaffen sein sollten. Im Konsens ist das nicht geschehen. Virulent blieb insbesondere die Frage, welche Rolle der Islam in der Gesellschaft und im Staat haben soll. Diese Debatte ging auch in Atatürks laizistischer Republik Türkei weiter, und Recep Tayyip Erdoğan gab ihr mit seiner Partei, der AKP, mit der verstärkten Präsenz des Islams in der Öffentlichkeit eine neue Wendung.

Die Staaten im Nahen Osten haben die Identitätsfrage nie wirklich beantwortet. Sie versuchten vielmehr, zwei Gegensätze zusammenzufügen, indem sie weder säkular noch islamisch waren; sie waren nun etwas von beidem.[19] Das gilt auch für Verfassung von Staaten wie Ägypten, die sich als säkular bezeichnen. Wie bereits die Verfassungen von 1971 und 2012 legt auch die ägyptische Verfassung von 2014 in Artikel 2 den Islam als die Religion des Staates und die Prinzipien der Scharia als Hauptquelle der Gesetzgebung fest. Präsident Sadat hatte zwischenzeitlich den Artikel 2 verschärft und die Bedeutung der Scharia in der Verfassung von 1971 noch stärker hervorheben lassen. Der heutige Artikel 3 legt fest, dass Christen und Juden ihre inneren Angelegenheiten auf der Grundlage ihres jeweiligen religiösen Rechts regeln.[20] In den Diskussionen über die Verfassungen der Länder in der arabischen Welt ist seit Jahrzehnten eine der wichtigsten Fragen, ob die Scharia für die Gesetzgebung die einzige Quelle, eine Hauptquelle oder eine Quelle von vielen sein soll.

Machthaber wie die Ägypter Nasser und Sadat hielten die Frage nach der Identität der Gesellschaft und des Staates offen, um die islamistischen Bewegungen ruhig zu halten. Denn für die war die Frage zumindest theoretisch entschieden, selbst wenn sie sich nicht durchsetzen konnten. Ein wichtiges Ereignis war die Gründung der Muslimbruderschaft durch Hassan al-Banna im Jahr 1928, vier Jahre nach der Beseitigung des Kalifats durch Atatürk. Damals wurde nicht nur in Ägypten nach den Gründen für die Rückständigkeit der islamischen Welt gegenüber dem Westen gesucht. Als Folge fordern seither islamistische Bewegungen, der Verwestlichung eine islamische Identität von Gesellschaft und Staat entgegenzuhalten, beispielsweise durch Gesetze, die aus der Scharia abgeleitet werden.

Doch in den ersten Jahrzehnten nach dem Zweiten Weltkrieg beherrschten säkulare und linke Ideologien wie der arabische Nationalismus und der arabische Sozialismus die Politik. Erst nach der arabischen Niederlage gegen Israel

1967 wurden die islamistischen Bewegungen wichtiger, und heute spielen sie eine entscheidende Rolle – sei es, weil Menschen in einer Welt, die aus den Fugen ist, in der Religion Schutz suchen oder weil sie in der Religion gegenüber einem repressiven Staat Trost finden.

Diese Polarisierung setzt eine Spirale in Gang. Denn die säkulare Elite und der Sicherheitsapparat eines Staats fürchten, dass Islamisten durch Wahlen die Macht übernehmen könnten und so der Verlust säkularer Errungenschaften eingeleitet werde. Sie entscheiden sich daher dafür, die Islamisten mit Gewalt zurückzudrängen. Sie fürchten, dass in einer politischen Kultur, in der der Sieger alles bekommt und der Verlierer nichts, bei einem Sieg der Islamisten für sie nichts übrig bliebe. Jedoch schweißt die Repression die Islamisten noch mehr zusammen, und die Konfrontation wird immer unversöhnlicher.

In Europa spielte die Säkularisierung eine große Rolle, um in der Gesellschaft Angst abzubauen und um den Übergang von einer konfessionellen zu einer nationalen Identität zu vollziehen. Dabei nahm die Bedeutung der Konfession für die Identität zugunsten der Nation ab. Die Säkularisierung war damit eine wichtige Voraussetzung für das Entstehen eines Nationalismus. Im Nahen Osten ist das anders.[21] Dort ist kein Rückzug der Religion aus dem öffentlichen Raum zu beobachten und auch nicht zu erwarten. Die Religion – der Islam, auch das Christentum – ist ein fester Bestandteil des kollektiven Selbstbewusstseins.

Unter einer islamischen Identität kann vieles subsumiert werden. Lediglich eine Minderheit derer, die den Islam in den Mittelpunkt ihrer Identität stellen, strebt nach einem totalitären System. Die Mehrheit will zwar eine islamische Gesellschaft, sie soll aber nicht die Zeit des Propheten im

7. Jahrhundert replizieren. Vielmehr sollen Gesellschaft, Wirtschaft und Kultur von islamischen Werten durchzogen sein. Das bedeutet, dass es einen Bezug zur Scharia geben soll, aber nicht das, was im Westen oft mit der Scharia assoziiert wird: die Polygamie und die »Hadd-Strafen«, also etwa die Amputation der Hand von Dieben oder das Auspeitschen von Ehebrechern.

Wer die Scharia heute anwenden will, denkt vielmehr an das traditionelle islamische Familienstandsrecht, auch an die Normen und Werte, wobei die Gerechtigkeit eine große Rolle spielt.[22] Die Mehrheit der Muslime macht einen solchen gewaltfreien Islam zum Mainstream.[23] Die Frage bleibt aber bestehen, wie die Scharia, wie sie in der Frühzeit des Islams konzipiert wurde, in einem Zeitalter Relevanz haben kann, in dem Muslime Bürger von Staaten sind und in dem religiöse Loyalitäten durch die Loyalität zu diesen Staaten ersetzt werden sollten.[24] Dieser schariakritischen Aussage des aus Ägypten stammenden Politikwissenschaftlers Shadi Hamid setzen muslimische Rechtsgelehrte entgegen, dass die Scharia flexibel sei und die Muslime dazu aufrufe, sich an die Gesetze des Landes zu halten, in dem sie leben, oder es zu verlassen.

Die Forderung, eine islamische Identität durchzusetzen, führt oft zu Konflikten mit den christlichen Minderheiten. Aus Ägypten wird immer wieder von Übergriffen von Muslimen auf koptische Christen berichtet. Selbst in einem Land wie Jordanien brechen derartige Spannungen aus, etwa im September 2016 bei dem Attentat auf den christlichen Schriftsteller Nahed Hattar. Als Hattar aus einem Gerichtsgebäude kam, in dem er sich für die Verbreitung einer islamkritischen Karikatur zum »Islamischen Staat« auf seiner Facebook-Seite hatte verantworten müssen, wurde er von einem Islamisten getötet.[25] Der Konflikt tritt auch bei der Auseinandersetzung über den Inhalt von Schulbüchern an die Oberfläche. Christen wollen christenfeindliche Passagen streichen lassen. Dem halten jordanische Islamisten entgegen, ihre Religion sei in Gefahr und es gebe eine geheime Agenda des jordanischen Staates und der Christen gegen den Islam.[26]

Die Forderung, eine islamische Identität durchzusetzen, hat zwei Ebenen. Zum einen betrifft sie die Durchsetzung dieser Identität im Staat und in der Gesellschaft gegenüber den säkularen Eliten und Minderheiten, zum anderen den Kampf gegenüber anderen islamischen Konfessionen, also zwischen dem sunnitischen und dem schiitischen Islam. Befeuert wird dieser zweite Kampf dadurch, dass der schiitische Islam in Iran Staatsreligion ist. Arabische Sunniten fürchten daher, dass iranische Institutionen, die sich wie die Revolutionswächter dem Revolutionsexport verpflichten, versuchen werden, die sunnitische Identität arabischer Gesellschaften und Staaten zu untergraben.

Diese Auseinandersetzung mit dem schiitischen Islam hat bei sunnitischen Arabern bereits zu Verschiebungen bei der Identitätsfrage geführt. Bei Umfragen, die das Center for Strategic Studies der Universität Jordaniens regelmäßig macht, hatten 2012 noch 78 Prozent der Befragten angegeben, sie seien stolz auf die Hizbullah als einer islamischen Widerstandsorganisation. Der Grund für diesen Stolz waren der Krieg der Hizbullah gegen Israel im Sommer 2006 und deren Angriffe gegen Israel zum Jahresbeginn 2009. Ebenso viele gaben aber 2015 an, die Hizbullah sei eine schiitische Terrororganisation, die die regionale Sicherheit gefährde.[27] Vom Stolz auf die Hizbullah war keine Spur mehr.

Die Identitätsfrage ist mit voller Wucht in der arabischen

Welt zurück. Während der Kolonialzeit waren die Identitäten ein Ausdruck dafür gewesen, wie sich die kolonisierten Länder ihre Selbstbestimmung vorstellten. Die Unabhängigkeit brachte dann aber nicht die erhoffte Selbstbestimmung; stattdessen putschten sich säkulare Diktaturen an die Macht und unterdrückten eine Antwort auf die Identitätsfrage. Sie fürchteten zu Recht, dass sie in islamisch geprägten Gesellschaften Wahlen verlieren würden. Daher gaben sie das Motto aus: »Die Religion ist für Gott, das Vaterland für alle.« Es entging ihnen aber, dass die Identitätsfrage über die Zeit immer stärker wurde. Die Machthaber neutralisierten diese Herausforderung jedoch nicht durch eine kluge Politik, sodass zentrifugale Kräfte den Staat immer mehr in Frage stellten.

In Europa haben der Nationalstaat und die Säkularisierung Staatsbürger hervorgebracht, die – anders als die Bürger in den Diktaturen der arabischen Welt – mit unveräußerlichen Rechten ausgestattet sind. Das war eine wichtige Voraussetzung dafür, dass die pluralistischen Gesellschaften stabil und oft auch friedlich geblieben sind. Bei der politischen Kultur, wie sie im Nahen Osten praktiziert wird, sind jedoch auf absehbare Zeit die Chancen für pluralistische Gesellschaften gering, die verschiedene Identitäten zulassen und die Partizipation des Einzelnen in den Mittelpunkt stellen. Das Ziel einer Ordnung, in der alle Staatsbürger, unabhängig von ihrer Identität, gleich sind, liegt in ferner Zukunft. Eher wird sich eine Ordnung durchsetzen, in der nicht die Einzelnen gleichbehandelt werden, sondern die Gruppen. Im Irak wären das die Schiiten und die Sunniten, in Syrien die Sunniten und die religiösen Minderheiten. Würde eine Einigung auf ein solches Gleichgewicht der Gruppen erzielt werden, wäre das bereits ein Fortschritt, der für Stabilität sorgen könnte.

Das wäre dann der Fall, wenn diesen Gruppen eine gewisse Autonomie für die Regelung ihrer inneren Angelegenheiten zugestanden würde, um ihre kulturelle Identität zu bewahren.[28] Eine solche Lösung würde die Gesellschaft stabilisieren, würde die Unterschiede zwischen den Identitäten aber festschreiben, anstatt alle Teile einer Gesellschaft in gleichem Maße zu integrieren. Der Libanon leidet darunter seit seiner Gründung, für Syrien könnte sich ein solcher Weg als Beginn einer Lösung erweisen. Denn dort nimmt sich der Einzelne ohnehin nicht mehr als Individuum und Staatsbürger wahr, sondern als Mitglied einer Gruppe. Eine umfassende syrische Identität, die alle zusammenhält, ist nie mehr als eine Fiktion gewesen. Nicht der syrische Staat gewährt heute Schutz; Schutz gewähren Gruppen mit klar definierten Identitäten: die Sunniten, die Alawiten, die Kurden, die Stämme, die Milizen. Ihnen verdankt der Einzelne letztlich seine Sicherheit. Der Einzelne, der auf seine autonome Selbstbestimmung als Individuum pocht, existiert dort kaum.

Das hat Folgen für die Suche nach einem Frieden. In tief gespaltenen Gesellschaften wie im Irak und in Syrien, wie im Jemen und in Libyen ist die vorrangige Aufgabe, einen Frieden herbeizuführen. Dazu müssen Regelungen gefunden werden, die für die Kriegsparteien akzeptabel sind.[29] Die Kriegsparteien vertreten aber keine Individuen, sondern vielmehr Gruppen: im Jemen und in Libyen sind das Stämme und Milizen, in Syrien und im Irak ethnische und konfessionelle Gemeinschaften. Untereinander und miteinander stehen sie im Krieg. Solange eine Gruppe glaubt, dass sie der dominante Akteur bleiben kann, wie es bei den Schiiten im Irak und bei den Alawiten in Syrien der Fall ist, werden sie ihren Widersachern, etwa den Sunniten und den Kurden, nicht die gleichen Rechte einräumen.

Damit sich dieses Knäuel an Konflikten auflösen könnte, müssten die Akteure aufhören, in den Kategorien des Null-summenspiels zu denken. Sie müssten also aufhören, aus der Angst heraus, von anderen beherrscht zu werden, selbst andere beherrschen zu wollen. »Da hilft externer Druck wenig, das ist ein historischer Prozess«, rät der ägyptische Politikwissenschaftler Soltan.[30] Externer Druck würde den Konflikt nur zusätzlich befeuern statt eine Änderung des Verhaltens herbeizuführen. »Entweder setzt man darauf, dass die Leute vom Konflikt erschöpft sind, sodass sie einen Kompromiss akzeptieren, oder ein kultureller Wandel setzt ein, sodass jemand nicht länger danach strebt, dominant zu sein.« Das werde jedoch nicht bald geschehen, sagt Soltan. Denn das historische Gedächtnis der Gruppen reicht weit. So erinnern sich die irakischen Schiiten an die Ungerechtig-keiten, denen sie in der Geschichte ausgesetzt waren, und akzeptieren deshalb heute keine Einschränkung ihrer Herr-schaft. Ebenso erinnern sich in Syrien die Alawiten daran, wie sie verfolgt worden sind, und wollen einen Rückfall in jene Zeiten nicht zulassen.

Über die Zeit sind die vielen Identitäten stärker gewor-den. Eliminiert wurde keine. Lediglich das Verhältnis unter-einander hat sich immer wieder verschoben. In Ägypten ist es wichtig, ein Ägypter zu sein; der Nationalismus ist wich-tig. Für viele Ägypter ist es jedoch ebenso wichtig, Mus-lim zu sein. Die säkulare Staatselite hat daher die Grenze akzeptiert, bis zu der sie die Religion marginalisieren kann. Es wurde aber kein Konsens gefunden, der den ägyptischen Nationalismus mit der islamischen Identität der großen Mehrheit zusammenführt.

Heute, wo die Ära der Staaten, die nach dem Ende des Kolonialismus gegründet worden sind, zu Ende geht, ringt die arabische Welt wieder mit der Identitätsfrage. Entbrannt ist ein Kampf um die Identität des Staats und der Gemeinschaft. Erst wenn diese Frage geklärt ist, können Einheiten entstehen und kann es Stabilität geben, was Voraussetzung für funktionierende Institutionen ist. Auf dem langen Weg zur Demokratie können nur derartige Institutionen sicherstellen, dass die Kontrollmechanismen, die *checks and balances*, wirksam dafür sorgen, dass Freiheiten nicht eingeschränkt werden und gute Regierungsführung gewährleistet wird.[31] Solche Institutionen sind die Voraussetzung dafür, dass es nicht allein bei Wahlen bleibt, die suggerieren, dass sich ein Land von einem autoritären Staat in ein demokratisches System entwickle. Jedoch: Solche starken Institutionen kann es nicht geben, solange die Identitätsfrage nicht gelöst ist und sie die Gesellschaften weiter spaltet.

## Konfessionalismus grenzt aus und entfesselt

Kerbela, Freitag, den 18. Dezember 2009. Endlose Trauerprozessionen ziehen um die beiden Moscheen, deren Kuppeln vergoldet sind. In der einen ist Hussein Ibn Ali begraben, der Enkel des Propheten Mohammed, in der anderen sein Halbbruder Abbas Ibn Ali. Die meisten Männer sind jung und schwarz gekleidet, schwarz ist auch ihr Stirnband. Sie schreiten langsam, fast in Trance, zum Rhythmus dumpfer Trommelschläge. Während sie gehen, drehen sie sich um die eigene Achse und geißeln ihren Rücken blutig. Dazu schreien sie den Schmerz Husseins, der im Jahr 680 an dieser Stelle ermordet wurde, heraus, auch ihren eigenen seelischen Schmerz über damals die erlittene Ungerechtigkeit.

Aus einem Lautsprecher ertönt schrill die Leidensgeschichte Husseins. Alles um sie herum ist ruhig, bis auf die Schreikrämpfe, in die die Männer und die schwarz verhüllten Frauen, die nicht in der Prozession mitlaufen, immer wieder ausbrechen.

Drinnen in den Moscheen beginnt das Freitagsgebet.[32] Scheich Abdalmahdi Karbalai hält die Predigt, der Vertreter von Großajatollah Ali al-Sistani, dem inoffiziellen Oberhaupt der Schiiten im Irak. Sistani residiert in einer bescheidenen Wohnung in Nadschaf, dem heiligsten Ort der Schiiten. Dort ist Ali begraben, der Stammvater der Schiiten, der 19 Jahre vor seinem Sohn Hussein getötet wurde. Die Predigt wird auf großen Leinwänden übertragen, die auf dem breiten Platz zwischen den zwei Grabmoscheen aufgestellt sind. Der Scheich leitet sie mit der Bemerkung ein, Hussein und seine 70 Gefährten hätten sich damals gegen die Tyrannei erhoben, sie hätten sich für die Gerechtigkeit geopfert und für den Islam. Er ruft den Gläubigen die tröstende Botschaft zu: »Wer sich Hussein anschließt, der betritt das Schiff, auf dem die ganze Menschheit erlöst wird.«

Zugetragen hat sich die Schlacht am zehnten *Muharram* im Jahr 61 der *Hidschra*, die mit dem Auszug Mohammeds aus Mekka den Beginn der islamischen Zeitrechnung markiert. An jenem zehnten *Muharram* wurden an dieser Stelle Hussein und seine siebzig Gefährten durch die Pfeile der überlegenen Armee des Umayyadenkalifen Yazid Ibn Muawiya, eines sunnitischen Muslims, getötet. Noch am selben Tag wurden sie dort bestattet, wo sie gefallen waren. Den schiitischen Muslimen ist die Schlacht, die sich im Jahr 680 der christlichen Zeitrechnung ereignet hat, präsent, als sei das Blut erst gestern geflossen. Heute erheben sich über den zwei Gräbern vergoldete Kuppeln. Die beiden Moscheen trennen nur wenige Hundert Meter. Der Platz dazwischen ist vom Blut der Geschichte durchtränkt.

Je näher der zehnte *Muharram* rückt, desto größer wird der Strom der Pilger aus der ganzen schiitischen Welt, die in Kerbela des Martyriums Husseins gedenken. Am Jahrestag sind es mehrere Millionen, die sich in den Moscheen und um sie herum drängen. Die ersten zehn Tage des Monats *Muharram* sind die Passionszeit der Schiiten, sie führen auf den großen Tag des Leidens zu. Die Christen feiern den Kreuzestod Jesu, die Schiiten das Martyrium Husseins. Christus ist nach dem Tod am Kreuz auferstanden, Hussein aber nicht, und so beginnt das islamische Mondjahr für die Schiiten mit einem Trauermonat.

Der Freitagsprediger skizziert die Essenz des schiitischen Islams. Damals habe sich ein Kampf zwischen Gut und Böse zugetragen, sagt er. Dann habe Allah diese heilige Erde durch das Blut Husseins und seiner Gefährten geehrt. Hussein habe eine Welt ohne Tyrannei gewollt, habe sich auch ohne Aussicht auf einen Sieg für das Gute geopfert. In der Gegenwart dauere der Kampf an. Hussein wird als das Vorbild für jeden Menschen gepriesen. Immer wieder werden Särge durch die Reihen der Betenden getragen und für eine Weile auf den Platz vor der Moschee gestellt. Die Toten sollen an der Aura des Heiligen teilhaben, mit Husseins Segen sollen sie in die Ewigkeit eingehen.

Riesige Bottiche mit warmem Essen sind auf den Plätzen und in den Straßen aufgestellt. Die Pilger spenden großzügig, nie wird mehr gespendet als im Trauermonat. Der Moscheenkomplex von Kerbela ist gut organisiert, und er ist reich, wie auch jeder Stiftungskomplex und jedes Grabmal eines schiitischen Heiligen. Das verleiht Religionsführern wie Großajatollah al-Sistani zusätzliche Macht.

Was den schiitischen Muslimen Trost verleiht und ihnen den Auftrag gibt, sich gegen die Usurpation von Macht aufzulehnen, ist für die sunnitischen Muslime ein Ärgernis und für die wahhabitischen Muslime eine unerlaubte Heiligenverehrung, die gegen den islamischen Glaubensgrundsatz von der »Einheit Allahs« (arabisch: *tauhid*) verstößt. Sunnitisch-wahhabitische Muslime haben daher 1802, während des ersten saudischen Staats, Kerbela geplündert und aus den beiden Moscheen alles entfernt, was sie mit unzulässiger Heiligenverehrung in Verbindung brachten. Das ist im kollektiven Gedächtnis der Schiiten ebenso präsent wie die Schlacht im Jahr 680. Und das erklärt den Konflikt zwischen den beiden größten Konfessionen des Islams.

*

Die Assoziationen, die das Wort »Kerbela« bei den Schiiten wecken, ob im *Muharram* oder im restlichen Jahr, zeigen, welche Mobilisierungskraft im schiitischen Islam steckt. Die schiitischen Muslime gedenken des Martyriums nicht nur in den ersten zehn Tagen des Trauermonats, sondern auch in den vierzig Tagen danach. Denn vierzig Tage nach der Schlacht hatte Yazid als weitere Demütigung das Haupt Husseins dessen Familie überbringen lassen. Daher sind diese vierzig Tage (arabisch: *arba'in*) ein weiterer fester Bestandteil der Identität eines schiitischen Muslims. In ihrem Kampf für Gerechtigkeit glauben sie sich im Recht, und sie sehen in den sunnitischen und insbesondere den wahhabitischen Muslimen Saudi-Arabiens jene, die die Ankunft der göttlichen Ordnung verhindern. Dazu passt, dass die schiitischen Muslime die Staatsform der Monarchie, wie sie Saudi-Arabien praktiziert, als unislamisch verwerfen.

Sunniten wiederum verwenden seit dem frühen Islam für die Schiiten den Begriff *al-rafidha*, die »Abtrünnigen« und »Zurückweisenden«. Der pejorativ verwendete Begriff ist als Reaktion darauf entstanden, dass die Schiiten die ersten drei Kalifen – Abu Bakr, Omar und Othman – nicht, wie es die Sunniten tun, als »rechtgeleitete Kalifen« anerkennen. Stattdessen verehrt eine Mehrheit unter den Schiiten die zwölf Imame in der Linie von Ali, des vierten Kalifen, und dessen Söhnen Hassan und Hussein als Heilige. Als der »Islamische Staat« im Sommer 2014 weite Teile Syriens und des Irak eroberte, markierte er die Häuser und Geschäfte, die Schiiten gehörten, mit einem roten »R« für *Rafidha*. Sie wurden konfisziert und an Kämpfer des »Islamischen Staats« verteilt. Schiitische Grabmäler und Friedhöfe wurden zerstört. Der »Islamische Staat« beruft sich bei seiner Verfolgung der Schiiten, die er als »Abtrünnige« und »Apostaten« (arabisch: *murtaddun*) bezeichnet, auf den mittelalterlichen Theologen Ibn Taimiyah.[33] Der hatte im ausgehenden 13. Jahrhundert, um die Einheit des Islams wiederherzustellen, zur Verfolgungen der Schiiten und anderer heterodoxer Gruppen im Islam aufgerufen.

Der Konflikt zwischen den Sunniten und den Schiiten dreht sich darum, dass jeder für sich die Führung bei dem Versuch beansprucht, eine gerechte, Allah gefällige Ordnung in der muslimischen *Umma* zu errichten. Der Konflikt war über lange Zeit nur unterschwellig zu spüren. Denn die Schiiten hatten bis zur Islamischen Revolution in Iran 1979 keine politische Machtbasis. Davor hatte der Schah versucht, die Religion zurückzudrängen. Die Revolution, die ihn stürzte, wurde die wichtigste Wegmarke in der modernen Geschichte des Nahen Ostens. Ein Volksaufstand stürzte einen verhassten säkularen Diktator; aus der Monarchie wurde eine Islamische Republik, und die verpflichtete sich, ihre Revolution zu exportieren. Mit diesem Selbstverständnis gründete Iran 1982 im Libanon die Miliz der Hizbullah, der »Partei Gottes«, wodurch die Schiiten eine starke politische Kraft wurden, und im Irak übernahmen sie nach dem Sturz Saddam Husseins im Jahr 2003 sogar die Macht.

Der Konflikt zwischen Sunniten und Schiiten ist erst nach der Revolution an die Oberfläche durchgebrochen. Erst von da an verfügten die Schiiten über Hebel, um ihre Weltanschauung zu verbreiten. Der Konflikt wurde vorübergehend in den Hintergrund gedrängt, als sich die Hizbullah als eine »pan-islamische Widerstandsorganisation« gegen Israel präsentierte. Je offensichtlicher sie aber für schiitische Interessen kämpfte, im Libanon und dann vor allem in Syrien, und je mehr die Sunniten im Irak und in Syrien ihre Macht an Schiiten verloren, desto weniger glaubhaft war in den Augen der Sunniten die Behauptung der Schiiten, dass sie für die Sache des Islams kämpften. Um Gefolgsleute zu mobilisieren, setzten nun beide Seiten auf den Konfessionalismus. Denn auf dem Schlachtfeld bringen Kämpfer, die sich im Dienst einer »gerechten religiösen Ordnung« sehen, das hat der Krieg in Syrien gezeigt, mehr Opferbereitschaft als Einzelne, die für eine säkulare Sache eintreten.

Es ist für beide Seiten vorteilhaft, den Konfessionalismus als Instrument einzusetzen. Denn sie haben kein anderes Instrument, das in gleichem Maße ihren Zielen dienen könnte, und werden daher den Konfessionalismus so lange benutzen, wie sie glauben, damit einen Konflikt zu gewinnen. Das setzt voraus, dass die Menschen diesen Konflikt (auch) als einen solchen zwischen Sunniten und Schiiten wahrnehmen, bei dem es also um den Schutz der eigenen Konfession und um deren Ausweitung geht. Es war der Krieg im Irak, der von 2003 an die Identität der Muslime von Grund auf verändert hat. Denn Menschen fragten nun nicht länger, ob jemand Araber oder Iraner war, sondern danach, ob er Schiit oder Sunnit war.[34] So lange ein Konflikt aber konfessionell aufgeladen ist, ist eine Einigung schwierig. In den Augen der Gläubigen ist es ja nicht zulässig, Kompromisse zu schließen, wenn es um etwas Heiliges geht.

Die Islamische Republik Iran mobilisiert für ihre hegemoniale Politik ihren Islam, nicht anders verhält sich die Republik Türkei. Denn Ankara hat radikale und extremistische sunnitische Muslime gefördert, um in Syrien seine politischen Ziele zu erreichen. Neben Saudi-Arabien fühlt sich auch die Türkei berufen, den sunnitischen Islam zu schützen. In beiden Ländern leben jedoch bedeutende schiitische Minderheiten: in der Türkei die Aleviten und in Saudi-Arabien schiitische Muslime, die denselben Islam praktizieren, der in Iran Staatsreligion ist.

Das schafft für Saudi-Arabien ein Problem. Denn sein schiitenfeindlicher sunnitisch-wahhabitischer Konfessionalismus erschwert die Integration der Schiiten in das Königreich. Saudi-Arabien teilt daher seinen offiziellen Diskurs auf. Der mächtige wahhabitische Diskurs richtet sich an die Sunniten, an die Schiiten im Königreich aber ein eher leiser staatsbürgerlicher Diskurs. Der besagt, dass alle, Sunniten wie Schiiten, Staatsbürger des Landes seien und dass es keinen Grund gebe, sich Iran zuzuwenden. Vereinbar sind diese beiden Diskurse nicht. »Saudi-Arabien reitet aber zur gleichen Zeit zwei Pferde.«[35]

Die Intensität, mit der Saudi-Arabien auf den Konfessionalismus setzt, lässt erahnen, wie sehr sich das Königreich vor seinem Erzfeind Iran fürchtet. Andererseits lässt die Entschiedenheit, mit der auch Iran die konfessionalistische

Karte spielt, einen Rückschluss darauf zu, wie ernst es Tehe-ran ist, seine Macht in die arabische Welt hinein auszuwei-ten. Je mehr ein Akteur aber auf den Konfessionalismus als die zentrale sinnstiftende Identität setzt, desto mehr drängt er den Nationalismus als eine verbindende Klammer in den Hintergrund.

## Magnetfelder: Islamismus und säkularer Arabismus

Im Nahen Osten und vor allem in der Levante, dem Raum zwischen dem Mittelmeer und dem iranischen Zagrosge-birge, können die Menschen auf viele mögliche Identitäten zurückgreifen. Sie wählen, was ihnen in ihrer jeweiligen Si-tuation am meisten Sicherheit und Geborgenheit verspricht: die Nation, selbst wenn sie künstlich ist, die Religion, die Konfession, die Ethnie oder den Stamm. Im 20. Jahrhundert waren die arabische Nation und der Islam die wichtigsten Identitäten. Daran wird sich auch in den kommenden Jahr-zehnten nichts ändern. Denn die beiden großen Identitäten binden Massen, und sie sind flexibel genug, sich an neue Rahmenbedingungen anzupassen. Die wichtigste Frage ist daher, welche der Hauptidentitäten sich durchsetzen wird.

Beide sind in der Vergangenheit zunächst gescheitert. Der arabische Nationalismus war zu Beginn des 20. Jahrhunderts aus dem Arabismus heraus entstanden, der die kulturellen Leistungen der Araber betonte und ein Teil der islamischen Zivilisation war. Vor dem Beginn des Ersten Weltkriegs entwickelte sich daraus der arabische Nationalismus als Antwort der Araber auf den Nationalismus der Jungtürken, die im Osmanischen Reich die Macht übernommen hatten. In der zweiten Hälfte des 20. Jahrhundert scheiterte aber der arabische Nationalismus als das große politische und gesellschaftliche Projekt der arabischen Nation.[36] Die Niederlage im Sechstagekrieg 1967 gegen Israel leitete den Niedergang des arabischen Nationalismus ein, der irakische Überfall auf Kuwait 1990 beschleunigte ihn. Sein Ende war erreicht, als die Arabische Liga an die Nato appellierte, ein arabisches Land, Gaddafis Libyen, zu bombardieren.

Die Alternative zum arabischen Nationalismus war der Islamismus mit der Religion als Referenzrahmen für ein neues politisches und gesellschaftliches Projekt. Er funktionierte als Gegenmodell aber nicht. Trotz der starken islamischen Grundströmungen in den Gesellschaften entwarfen die islamistischen Ideologen keine Konzepte, die konsensfähig gewesen wären und die ihren Ländern eine friedliche Entwicklung ermöglicht hätten. Die ultimative Form des Islamismus wäre ein Staat, der auf den Vorgaben des Islams fußt.

Keine der beiden großen Strömungen konnte sich mit einem *grand design* durchsetzen, sodass beiden Utopien verblassten. Stattdessen wird nun auf beiden Seiten ein *common sense* erkennbar, der sich seinem Ziel in kleinen Schritten nähert. Der arabische Nationalismus verkleinert sich wieder zum Arabismus, und der Islamismus lernt, in einer pluralistischen Welt Abstriche zu machen. Dadurch kommen sich die beiden Projekte näher. In ihrer Form als *grand design* hatten sie sich noch jeweils ausgeschlossen. Denn die arabische Nation gibt sich mit einem großen Staat oder mit Nationalstaaten eine Ordnung; durch seine Grenzen schließt er eine transnationale Herrschaft der *Umma*, der Gemeinschaft der Gläubigen, aus. Der Islam wiederum hebt den Nationalstaat auf, denn er erkennt nicht Nationen an, er kennt nur Gläubige und Andersgläubige.

Die beiden Utopien einer (pan)arabischen Nation und

einer islamischen *Umma* sind an der Realität gescheitert. In dieser setzen sich heute keine reinen Identitäten mehr durch, sondern multiple Identitäten, die ineinander verschmelzen. Auf der einen Seite bestehen unterhalb der großen arabischen Nation kleinere territoriale Traditionen. Die Ägypter beziehen sich beispielsweise zwar auf die große arabische Nation, sie speisen ihre Identität aber auch aus der Geschichte des Niltals. Sie können gleichzeitig arabische und ägyptische Nationalisten sein, diese Identitäten fließen ineinander. Das gilt umso mehr, als die arabische wie die ägyptische Identität auch vom Islam beeinflusst ist, sodass das Religiöse mit ihnen verschmilzt. Auf der anderen Seite erhebt der Islam nicht nur einen transnationalen Anspruch, er ist auch ein konstituierendes Element der arabischen Kultur. Ein nicht nur ideeller, sondern auch real existierender Islamismus hat damit in aller Regel auch eine arabisch-nationale Komponente. Somit sehen sich Ägypter auch als ägyptische Muslime, und die ägyptischen Muslimbrüder verstehen sich als muslimische Ägypter.

Diese Identitäten werden in der Gegenwart neu geordnet. Ob in diesem Prozess eine neue Ordnung mit möglichst wenigen Konflikten entsteht, hängt auch davon ab, inwieweit sie eine friedliche Koexistenz zwischen den verschiedenen Versionen von Identität erlaubt. Das wiederum setzt ein Maß an Toleranz voraus, das es bislang nicht gibt. In der ersten Hälfte des 20. Jahrhunderts war das noch anders, als die drei Zentren des alten Arabien – Kairo, Damaskus und Bagdad – in ihrer liberalen Epoche blühten. Erst nach dem Ende dieser liberalen Epoche und nach der Gründung der postkolonialen Staaten setzten sich die großen und intoleranten Utopien Arabismus und Islamismus durch.

Der arabische Nationalismus war eine Folge davon, dass

sich die Araber zu Beginn des 20. Jahrhunderts nicht mehr als ein assoziiertes Staatsvolk des Osmanischen Reichs verstehen konnten. Die jungtürkischen Offiziere wollten einen Staat, der auf dem türkischen Nationalismus gründete. Die Araber mussten sich daher neu orientieren, und sie suchten nach einer Widerstandsideologie. Das Ergebnis war der arabische Nationalismus. Der richtete sich erst gegen die europäischen Kolonialmächte, nach 1948 auch gegen Israel. Symbol dieser arabischen Identität ist die 1945 gegründete Arabische Liga. Es kam jedoch nicht zur arabischen Einheit, auch die Verheißungen des arabischen Sozialismus erfüllten sich nicht, zudem verloren die autoritären Regime alle Kriege gegen Israel.

Die Regime implodierten zwar nicht, der neue ideologische Sog des Islamismus forderte sie aber heraus. Denn nach der Niederlage gegen Israel im Sechstagekrieg von 1967 wandten sich die Araber der Moschee zu. Es schlug die Stunde Saudi-Arabiens, das mit dem Export seines wahhabitischen Islams begann. Symbol der islamischen Identität wurde die 1962 in Saudi-Arabien gegründete Organisation der islamischen Konferenz (OIC), die heute Organisation für islamische Zusammenarbeit heißt.

Die Muslime wandten sich dem Islam zu, weil er eine Identität verspricht, die das ganze Leben des Einzelnen und der Gemeinschaft abdeckt. Zudem beinhaltet der Islam in Zeiten der Niederlage eine Verheißung, denn er hat glanzvolle Epochen hervorgebracht: Sie können ja wiederkehren. Zu unterscheiden ist jedenfalls zwischen einem Muslim und einem Islamisten. Ein Muslim wird, wer vor einem Zeugen das islamische Glaubensbekenntnis aufsagt. Ein Islamist zeichnet sich hingegen dadurch aus, dass er aktiv für einen Staat arbeitet, der mit der Scharia kompatibel ist. Islamisten wollen also in einem Staat leben, der nicht im Widerspruch zur Scharia steht. Die Scharia kennt jedoch keinen ausdrücklich islamischen Staat, wie es die Führer des »Islamischen Staats« suggerieren, sondern nur den Staat, der im Kontext der Gesetze des Islams besteht. Diese islamische Identität kann sich mit arabischen Elementen vermischen, wodurch sie mit dem Arabismus vereinbar würde. Dann rückte statt der panarabischen Einheit eine arabische Solidarität in den Vordergrund.

Die islamische Identität bietet den Muslimen einen großen Vorteil: Sie verheißt die Wiederkehr der kulturellen Größe und der politischen Macht, deren sich der Islam in der Vergangenheit erfreut hat; dabei legt sie das Gemeinwesen nicht auf eine bestimmte Ordnung fest, vielmehr ist sie flexibel. Das hat ein sunnitischer Muslim aus der frühen Geschichte des Islams gelernt. So ist jeder der ersten vier Kalifen, der sogenannten »rechtgeleiteten Kalifen«, auf eine andere Art Kalif geworden. Die Muslime sollen dies als Auftrag verstehen, die für ihre Epoche zeitgemäße Saatsform zu finden. Abu Bakr al-Siddiq, der erste Kalif und Nachfolger Mohammeds an der Spitze der islamischen Gemeinde, wurde nach Mohammeds Tod im Jahr 632 von Vertretern Mekkas und Medinas in einem Gebäude, das *al-Saqifa* hieß, zum Kalifen gewählt; danach legte die Gemeinde ihm gegenüber den Treueeid (arabisch: *baiʿa*) ab und verpflichtete sich damit zur Loyalität. Omar Ibn al-Khattab, sein Nachfolger, wurde auf eine andere Art Kalif. Abu Bakr hatte sich vor seinem Tod im Jahr 634 mit Repräsentanten der islamischen Gemeinde ausgetauscht und danach Omar zu seinem Nachfolger vorgeschlagen; die Gemeinschaft folgte dieser Empfehlung und band sich auch an ihn durch den Treueeid, der per Akklamation ausgesprochen wurde. Vor seinem Tod im

Jahr 644 bildete Omar einen Rat der Weisen, der aus sechs Personen bestand, und er legte einen Mechanismus fest, wie dieser nach seinem Ableben seinen Nachfolger wählen solle. Gewählt wurde Othman Ibn Affan, worauf wieder die *bai'a* als Treueeid erfolgte. Als Othman im Jahr 656 ermordet wurde, wurde Ali Ibn Abi Talib in einer chaotischen Krisensituation bedrängt, rasch vierter Kalif zu werden, um wieder Ordnung herzustellen.

Jeder Kalif kam auf andere Weise ins Amt, in jedem der vier Fälle folgte im Anschluss der Treueeid, die *bai'a*. Der arabische Begriff *bai'a* gehört zum selben Wortstamm wie das Verb »verkaufen«; es wird jeweils ein Vertragsverhältnis besiegelt. Der Herrscher tritt sein Amt erst nach dem Treueeid an, erst von da an übt er Macht aus. Die *bai'a* enthält zwei Aspekte: Einerseits verpflichtet sie zur Treue gegenüber dem Herrscher und zur Befolgung seiner Anordnungen; andererseits enthält sie eine Rechenschaftsplicht des Herrschers gegenüber dem Volk. Der mittelalterliche Historiker Ibn Khaldun bezeichnete die *bai'a* als Ermächtigung durch die Gemeinschaft, die wie ein Kaufvertrag, wenn er nicht erfüllt wird, widerrufen werden könne.

Der schiitische Islam hat für Herrschaft eine andere Begründung abgeleitet. Denn als rechtmäßige Führer der islamischen Gemeinde lassen die Schiiten nur die dynastische Linie zu, die mit Ali, dem Schwiegersohn des Propheten, ihren Anfang nahm. Diese dynastische Linie zählt zwölf Imame, also geistliche wie politische Führer. Sie endet mit dem zwölften Imam Muhammad al-Mahdi. Die Schiiten glauben, er sei nicht gestorben, sondern im Jahr 874 in die Verborgenheit entrückt worden und werde am Jüngsten Tag als Messias wiederkehren. Der iranische Revolutionsführer Ajatollah Khomeini löste mit seinem Postulat der »Herrschaft des Rechtsgelehrten« (*velayat-e faqih*) die Frage, wer in der Abwesenheit des zwölften Imams die Gemeinschaft führen solle. Demnach habe der am besten qualifizierte Religionsgelehrte seiner Zeit im Auftrag Allahs die geistlichen und auch die weltlichen Belange der Gemeinde zu regeln.

Einfach zu beantworten ist die Frage, ob und wie angesichts dieser theologischen Vorgaben und Traditionen Islam und Demokratie zu vereinbaren sind:[37] Der dogmatische Islam ist nicht mit der Demokratie vereinbar, denn er ist ein geschlossenes System von Werten und Normen, und die Offenbarungen des Korans gelten als ewige Wahrheiten. Der historische Islam hingegen ist mit der Demokratie vereinbar, denn nach dem Tod Mohammeds hat sich der Islam ständig an neue Bedingungen und historische Umstände angepasst, wie die Geschichte der ersten vier Kalifen lehrt.[38] Danach regierten die Umayyaden, die erste Dynastie, die auf die vier rechtgeleiteten Kalifen gefolgt ist, nur noch als weltliche Herrscher. Möglich ist diese Vielfalt deswegen, weil der Koran keine ausdrückliche »gottgewollte politische Ordnung« vorsieht.

Nicht beantwortet ist jedoch die Frage, ob der Islam auch eine Diktatur akzeptiert. Dafür spricht eine Aussage des mittelalterlichen Religions- und Rechtsgelehrten Ibn Taimiya, der gelehrt hat: »Sechzig Jahre unter einem ungerechten Imam sind besser als eine Nacht ohne Sultan.«[39] In diese Tradition fügt sich der wahhabitische Islam Saudi-Arabiens ein, der sich dem weltlichen Herrscher unterordnet, aber auch Einfluss auf ihn nimmt. Andererseits hat der arabische Universalgelehrte Abu Muhammad Ibn Hazm (994–1064) gelehrt, dass ein Herrscher, der nicht mehr der Gerechtigkeit verpflichtet sei, abgesetzt werden dürfe. In seinem

Werk *al-Muhalla* hat er die Maßnahmen und Bedingungen formuliert, wie eine Amtsenthebung unter diesen Bedingungen zu geschehen habe. Die Tradition, die sich daraus entwickelt hat, befürwortete zwar den Tyrannenmord, nicht aber die Tötung anderer. Insgesamt war in der islamischen Geschichte der Diskurs über die politische Herrschaft von einer breiten Pluralität gekennzeichnet; der Münsteraner Islamwissenschaftler Thomas Bauer spricht dabei von einer »Ambiguitätstoleranz«.[40]

Trotz dieser günstigen Voraussetzungen hat sich der Islam nach einigen Jahrhunderten, in denen er sich ständig den neuen Rahmenbedingungen anpasste, nicht mehr erneuert, sondern er erstarrte dogmatisch. Dabei ist das Prinzip der »Erneuerung« (arabisch: *tajdid*) im Islam angelegt, was sich ebenfalls aus der islamischen Geschichte ableiten lässt. So hatten die Muslime zunächst den Übergang von einem Propheten und politischen Führer, Mohammed, zu einem »Nur-noch-Führer«, Abu Bakr, zu bewerkstelligen; unter Omar, dem zweiten Kalifen, mussten sie eine Religion konsolidieren, die im Aufbruch war und deren Anhänger rasch riesige Territorien eroberten; unter Othman mussten sie für den Zusammenhalt eines sich rapide ausdehnenden Reiches sorgen; und unter Ali hatten sie Krisen und Zwietracht zu meistern.

Im neuen islamischen Weltreich mussten an verschiedenen Orten immer neue Fragen gelöst werden, und so bildeten sich im Verlauf von 250 Jahren vier Rechtsschulen. Neues wurde über Präzedenzfälle geregelt. Dazu dienten *fatwas*, die unverbindlichen Rechtsmeinungen einzelner Gelehrter. Sie spielten und spielen in der islamischen Rechtswissenschaft, dem *fiqh*, eine wichtige Rolle. Eine ständige Erneuerung ist für den Islam auch deswegen wichtig, weil er sonst seinem Anspruch nicht gerecht werden könnte, eine Religion für alle Orte und für alle Zeiten zu sein.

Dennoch brach die Tradition der systematischen Erneuerung ab. Die Kreuzritter brachten den Muslimen eine erste Niederlage bei, auf sie folgte der Einfall der Mongolen. Die Muslime sahen sich nun einer feindlichen Umwelt gegenüber; die wichtigste Aufgabe war nun, das Erreichte zu schützen. Das »Tor der eigenständigen Urteilsfindung« (arabisch: *ijtihad*) wurde für geschlossen erklärt. Negativ wirkte sich zudem aus, dass den Osmanen, die sich seit 1517 mit der Kalifatswürde schmückten, die lange Auseinandersetzung mit der islamischen Tradition, wie sie den Arabern vertraut war, fehlte. Dann ging es mit dem Eindringen der christlich-westlichen Kultur in die islamische Welt vorrangig um die Frage, wie die Moderne importiert werden könne, ohne damit den Islam preiszugeben. Um den Islam zu schützen, wurde er wieder festgeschrieben und so einer Erneuerung entzogen. Auch wurde die Kultur des Erneuerns vergessen, weil die Herrscher nur noch Theologen zuließen, die ihre Macht nicht in Frage stellten.

In der Moderne setzt nun wieder eine Diskussion ein, wie diese Kultur der ständigen Erneuerung wiederbelebt werden könne. Beiträge dazu liefern führende Theologen wie der 1926 geborene Yusuf al-Qaradawi. Sie wollen aus dem Islam heraus eigene Antworten auf Fragen der Gegenwart ableiten. Dazu gründete beispielsweise Qaradawi im Jahr 1997 mit anderen muslimischen Gelehrten den »Europäischen Rat für Fatwa und Forschung«. Damit erfasst dieser Prozess auch Deutschland und die Muslime in Deutschland.

Auch die Muslimbruderschaft in Ägypten, die dort mit Muhammad Mursi für zwölf Monate den Staatspräsidenten gestellt hat, entwickelte sich weiter. In das Programm ihrer

2013 verbotenen Partei, der Partei für Freiheit und Gerechtigkeit, hat sie den Passus aufgenommen, dass die Scharia der Referenzrahmen für die Politik sei. Was die Scharia bedeute, das solle ein frei gewähltes Parlament entscheiden, wobei das Parlament Teil einer »zivilen«, also nicht religiösen Regierungsform sei.

Die verlorengegangene Flexibilität, die nun wiedererweckt werden soll, darf über eines nicht hinwegtäuschen: Der Islam ist anders als das Christentum entstanden, er hatte von Beginn an auch einen politischen Auftrag. Es ist daher unrealistisch zu erwarten, dass er, etwa bei der Frage der Säkularisierung, den gleichen Weg mit dem gleichen Ergebnis wie das Christentum einschlagen könne. Für Muslime ist eine Erlösung ohne das Befolgen des islamischen Gesetzes nicht möglich, denn der Glaube kann nicht ohne das Befolgen des Gesetzes manifestiert werden.[41] Der Islam war und ist aber mit der Frage konfrontiert: »Wenn der säkulare Nationalismus zum Aufstieg Europas geführt hat, weshalb soll das nicht auch für den Nahen Osten gelten?«[42] Die Last der islamischen Geschichte mache einen solchen Weg jedoch »so schwierig wie unwahrscheinlich«, argumentiert der säkulare muslimische Intellektuelle Shadi Hamid.[43]

Das ist die Chance für einen säkularen Arabismus. Dessen große panarabische Utopie, wie sie dem Ägypter Nasser vorschwebte und wie sie die sozialistische Baath-Partei propagierte, ist zwar gescheitert. Die arabische Welt fand nicht zu einer staatlichen Einheit, im Gegenteil führten einzelne Staaten immer wieder Krieg gegeneinander. Heute verfolgt kein Araber mehr ernsthaft die *idée fixe* einer staatlichen panarabischen Einheit. Der Panarabismus ist auch künftig keine Option.

Anders der gemäßigte Arabismus.[44] Bei diesem nutzen

die Eliten den Arabismus als Identität und Legitimation, um einen Territorialstaat zu konsolidieren. Selbst das Königreich Saudi-Arabien griff in seinem Namen auf das Wort »arabisch« zurück, und als Nasser 1958 Ägypten und Syrien zusammenführte, nannte er den neuen Kunststaat, der nur drei Jahre Bestand hatte, die Vereinigte Arabische Republik. Staaten definieren sich nicht allein über Territorium, sie haben auch eine arabische Dimension.

Das Bekenntnis zum Arabertum schließt nicht aus, mit einem Nationalstaat lediglich einen Ausschnitt aus der gesamten arabischen Nation abzubilden. Die meisten Araber sind dennoch davon überzeugt, dass die Araber eine kulturelle Einheit bilden. Dieser Ansatz geht auf die *Nahda*-Bewegung zurück, in der zum Ende des 19. Jahrhunderts vor allem im Libanon Intellektuelle eine kulturelle arabische »Renaissance« angestoßen haben. Ein gemäßigter, kulturell definierter Arabismus ermöglicht in dieser Tradition eine Vielfalt mit unterschiedlichen Erfahrungen: Saudis sind religiöser, in Ägypten und in Jordanien gibt es jedoch eine starke säkulare Komponente. Sie alle teilen die gleiche arabische Identität, pflegen aber ihre eigenen Erfahrungen.

Solch ein Arabismus strebt nicht mehr eine staatliche panarabische Einheit an. Die gemeinsame Sprache verbindet aber die Menschen über die Grenzen hinweg. Die Sprache bildet den Rahmen, sie zeigt aber auch Grenzen auf. So können sich die Menschen zwar von Bagdad im Osten bis Rabat am Atlantik auf Hocharabisch, in der Sprache des Korans, verständigen. In ihren lokalen arabischen Dialekten ist eine Verständigung gelegentlich schwierig, weil sie so weit voneinander abweichen wie deutsche Dialekte. Lediglich die Dialekte aus dem Jemen und aus Marokko sind schwierig zu verstehen. Ein anderer Rahmen des Arabismus ist auch die

Geschichte; die unterscheidet sich im Zweistromland jedoch von der des Maghreb. Immer ist zudem der Arabismus mit dem Islam verbunden; denn die Stämme der Arabischen Halbinsel, die sich zuvor untereinander bekämpft hatten, hat erst der Islam im siebten Jahrhundert vereint und somit eine arabische Identität geschaffen. Die heutigen Protagonisten des Arabismus stellen die kulturelle arabische Identität jedoch über die religiöse.

Die Arabische Liga kann für diesen gemäßigten Arabismus einen institutionalisierten Rahmen bilden. Diese Institution zeigt aber auch, wie schwierig die Identifizierung über das Arabertum ist. Bei ihrer Gründung im Jahr 1945 hieß sie zunächst »Liga der arabischen Staaten«. Das wurde als Fortsetzung der Teilung der arabischen Welt begriffen, wie sie die Kolonialmächte betrieben hatten. Sie wurde daher erst drei Jahrzehnte später in »Arabische Liga« umbenannt; seit ihrer Gründung war sie aber mehr ein Ort der Konflikte als des gemeinsamen Handelns.

In der Frage der kollektiven Identität steht der Arabismus im Wettbewerb mit dem Islamismus. Beide haben in der Vergangenheit Kriege ausgelöst. Zunächst legitimierte der Arabismus die ersten vier Kriege der Araber gegen Israel, ferner den Krieg des Irak gegen Iran. Seither rechtfertigen jedoch Spielarten des Islamismus Kriege: die Kriege der Hizbullah und der Hamas gegen Israel, den Bürgerkrieg im Irak sowie die Stellvertreterkriege zwischen Saudi-Arabien und Iran, selbst wenn sie teilweise eine ethnische Komponente haben.

Anders als der Arabismus wirkt der Islamismus als transnationale Ideologie destabilisierend. Denn der Arabismus kann, in unterschiedlichen Graden, den Säkularismus als Klammer nutzen, um die Einheit einer heterogenen Gesellschaft zu gewährleisten. Denn in einer säkularen Ordnung können Muslime und Christen leicht unter dem Dach des Arabismus zusammenkommen.

Dennoch hat das Pendel der gesellschaftlichen Entwicklung in den vergangenen Jahrzehnten zugunsten des Islamismus ausgeschlagen. Der libanesische Politikwissenschaftler Mitri beobachtet, dass das Pendel nun aber in Richtung des Arabismus zurückschwingt. Gerade junge Menschen seien einer Identitätspolitik müde, die sich mehr an Konfessionen als an Nationen ausrichte. »Sie wollen Syrer, Iraker und Libanesen sein und als solche wahrgenommen werden statt wie bisher als schiitische oder sunnitische Muslime.«[45] Dazu gehöre, sich im Rahmen der Globalisierung als Teil der arabischen Region zu sehen. Der *Arab Human Development Report* der UNDP konstatiert, dass sich die Menschen in der arabischen Welt im Jahr 2013 trotz der konfessionellen Spannungen eher als »national und säkular« denn als religiös definiert haben.[46]

So suchten viele jungen Menschen eine inklusive Identität, die nicht, wie es der Islam tue, abgrenze und spalte, beobachtet Mitri von der American University of Beirut weiter. Eine Chance dazu sei der Arabismus, der über die Staatsbürgerschaft alle gleichbehandle. Das knüpfe an Erfahrungen zu Beginn des 20. Jahrhunderts an. Damals hatten sich die Menschen nach dem Untergang des Osmanischen Reichs für eine übergreifende arabische Identität entschieden. Sie hatte dazu beigetragen, die Spannungen zwischen Muslimen und Christen, zwischen Sunniten, Schiiten und Drusen zu überwinden; sie schuf aber auch neue Spannungen, vor allem zwischen Arabern und Kurden.

In der Gegenwart bietet die Identifizierung mit einem Nationalstaat zwei Vorteile: Zum einen sind transnationale

Bewegungen, die für Spannungen sorgen können, keine legitimen politischen Akteure, und zum anderen kann sie Ausgangspunkt für eine Reformbewegung sein. So wurden die Revolutionen des Jahres 2011 in allen Ländern als nationale Bewegungen wahrgenommen, die ihre Länder hätten reformieren können. Der Trend zu mehr Nationalem korreliert jedoch nicht mit einer Bereitschaft für mehr Toleranz, um gesellschaftliche und politische Unterschiede zu akzeptieren. Ohne eine solche Toleranz kann es aber keine pluralistische Gesellschaft geben. Diese Toleranz ist in den meisten arabischen Ländern geringer ausgeprägt als im weltweiten Durchschnitt der Länder mit mittlerem Einkommen.[47]

Ein öffentlicher Diskurs, der diese Beobachtungen eines Pendelausschlags zugunsten des Arabismus nach Jahrzehnten einer islamisch-konfessionalistischen Dominanz bestätigen könnte, ist noch nicht erkennbar. Die Hinwendung zum Arabismus kommt jedoch in persönlichen Begegnungen immer mehr zum Vorschein. Bestätigt wird der Trend in den Meinungsumfragen des Arab Opinion Index, der seit 2011 in elf arabischen Ländern auch zur Frage nach der Trennung von Politik und Religion durchgeführt wird.[48] Mitri ist daher überzeugt: »Heute will eine Mehrheit eine inklusive arabische Identität sehen.«

# Die Suche nach einer neuen Ordnung

## Ein neuer Gesellschaftsvertrag

Kairo, Samstag, den 12. März 2005. Ayman Nour bestand darauf, in seiner Gefängniskleidung in seinen Wahlkreis zurückzukehren. Mehr als vierzig Tage war er in einer kleinen Zelle eingesperrt, sie war einen Meter hoch und 1,70 Meter breit. Am 27. Oktober 2004 hatte der charismatische Nour das Unerhörte getan: Er gründete ohne Absprache mit der Regierung die Oppositionspartei *al-Ghad* (der Morgen) und kündigte an, bei der Präsidentenwahl im September 2005 gegen den Amtsinhaber Husni Mubarak anzutreten. Sein letzter Tag im Parlament war der 29. Januar 2005. Da hob die große Mehrheit der Staatspartei NDP im »Rat des Volkes« (*Majlis al-shaab*), wie sich das ägyptische Parlament nennt, seine Immunität auf, und die Polizei verhaftete ihn vor dem Parlamentsgebäude.

Tausende begleiten ihn nun an diesem 12. März 2005 auf dem Weg vom Gefängnis in seinen Wahlkreis Bab al-Sha'riyya, ein Viertel der Unterschicht, das er zehn Jahre im Parlament vertreten hat. Am Abend spricht Nour im großen, voll besetzten Saal der ägyptischen Journalistengewerkschaft. Draußen hat die Polizei Aufstellung bezogen, so als ob schwere Straßenschlachten bevorstünden. Drinnen geißelt der begabte Redner mit Witz die Stagnation in Ägypten, die Macht des Establishments und das Fehlen von Freiheit. In wenigen Monaten hat seine neue Partei eine Aufbruchsstimmung erzeugt, hat zahlreiche Menschen mobilisiert. Auch die Generalsekretärin Mona Makram Obeid spricht. Heute wollen die Menschen in der ganzen Region mitsprechen und selbst ihre Führer wählen, sagt sie. Die arabische Welt stehe an einer Wegkreuzung, sie bewege sich. Und dann folgt der Satz: »Es ist aber noch zu früh, von einem ›Arabischen Frühling‹ zu reden.«[49]

Unerhört ist, dass zum ersten Mal seit der Ausrufung der Republik 1953 ein Politiker einen amtierenden Staatspräsidenten herausfordern will. Bei der Wahl am 7. September 2005, der ersten Direktwahl eines ägyptischen Präsidenten, darf Nour schließlich doch antreten. Selbst das Regime gewährt ihm einen Stimmenanteil von 7 Prozent. Mubarak aber tritt mit 89 Prozent eine fünfte Amtszeit an. Am Tag der Wahl ist noch nicht abzusehen, dass es seine letzte sein würde. Ayman Nours politische Karriere hingegen ist vorerst beendet. Kurz nach der Wahl wird er zu fünf Jahren Gefängnis verurteilt, und nach seiner Freilassung zieht er sich als kranker Mann aus dem öffentlichen Leben zurück.

*

Im Jahr 1762 erschien das Hauptwerk des Genfer Philosophen Jean-Jacques Rousseau, *Vom Gesellschaftsvertrag oder Prinzipien des politischen Rechts* (*Du Contract Social ou Principes du Droit Politique*). Rousseau erklärte, allein der »allgemeine Wille« (*la volonté générale*) könne die Grundlage legitimer politischer Macht sein; dieser »allgemeine Wille« habe stets das Gemeinwohl im Blick. Damit beeinflusste er die Französische Revolution, in der arabischen Welt aber blieb das Werk bis in die in die Gegenwart hinein irrelevant.

Denn die politischen Eliten der arabischen Welt leiten ihre Macht nicht aus einem allgemeinen Willen ab. Monarchien, die sich durch eine dynastische Herrschaft legitimieren, werden kaum in Frage gestellt. In Frage gestellt sehen sich vielmehr Staaten, die sich die Form einer Republik gegeben haben. Sie haben viele Gründe genannt, weshalb sie keine Freiheiten gewähren können: Sie wollten mit ihren autoritären Regimen die arabische Welt wieder stark machen; sie verwiesen darauf, im Krieg gegen Israel zu stehen; sie drohten, dass ein Ende ihrer Sicherheitsstaaten nur zu Chaos führe und zur Übernahme der Macht durch Islamisten. Die Regime boten der Bevölkerung einen Gesellschaftsvertrag an, der lautete: Wir bieten Sicherheit und – im Rahmen der Möglichkeiten – Arbeitsplätze, im Gegenzug verzichtet ihr, die Gesellschaft, auf Partizipation.

Die Regime, die sich als Republiken getarnt hatten, sind gescheitert. Die arabische Welt wurde nicht stärker, im Gegenteil, sie fiel im weltweiten Vergleich zurück, etwa gegenüber dem aufstrebenden Asien. Die Regime mussten nicht für Sicherheit sorgen; sie waren von außen nicht gefährdet. Auch Israel war so lange keine Gefahr, wie kein arabischer Staat das Land angriff. Jedoch sorgten im Inneren die Sicherheitsapparate mit ihrem willkürlichen Vorgehen dafür, dass es für den Einzelnen keine persönliche Sicherheit mehr gab. Zudem konnten die Regime immer weniger Arbeitsplätze im Staatsapparat bereitstellen, um sich die Loyalität der Menschen zu sichern. Vieles verschlechterte sich: das Bildungssystem, das Gesundheitswesen, die öffentliche Verwaltung. Die Korruption wurde endemisch. Vor dem Gesetz waren die Menschen nicht gleich, die Regime unterlagen keiner Rechenschaftspflicht. Der Einzelne konnte kein Recht einklagen, er konnte lediglich auf die Gunst des Regimes hoffen.

Die Machthaber enthielten den Menschen Entwicklung, Sicherheit und Würde vor. Aus diesem Grund kündigten die Massenproteste des Jahres 2011 den postkolonialen Gesellschaftsvertrag auf. Unwahrscheinlich ist, dass es den Regimen gelingt, den Geist wieder in die Flasche zu stecken. Daher ist ein neuer Gesellschaftsvertrag gesucht, der künftig die Regierenden durch einen Rechtsstaat und die Respektierung der Grundfreiheiten bindet, und der jene ermächtigt, die regiert werden.[50] Gesucht ist ein Gesellschaftsvertrag, der sich der nationalen Versöhnung verpflichtet und der – bis auf die Extremisten – niemanden mehr ausschließt, der alle Regierten als gleichwertige Bürger behandelt. Gesucht ist ferner ein Gesellschaftsvertrag, der die Rechenschaftspflicht der Regierenden gegenüber den Regierten einführt.

Das alles wird erst möglich werden, wenn sich der Blick der Regierenden auf die Regierten ändert, also der Blick der Elite auf die Gesellschaft. Das wird schwierig, denn die Regierenden verstehen sich als Obrigkeit, was bereits die Sprache zeigt. Das arabische Wort für Bürger heißt *muwatin*, und es ist nicht deckungsgleich mit dem deutschen Begriff. In unserem Sprachgebrauch sind Bürger Angehörige eines Staates beziehungsweise einer Stadt. Mit dem Begriff Staatsbürger sind bürgerliche Rechte verbunden, vor allem das aktive und das passive Wahlrecht, das Recht auf Partizipation und auf die Mitgestaltung des Gemeinwesens.

Das verhält sich beim *muwatin* anders. Die wörtliche Übersetzung bedeutet »Landsmann«, und der hat keinen Anspruch auf Partizipation, er hat lediglich Anspruch auf Leistungen des Staates, in der Gegenwart beispielsweise auf die Bereitstellung einer Wohnung oder eines Arbeitsplatzes.[51] Offensichtlich ist dieses Verständnis in den Golfmonarchien, in denen die Wohlfahrtsstaaten die Menschen von der Wiege bis zur Bahre begleiten. Andere Staaten handeln und funktionieren ähnlich, wenn auch weniger umfassend. Ein Grundverständnis des Bürgers wie in Europa ist am ehesten in Tunesien und im Libanon vorhanden. Überall sonst im Nahen Osten muss dieses Verständnis erst geschaffen werden.

Wie kann das Individuum ermächtigt und mit Macht ausgestattet werden? Das setzt Veränderungen auf beiden Seiten voraus, bei den Regierenden wie bei den Regierten. Wenn in der arabischen Welt heute jemand Politiker wird, vertritt er in vielen Ländern nicht Individuen, sondern eine Konfession oder eine ethnische Gruppe. Jemand will Politiker sein, um etwas für seine Konfession oder ethnische Gruppe zu tun. Nicht das Gemeinwohl steht im Vordergrund, vielmehr bildet die Politik konfessionelle und ethnische Gruppenidentitäten ab. Dabei haben die Individuen, die sich nicht mit diesen Gruppenidentitäten identifizieren und eine andere Identität suchen, einen schweren Stand. Auf Dauer kann diese Einstellung nur von innen heraus geändert werden, ein solcher Prozess kann nicht von außen aufgezwungen werden.

Die Lektion der vergangenen Jahrzehnte muss sein, dass Demokratie keine Ware ist, die exportiert werden kann. Als Irrtum hat sich die Annahme des Westens erwiesen, dass man Druck auf die autoritären Regime ausüben müsse, um deren Griff auf die Gesellschaften zu schwächen; dann könnten Individuen einen demokratischen Prozess einleiten. Als der Westen die Demokratie exportieren wollte, beispielsweise in den Irak, stärkte er jedoch nicht die Individuen, vielmehr stärkte er konfessionelle und ethnische Gruppenidentitäten. Die Schwächung autoritärer Systeme führte nicht zur Demokratie, sondern zur Stärkung kollektiver Identitäten.

Was wurde nicht bedacht? Demokratie funktioniert erst, wenn bestimmte Voraussetzungen erfüllt sind. Eine Voraussetzung ist die Existenz einer bürgerlichen Mittelschicht, die ihre Rechte kennt und wahrnimmt. Denn die Regime können die Armen von Kairo und Bagdad, von Casablanca und Tunis leicht über Gruppenidentitäten manipulieren und steuern. Damit über mehr wirtschaftliche Partizipation eine Mittelschicht entsteht, sind zunächst Wirtschaftsreformen nötig; die sind jedoch nicht im Interesse der Machthaber. Eine weitere Voraussetzung sind Institutionen, ohne die eine Demokratie nicht funktionieren kann: eine unabhängige Justiz, ein Minimum an Rechtsstaatlichkeit, unabhängige Medien, eine starke Zivilgesellschaft.

Eine erste Erfahrung ist, dass Demokratie nicht exportiert werden kann, ein zweite, dass nichts über das Knie gebrochen werden soll, sondern alles seine Zeit braucht. Man müsse der Zeit Zeit lassen, sinnierte der frühere französische Staatspräsident François Mitterand: »*Laisser du temps au temps.*«[52] Und der libanesische Politikwissenschaftler Tariq Mitri meint: »Wir haben zu schnell Wahlen abgehalten.«[53] Erst müssten graduelle, schrittweise Reformen wirken. Bei diesen Reformen könnten externe Akteure helfen, sie müssten sich aber zunächst als Beobachter in Geduld üben. Der Hebel für Veränderungen ist die Wirtschaft. Mit der wirtschaftlichen Entwicklung steht und fällt die Bereitschaft, sich für eine Demokratisierung einzusetzen. Wie Mohamed Fadhel Abdelkefi, der tunesische Minister für Investitionen und Entwicklung, in einem Interview sagte: »Wie sollen denn die Menschen glauben, dass die Demokratie besser ist, wenn das Wachstum vor der Demokratie höher war?«[54]

# Eine neue politische Kultur

Riad, Sonntag, den 20. April 2008. Dialog heißt das neue Zauberwort. König Abdullah Bin Abd al-Aziz Al Saud, saudischer Monarch von 2005 bis 2015, hat es zu einem zentralen Projekt seiner Regierung gemacht und dazu ein Generalsekretariat für den *Nationalen Dialog* eingerichtet. An diesem Tag sind 24 Studenten aus Medina angereist. Am Morgen haben sie eine Plenardebatte im Parlament des Königreichs, dem *Majlis al-Shura*, verfolgt; am Nachmittag diskutieren sie mit anderen Studenten im Generalsekretariat für den *Nationalen Dialog*. Der König beabsichtigt mit dem Projekt, die Untertanen auf politisches Neuland zu führen, er will Menschen zusammenbringen, die sich zuvor nur vom Hörensagen kannten. Nun tauschen sich Junge und Alte aus, Männer hören Frauen zu, Wahhabiten und Schiiten sitzen einander gegenüber, in diesem Saal und bei den großen Veranstaltungen des »Nationalen Dialogs« irgendwo im Königreich.

Es sei wichtig, Meinungen zu sammeln und anderen zuzuhören, sagt Muhammad, der in Medina arabische Sprache studiert. Heute entdecke er die Kultur des Dialogs wieder, eine Eigenschaft des Islams, die lange verschüttet gewesen sei, ergänzt der Theologiestudent Abdullah. Der angehende Erziehungswissenschaftler Saleh glaubt, im *Nationalen Dialog* die Stimme der Gesellschaft zu hören, er sieht eine intensivere Beziehung von Staat und Gesellschaft entstehen.

Beide Institutionen, mit denen sich die Studenten an dem Tag beschäftigen, sind neu: der *Nationale Dialog* und der *Shura*-Rat. Ein *Shura*-Rat ist erstmals 1926 gegründet worden, nach wenigen Jahren aber irrelevant geworden. Nach dem irakischen Überfall auf Kuwait wurde er als Ratgeber für den König und die Regierung wieder eingerichtet.

Schritt für Schritt wurden seit 1993 seine Kompetenzen erweitert: Erst durften die Mitglieder des Rats selbst Gesetzentwürfe vorlegen, dann durften sie Minister vorladen und Rechenschaft von ihnen fordern. Seit 2013 gehören dem Gremium Frauen an.

»Die Idee des *Nationalen Dialogs* ist, dass die Bürger ihre Differenzen ansprechen und darüber diskutieren«, sagt Faisal al-Muammar, den der König mit der Organisation des *Nationalen Dialogs* beauftragt hat. Der Dialog greift Themen auf, bei denen Gruppen der Bevölkerung unterschiedliche Ansichten vertreten; er soll entschärfen, was zu Spannungen führen und den Extremisten Zulauf verschaffen könnte. »Die Investition in die Kultur des Dialogs ist für die Zukunft so wichtig wie die Investition in die Infrastruktur«, sagt al-Muammar. Gesprächskultur als Prophylaxe gegen die Anfälligkeit für Extremismus. Die Leute sollen nicht auf Distanz zueinander gehen, sondern miteinander reden.[55] Seit der Thronbesteigung durch den neuen König Salman Bin Abd al-Aziz Al Saud im Jahr 2015 hat das Generalsekretariat seine Bedeutung verloren.

\*

Die arabischen Staaten haben aus dem Westen Institutionen übernommen, diese bleiben aber meist Fassade. Die politische Kultur hinter der Fassade unterscheidet sich hingegen sehr von der unseren: Wo im Westen die Rechte der Minderheiten gestärkt werden, gilt im Nahen Osten das Recht des Stärkeren; wo man sich im Westen auf einen Kompromiss einigt, um einen Konflikt beizulegen, setzt sich im Nahen Osten der Stärkere durch; wo im Westen ein Sachargument den Ausschlag gibt, gilt im Nahen Osten das Senioritätsprinzip, nach dem der Patriarch entscheidet. Die politische Kultur ist anders. Eine Folge davon ist das Fehlen von pluralistischen Gesellschaften, in denen die einen die anderen akzeptieren. Eine andere Folge ist, dass gesellschaftliche Gewalt eine höhere Akzeptanz hat als im Westen.

Das United Nations Development Programme (UNDP) veröffentlicht seit 2002 den *Arab Human Development Report*. Der jüngste Bericht aus dem Jahr 2016 stellt einen Zusammenhang her zwischen den Werten einer patriarchalischen Gesellschaft auf der einen Seite sowie der autokratischen Herrschaft, extremen religiösen Auslegungen und einer Ungleichheit der Geschlechter auf der anderen Seite.[56] Die arabischen Autoren des Berichts stellen fest, dass die Unterstützung für die Demokratie umso geringer ausfällt, je größer der Respekt für Autoritäten ist. Sie beobachten jedoch auch, dass ein Wandel eingesetzt hat.

Denn je jünger und besser gebildet die arabischen Jugendlichen sind, desto weniger gehorchen sie blind Autoritäten und desto mehr fordern sie die Gleichheit der Geschlechter;[57] je jünger die Bürger sind, desto größer ist ihre Unterstützung für demokratische Werte. Andererseits gilt ebenfalls, dass sie sich umso weniger für solche Werte aussprechen, je wohlhabender sie sind.[58] Zudem haben die Autoren in den Umfragen, die dem Bericht zugrunde liegen, ermittelt, dass Jugendliche umso mehr zu Gewalt greifen, um ihre Nöte auszudrücken, je ärmer und schlechter gebildet sie sind.[59] Grundsätzlich gehe die Unterstützung für den politischen Islam zwar zurück; die Polarisierung zwischen Islamisten und Säkularen nehme aber zu.[60]

Die politische Kultur im Nahen Osten unterscheidet sich in mehreren Aspekten von der politischen Kultur des Westens. So genießen im Nahen Osten patriarchale Traditionen und die Religion einen hohen Stellenwert, auch die Einstellung zum Staat ist verschieden. In Europa erwarten die Menschen, dass der Staat ein Rechtsstaat ist und Pluralismus garantiert. In der arabischen Welt hingegen ist die Vorstellung verankert, dass der Staat in erster Linie Chaos zu verhindern habe. Die Vorstellung, dass nur Macht einen zerstörerischen Aufruhr verhindern könne, hat mit der frühen islamischen Geschichte zu tun. Damals, nach Mohammeds Tod, gefährdeten innere Konflikte und der Abfall einzelner Gruppen die junge islamische Gemeinde. Für diese existenzielle Bedrohung wurde der Begriff *fitna* geprägt, was mit »schwerer Prüfung«, »Zwietracht« und »Aufruhr von Sekten gegen die göttliche Ordnung« übersetzt werden kann. Damals setzte sich das Gebot durch, dass man einem Herrscher gehorchen müsse, um Zwietracht und Spaltung zu verhindern. Damit es erst gar nicht so weit kommt, darf der Herrscher zudem zu äußersten Mitteln greifen, um eine *fitna* zu unterbinden.

Ein solcher Staat hat alle Macht, und so wird in den Ländern des Nahen Ostens nicht zwischen Macht und Staat unterschieden. In Europa ist es selbstverständlich, dass ein Staat für alle da zu sein hat und nicht nur für jene, die – auf welche Art auch immer – an die Macht gekommen sind. Im Nahen Osten betrachten hingegen jene, die an die Macht gekommen sind, den Staat als ihr Eigentum. Sie meinen, sie dürften sich alles aneignen. So geschah es immer wieder: Syrien wurde das Syrien Assads, Ägypten das Ägypten des Militärs. Die Ägypter schufen dafür ein eigenes Wort: *istihwaz* – Inbesitznahme. »Wer an die Macht kommt, greift nach dem Staat, anstatt die Unabhängigkeit des Staates von der Macht zu respektieren.«[61]

Es braucht Generationen, um diese politische Kultur zu verändern. Möglich ist es aber. Das zeigen Länder wie Tunesien und Ägypten, selbst Libyen, Syrien und der Jemen. Dort haben überall Menschen demonstriert, um einen Wandel herbeizuführen. Nur in Tunesien haben sie tatsächlich, bis zu einem gewissen Grad, einen Wandel herbeigeführt. Mitri nennt drei Gründe, weshalb sich Tunesien von anderen Ländern unterscheidet:[62] Erstens gibt es wie in keinem anderen Land des Nahen Ostens eine große, urbane und gebildete Mittelschicht mit emanzipierten Frauen. Zweitens hat die Armee keine politischen Interessen und Ambitionen. Drittens glauben die Führer der beiden großen Lager, der säkulare Essebsi und der Islamist Ghannouchi, an einen Kompromiss. Beide waren vom ersten Tag an überzeugt, dass ein solcher Kompromiss nötig ist, selbst wenn ihre Lager das anders sahen.

Beiden war klar, dass es zu einer Spaltung des Landes kommen würde, sollten sie sich nicht einigen. In diesem Geist arbeiteten sie gemeinsam an einem neuen Staat, und in diesem Geist wurde eine neue Verfassung möglich. Rachid Ghannouchi, der Vorsitzende der gemäßigt islamistischen Ennahda-Partei, formuliert das so: »Wir müssen eine neue demokratische politische Kultur formen, die auf Respekt und Koexistenz der Akteure basiert und vor allem zwischen den beiden wichtigsten intellektuellen Trends in Tunesien: den gemäßigten Säkularisten und den gemäßigten muslimischen Demokraten.«[63] So sei es in Tunesien gelungen zu verhindern, dass Einzelne auf maximalistischen Forderungen beharrten, die nur zu Programmen geführt hätten, die sich gegenseitig ausschließen. Tunesien wurde ein Modell, selbst wenn es nur ein kleines Land ist. »Die Gesellschaft hat dort die Islamisten verändert, nicht die Islamisten die Gesellschaft.«[64]

In anderen Ländern ist die Bereitschaft zum gesellschaftlichen Frieden geringer. Viele Elemente fehlen oder sind schwach ausgebildet: die Toleranz und die Akzeptanz des Anderen, der Schutz von Minderheiten, Respekt für Verschiedenheit. Ein Frieden zwischen Individuen ist damit nicht möglich und auch nicht einer zwischen Staaten, zumal Konflikte im Nahen Osten zu oft mit Gewalt ausgetragen und nicht politisch beigelegt werden. An dieser Eskalation der Gewalt haben die regionalen Mächte einen gehörigen Anteil. Denn untereinander tragen sie Stellvertreterkriege aus und unterstützen dabei extremistische Gruppen, die sich klar von anderen abgrenzen. Je mehr sich solche radikalen Stimmen Gehör verschaffen, desto mehr werden gemäßigte Stimmen zum Schweigen gebracht.

Solange sich diese politische Kultur nicht ändert, erwartet der jordanische Extremismusforscher Abu Hanieh noch mehr Gewalt. Er lehnt das Argument ab, dass der Westen für diese Gewalt letztlich verantwortlich sei: »Nicht der Westen treibt diese Gewalt an, sondern die innere Dynamik in der arabischen Welt.«[65] Abu Hanieh ist pessimistisch: »Die Gewalt wird diese Region kontrollieren.« In Europa habe nach dem Dreißigjährigen Krieg der Geist der Versöhnung die Menschen zusammengebracht. In der islamischen Welt habe die Gewalt aber nie aufgehört, und mit den Spielarten des Salafismus erhalte sie neue Nahrung.

Unverändert gilt das Recht des Stärkeren, und das umso mehr, seit die Proteste des Jahres 2011 diese Stärkeren herausgefordert haben und sie sich seither in Kriegen behaupten müssen. Die Stärkeren sind auch stark, weil ihnen der Staat gehört. Sie missbrauchen das Gewaltmonopol des Staats, weil sie den gefürchteten Geheimdiensten keine Grenzen setzen. Diese Gewalt und die Konflikte der Gegenwart führen aber nur dazu, dass die politische Kultur weiter verroht. Wer eine Waffe in der Hand hat, ist auch bereit, sie einzusetzen und andere zu töten. Ein Kompromiss würde nur als Verrat und als Zeichen der Schwäche ausgelegt. Das zeigt, wie schwierig es ist, zu einem Gesellschaftsvertrag zu kommen, der die Beziehungen des Staats und der Gesellschaft auf eine neue Grundlage stellte und eine neue politische Kultur mit einer Bereitschaft zu Dialog und Kompromiss begründete.

Den Schlüssel zur Veränderung der politischen Kultur sieht der frühere jordanische Außenminister Marwan Muasher in der Toleranz gegenüber Anderen und in der Bereitschaft, Pluralismus zu akzeptieren.[66] In Saudi-Arabien sollte der *Nationale Dialog* ein erster Schritt in diese Richtung sein. Damit ist die Hoffnung verbunden, dass die Menschen, haben sie einmal Toleranz und Pluralismus als Grundlage des Zusammenlebens verinnerlicht, bereit sind, mit den Anderen friedlich in einem Staat zu leben und als gemeinsames Band eine Staatsbürgerschaft zu akzeptieren, die für alle das Gleiche bedeutet.

## Ein neuer territorialer Nationalstaat

Der Nationalstaat hat sich in den meisten Regionen der Welt als souveränes Subjekt des Völkerrechts bewährt. Zunächst war der Nationalstaat über Jahrhunderte stabil, weil sich die Bewohner einer Region auf der Basis vieler Gemeinsamkeiten – Sprache, Kultur, Lebensform – zu einer Nation zusammengefunden und in einem Staat politisch organisiert haben. Auch im Zeitalter der Globalisierung bleiben die Nationalstaaten weiter stabil, wenn sich mit der Migration auch das Selbstverständnis einer Nation verändert.

Die Stabilität des Nationalstaats ist aber nur dann gewährleistet, wenn die Identität der namensgebenden Nation die Leitkultur bleibt. Um sie herum werden nun aber mit den neuen Identitäten, die die Migranten aus ihren Kulturkreisen mitbringen, auch neue Lebensformen möglich. Das führt zwar zu gesellschaftlichen Spannungen, was sich im Erstarken einer nationalistischen Rechten in vielen Ländern Europas zeigt. Die Einwanderung verändert dennoch das Selbstverständnis einer Nation. Denn der Kreis der Personen, die Staatsbürger werden und zu einer Nation gehören können, erweitert sich. So zeigte die Diskussion über eine beleidigende Äußerung des AfD-Politikers Alexander Gauland über den deutschen Fußballnationalspieler Jérôme Boateng, dessen Vater aus Ghana stammt, dass die Mehrheit der Bevölkerung Boateng sehr wohl als einen Deutschen sieht und ihn als Nachbarn akzeptieren würde.[67] Eine Integration, die begleitet wird von einer Akzeptanz, reduziert die Spannungen zwischen der aufnehmenden Gesellschaft und den Migranten; letztlich wird so der Nationalstaat stabilisiert.

Nichts von alledem gilt im Nahen Osten, wo die postkolonialen Nationalstaaten die Kernaufgaben der Staatlichkeit nicht erfüllt haben.[68] Zu viel ist schiefgelaufen. Erst wurden Staaten ohne gewachsene Nationen gegründet; dann folgten die Staaten totalitären Ideologien; schließlich haben die staatlichen Eliten die Zeichen der Zeit nicht erkannt und weder die Staaten noch die Ideologien, auf denen sie basierten, weiterentwickelt. Die Folge war, dass die Menschen ihre dysfunktionalen und aus der Zeit gefallenen Staaten in Frage stellten und abwerfen wollten. Nichtstaatliche Akteure füllten das Vakuum, Grenzen lösten sich auf, und der herkömmliche Nationalstaat war nicht länger selbstverständlich. »Die Hybridisierung von Staatlichkeit in der regionalen Ordnung wird ein dauerhaftes Phänomen sein«, erwartet der deutsche Politikwissenschaftler Thomas Demmelhuber für den Nahen Osten.[69] Hat dann der Nationalstaat dort überhaupt noch eine Zukunft?

Die Antwort lautet: Ja, auch im Nahen Osten hat der Nationalstaat eine Zukunft. Anders formuliert: Der Nahe Osten hat nur dann eine Zukunft, wenn auch der Nationalstaat eine Zukunft hat. Denn die von Demmelhuber beschworene hybride Staatlichkeit ist mit ihren nichtstaatlichen Akteuren und dem Machtvakuum, das zentrifugalen Kräften eine Chance gibt, eine Quelle anhaltender Instabilität. Der Nationalstaat aber kann auf der Grundlage von Rechtsstaatlichkeit und Pluralismus ein friedliches Zusammenleben verschiedener Gruppen und Identitäten ermöglichen. Nur der Nationalstaat – und mit ihm die Demokratie, wie unvollkommen sie anfangs auch angewendet wird – kann die Antwort auf die Konflikte des Nahen Ostens sein.[70]

Die neue Ära, in der die postkolonialen Staaten abgelöst werden, ist vom Kampf um die Identität der Gesellschaft und des Staats geprägt. Der Westen hat dabei zwei Möglichkeiten: Er kann, wie es im Fall Ägyptens geschehen ist, aus Angst vor der Machtübernahme durch Islamisten eine Konterrevolution der alten Elite befürworten; dann trägt er aber auch dazu bei, dass wegen des Ausbleibens von Veränderungen der gesellschaftliche Druck im Kessel zunimmt. Er kann andererseits der Entwicklung in der Erwartung ihren Lauf lassen, dass die gesellschaftlichen Prozesse aus sich heraus langfristig bessere und stabilere Ordnungen hervorbringen.

Das ist nicht automatisch der Fall. Im Idealfall müsste sich in einem Nationalstaat, der sich nicht über Konfessionen definiert, ein sunnitischer Muslim nicht mehr vor einem schiitischen Muslim fürchten, oder umgekehrt. Die Realität in der Gegenwart sieht jedoch anders aus: Denn derjenige bestimmt das Geschehen, der das Gewehr in der Hand hält. Daran würden auch Wahlen zunächst nichts ändern. Es bedarf daher inklusiver Nationalstaaten, die Konflikte moderieren und sicherstellen, dass sich niemand abgehängt und unterdrückt fühlt. Werden diese inklusiven Nationalstaaten nicht geschaffen, wird es weiterhin nur Gewalt geben.[71]

Der Libanon ist ein lehrreiches Beispiel. Während des Bürgerkriegs von 1975 bis 1990 war er ein gespaltenes Land, seine Einheit bestand nur noch auf dem Papier. Der Zentralstaat hatte praktisch aufgehört zu existieren, und jede Konfession unterhielt ihre Miliz. Einige Kennzeichen des Zentralstaats hatten indessen weiterhin Bestand: Jeder benutzte weiter seinen libanesischen Pass, bezahlte, neben dem US-Dollar, mit dem libanesischen Pfund – ob als schiitischer oder sunnitischer Muslim, ob als Christ oder Druse.

Als die lokalen Akteure erschöpft und ihre Ressourcen aufgebraucht waren, ließen sie sich von externen Akteuren, angeführt von Saudi-Arabien, zu einer Friedenskonferenz einladen. Diese fand 1989 in der saudischen Stadt Taif statt und handelte eine tragfähige Basis für die Wiederherstellung der Einheit des Landes aus. Der Libanon zerfiel nach dem Krieg nicht, wie befürchtet worden war, in die Kantone, in denen sich die einzelnen Konfessionen während des Kriegs selbst verwaltet hatten. Die wiedergewonnene Einheit ist zwar nicht sehr belastbar, sie hat aber bis jetzt allen Krisen standgehalten.

Der Friedensschluss von Taif war kein umfassender »Westfälischer Friede«, denn er befasste sich nicht mit allen großen Gefahren, die den Libanon bedrohen. Er beinhaltete zwar einen Waffenstillstand und legte einen Proporz für die Verteilung der politischen Ämter fest, er bot jedoch kein Äquivalent zu einem »Normaljahr«. Außen vor blieben beispielsweise die Konflikte unter den Schutzmächten der gegnerischen Parteien, die rasch in den Libanon übergreifen können; zudem erkannte Syrien den Libanon noch immer nicht als souveränen Staat an. Der Frieden von Taif gestattete den Libanesen aber, ihre zwei wichtigsten Identitäten wieder zusammenzufügen: die übergreifende libanesische mit der separaten konfessionellen. Der große Krieg in Syrien greift heute jedoch viel weiter aus, als es der libanesische Bürgerkrieg je getan hat. Für eine Friedensregelung in Syrien bedarf es daher mehr als einer monatelangen Klausur der lokalen Akteure wie 1989 in Taif. »Taif« zeigt dennoch, dass es möglich ist, einen Bürgerkrieg zu beenden und Staatlichkeit wiederherzustellen, wenn die Akteure es wollen.

Der Libanon illustriert, dass der moderne territoriale Nationalstaat schwach und verwundbar ist. Ihn fordern transnationale Ideologien heraus, und starke gesellschaftliche Kräfte stellen ihn in Frage; als letzte Konfession unterhalten die Schiiten mit der Hizbullah auch eine eigene Miliz.

Die Rückkehr zu einem breiten imperialen Schirm, den beispielsweise das Osmanische Reich geboten hat und unter dem viele Identitäten Platz hätten, ist heute keine realistische Option mehr. Kein einzelner Akteur ist so stark und ausreichend legitimiert, um einen solchen Schirm zu bieten. Auf der anderen Seite könnten lokale Identitäten jedoch zu Kleinststaaten führen, die nicht überlebensfähig wären.

Daher ist der territoriale Nationalstaat als Ordnungsprinzip nicht zu ersetzen, es gibt keine Alternative zu ihm. Das Dilemma ist: Der territoriale Nationalstaat steckt zwar in einer tiefen Krise, in die ihn die Kolonialmächte und die Eliten der Länder geführt haben. Eine praktikable Alternative zu ihm kennt jedoch niemand.

Die Rückkehr zu einer territorial definierten nationalen Identität mag im Libanon möglich gewesen sein, weil das Land klein ist, nur halb so groß wie Hessen. Syrien aber, wo sich ein Krieg in einer viel größeren Dimension mit mehr externen Akteuren ereignet, ist halb so groß wie die Bundesrepublik Deutschland. Im kleinen Libanon erscheint eine Parzellierung in Kleinststaaten abwegig. Weniger abwegig ist aber eine Spaltung in Syrien ebenso wie in anderen Flächenstaaten; ein Beispiel ist die Spaltung Jugoslawiens in den 1990er Jahren.

Ein anderer wichtiger Unterschied zwischen Syrien und dem Libanon ist, dass in Taif nur externe arabische Akteure die Friedensverhandlungen begleitet haben. Der Krieg in Syrien hat jedoch drei Ebenen: neben der lokalen eine regionale, die Iran einschließt, und eine globale mit Russland und den USA. Dabei hat sich Moskau ungleich stärker als Washington engagiert. Viel hängt daher in Syrien von den Absichten und Zielen Russlands ab und davon, ob sich Russland gegenüber den anderen Parteien durchsetzen will und kann.

Im Libanon hat sich der territoriale Nationalstaat, so schwach er auch ist, durchgesetzt. Bei der Neuordnung des Nahen Ostens stehen sich aber weiter zwei Konzepte gegenüber: der territoriale Nationalstaat und der transnationale Konfessionalismus. Dabei scheint der Nationalstaat im Vorteil. Ein Vorteil ist seine starke territoriale Dimension; damit hat der Staat den klaren Auftrag, die Unabhängigkeit in diesen Grenzen sicherzustellen. Politische Einheiten, die sich auf den Konfessionalismus gründen, haben andererseits keine Vorstellung von Territorialität; das schwächt die Kohäsion eines Staats und untergräbt seine Fähigkeit zu überleben. Das ist auch eine Lektion des »Islamischen Staats«.[72]

Der »Islamische Staat« ist in vielerlei Hinsicht ein Extrem-fall, auch mit seinem Verzicht auf ein klar definiertes Terri-torium. Ein anderer Extremfall sind die Kurden im Irak und in Syrien. Denn sie leben in Staaten, die zerfallen; sie siedeln aber auf einem klar definierten Territorium, das sie kennen. Um dieses ziehen sie eine Linie, dort stellen sie ihre Streit-kräfte auf. In ihren Gesellschaften finden sie dafür große politische und gesellschaftliche Unterstützung, was ihnen wiederum erleichtert, eine eigene politische Verwaltung bis hin zu einer Quasi-Staatlichkeit zu schaffen.

Das ist für die arabischen Sunniten ungleich schwerer. Sie können weder den Irak regieren noch Syrien, da dort andere Gruppen an der Macht sind; sie können aber auch nicht ein-deutige Grenzen für einen eigenen Staat ziehen. Sie können zwar kämpfen, wie sie es in Syrien und im Irak tun; ohne eine klar umrissene Territorialität fehlt ihnen aber eine mo-bilisierende und moralische Kraft, um einen Staat auf rein konfessioneller Grundlage zu gründen. »Beim Nationalis-mus geht es um einen Staat, beim Schiismus und dem Sun-nismus geht es aber um Macht«, fasst der ägyptische Politik-wissenschaftler Soltan die Unterschiede zusammen.[73] Die Kurden machen bei der Verteidigung ihres Gemeinwesens an der Grenze ihres Territoriums Halt; die sunnitischen und schiitischen Muslime kennen solche Grenzen nicht. Ihre Siedlungsgebiete überschneiden sich, und sie bekämpfen sich ja ohnehin.

Das hat auch damit zu tun, dass sunnitische und schiiti-sche Muslime in der Levante ihren Konfessionalismus nicht mit einem lokalen Nationalismus verknüpft haben, wie das in der christlichen Welt der Fall war. Serben beispielsweise haben zwei Identitäten: Sie sind orthodoxe Christen und haben gleichzeitig eine nationale serbische Identität. Ebenso haben die Kroaten zwei Identitäten: Sie sind katholische Christen und haben zudem eine nationale kroatische Identität. Auch bei den Armeniern und anderen Völkern fügen sich eine religiöse und eine nationale Identität zusammen.

In der Levante ist eine solche Verschmelzung nicht geschehen, eher jedoch in Nordafrika. So verstehen sich die Muslime in Ägypten meistens als ägyptische Muslime und in Tunesien als tunesische Muslime. In der Levante ist ein solcher Prozess ebenfalls denkbar, und erste Anzeichen dafür gibt es auch. Denn die islamistische Terrororganisation Nusra-Front versteht sich nicht als eine transnationale Organisation, sondern als eine, die nur innerhalb Syriens tätig ist und nicht im Irak tätig werden will. Sie gibt damit ihrer konfessionellen Identität einen nationalen Rahmen. Demnach bestünde in der Levante die Lösung der Identitätsfrage darin, dass sich Konfessionen einen nationalen Bezug geben, wie es ja auch im Libanon geschehen ist. Das würde einen territorialen Nationalstaat erheblich stabilisieren.

In Nordafrika ist Libyen ein Sonderfall. Dort waren es nicht Konfessionen, die gegeneinander Krieg führen und dabei den Staat zerstörten; auch war dort die nationale Identität noch schwächer entwickelt als in den meisten anderen arabischen Ländern. Wie kann es also für ein solches Land wieder stabile staatliche Strukturen geben? Der libanesische Politikwissenschaftler und Politiker Tariq Mitri leitete von 2012 bis 2014 die Unterstützungsmission der Vereinten Nationen in Libyen. Er sieht nur einen Weg, um in Libyen zu stabilen Verhältnissen zu kommen: zunächst einen Staat mit funktionierenden Institutionen errichten, und erst danach die Frage nach der Nation stellen. Im Sicherheitsrat der Vereinten Nationen wurde er gefragt, ob Libyen eine Nation sei. Darauf antwortete er: »Das ist mir gleichgültig. Wichtiger ist, einen Staat zu bauen. Später sieht man, ob Libyen eine Nation ist oder nicht.«[74]

Die Debatten, was eine Nation ausmache, seien zu kompliziert und zu theoretisch, findet Mitri. Damit meint er die Debatten über die Frage, welches Modell für eine Nation anderen vorzuziehen sei; welche Rolle Religion, Sprache und Kultur spielen; ob das Territorium wichtiger sei oder aber das Festhalten am bisherigen Zusammenleben. Mitri setzt darauf, dass alle, die sagen, sie seien libysche Bürger mit libyschen Pässen, einen Staat wahrnehmen, der seine Aufgaben erfüllt. Das stärke das Gefühl einer gemeinsamen Identität. Dann, so sagt er, fühlten sich die Menschen als Libyer, ob Libyen nun eine Nation sei oder nicht.

Mitri nennt drei Gründe, weshalb es äußerst schwierig ist, zerfallene Staaten wiederaufzubauen. Als ersten Grund nennt er, dass es in den meisten arabischen Staaten jenseits des Sicherheitsapparats keine politische Elite gibt, die einen Staat wiederaufbauen könnte. Die einen, die dazu in der Lage wären, hielten sich bis zum Umbruchjahr 2011 im Ausland auf, die anderen waren im Gefängnis – und damit abgeschnitten von der Wirklichkeit ihrer Gesellschaften. Man könne aber in so kurzer Zeit keine politischen Eliten improvisieren.

Eine zweite Schwierigkeit sei, dass die Staatengemeinschaft bei dem Versuch der Stabilisierung scheiterte. Sie hatte – mit den Vereinten Nationen als wichtigstem Instrument – weder eine klare Vorstellung noch eine Strategie noch die Mittel, um beispielsweise in Libyen den Übergang zu steuern. Den Sturz des Regimes hatten externe Akteure bewirkt; die verließen nach dem Sturz aber das Land und baten die Vereinten Nationen, im Namen der Staatengemeinschaft die Verantwortung zu übernehmen. Die Vereinten Nationen kamen dann nicht mit einer Stabilisierungstruppe, sondern mit Experten. Sie waren nicht in der Lage, die mächtigen Milizen zu entwaffnen. Stattdessen lancierten die Vereinten Nationen eine »Reform des Sicherheitssektors«, obwohl es in Libyen überhaupt keinen »Sicherheitssektor« mehr gab, der hätte reformiert werden können. Ein solcher muss erst wieder aufgebaut werden. Allein mit Beratern war und ist das nicht zu machen.

Ferner stellte die Europäische Union technische Experten für das »Grenzmanagement« bereit. Ohne militärisches Personal, ohne Ausrüstung und ohne politischen Auftrag ist eine Grenze aber nicht zu sichern. Das technische Management ist bei einer Grenzsicherung noch das Einfachste, erforderlich ist jedoch weit mehr. Russland will allerdings verhindern, dass die Staatengemeinschaft mehr tut, und betont bei jeder Gelegenheit, dass die Vereinten Nationen eine Organisation souveräner Staaten seien und es daher keine Einmischung in die inneren Angelegenheiten eines Landes geben dürfe. Damit wird die Schutzverpflichtung der Vereinten Nationen überflüssig, im Namen der Menschenrechte in einem Land einzugreifen.

Für die Misserfolge bei dem Versuch, gescheiterte Staaten wiederaufzubauen und zu stabilisieren, macht Mitri drittens verantwortlich, dass Wahlen zu früh abgehalten worden sind. Die alten autoritären Regime hatten über Jahrzehnte ethnische, konfessionelle und regionale Identitäten unterdrückt. Sie kamen nach dem Zusammenbruch der Regime 2011 wieder zum Vorschein. In vielen Ländern wurden Wahlen abgehalten, auch in Libyen. Die Islamisten erkannten jedoch die Parlamentswahl vom Juni 2014 nicht an, sodass das neue Parlament in Tobruk, im Osten des Landes, einen neuen Sitz fand; in den Resten des alten Parlaments, das

2012 gewählt worden war und weiter in der Hauptstadt Tripolis tagte, verfügten die Islamisten weiter über eine Mehrheit. Um dieses Patt zu überwinden, versuchten die Vereinten Nationen wieder zu vermitteln. Am 17. Dezember 2015 unterzeichneten Vertreter der beiden rivalisierenden Regierungen in der marokkanischen Stadt Skhirat ein Abkommen zur Beendigung des Konflikts, das in Tripolis einen präsidentiellen Übergangsrat und eine Einheitsregierung unter Fayez Sarradsch bildete. Beide blieben jedoch machtlos.

Wahlen allein führen nicht zu einer freiheitlichen Ordnung. Sie begründen keine Demokratie, sondern sind zu einem späteren Zeitpunkt vielmehr ein Ausdruck dafür, dass eine Demokratie funktioniert. Damit es zu einer Demokratisierung kommt, sind gewisse Voraussetzungen nötig: etwa die freie Bildung politischer Formationen und die Möglichkeiten für Wähler, sich über Programme und Ziele von Parteien zu informieren. Diese Voraussetzungen waren und sind, ausgenommen im Ägypten der Jahre 2011 bis 2013, in den Krisenländern nicht gegeben.

Wahlen in Ländern ohne demokratische Institutionen würden vorhandene Spaltungen nur vertiefen anstatt sie zu überwinden, gibt Mitri zu bedenken. Entscheidend sind die Meinungs- und Pressefreiheit sowie das Vertrauen in eine unabhängige Justiz, die ein Minimum an Rechtsstaatlichkeit garantiert, entscheidend sind eine Zivilgesellschaft und Transparenz. Nur starke Institutionen können daher demokratische Prinzipien garantieren; das gilt auch dann, wenn die Machthaber noch nicht aus Wahlen, die den Willen der Bürger widerspiegeln, hervorgegangen sind.[75] Der Versuch eines raschen Übergangs von einem autoritären System zu einer irgendwie gearteten Demokratie durch Wahlen sei die »Einladung zum Scheitern«, warnt daher Salam Fayyad, der frühere Ministerpräsident der Palästinensischen Autonomiebehörde.[76] Er sieht den Versuch als gescheitert an, über Wahlen einen Prozess auszulösen, der zu mehr individuellen Freiheiten führt.

Fassen wir zusammen: Territoriale Nationalstaaten sind das einzige Ordnungsprinzip, das dem Nahen Osten langfristig Stabilität verspricht. Sie sind aber schwach. Ist es daher denkbar, dass Staaten auseinanderbrechen, die nicht das Ergebnis historischer Prozesse sind, sondern kolonialer Willkür? Einige Länder haben eine nationale Identität hervorgebracht, beispielsweise Ägypten und Oman. Selbst in Saudi-Arabien verstehen die Bürger den Begriff »Saudi« immer weniger als Hinweis auf eine Dynastie, sondern als ihre eigene nationale Identität. In zwei der drei großen Regionen der arabischen Welt, auf der Arabischen Halbinsel und in Nordafrika, gibt es Identitäten, die an Territorien gebunden sind. Keine nationalen Identitäten hat aber die Levante, der Raum zwischen dem Mittelmeer und Mesopotamien, hervorgebracht. Sie bleibt damit in der arabischen Welt die gefährlichste Krisenregion.

Könnten sich im Nordirak neue Grenzverläufe durch die Gründung eines Kurdenstaats ankündigen? Oder wiederholen sich die Erfahrungen des Libanon, wo die Grenzen, die im Bürgerkrieg zwischen verfeindeten Gemeinschaften gezogen worden sind und konfessionell homogene Wohngebiete geschaffen haben, nach dem Ende des Kriegs doch nicht zu einer Spaltung des Landes geführt haben? Beides ist zum gegenwärtigen Zeitpunkt möglich: dass neue Grenzen gezogen werden und dass die bestehenden Grenzen intakt bleiben. Dabei haben die Kurden bessere Chancen als andere, wenn sie neue Grenzen ziehen wollen. Denn ihre Unabhängigkeit ist schrittweise vorbereitet worden: 1991 durch die

Flugverbotszonen, die der UN-Sicherheitsrat nach der Befreiung Kuwaits für den Nordirak beschlossen hat, und 2003 nach dem Sturz Saddam Husseins durch den Bürgerkrieg, der den Kurden eine Rechtfertigung dafür gab, sich vom Rest des Irak abzukapseln und zu schützen. Seit 1991 haben die Kurden ihre Autonomie konsolidiert, die Unabhängigkeit wäre nun der nächste logische Schritt.

Neue Grenzen würden nicht zufällig gezogen. Sie wären vielmehr die Folgen politischer Entwicklungen, auf die viele Akteure Einfluss nehmen. Zu neuen Grenzen würde es kommen, sollten sich die irakischen Sunniten vom Zentralstaat lossagen. Das könnte geschehen, wenn in Bagdad die schiitische Regierung an der Marginalisierung und Verfolgung der irakischen Sunniten festhielte; das würde voraussetzen, dass Iran, die Schutzmacht der Schiiten, in Mesopotamien einen schiitischen Staat als Puffer gegen die feindliche sunnitische Welt schaffen wollte.

Auch in Syrien könnten neue Grenzen gezogen werden, etwa wenn die syrischen Alawiten erkennen, dass sie einen künftigen syrischen Staat nicht mehr kontrollieren könnten und in diesem als Minderheit durch die sunnitische Mehrheit verfolgt würden. Verändern könnte sich die Landkarte zudem, wenn sich die sunnitischen Muslime im Irak und in Syrien zusammenschließen.

Zum gegenwärtigen Zeitpunkt ist weder ein Fortbestand der bisherigen Grenzen auszuschließen noch eine neue Landkarte. In vielen westlichen Hauptstädten geht jedoch die Angst um, dass die erste neu gezogene Grenze einen Dominoeffekt auslösen und damit die Büchse der Pandora öffnen könnte – dass also Veränderungen losgetreten würden, die nicht mehr zu kontrollieren sind. Ein abschreckendes Beispiel liefert Afrika, wo es ebenfalls einen Konsens gegeben hat, die kolonialen Grenzen nicht anzutasten. Als im Jahr 2011 der Südsudan in die Unabhängigkeit entlassen wurde, brach dort zwischen den zwei größten Ethnien einer der blutigsten Bürgerkriege auf dem afrikanischen Kontinent aus. Seither gilt wieder das Postulat, keine neuen Grenzen zu ziehen und keine neuen Staaten zuzulassen.

Wären die Menschen mit den bestehenden Staaten zufrieden, würde es keine neuen Staaten und keine neuen Grenzen geben. Das ist aber nicht der Fall, und es ist bei dem bisherigen Selbstverständnis der Staaten und ihrer Eliten auch nicht denkbar. Mitri nennt ein Rezept, wie es gelingen könnte, Vertrauen zu schaffen: »Erfolg bringt weiteren Erfolg hervor.« Gäbe es also Institutionen, die gut funktionierten, würde bei den Menschen das Vertrauen in sie und in den Staat wachsen. Um dies zu ermöglichen, müssten in den meisten Ländern die Sicherheitsapparate grundlegend reformiert werden. Denn sie sind für die Konflikte in der Region mitverantwortlich: indem sie den Rechtsstaat außer Kraft setzen, indem sie sich über das Gesetz stellen und indem sie mit dem Vorwand, den Terror zu bekämpfen, notwendige Reformen verhindern.[17] Die Eliten sind aber vermutlich nicht zu solchen Reformen bereit, denn die Sicherheitsapparate sind ja in erster Linie dafür da, die Eliten zu schützen.

Vertrauen in einen Staat und in seine Institutionen kann aber nur wachsen, wenn jeder akzeptiert, dass er und auch alle anderen gleiche Teile einer Gemeinschaft sind. Vertrauen wächst nicht, wenn der Staat weiterhin im Besitz einer Gruppe ist und lediglich als Fassade für die Dominanz einer Gruppe dient, etwa für die Alawiten in Damaskus oder für die Schiiten in Bagdad. In diesem Sinne war der »Islamische Staat« auch ein Misstrauensvotum der sunnitischen Einwohner Mossuls gegen die schiitische Regierung in Bagdad. Die Lektion daraus ist, dass der »Islamische Staat« erst dann auf Dauer besiegt werden kann, wenn alle Iraker dem einen irakischen Staat vertrauen. Die sunnitischen Muslime müssten davon überzeugt sein, dass sie nicht länger marginalisiert und verfolgt würden. Allein das würde den Irak aus der Sackgasse führen, in der er sich derzeit befindet.

Selbst wenn die Länder der arabischen Welt einen Weg fänden, um ihre Konflikte über Identität, Konfession und Macht friedlich und einvernehmlich beizulegen: Zusätzlich zu den Zerfallsprozessen und den Konflikten um Identitäten sind drei weitere Herausforderungen herangewachsen, von denen jede für sich bereits unter normalen Umständen kaum zu meistern wäre und die das Beben verstärken werden.

## Die Zeitbombe tickt

### Die demographische Zeitbombe

Die Weltbevölkerung wird von 2017 bis 2050, so Projektionen der Vereinten Nationen, von 7,55 Milliarden auf 9,77 Milliarden Menschen zunehmen.[78] Sie wird um 29 Prozent wachsen. Zu diesem Wachstum tragen vor allem ein Kontinent und eine Region bei: In Afrika werden im Jahr 2050 etwa 2,5 Milliarden Menschen leben, doppelt so viele wie 2017, und die Bevölkerung der 22 Staaten der Arabischen Liga wird von 414 Millionen um 63 Prozent auf 676 Millionen Menschen wachsen.

Wie stark das Bevölkerungswachstum seit dem Ende des Zweiten Weltkriegs die arabische Welt verändert hat, illustriert eine Zahl: 1950 haben in den 22 Staaten der Arabischen

Liga erst 72,9 Millionen Menschen gelebt. In den hundert Jahren bis 2050 wächst die Bevölkerung der arabischen Welt aber um mehr als das Neunfache. Sie nimmt jedes Jahr um 8 Millionen Menschen zu, das entspricht der Größe Österreichs. Allein ein Viertel davon geht auf das Wachstum der Bevölkerung Ägyptens zurück.

Kairo, die Hauptstadt Ägyptens, zählte im Jahr 1900 gerade 600 000 Einwohner. Sie orientierten sich in ihrem Lebensstil an Paris und London, und in der ersten Hälfte des 20. Jahrhunderts brachte die gebildete Mittelschicht Kairos die Kultur hervor, von der die arabische Welt noch heute zehrt. Bis 1950 stieg die Zahl der Einwohner auf 2,5 Millionen an, dann setzte eine Landflucht ein, die es in diesen Ausmaßen noch nicht gegeben hatte: 1980 lebten in Kairo 7,3 Millionen Menschen, 2017 knapp 20 Millionen.[79] Was mit dem Begriff Urbanisierung umschrieben wird, bedeutet in der Praxis, dass diejenigen, die aus den Dörfern in die Großstadt kamen, ihre ländlichen Werte, die patriarchalischen Strukturen und die unreflektierte Gläubigkeit des Dorfes mitbrachten. Die Migranten »verländlichten« Kairo und andere große Städte. Sie wurden aber keine Städter.

In fünf Ländern werden im Jahr 2050, so die Prognose der Vereinten Nationen, zwei Drittel der arabischen Welt leben, und in jedem ist der Zuwachs der Bevölkerung für die Zeit von 1950 bis 2050 dramatisch: Ägypten wächst von 20,7 auf 153 Millionen Menschen, der Irak von 5,7 auf 81 Millionen, der Sudan ebenfalls von 5,7 auf 80 Millionen, Algerien von 8,9 auf 57 Millionen und der Jemen von 4 auf 48 Millionen. Im Durchschnitt wachsen die Bevölkerungen dieser Länder jeweils um das Zehnfache. Der Irak und Algerien verfügen wenigstens über bedeutende Ölvorkommen, um das Wachstum der Bevölkerung zumindest wirtschaftlich abzufedern. Die drei anderen Länder haben bereits heute Schwierigkeiten, mit ihrer Landwirtschaft und dem bestehenden Wirtschaftssystem die Bevölkerung zu ernähren.

Ist ein Land stabil und wächst die Bevölkerung nicht zu schnell, kann die Demographie der Impuls für einen Wohlstandsschub sein. Denn die Jugend ist innovativ, und Investitionen in neue Wohnungen und Arbeitsplätze stoßen ein Wachstum der Wirtschaft an. In der arabischen Welt ist jedoch der »Überhang an Jugend« (*youth bulge*) Ursache für neue Probleme: Was machen die jungen Menschen, wenn sie keine gute Erziehung erhalten, die sie für den Arbeitsmarkt qualifiziert? Was machen sie, wenn sie keine Arbeit finden und nicht genügend Geld haben, um eine Familie zu gründen?

Die arabischen Staaten behandeln ihre jungen Bürger daher wie ein Sicherheitsrisiko und nicht wie einen Aktivposten für die Zukunft.[80] Da der Staat und die Gesellschaft die Erwartungen der Jugendlichen nicht erfüllen können, gelten sie als ein gefährlicher, destabilisierender Faktor. Ein anderer destabilisierender Faktor ist die große Zahl der Flüchtlinge. Auf die arabische Welt entfallen 5 Prozent der Weltbevölkerung, aber 50 Prozent aller Flüchtlinge, und im Jahr 2015 lebten 143 Millionen Araber in Ländern, in denen Krieg herrschte oder die besetzt waren.[81]

Der *Arab Human Development Report* wird seit dem Jahr 2002 herausgegeben. Der sechste Band, der im Jahr 2016 erschienen ist, widmet sich ganz der arabischen Jugend.[82] In einem Kapitel untersuchen die Autoren die größten Herausforderungen für die Jugendlichen in ihren Ländern. 76 Prozent nennen die Armut, die Arbeitslosigkeit und die Inflation als ihre größten Probleme; das sagen vor allem die Jugendlichen in Tunesien und Ägypten. Für 15 Prozent ist

die Korruption die größte Herausforderung; überdurch-
schnittlich viele sagen das im Irak und in Libyen. Die innere
Sicherheit folgt mit lediglich 3 Prozent als drittes Thema;
besorgt sind vor allem Jugendliche im Irak und im Libanon.
Nur 2 Prozent nennen die Förderung der Demokratie als
wichtigste Aufgabe; das sind vor allem Jugendliche in Ländern, die bereits demokratische Strukturen haben, wie Kuwait und der Jemen.

Im Vordergrund stehen für die Jugendlichen die Aussich-
ten, eine Arbeit zu finden. Denn die Jugendarbeitslosigkeit
ist mehr als doppelt so hoch wie im weltweiten Durchschnitt. Allein um diese hohe Zahl stabil zu halten, müssten im Zeitraum von 2012 bis 2020 mehr als 60 Millionen
Arbeitsplätze geschaffen werden. Selbst wenn sie geschaffen
würden, wären viele Jugendliche aber wegen des schlechten
Bildungssystems dafür nicht qualifiziert.[83]

Die Jugend ist politisch aktiv, sie beteiligt sich aber wenig an politischen Prozessen. Im Jahr 2013 haben sich zwar
18 Prozent der arabischen Jugendlichen an öffentlichen Protesten beteiligt, was deutlich über den 11 Prozent in den Ländern mit mittlerem Einkommen lag. Während in letzteren
aber, so die Studie, 87 Prozent der jungen Wähler bei Wahlen ihre Stimme abgegeben haben, lag ihr Anteil in der arabischen Welt bei lediglich 68 Prozent.

Der Wirtschaftswissenschaftler Jad Chaaban, der feder-
führende Autor des *Arab Human Development Report* von
2016, schließt daraus, dass die arabische Jugend nach der
Niederschlagung der Proteste von 2011 keineswegs apathisch
geworden sei. Wenn sie nicht wähle, liege das daran, dass
sie keinen Einfluss habe. Ihre Unzufriedenheit sei eine der
höchsten weltweit, und sie seien stärker mobilisiert als Jugendliche anderer Länder.[84]

Die autoritären Systeme stehen damit an vielen Fronten vor kaum lösbaren Herausforderungen. Bereits heute können sie mit dem Bevölkerungswachstum nicht Schritt halten, und so entstehen zu wenige Schulen, Wohnungen und Arbeitsplätze. In den Jahren bis 2025 drängen aber die geburtenstarken Jahrgänge 1990 bis 2010 auf den Arbeitsmarkt.[85] Die Herausforderung ist gewaltig, denn jeweils zwischen 40 und 60 Prozent der Bevölkerung dieser Länder sind jünger als 30 Jahre. Die Internationale Arbeitsorganisation (ILO) prognostiziert, dass die Jugendarbeitslosigkeit in der arabischen Welt von 27 Prozent im Jahr 2015 auf über 31 Prozent im Jahr 2025 ansteigen wird. Diese Zahl schließt den großen Graubereich der Unterbeschäftigung nicht ein.

Die Region importiert bereits 50 Prozent ihrer Lebensmittel und ist damit den schwankenden Preisen des Weltmarkts besonders ausgeliefert.[86] Bereits in der Vergangenheit haben die hohe Jugendarbeitslosigkeit und steigende Lebensmittelpreise Unruhen ausgelöst. Bei den Massenprotesten von 2011 spielten beide Faktoren eine große Rolle, und jederzeit können aus diesen Gründen wieder Proteste ausbrechen.[87]

Die Arbeitslosigkeit und die knappen Lebensmittel sind zwei beunruhigende Aspekte in einer Zeit mit einem »Überhang an Jugend«; sie sind aber nicht die einzigen. Ein weiterer Aspekt ist die Infrastruktur. Sie ist für viel weniger Einwohner geplant worden, als heute darauf angewiesen sind. Die Infrastruktur ist in vielen Ländern und Städten unterdimensioniert und zudem von einer schlechten Qualität; hiervon ausgenommen sind die Staaten des Golfkooperationsrats (GCC). Der Druck auf die Infrastruktur wird aber weiter zunehmen. Denn im Jahr 2015 lebten 56 Prozent aller Einwohner der arabischen Staaten in Städten; im Jahr 2025 sollen es, ausgelöst auch durch die Arbeitslosigkeit in ländlichen Gebieten und den Klimawandel, mehr als 60 Prozent sein.

Florence Gaub vom Institut der Europäischen Union für Sicherheitsstudien entwirft auf der Grundlage dieser Prämissen drei Szenarien.[88] Das »negative Szenario« geht davon aus, dass die Staaten vorrangig in die Sicherheit investieren und die wichtigsten Reformen zurückstellen werden; dadurch schrumpft die Wirtschaftsleistung um drei Prozent, und extremistische Gruppen erhalten durch arbeitslose und unterdrückte Jugendliche sowie eine Eskalation der Konflikte in den meisten Ländern weiter Zulauf. Im »durchwachsenen Szenario« kommt es wohl zu einigen wichtigen wirtschaftlichen Reformen; die Jugendarbeitslosigkeit bleibt jedoch hoch, die Brandherde werden nicht gelöscht, und die Region bleibt anfällig für weitere Unruhen. Im »positiven Szenario« wird die Grundlage für eine stabilere Zukunft und für mehr Wohlstand gelegt; terroristische Organisationen haben weniger Zulauf, Reformen und Wandel erfolgen auf friedlichem Weg, die Ressourcen werden in die Wirtschaft gesteckt und weniger in die Sicherheitsapparate.

Die drei Szenarien zeigen, dass das Verhalten des Menschen und nicht eine Laune der Geschichte den Gang der Dinge bestimmt. Sie zeigen auch, dass es nicht zum »negativen Szenario« kommen muss. Eine gute Nachricht ist, dass die Geburtenrate sinkt.[89] Im Jahr 1990 kamen auf eine Frau statistisch 5,2 Geburten, 2014 waren es nur noch 3,4 Geburten. Das liegt jedoch immer noch weit über den 2,1 Geburten je Frau, die für eine konstante Bevölkerung erforderlich sind. In Ägypten stieg diese von 2007 bis 2014 wieder von 3,0 auf 3,3. Die Fruchtbarkeitsrate im Irak, in Palästina, dem Sudan und im Jemen liegt zudem unverändert über 4 Geburten je Frau.[90]

Die wirksamsten Faktoren, um die Geburtenrate zu senken, sind Bildung und Arbeit für die Frauen. Denn es hilft nicht, den Menschen zu predigen, wie ernst die Situation für ein Land sei. Der Einzelne sorgt sich in erster Linie um sich selbst und hat die Folgen für die Gemeinschaft weniger im Blick. Frauen, die gebildet und erwerbstätig sind, haben weniger Kinder, ebenso Frauen, die in Städten leben. Die derzeitige Lage ist aber weit davon entfernt, befriedigend zu sein. Der Anteil der Frauen an allen Erwerbstätigen und ihre Teilnahme am politischen Prozess bleiben weit unter dem globalen Durchschnitt. Nur 22 Prozent der Frauen sind erwerbstätig, weltweit liegt der Durchschnitt bei 50 Prozent. In der arabischen Welt sind zudem weniger Frauen Abgeordnete und Minister als im Rest der Welt.[91]

Es gibt allerdings auch Fortschritte. So ist die Alphabetisierungsrate erwachsener Frauen von 1990 bis 2010 von 41 Prozent auf 69 Prozent gestiegen, und an vielen Universitäten studieren mehr Frauen als Männer. Eine Chance, das hohe Wachstum der Bevölkerung aufzufangen, haben die Länder nur, wenn ihre Gesellschaften modernisiert werden. Das setzt umfangreiche Investitionen voraus, und die müssen überwiegend von außen kommen. Die Herausforderung ist damit in erster Linie eine wirtschaftliche.[92]

## Das wirtschaftliche Kartenhaus

In der arabischen Welt steht alles auf dem Prüfstand: die Identität einer Nation, der Gesellschaftsvertrag zwischen den Regierenden und den Regierten, die politische Kultur und die politische Ordnung eines Staats. Keine Änderung kann jedoch auf Dauer Erfolg haben, wenn nicht Millionen neuer

Arbeitsplätze geschaffen werden. Die Unzufriedenheit der heranwachsenden Generationen wird so lange hoch bleiben, wie sie keine Arbeit finden. Sie muss sich nicht unmittelbar in neuen Massenprotesten entladen. Die Menschen dachten 2011 noch naiv, nach dem Sturz der Machthaber würde alles automatisch besser. Diese Hoffnung ist verflogen.

Heute stellen sich die Menschen die Frage, was am Tag nach einer neuen Rebellion geschähe. Solange sie darauf keine überzeugende Antwort haben, wiederholen sich landesweite Proteste wie 2011 nicht. Denn heute genießt bei vielen Menschen die Stabilität eine höhere Priorität als der Wandel. Werden ausreichend neue Arbeitsplätze geschaffen, erhöhen sich die Chancen auf eine solche Stabilität. Die Wirtschaft ist der Schlüssel.

Die bestehenden Wirtschaftsordnungen können das Notwendige aber nicht leisten, denn das bisherige Entwicklungsmodell der arabischen Staaten ist gescheitert.[93] In seinem Mittelpunkt steht der öffentliche Sektor: Er verspricht Arbeit und nimmt aus Misstrauen gegenüber der Privatwirtschaft, die klein gehalten wird, alles selbst in die Hand. So legt der Staat Preise fest, er interveniert nach Gutdünken und verteilt Subventionen. Das Ergebnis ist eine aufgeblähte Bürokratie; hinzu kommen schlechte Dienstleistungen in den Sektoren Gesundheit und Bildung.

In Jordanien sind 42 Prozent aller Erwerbstätigen im öffentlichen Dienst beschäftigt, das ist der Rekord in der arabischen Welt. Trotzdem sind in Jordanien 30 Prozent aller Jugendlichen arbeitslos.[94] Ein derart ineffizientes Wirtschaften lebt von Renteneinkünften – also beispielsweise von Öleinnahmen, Gastarbeiterüberweisungen und internationalen Hilfen. Diese Volkswirtschaften sind nicht wettbewerbsfähig und ohne Hilfen von außen auch nicht überlebensfähig.

Sie exportieren nur wenige verarbeitete Güter, und der Import von verarbeiteten Gütern und Lebensmitteln übersteigt bei Weitem den Export.

Privatwirtschaft kann sich bei diesen Rahmenbedingungen kaum entfalten. Erfolg haben private Unternehmer nur, wenn gute Beziehungen zum Staatsapparat diesen ermöglichen. Dann schützt der Staat im Gegenzug zu ihrer Loyalität private Unternehmen vor Wettbewerbern. Gegen den Staat, der zur Finanzierung seines ineffizienten Wirtschaftens alle Kredite des Bankensystems aufsaugt, hat aber ein privates Unternehmen auf dem Kreditmarkt keine Chance; die Banken sind nicht ausreichend liquide, um auch private Investitionen zu finanzieren. Die Folge davon ist, dass nur wenige neue private Unternehmen gegründet werden. Dabei müssen die privaten Unternehmen Arbeitsplätze schaffen. Denn der öffentliche Dienst stößt schon lange an seine Grenzen und kann nicht länger wie ein Schwamm die Abgänger von Schulen und Universitäten aufnehmen. Jahr für Jahr kommen beispielsweise in Ägypten 800 000 junge Menschen auf den Arbeitsmarkt. Nur ein Teil von ihnen findet Arbeit.[95]

Wie ein Grundrecht erwarten weiterhin viele Menschen vom Staat, dass dieser sie im unproduktiven öffentlichen Dienst beschäftigt und mit Subventionen versorgt, um die Lebenshaltungskosten niedrig zu halten. Geschieht das, dulden sie als Gegenleistung die Regierenden. Fallen diese »Grundrechte« aber weg, wird dem bisherigen Gesellschaftsvertrag die Grundlage entzogen. Daher sind der Wandel der Wirtschaftsordnung und die Änderung des Gesellschaftsvertrags eng miteinander verknüpft. Soll sich die arabische Welt entwickeln, müssen an die Stelle der bisherigen Kultur der Abhängigkeit Eigenverantwortung und ein freies Unternehmertum treten.

Der heutige Zustand ist nicht haltbar, dennoch ist der Widerstand gegen den überfälligen Wandel groß. Er kommt von den Bürokratien, die nichts ändern wollen, und den politischen Eliten, die ihre Pfründe in Gefahr sehen, also ihre Einkommen, die ihnen ohne adäquate Leistung zufließen. Die arabische Welt habe daher, so der frühere jordanische Außenminister Marwan Muasher, nur die Wahl, ob sie den Krebs eines unhaltbaren Status quo bekämpfen will oder ob sie darauf wartet, der Krankheit zu erliegen.[96]

Bisher kontrolliert die politische Macht die Wirtschaft. Um das zu ändern, sind radikale Reformen erforderlich. Eine Grundregel der politischen Ordnung, die Gewaltenteilung, muss auch auf das Verhältnis von politischer Macht und Wirtschaft angewandt werden, indem zwischen beiden gewissermaßen eine Brandmauer gezogen wird. Nur so kann effizient gewirtschaftet und die bisher übliche Verschwendung knapper Ressourcen beendet werden. Ziel von Wirtschaftsreformen hat zu sein, die Privatwirtschaft vor politischer Einflussnahme zu schützen und sie von den Fesseln der staatlichen Bürokratie zu befreien. Staatliche Dienstleistungen müssen privatisiert, die Gründung neuer Unternehmen muss vereinfacht werden, und in vielen Bereichen ist eine Deregulierung überfällig. Dazu gehört, dass die staatlichen Ausgaben transparent gemacht werden und die politische Elite dafür Rechenschaft abzulegen hat.

Werden solche Reformen Wirklichkeit, besteht eine Aussicht auf ein Wiedererstarken der arabischen Mittelschicht. Sie ist von 2011 bis 2013 von 45 Prozent der Bevölkerung auf 37 Prozent geschrumpft; 53 Prozent der gesamten arabischen Bevölkerung gelten aber als »verwundbar«, sie können also ihre täglichen Bedürfnisse nur kaum oder gar nicht decken, und die nötige Unterstützung wird ihnen vorenthalten.[97]

Die Bedingungen für die Gründung neuer Unternehmen sind unverändert schlecht. Denn Unternehmer verfügen nicht über die notwenigen Mittel für Investitionen, und ihr Zugang zu den Kreditmärkten ist beschränkt. Die staatliche Bürokratie belastet unverändert die Unternehmer mit lähmenden Vorschriften, die Korruption verschwendet knappe Ressourcen, und die Arbeitsmarktgesetze sind kein Anreiz dafür, dass sich kleine Betriebe in die legale Wirtschaft integrieren und sich von der informellen Wirtschaft lösen.[98]

In der arabischen Welt ist jedoch unternehmerisches Potenzial vorhanden. Den Machteliten mag der technologische Fortschritt zu schnell gehen. Die junge Generation sorgt aber dafür, dass der Nahe Osten zu den Regionen gehört, die die Möglichkeiten der digitalen Welt am schnellsten übernehmen. In Saudi-Arabien verwendet jeder Dritte Twitter, jeden Tag werden dort 90 Millionen Youtube-Clips aufgerufen; ein Araber ist jeden Tag im Durchschnitt fünf Stunden online.

Das machen sich junge Unternehmer zunutze. 1999 gründeten Samih Tourkan und Hussam Khoury in Dubai Maktoob, den ersten arabischen E-Mail-Provider; Yahoo erwarb ihn im Jahr 2009. Ronaldo Mouchawar gründete im Jahr 2005 das erste arabische E-Commerce-Unternehmen: Souq.com. Ein Zufall ist es nicht, dass solche Unternehmen in Dubai gegründet werden. Denn Dubai bietet jungen, findigen Unternehmern Chancen und Freiheiten, die ihnen in ihrer Heimat verschlossen bleiben. Während sich manche westliche Länder gegen das neue Taxiunternehmen Uber wehren, ist in Saudi-Arabien eine lokale Version, Careem, äußerst populär. So bringe die digitale Wirtschaft in der arabischen Welt eine neue Generation von Unternehmern hervor, die »die müden, traditionellen Regierungsstrukturen herausfordern«, beobachtet der libanesische Venture-Capital-Spezialist Fadi Ghandour.[99]

Der Wandel der Wirtschaftsordnung hat in einem schwierigen Umfeld zu erfolgen, der von Krieg und Zerstörung geprägt ist. Das bietet Chancen, aber auch Gefahren. Chancen bietet der Wiederaufbau. So schätzt das irakische Finanzministerium, dass die Beseitigung der Schäden, die durch den »Islamischen Staat« und den Kampf gegen diesen entstanden sind, sowie die Wiederansiedlung der Binnenflüchtlinge zusammen bis zu 400 Milliarden Dollar kosten werden.[100] Es ist völlig unklar, wie diese Mittel aufgebracht werden sollen.

Nicht abzuschätzen sind die Kosten für den Wiederaufbau Syriens. Die Weltbank schätzte im Juli 2017, dass der Krieg jede dritte Wohnung zerstört oder beschädigt hat. Jedes zweite Krankenhaus und jede zweite Schule sind zerstört. In den ersten vier Jahren des Krieges wurden jedes Jahr im Durchschnitt 538 000 Arbeitsplätze zerstört, die Arbeitslosigkeit liegt bei geschätzten 78 Prozent; neun Millionen Syrer arbeiten kriegsbedingt nicht.[101] Es hat sich aber eine Kriegswirtschaft entwickelt. Neue Einnahmequellen sind der Schmuggel, auch der Menschenschmuggel, sowie der Verkauf von Waffen und von Lebensmitteln. Die Milizen und andere Kriegsgewinnler werden diese Geschäfte verteidigen und die Friedensbemühungen unterlaufen.[102]

Khaled Yacoub Oweis war bis 2014 Korrespondent der Nachrichtenagentur Reuters in Damaskus und ist einer der besten Syrienexperten. Er hat untersucht, wie der Krieg in Syrien die Gesellschaft und die Wirtschaft verändert, wie er neue Netzwerke und soziale Hierarchien hervorbringt, wie er Identitäten und Werte verformt und wie er eine neue

Machtbalance zwischen religiösen und ethnischen Gruppen schafft.[103] Ein Ergebnis ist, dass die Beziehungen zum Assad-Regime nicht länger über die gesellschaftliche Stellung und den wirtschaftlichen Erfolg entscheiden. In dem Maße, wie dem Regime die Kontrolle über Syrien entglitten ist, setzte sich in den Gegenden, die loyal zum Regime sind, ein neuer Typ junger »Unternehmer« durch; ähnliches gilt für die Regionen, die die bewaffneten Rebellen kontrollieren.

So hat die Kriegswirtschaft neue starke Männer nach oben gespült, die zum einen Milizen führen und zum anderen die Schwarzmärkte einer Region kontrollieren. Auf der Regimeseite nutzen rangniedere Mitarbeiter der mächtigen Geheimdienste ihre Stellung, um ungehindert zu plündern. Dazu gehört, sich für Informationen über den Verbleib von Festgenommenen schamlos zu bereichern. Mit dem Geld erwerben sie Vermögenswerte, oft von Leuten, die fliehen wollen und dazu Bargeld benötigen. Oweis beobachtet aber auch auf der Seite der Rebellen das Aufkommen einer neuen Klasse von »Kapitalisten«, die vom Krieg profitieren. Oft kontrollieren sie den Schmuggel durch Tunnels und werden damit zu Monopolisten.

Der Krieg stärkte die verarmte sunnitische Landbevölkerung gegenüber den wohlhabenden Mitgliedern der Minderheiten in den Städten, etwa den Alawiten. Eine Verschiebung findet auch in den ländlichen Gebieten selbst statt. Denn dort verlieren die bisherigen Notabeln als Folge des Kriegs ihre Stellungen und geben sie an die Führer der meist islamistischen Milizen ab. Da der Krieg Wirtschaftsräume zerschnitten hat, entstehen neue kleine Zentren, so in der Provinz Idlib die Stadt Sarmada, die nicht mehr von der Landwirtschaft lebt, sondern von Geldgeschäften, vom Geldwechsel und vom Zugang zum Internet.

Alle diese Änderungen, die der Krieg ausgelöst hat, schreibt Oweis, werden bleiben, wie immer der Krieg auch ausgehen wird. Eine Folge für die Familie Assad wird sein, dass sie sich mit den Kriegsgewinnlern, die ihre neue Macht nicht abgeben werden, zu arrangieren haben wird. In den Rebellengebieten hat sich die bisherige ländliche Unterschicht in einem Maße emanzipiert, wie es Oweis zuvor in der sozialen Mobilisierung der ebenfalls lange unterdrückten Schiiten im Irak gesehen hat, die nun im Zweistromland die Herrscher sind.

Auf dem Weg zum Umbau der Wirtschaftsordnung stehen zahlreiche Hürden. Der Widerstand der Bürokratie und der politischen Elite sowie das Erbe der Kriegswirtschaft sind nicht die einzigen. Hinderlich ist auch, dass sich die arabischen Staaten bisher einer stärkeren wirtschaftlichen Verflechtung widersetzen und untereinander wenig zusammenarbeiten. Am 1. Januar 2005 ist das Arabische Freihandelsabkommen zwar in Kraft getreten, das die schrittweise Senkung der Zölle unter den Mitgliedern vorsieht. Die Arabische Liga hatte daran seit 1981 gearbeitet; 1997 stimmten ihm erst 14 der 22 Mitgliedstaaten zu, heute gehören 18 Staaten der Freihandelszone an.

Ein gemeinsamer Wirtschaftsraum ist jedoch unverändert in weiter Ferne, wodurch sich die arabische Welt die Wohlfahrtsgewinne einer solchen Wirtschaftsintegration entgehen lässt. Auch neun Jahre nach dem Inkrafttreten des Freihandelsabkommens entfielen im Jahr 2014 erst 9,9 Prozent aller arabischen Exporte auf den Export in arabische Länder. Um das zu ändern, legten die Vereinten Nationen einen Plan vor, wie die Weiterentwicklung in eine Zollunion, verbunden mit einer Verringerung der Transportkosten, sechs Millionen Arbeitsplätze schaffen und das Wachstum des Bruttoinlandsprodukts um 3,1 Prozentpunkte erhöhen könnte.[104]

Das Bevölkerungswachstum stellt die arabische Welt vor eine schier unlösbare Aufgabe, denn der Umbau der Wirtschaftsordnung, selbst wenn er gelänge, kann gar nicht so schnell erfolgen, um rechtzeitig ausreichend Arbeitsplätze zu schaffen. Hinzu kommt eine weitere Schwierigkeit: der Rückgang der Gastarbeiterüberweisungen. In den sechs reichen Staaten des Golfkooperationsrats (GCC) arbeiten 24 Millionen *Expats*, also Ausländer mit einer Aufenthaltsgenehmigung. Von diesen sind acht Millionen Araber, die Ägypter stellen mit großem Abstand die größte Gruppe. Ferner kommen sie aus den bevölkerungsreichen Ländern Jemen und Syrien, auch aus dem Libanon, aus Jordanien und Palästina. Sollten sie in ihre Länder zurückkehren müssen, etwa weil die Länder ausländische Arbeitskräfte durch Einheimische ersetzen, würden sie zu Hause den Arbeitsmarkt zusätzlich belasten und die wichtigen Gastarbeiterüberweisungen fielen weg.

Auf sie sind die Leistungs- und Zahlungsbilanzen ihrer Heimatländer aber angewiesen. Im Libanon tragen diese Überweisungen 18 Prozent zum Bruttoinlandsprodukt bei, in Palästina 14 Prozent und in Jordanien 11 Prozent. Für den Jemen hat die Weltbank einen Anteil von 9 Prozent errechnet, für Ägypten von 7 Prozent.[105] Die meisten Überweisungen werden in den Heimatländern für den Konsum ausgegeben. Bislang versucht keine Regierung, die Überweisungen für Investitionen nutzbar zu machen.

# Die ökologische Katastrophe

Die Bevölkerung der arabischen Welt wächst schneller als die jeder anderen Weltregion, mit Ausnahme von Afrika südlich der Sahara; die heutige Wirtschaftsordnung kann für die Millionen junger Menschen aber keine Arbeitsplätze bereitstellen; überdies beutet bereits die heutige Bevölkerung die natürlichen Lebensgrundlagen der arabischen Welt in einem Maße aus, dass das bloße Leben gefährdet ist, sollte kein radikaler Kurswechsel erfolgen.

Denn Jahr für Jahr baut die arabische Welt die großen natürlichen unterirdischen Grundwasservorkommen ab, weil die Menschen 16 Prozent mehr Wasser verbrauchen, als ihnen die erneuerbaren Wasserquellen bereitstellen.[106] Die arabische Welt ist außerhalb der Antarktis die trockenste Region überhaupt, nirgendwo sonst ist in bewohnten Gebieten das Süßwasser knapper. Als Minimum gilt, wenn einem Menschen im Jahr 500 Kubikmeter Wasser zur Verfügung stehen. Im Jemen liegt der jährliche Durchschnittsverbrauch aber nur noch bei 88 Kubikmetern,[107] und in der Hauptstadt Sanaa muss bereits 1000 Meter tief gebohrt werden, um auf Grundwasser zu stoßen.

Das Wasser ist knapp, zudem ist die bewohnbare Fläche klein. Denn die arabische Welt ist die Heimat der beiden größten Wüsten, der Sahara und der großen Wüste auf der Arabischen Halbinsel. Daher siedelten sich die meisten Menschen entlang der großen Flüsse Nil, Euphrat und Tigris an. In Ägypten leben 99 Prozent der gesamten Bevölkerung entlang des Nils und damit auf nur vier Prozent der Fläche des Landes. Diese 99 Prozent der Ägypter entsprachen im Jahr 2017 rund 91 Millionen Einwohnern, im Jahr 2050 könnten es mehr als 150 Millionen sein. Die Bevölkerungsdichte stiege im Niltal damit von 2275 Einwohnern pro Quadratkilometer auf 3750 Einwohner, was nicht mehr weit von den 4870 Einwohnern auf einem Quadratkilometer im dicht besiedelten Gazastreifen entfernt wäre.

Neben dem Bevölkerungsanstieg kämpft Ägypten auch gegen die Folgen des Klimawandels. Der Weltklimarat rechnet bis zum Jahr 2050 mit einem Anstieg des Meerwasserspiegels um 20 bis 30 Zentimeter, bis zum Jahr 2100 hält er einen Anstieg um bis zu 98 Zentimeter für möglich.[108] Bereits ein Anstieg zwischen 10 und 30 Zentimeter würde durch Hochwasser und Überflutungen an der Küste, im Nildelta und in Alexandria, der zweitgrößten Stadt Ägyptens, Millionen von Menschen bedrohen.[109] Sie müssten sich an anderen Orten niederlassen oder emigrieren. Die Weltbank warnt, dass ein Temperaturanstieg um zwei Grad Celsius dazu führen werde, dass fast ein Drittel der arabischen Welt unter Wassermangel leiden und die Produktion der Landwirtschaft weiter zurückgehen würde.[110]

Das menschliche Handeln bedroht die natürlichen Lebensgrundlagen durch den Klimawandel indirekt und langfristig, es trägt aber auch direkt und unmittelbar zu dieser Bedrohung bei. Staudämme wie der in Assuan im Süden Ägyptens reduzieren durch das Ausbleiben der früheren Überschwemmungen die fruchtbaren Flächen und lassen die Böden versalzen; die Trockenlegung der Sumpfgebiete an Euphrat und Tigris hat zur Versteppung geführt; der hohe Verbrauch von Süßwasser in den reichen Golfstaaten verschlechtert unnötig die Wasserbilanz. Als Folge des Klimawandels nehmen auf der Arabischen Halbinsel die Sandstürme zu, sie legen das öffentliche Leben öfter als in der Vergangenheit lahm.

Aufgrund der Trockenheit ist die Landwirtschaft in der

arabischen Welt mehr als in anderen Regionen auf Bewässerung angewiesen, was auf Kosten der nicht erneuerbaren Aquifers, also der unterirdischen Grundwasserseen, geht. Das ist auch deswegen verheerend, weil auf die Landwirtschaft in der arabischen Welt 93 Prozent des Wasserverbrauchs entfallen, in entwickelten Ländern aber nur 85 Prozent.[111] Die arabische Landwirtschaft, die ohnehin nur einen kleinen Teil der Nahrungsmittel für die eigene Bevölkerung produziert, wird sich umstellen müssen. Sie wird nicht umhinkommen, ein verbessertes Wassermanagement einzuführen und in eine Tröpfchenbewässerung zu investieren, die eine Produktion von Obst und Gemüse mit geringem Wasserverbrauch ermöglicht. Dazu gehört auch künftig der Import von Produkten, die wie Getreide und Fleisch viel Wasser verbrauchen (und damit die Grundwasservorräte ausbeuten).

Wasser ist in der arabischen Welt knapp und daher ein Gut, das zu Konflikten führen kann. Ein Beispiel dafür sind die extremen Dürren von 2006 bis 2010 in Syrien, die zum Zusammenbruch der Landwirtschaft geführt haben und ein wichtiger Faktor für den Ausbruch der Proteste im Jahr 2011 waren. Zuvor waren während der Herrschaft von Hafiz al-Assad von 1970 bis 2000 die Landwirtschaft und das Bewässerungssystem stark ausgebaut worden. Ein Agrarboom hatte eingesetzt, der auf Kosten der Grundwasservorkommen erfolgte. Je mehr sie ausgebeutet wurden, desto größer wurde die Abhängigkeit der Landwirtschaft von den Niederschlägen. Als die in den Jahren von 1998 bis 2001 aber ausblieben, stürzte die Landwirtschaft erstmals in eine tiefe Krise.

Sie hatte sich gerade erholt, als im Jahr 2006 eine noch verheerendere Dürre einsetzte, die durch hohe Temperaturen noch verstärkt wurde. Sie dauerte bis zum Jahr 2010 an. Die Öleinnahmen Syriens gingen gleichzeitig zurück, weshalb die Regierung im Rahmen der Liberalisierung der Agrarpolitik die Subventionen an die Landwirte kürzte. Das traf vor allem die Landwirte im Norden Syriens, wo zwei Drittel des Getreides produziert wurden. Vor der Dürre flüchteten 1,5 Millionen Menschen in die großen Städte wie Damaskus und Aleppo und vor allem an deren Ränder, wo die ehemaligen Landwirte als ungelernte Arbeiter eine Beschäftigung suchten, aber selten fanden. Bei dem Beginn der Proteste Anfang 2011 stellten sie die große Masse der Demonstranten und später der bewaffneten Rebellen. Für den Klimaforscher Colin Kelley ist die Dürre Syriens ein Beispiel dafür, wie der Klimawandel neue Bedrohungen schafft und deswegen ernst genommen werden müsse. Seine Prognose für die Levante ist düster. Denn er rechnet damit, dass die Region noch trockener wird.[112]

# DER WESTEN UND DER NAHE OSTEN

## Fluchtziel Europa

### Immer mehr Flüchtlinge und Migranten

Von Jahrzehnt zu Jahrzehnt werden immer mehr Menschen aus ihrer Heimat vertrieben – die einen von Krieg und Gewalt, die anderen von der Perspektivlosigkeit. Die einen sind Flüchtlinge, die anderen Migranten. Ändern wird sich daran auch in den kommenden Jahrzehnten kaum etwas. »Die Menschen werden nicht dort bleiben, wo sie keine Hoffnung haben«, sagte im Juli 2016 die damalige Exekutivdirektorin des Welternährungsprogramms der Vereinten Nationen, Ertharin Cousin.[1] Die Menschen verlassen ihre Heimat in erster Linie, weil sie dazu getrieben werden, nicht weil sie von einem besseren Leben in einem anderen Land angezogen werden. Sie werden getrieben von Kriegen und Konflikten, von der Unsicherheit, zu überleben und ihre Kinder ernähren zu können, von dem Klimawandel, von fehlenden Chancen und fehlenden Bildungsmöglichkeiten. »Heute kann jeder die Chancen, die er hat, mit denjenigen vergleichen, die andere an anderen Orten haben«, so Ertharin Cousin weiter.

Vor einer großen Fluchtbewegung aus Afrika nach Europa warnte im Juni 2017 Bundesentwicklungsminister Gerd Müller. Denn in Afrika wächst die Bevölkerung in jeder Woche um eine Million Menschen. Ihre Lebensbedingungen verschlechtern sich aber. Sollte die Erderwärmung nicht auf maximal zwei Grad begrenzt werden, werde eine Fluchtbewegung von bis zu 100 Millionen die Folge sein, sagte Müller in einem Interview. »Wenn wir weitermachen wie bisher, haben die Menschen in vielen Teilen Afrikas gar keine andere Chance, als sich zu uns auf den Weg zu machen.«[2]

Einen Vorgeschmack auf zukünftige Migrationen hat die Flüchtlingswelle des Jahres 2015 gegeben. Über den Balkan brachte sie vor allem Syrer nach Mitteleuropa. Zuvor hatten sich von Jahr zu Jahr immer mehr Syrer auf die Flucht gemacht.[3] In einer ersten Fluchtwelle waren sie in den Jahren 2011 und 2012 zunächst vor der Gewalt des Regimes geflohen, dann auch vor den Rebellen. Noch blieben sie aber in Syrien, und noch hofften sie, nach Hause zurückkehren zu können. Die Hoffnung schwand von 2013 an. In einer zweiten Welle flohen sie nun in die Nachbarstaaten. In der Zwischenzeit haben jedoch ausländische Akteure einen Stellvertreterkrieg begonnen; ihre Interessen stehen im Mittelpunkt und nicht mehr die der Syrer. Die Schraube der Gewalt drehte sich immer schneller. Es wurden Wohnhäuser, Krankenhäuser und Schulen zerstört.

Die Flucht nach Europa setzte erst 2014 mit der dritten Fluchtwelle ein. Es hatte sich Hoffnungslosigkeit breitgemacht. Die Ersparnisse waren aufgebraucht, die Väter fanden keine Arbeit mehr, die Kinder hatten keinen Zugang mehr zu Bildung, die internationalen Hilfsprogramme waren unterfinanziert. Als Folge des Krieges lebte nun mindestens jeder zweite Syrer in extremer Armut. Zwei Drittel derer, die aus ihren Häusern und Städten vertrieben worden waren, schlugen sich in Syrien durch; der Rest floh in die Nachbarstaaten und nach Europa.

Die Wahrscheinlichkeit ist gering, dass die Mehrheit der Flüchtlinge nach Syrien zurückkehren wird, wenn der Krieg einmal beendet ist. Syrien ist im Jahr 2017 zerstört wie es Deutschland nach dem Zweiten Weltkrieg war. Und solange ein Kriegsende weiterhin nicht in Sicht ist, liegt auch ein »Marshallplan« für den Wiederaufbau in weiter Ferne. Wer wollte denn zurückkehren, wenn seine Heimat zerstört ist und er in einem anderen Land mit dem Aufbau einer neuen Existenz begonnen hat?

Die Zerstörung ist nicht der einzige Grund, der Syrer von einer Rückkehr abhält. So können viele nicht in ihre Städte und Häuser zurückkehren, da in der Zwischenzeit die Kriegsparteien Regionen konfessionell bereinigt und »gesäubert« haben. Das Haus einer sunnitischen Familie mag noch intakt sein; liegt es aber in einem nichtsunnitischen Viertel, ist die Wahrscheinlichkeit groß, dass sich darin neue Bewohner niedergelassen haben: Parteigänger des Regimes, aber auch Familienmitglieder ausländischer Milizen. Die Gewalt mag nachlassen. Bewaffnete lokale Milizen werden aber weiter das Sagen haben. Zudem wächst in den Flüchtlingslagern als Folge eines Lebens ohne Arbeit und oft ohne Bildung ein neues Prekariat heran. Auch das verlockt nicht zu einer Rückkehr.

Die Flüchtlingswelle des Jahres 2015 hat überwiegend Syrer nach Deutschland gebracht, neben ihnen Iraker, Afghanen und bereits viele Schwarzafrikaner. Das ist mutmaßlich erst der Anfang. Die Fragen stellen sich: Wann machen sich Millionen völlig verarmte Jemeniten auf den Weg? Wann implodiert Ägypten? Können wir Millionen von Schwarzafrikanern fernhalten, die in ihrer Heimat keine Zukunft sehen und von einem besseren Leben träumen? Migration ist Teil der Menschheitsgeschichte. Was möglicherweise vor uns liegt, übersteigt jedoch unser Vorstellungsvermögen.

Geradezu überschaubar war hingegen das Jahr 2015. Damals kamen 890 000 Schutzsuchende nach Deutschland.[4] Die endgültige Zahl lag unter den zunächst geschätzten 1,1 Millionen und entsprach 1,1 Prozent der Bevölkerung Deutschlands. Zu dieser offiziellen Zahl kommt eine Dunkelziffer von Personen hinzu, die unerkannt eingereist sind und sich nicht bei einer Behörde gemeldet haben. Nicht nur Flüchtlinge kamen. Auch 2015 ließen sich viele Einwanderer aus Industriestaaten in Deutschland nieder. Die Statistikbehörde der EU, Eurostat, gibt die Zahl der Einwanderer in Deutschland für das Jahr 2015 mit 1,5 Millionen an. In kein anderes EU-Land sind so viele Menschen eingewandert. Es folgten Großbritannien mit 631 000 Einwanderern und Frankreich mit 364 000.[5]

Aufgrund des Zuzugs erreichte die Bevölkerungszahl Deutschlands im Jahr 2016 rund 82,4 Millionen Einwohner, was ziemlich genau der Zahl des Jahres 2005 entspricht. Die Zahl wurde aber nur aufgrund des Zuzugs von außen gehalten. Denn in dem Zeitraum von 2005 bis 2016 ging die Zahl der Einwohner ohne Migrationshintergrund von 67,1 Millionen auf 63,8 Millionen zurück, die mit Migrationshintergrund stieg jedoch von 15 Millionen auf 18,6 Millionen an. Die meisten von ihnen, 12,6 Millionen, kamen aus Europa einschließlich der Türkei. Lediglich 2,3 Millionen kamen aus den Ländern des Nahen und Mittleren Ostens (ohne Nordafrika) wie Syrien und dem Irak; weitere 1,1 Millionen kamen aus dem sonstigen Asien.[6]

Der Anteil der Muslime an der Bevölkerung ist von 2011 bis 2015 stark gestiegen. In dem Zeitraum kamen 1,2 Millionen Muslime nach Deutschland. Dadurch stieg die Zahl der Muslime auf rund 4,7 Millionen, wodurch sich ihr Anteil an der Bevölkerung von 4,2 Prozent auf 5,7 Prozent erhöht hat. Die Flüchtlingswelle hatte Folgen für die Zusammensetzung der muslimischen Bevölkerung: Der Anteil der Türken an der muslimischen Bevölkerung ging von 67,5 Prozent auf 50,6 Prozent zurück.[7]

Die Flüchtlinge des Jahres 2015 haben die demographische Zusammensetzung in Deutschland nicht wesentlich verändert, sie haben jedoch einen bestehenden Trend verstärkt. So nahm im Jahr 2015 die Zahl der Einwohner ohne Migrationshintergrund um 0,7 Prozent auf 63,8 Millionen ab, die Zahl jener mit Migrationshintergrund stieg aber um 8,5 Prozent auf 18,6 Millionen.[8] Bei den Einwohnern im Alter bis zu 10 Jahren lag der Anteil mit Migrationshintergrund bei 38 Prozent und damit höher als in allen anderen Altersgruppen.

Die Zahl der Einwohner mit Migrationshintergrund ist im Jahr der Flüchtlingskrise zwar weniger als ein Zehntel gestiegen. Dennoch hat das Jahr 2015 Deutschland verändert. Am 31. August 2015 sagte Bundeskanzlerin Angela Merkel in der Bundespressekonferenz: »Deutschland ist ein starkes Land. Das Motiv, mit dem wir an diese Dinge herangehen, muss sein: Wir haben so vieles geschafft – wir schaffen das!«[9] Was ein Appell an die Menschlichkeit war, ist auch als »Öffnung der Grenzen« missverstanden worden. Da damals die Grenzen Deutschlands zu jedem Nachbarland offen waren, mussten sie nicht geöffnet werden.

Die Flüchtlinge, die bereits angekommen sind, und die Migranten, die noch kommen werden, stellen Deutschland und ganz Europa vor große Herausforderungen. Denn wir müssen eine Integrationsleistung vollbringen, von deren Erfolg die Zukunft des Kontinents abhängt. Gelingen wird das nicht, wenn wir weiterhin glauben, dass das Mittelmeer eine Barriere ist, die zwei Welten trennt und Migranten zurückhält. Wer daran festhält, dass gegenüber einem modernen Europa auf der anderen Seite des Mittelmeers ein muslimischer Naher Osten liegt, der unfähig ist, mit der Moderne zurechtzukommen, lädt zur weiteren Migration ein. Die beiden Welten lassen sich nicht länger getrennthalten. Wer sich im Süden auf den Weg machen will, hat große Chancen, im Norden anzukommen – und zwingt diesen, zu handeln.

Entscheidend ist, die Flüchtlinge und Migranten über das Land aufzuklären, in das sie gekommen sind und über das sie kaum etwas wissen. Sie kommen aus Diktaturen und autokratischen Systemen, in denen das Recht des Stärkeren gilt; aus Gesellschaften, die vom Islam geprägt sind. Sie wissen jedoch nicht, wie man in Deutschland lebt und wie dieses Land funktioniert. Eine Aufklärungskampagne ist daher zunächst noch wichtiger als es die unverzichtbaren Sprachkurse sind. Diese Kampagne muss erfolgreich sein, bevor islamistische Anwerber Erfolg haben und in Flüchtlingslagern und Asylbewerberheimen Leute auf die schiefe Bahn bringen.

Der Erfolg tritt am ehesten dann ein, wenn Menschen aus ihrem Kulturkreis das Wissen vermitteln: also arabische Muslime. Sie haben bei den angekommenen und verunsicherten Flüchtlingen eine höhere Glaubwürdigkeit als wohlmeinende Institutionen, die – wie in Deutschland geschehen – zunächst in den Vordergrund gestellt haben, dass in Deutschland die »Ehe für alle« gelte, bevor sie bemerkten, dass sie damit die Menschen nur vor den Kopf stoßen, kein Verständnis für die deutsche Gesellschaft aufbauen – und die Kampagne rasch einstellten.

Als Mittler müssen Leute eingesetzt werden, die das Vertrauen des deutschen Staats wie der Flüchtlinge genießen; die ihnen erklären, wie der Rechtsstaat und die Gewaltenteilung funktionieren; dass das Akzeptieren der Gesetze und Regeln in einem fremden Land keineswegs gegen die Gebote des Islams verstößt, sondern dass im Gegenteil eine große Mehrheit der islamischen Religionsgelehrten ebendies fordert. Gelingt es nicht, eine Akzeptanz für unsere freiheitliche Gesellschaftsordnung zu schaffen, wird das Zusammenleben schwierig. Denn der Anteil der Muslime an der Bevölkerung, so niedrig er noch ist, wird in den kommenden Jahren stetig zunehmen.

### Fluchtursachen bekämpfen

Europa drohen Gefahren aus Nordafrika und dem Nahen Osten. Eine Gefahr werden die Nachkommen der Einwanderer aus der islamischen Welt sein. Die Eltern sind in den vergangenen Jahrzehnten nach Europa eingewandert, die Kinder sind hier geboren. Zu oft finden viele von ihnen keinen Platz in unseren Gesellschaften und werden eine leichte Beute für Terrororganisationen. Diese Gefahr ist nur dann zu entschärfen, wenn die gesellschaftliche Integration der jungen Generationen gelingt und wenn die Muslime einen Islam praktizieren, der mit den Werten Europas in Einklang steht.

Die andere Gefahr kommt aus den Ländern Nordafrikas und des Nahen Ostens. Denn die repressiven und dysfunktionalen Regime treiben die Menschen weiter in die Migration, wodurch sie Freiheit und Arbeit zu finden hoffen. Zudem lösen die Konflikte und Kriege, die diese Regime verursachen, neue Flüchtlingswellen und einen Terrorismus aus, der nach Europa übergreift. In Deutschland hat sich daher die Formulierung eingebürgert, man müsse die »Fluchtursachen bekämpfen«. Sie werden in der Zukunft nicht kleiner werden. Denn zusätzlich zu den gesellschaft-lichen und politischen Konflikten, die sich derzeit entladen, beschwören die Großthemen Demographie, Wirtschaft und Ökologie neue Gefahren für die betroffenen Länder herauf, die sie kaum bewältigen können.

Um die Fluchtursachen wirksam zu bekämpfen, muss man an drei Ebenen ansetzen. Erstens sollen in den Städten, die in Kriegsgebieten befriedet wurden, Sofortmaßnahmen die Lebensbedingungen rasch verbessern, um den geflüch-teten Einwohnern eine sichere Rückkehr zu ermöglichen, bevor sie an anderen Orten und in anderen Ländern Wur-zen schlagen; Deutschland hat zu diesem Zweck im Irak eine führende Aufgabe übernommen. Zweitens ist ein radikaler Umbau der Wirtschaftsordnungen erforderlich, damit auf Dauer Millionen neue Arbeitsplätze geschaffen werden können; das wird ohne westliche Hilfe nicht gelingen. Drit-tens muss der Westen gegenüber der arabischen Welt eine neue Politik formulieren. Sie muss vermeiden, wie bisher bestehende Konflikte durch fragwürdige Interventionen zu großen Feuern anzufachen, die dann auch auf den Westen übergreifen. Stattdessen muss sie eine neue Grundlage da-für schaffen, dass zwischen Nahost und Europa neues Ver-trauen entsteht. Das wird in dem Versuch, den Nahen Osten zu stabilisieren, wohl der schwierigste Teil werden.

Die Diskussion um die Beseitigung der Fluchtursachen kreist viel zu oft um Naheliegendes: den »Islamischen Staat« militärisch besiegen, die ideologischen Grundlagen des Dschihadismus bekämpfen und Kriege politisch beilegen, indem die USA und Russland auf die Konfliktparteien Ein-fluss nehmen. Wenn es nur so einfach wäre!

Am einfachsten sind die Sofortmaßnahmen zur Stabi-lisierung einzelner Städte. Erfolgreiche Beispiele sind die irakischen Städte Tikrit und Falludscha. Deutschland und die Vereinigten Arabischen Emirate teilen sich in der Anti-IS-Koalition die Führung beim Thema »Stabilisierung«. Deutschland entsendet dazu Experten, die mit lokalen Fachkräften zusammenarbeiten, und beteiligt sich an der Finanzierung des Programms.

Tikrit wurde im März 2015 vom »Islamischen Staat« befreit, Falludscha im Juni 2016. In beiden Städten bestand die Herausforderung darin, Voraussetzungen dafür zu schaffen, dass die Bevölkerung so schnell wie möglich zurückkehren kann. Beide Städte waren durch die IS-Besatzung und die Befreiung stark zerstört. Die Städte neu aufzubauen, wird lange dauern. Mit den Sofortmaßnahmen soll zunächst sichergestellt werden, dass die Grundvoraussetzungen für eine sichere Wiederansiedlung bestehen. Optimistisch stimmt, dass in den ersten zwölf Monaten nach der Befreiung von Tikrit mehr als 95 Prozent der früheren Bevölkerung in ihre zerstörte Stadt zurückgekehrt sind. Der große Test wird sein, die Millionenstadt Mossul nach der erfolgten Befreiung vom »Islamischen Staat« in einen Zustand zu versetzen, damit die Einwohner dort sicher leben können.[10]

Bei den Sofortmaßnahmen haben die Räumung der Minen und der Sprengfallen, die der »Islamische Staat« vor seinem Abzug gelegt hat, hohe Priorität. Zudem bildet die Bundesregierung gemeinsam mit der International Organisation for Migration (IOM) Binnenvertriebene zu Polizeikräften aus, um eine handlungsfähige Polizeistruktur aufzubauen. Mit deutscher Hilfe wurden ferner die Wasser- und Stromversorgung wiederhergestellt, repariert wurden Krankenhäuser und Schulen. Kleinstkredite unterstützten Existenzgründungen, damit Lebensmittelläden, kleine Handwerksbetriebe und Kaffeehäuser wieder eröffnet werden konnten. Das Beschäftigungsprogramm *(Cash for Work)* beschäftigte Rückkehrer beim Wiederaufbau etwa der Universität und der öffentlichen Infrastruktur; mit dem Lohn konnten sie wiederum ihre Häuser sanieren.[11]

Die zweite Aufgabe, die Schaffung nachhaltiger Strukturen, ist schwieriger und verlangt einen langen Atem. Sie beginnt in den Flüchtlingslagern, reicht über die Schaffung einer neuen wirtschaftlichen Ordnung und endet noch nicht mit den Anreizen, die die Europäische Union schaffen kann, etwa mit Handelserleichterungen und Sicherheiten für Investoren. Die Unterstützung in den Flüchtlingslagern darf sich nicht allein auf humanitäre Nothilfen beschränken; sonst würden rasch Generationen heranwachsen, die den Nährboden für ein immer ärmer werdendes Prekariat bilden könnten, bei dem Terrorgruppen leichtes Spiel haben. Die Kinder brauchen in den Lagern Bildung, die Erwachsenen nützliche Beschäftigung. Die dazu erforderlichen Investitionen sind gering im Vergleich zu den zusätzlichen Kosten, die für den Anti-Terror-Kampf entstehen würden, sollten die Flüchtlingslager eine Brutstätte des Terrors werden.

Bei der Entwicklung einer neuen wirtschaftlichen Vision zeigt Saudi-Arabien den anderen arabischen Staaten einen Weg. Die saudische »Vision 2030« will die Hürden beseitigen, die einer produktiven und stabilen Wirtschaftsordnung im Wege stehen. Auch im wohlhabenden Saudi-Arabien sind grundlegende Reformen, die vieles in Frage stellen, nur gegen starke Widerstände durchzusetzen. In Ländern wie Ägypten, wo die Elite des Staates um ihre Pfründe fürchtet, ist sogar mit massivem Widerstand zu rechnen. Ohne eine Einsicht der bisherigen Eliten, dass die Länder um Reformprogramme nicht herumkommen, besteht keine Aussicht auf Erfolg. Bliebe alles beim Alten, drohten die wirtschaftlichen Kartenhäuser aber zusammenzustürzen.[12] Stabil werden die Ordnungen auf Dauer nur dann sein, wenn sie die wirtschaftliche Marginalisierung vor allem der ländlichen Bevölkerung beenden, wenn sie eine Dezentralisierung einleiten, die Korruption ausmerzen und vor allem bei potenziellen Investoren Vertrauen erzeugen.[13]

Europa kann dazu einen Beitrag leisten. So könnte die Europäische Union Investitionen in den Ländern fördern und Handelserleichterungen in die Wege leiten, beispielsweise mit Sonderwirtschaftszonen. In ihnen sollten europäische Investoren Flüchtlinge beschäftigen, die Produkte könnten zollbefreit in die EU exportiert werden.[14] Ein weiterer Beitrag müsste der Aufbau robuster zivilgesellschaftlicher Strukturen sein, ohne die eine Transformation, die ja gegen die Interessen der Bürokratie erfolgt, nicht gelingen kann.

Wie weit die Palette möglicher Maßnahmen reicht, zeigt das Welternährungsprogramm der Vereinten Nationen (WFP) mit dem Engagement für eine effiziente und klimaangepasste Landwirtschaft. Das Welternährungsprogramm unterstützt in Ländern südlich der Sahara, aus denen – wie aus Somalia – viele Flüchtlinge kommen, Kleinbauern beim Kauf von lokal produzierten Silos und mit speziellen Ausbildungen; Ziel ist, damit die Verluste, die bis zu 40 Prozent der Gesamternte ausmachen, auf null zu reduzieren. Bislang ist die Summe der Nahrungsmittel, die verlorengeht, größer als die jährliche Nahrungsmittelhilfe in Afrika südlich der Sahara, sagt Ertharin Cousin, die frühere Exekutivdirektorin des Welternährungsprogramms.[15]

Der schwierigste Teil zur Stabilisierung Nordafrikas und des Nahen Ostens wird jedoch zunächst das Eingeständnis sein, dass die bisherige Politik des Westens gegenüber dieser Region zu großen Teilen falsch war, und diese dann zu korrigieren. Die Autoren des Friedensgutachtens 2016 der sechs deutschen Institute für Friedensforschung stellten der bisherigen Politik ein verheerendes Zeugnis aus. Sie schreiben, dass die Sicherheitslogik im Krieg gegen den Terror vor allem auf militärische Mittel gesetzt habe – und das »mit einer desaströsen Bilanz«.[16] Der einseitig militärisch dominierte Politikansatz sei gescheitert. Es sei an der Zeit, die bisherige Strategie kritisch zu überprüfen und darüber nachzudenken, wie man zu Frieden komme, fordert auch der Friedensforscher und Nahostexperte Arne Seifert.[17]

Gescheitert ist der Krieg gegen den Terror, denn er hat den Terror nicht ausgelöscht, vielmehr hat er, wie bei einer Hydra, immer neue Terroristen geschaffen. Er hat dazu beigetragen, eine ganze Region ins Chaos zu stürzen und gewaltige Fluchtbewegungen auszulösen – von Afghanistan über den Irakkrieg bis zum Zerfall von Syrien und Libyen. Die Lage in den Ländern hat sich über die Jahre verschlechtert, ohne dass der Krieg gegen den Terror die Ursachen des Terrors beseitigt hätte. Der Aufstieg von Terrororganisationen ist auch eine Folge davon, dass Politiker auf kurzfristige Lösungen setzen und dabei den »Feind meines Feindes« zum Freund machten und ihn bewaffneten.[18] Da im Westen immer wieder die Forderung eines von außen angestoßenen Regimewechsels (regime change) zirkuliert, geht in den Ländern zudem die Angst vor einem neuen Kolonialismus um.

Ein friedenspolitischer Paradigmenwechsel müsse, so der Nahostexperte Seifert, drei Dimensionen haben: die Einstellung externer militärischer Interventionen; die Entwicklung eines konfliktpräventiven Ansatzes für die gesellschaftlichen Prozesse; und die Akzeptanz, dass der Nahe Osten nicht länger als die äußere Peripherie Europas zu betrachten sei, schließlich sind Muslime unumkehrbar nach

Europa eingewandert.[19] Würde das umgesetzt, wäre der Nahe Osten keine Bedrohung mehr, sondern böte sich die Chance für eine partnerschaftliche Zusammenarbeit.

Eine neue Nahostpolitik müsste also vieles in Frage stellen. Immer wieder gab es Ansätze dazu. So unternahm am 20. Juni 2005 die damalige amerikanische Außenministerin Condoleezza Rice einen bemerkenswerten Versuch, sich von den autoritären arabischen Regimen abzusetzen. In Kairo sagte die Außenministerin des Präsidenten George W. Bush: »Mein Land, die Vereinigten Staaten, haben in dieser Region hier im Nahen Osten 60 Jahre lang Stabilität auf Kosten der Demokratie verfolgt – wir bekamen weder das eine noch das andere.«[20] Mehr als ein Jahrzehnt danach setzt sich jedoch wieder die irrige Ansicht durch, autoritäre Staaten seien zwar nicht wünschenswert, sie hielten aber wenigstens den Druck im Kessel.

Ägypten ist ein Beispiel dafür, dass dies nicht zutrifft. Das Regime von Präsident al-Sisi zieht die Daumenschrauben immer weiter an und erhöht die Repression in der Hoffnung, jegliche Opposition zu ersticken und eine Wiederholung der Massenproteste des Jahres 2011 zu verhindern. Die Repression trifft nicht allein die Gesellschaft, sie trifft alle Bereiche, ob Kultur oder Wirtschaft. Ausgeschlossen ist damit aber die Hoffnung auf Veränderungen, die erforderlich wären, um Druck aus dem Kessel zu lassen.

Die Folge wird sein, dass der Kessel früher oder später auch uns um die Ohren fliegt. Dann gäbe es in diesen Ländern noch immer keine Demokratie, es gäbe aber auch keine Stabilität mehr – genauso wie es Condoleezza Rice im Jahr 2005 gesagt hat. Autoritäre Staaten sind nicht so stabil, wie sie mit ihrem martialischen Auftreten erscheinen, und sie können keine dauerhaften Partner sein. Autoritäre Staaten verhindern möglicherweise heute kleine Katastrophen, indem sie den inneren Wandel blockieren. Das geschieht aber zu dem Preis einer großen Katastrophe von morgen mit einer ungleich größeren Explosion.

Eine neue Nahostpolitik hätte das Verhältnis zu autoritären Staaten auf den Prüfstand zu stellen. Damit könnten hierzulande die Sympathien eingewanderter Araber gewonnen werden, die oftmals aus ihren Ländern fliehen mussten; das hätte wiederum positive Auswirkungen auf deren Bereitschaft, sich in ihre neuen Heimatländer zu integrieren. Eine neue Nahostpolitik müsste zudem einen Beitrag zur Lösung des Konflikts zwischen Israel und den Palästinensern leisten; wäre dieser Konflikt gelöst, könnten islamistische Extremisten nicht länger so leicht in der Region Fuß fassen, indem sie sich der Sache der Palästinenser annehmen. Gelingen kann ein solcher Versuch nur dann, wenn die Interessen und völkerrechtlich begründeten Ansprüche beider Seiten zur Geltung kommen. Dabei geht es auch um die Gebiete, die Israel, so der völkerrechtliche Konsens, seit 1967 besetzt hält, auf denen es aber noch immer Siedlungen bauen lässt, wodurch die Gründung eines palästinensischen Staates eine Illusion wird. Teil einer neuen Nahostpolitik müsste zudem sein, einen neuen Umgang mit dem Islam und mit einflussreichen islamistischen Partnern zu finden. Denn gemäßigte Islamisten könnten eine Brandmauer gegen den Extremismus und den Dschihad sein. Kontraproduktiv ist jedoch, sich von autoritären Regimen vorschreiben zu lassen, wer unser Partner sein darf und wer nicht.

Die Nahostpolitik der vergangenen Jahrzehnte ist gescheitert. Der Nahe Osten ist nicht stabiler geworden, sondern wurde ein Brandherd, dessen Feuer nach Europa überzugreifen droht. Simple Lösungen wie die Unterstützung für autoritäre Regime und die Bewaffnung syrischer Rebellen haben sich nicht ausgezahlt. Dabei gäbe es Visionen, wie die Levante nach dem Zerfall wieder zusammenwachsen könnte. Eine Lösung muss vor allem für die Levante gefunden werden. Denn die beiden anderen Regionen – Nordafrika und die Arabische Halbinsel – sind weniger vom Zerfall bedroht.

So erinnert der syrische Unternehmer und Publizist Jamal Daniel, der in den USA reich geworden ist, an die 400 Jahre, in denen der »arabische Osten« (*mashriq*), also die Levante, bis zum Beginn des 20. Jahrhunderts eine kulturell und wirtschaftlich homogene Region war, prosperierend und in Frieden. Er plädiert dafür, abermals eine solche Integration anzustreben, wie auch immer die Zerfallsprozesse ausgehen. Daniel will jedoch keine Rückkehr des Osmanischen Reiches. Zum Vorbild nimmt er die Integration, die im Osmanischen Reich möglich war. Denn der osmanische Sultan griff nicht direkt ein, er ließ vielmehr große Spielräume für lokale Autonomie zu. Dadurch entstand ein Wirtschaftsraum, in dem die Menschen frei reisen konnten und der einen für die damalige Zeit beachtlichen Wohlstand hervorbrachte. Das endete erst, als die Kolonialmächte und nach dem Zweiten Weltkrieg auch der arabische Nationalismus die Region in kleine Einheiten zerstückelten.

Daniel schlägt vor, daran anzuknüpfen, was 2011 mit den Massenprotesten und den niedergeschlagenen Revolutionen abrupt gestoppt worden ist. So hatten die Türkei, Syrien, der Libanon und Jordanien in den Jahren zuvor eine visafreie Freihandelszone vereinbart und mit deren Verwirklichung begonnen. Syrien und die Türkei hielten erste gemeinsame Militärmanöver ab, das Handelsvolumen stieg schnell. Erstmals seit dem Abkommen von Sykes und Picot im Jahr 1916 setzte wieder eine regionale Integration ein. Die vielen kleinen Staaten knüpften wieder Bande. Viele von ihnen sind abhängig von Auslandshilfen: Jordanien, der Libanon, die Palästinenser, auch Israel. Eine neue Wirtschaftszone mit einem freien Warenverkehr und einer Personenfreizügigkeit würde, so Daniel, wieder wie früher Wohlstand und Frieden schaffen. Damit eine solche Wirtschaftszone entstehen könnte, müssten an den Verhandlungen neben Politikern auch Vertreter der Wirtschaft und Intellektuelle beteiligt werden. Nicht ein Politiker hat diese kühne Vision formuliert, sondern ein privater Unternehmer. Als sein Vorbild nennt er die Einigung Europas, das 1945 ja in einer ähnlichen Situation war wie es heute die Länder der Levante sind.[21]

## Das friedliche Zusammenleben sichern

### Terrorzellen und einsame Wölfe

Fneidiq, Donnerstag, den 14. September 2017. Den Hügel nennen die Einheimischen Tora Bora. Anders als bei dem Namensgeber in der afghanischen Berglandschaft, in der sich Bin Laden, der Führer von Al-Qaida, versteckt hielt, spielt sich das Leben hier an der marokkanischen Grenze zur spanischen Exklave Ceuta nicht in Höhlen und Tunneln ab. Auf diesem Hügel wird Schmuggelware aus dem gegenüber liegenden Ceuta umgeschlagen, hier wird sie für den Weitertransport bis nach Schwarzafrika verladen.[22]

Der »Islamische Staat« hat bis zum Jahr 2015 unter den Schmugglern von Fneidiq und den umliegenden Gemeinden kräftig rekrutiert. Jeder Zweite der 1600 Marokkaner, die nach Syrien in den Dschihad gezogen sind, stammt von hier. In Syrien angekommen, schickten sie an ihre Freunde zu Hause Phantasieberichte, wie gut sie lebten, in welchem Luxus sie schwelgten, endlich mit einer Frau. Das zog immer mehr junge Männer in den Dschihad. Seit 2015 arbeiten die marokkanischen und spanischen Behörden aber enger zusammen, und das mit Erfolg. So haben sie in den ersten zwei Jahren in Fneidiq und Ceuta vierzig IS-Zellen aufgedeckt, auch mit Kämpfern, die inkognito aus Syrien zurückgekehrt waren.

Auf dem Plateau von Tora Bora tragen noch immer viele Männer lange Salafistenbärte. Die meisten sind aus noch ärmeren Regionen Marokkos hierhergekommen. Ihre Bildung ist gering, ihre Kleidung ist abgetragen. Wer von ihnen etwas Geld angespart hat, kann sich ein Dokument kaufen, auf dem vermerkt ist, dass er in Fneidiq wohnt. Dann kann er im Rahmen des kleinen Grenzverkehrs visumfrei nach Ceuta reisen.

Noch besser haben es die Marokkaner, die seit Langem in Ceuta leben und die spanische Staatsbürgerschaft besitzen. Die meisten von ihnen leben im Stadtteil El Principe, der sich jenseits von Tora Bora auf der anderen Seite den Hügel hinaufzieht. Dort, bei den vielen ockergelben Häusern um die Moschee, befinde sich das eigentliche Tora Bora, sagt einer. Dort habe Kokito gelebt. Er stammte aus Fneidiq und hieß eigentlich Muhammad Hamdoush. Aus Ceuta zog er in den Dschihad nach Syrien, wo er einer der am besten vermarkteten »Helden« des IS wurde. Jeder kennt ihn hier als denjenigen, »der die Köpfe abschlägt«. Auf einem Foto, das die IS-Propaganda verbreitet hat, hält er an seinen ausgestreckten Armen fünf enthauptete Köpfe und grinst. Im Oktober 2015 wurde er getötet.

Die Rekrutierten aus El Principe zogen als spanische Bürger in den Dschihad. Sie reisten mit spanischen Pässen nach

Malaga im Süden Spaniens, flogen von dort nach Istanbul und überquerten die Grenze nach Syrien. Die spanischen Behörden, heißt es, haben die Kontrolle über El Principe verloren und aufgegeben. Kinder spielen dort mit Waffen auf den Straßen, Drogenbarone überwachen von dort ihre Geschäfte, Waffenhändler unterhalten Waffenverstecke.

In Fneidiq wird zwar geschmuggelt, nicht aber Cannabis. Dabei produziert Marokko im Rif-Gebirge, das südlich der Stadt beginnt und wo viele Drogenbarone in protzigen Villen residieren, 80 Prozent der europäischen Nachfrage von Cannabis. Die zahlreichen kleinen Buchten, von denen die Schnellboote nach Spanien ablegen, sind für den Cannabis-Schmuggel besser geeignet als die Grenze nach Ceuta. Denn auf dem Meer drückt die korrupte Marine die Augen zu.

Terror und Drogen hängen zusammen. So hatten 80 Prozent der Personen, die in Spanien unter Terrorverdacht festgenommen worden sind, als Konsumenten oder als Händler mit Drogen zu tun. Der Anführer der Terrorzelle von Barcelona, Abdelbaki al-Satty, war vor seiner Karriere als Terrorist Drogenhändler. Er wurde Imam. Auch andere Drogenhändler plagt von Zeit zu Zeit das Gewissen, und mit einem Ablasshandel wollen sie sich bei Allah wieder besserstellen. Dann spenden sie allgemein für den Islam und speziell, vor allem in Spanien, für den Bau neuer Moscheen. Niemand kontrolliere diese Moscheen, wird in Fneidiq geklagt. Auch die von al-Satty in Ripoll sei nicht überwacht worden. Ursachen für den dschihadistischen Terror gibt es in der arabischen Welt viele. Nur die Zustände in der arabischen Welt dafür verantwortlich zu machen, hieße aber, die westlichen Regierungen aus ihrer Verantwortung zu entlassen.

*

Die Angst vor dem Islam, von der Ahmad al-Tayyeb, der Großimam der Azhar, spricht, hat viel mit dem islamistischen Terror zu tun. Denn Europa ist zum ersten Mal mit einem Terror konfrontiert, der seinen Ursprung nicht auf dem Kontinent hat. Davor war Europa aber von einem linken und von einem rechten Terrorismus heimgesucht worden, der islamistische Terror folgte erst nach dem Ende des kalten Krieges.

Jede Welle dieser politischen Gewalt verfolgte ähnliche Ziele, unabhängig von ihrer ideologischen Grundlage. Um möglichst viele Zivilisten zu treffen, verübten die Attentäter jeweils Anschläge im öffentlichen Raum.[23] In den 1970er und 1980er Jahren wurden in Europa in jedem Jahr im Durchschnitt 400 Menschen Opfer des Terrors. Frankreich war allein 1985 und 1986 dreizehn Mal das Ziel von Terroranschlägen. Die linken Anschläge waren häufiger, die rechten waren tödlicher, etwa als 1985 bei einem Anschlag in Bologna 85 Menschen getötet wurden. In den 1990er Jahren gingen die Anschläge zurück. Dazu trugen ein Abkommen in Nordirland bei, in Deutschland die Auflösung der linksextremistischen Roten Armee Fraktion (RAF) und in Spanien der einseitig ausgerufene Waffenstillstand der baskischen ETA.

Von 2003 an löste der islamistische Terror den linken und rechten ab. Die Anschläge wurden von Terrorgruppen außerhalb Europas geplant: erst von Al-Qaida, dann vom »Islamischen Staat«. Europa ist für diese Terrorgruppen aber ein Nebenkriegsschauplatz: Denn im Jahr 2015 wurden nicht weniger als 72 Prozent ihrer Anschläge in fünf muslimischen Ländern verübt: im Irak, in Nigeria, Afghanistan, Pakistan und Syrien. Von den 30 000 Terroropfern jenes Jahres waren lediglich 0,5 Prozent Europäer. Der islamistische Terrorismus ist dennoch auch für Europa eine Gefahr.

Der Terrorismus ist der deutlichste Ausdruck dafür, dass junge Männer glauben, sie seien von politischer und wirtschaftlicher Teilhabe ausgeschlossen und gesellschaftlich lediglich Bürger zweiter Klasse. Teilweise trifft das auch zu. Das birgt Sprengstoff. Auf der einen Seite ist die Mehrheit der Muslime, wenn auch unterschiedlich gut, integriert, auf der anderen radikalisieren sich immer mehr junge Muslime. Eine Aufgabe muss sein, ihren Kreis zu verkleinern, eine andere, zu verhindern, dass sie integrierte Muslime auf ihre Seite ziehen. Sonst würden sich die Züge beschleunigen, die derzeit in unseren Gesellschaften aufeinander zufahren.

Was geht in jungen Menschen vor, die sich selbst töten und andere mit in den Tod reißen? Sie handeln aus anderen Gründen als Muhammad Bouazizi, der sich am 17. Dezember 2010 in Tunesien selbst verbrannte und mit seinem Tod die Massenproteste in der arabischen Welt ins Rollen gebracht hat. Für Bouazizi war die Selbsttötung ein Mittel, um auf sich aufmerksam zu machen. Auch im Terrorismus war das Töten bis in die jüngste Zeit ein Mittel zum Zweck gewesen: So wollte in Deutschland die RAF mit den 33 Morden, die sie von 1973 bis 1977 verübte, das kapitalistische System destabilisieren oder gar stürzen. Ein vergleichbares Ziel verfolgte später die Terrororganisation Al-Qaida. Sie wollte mit ihren Terroranschlägen die USA aus der arabischen Welt vertreiben und die arabischen Regime stürzen. Für die islamistischen Selbstmordattentäter in der Gegenwart ist das Töten jedoch nicht mehr ein Mittel, es ist vielmehr ein System.

Empirische Studien zeigen, dass die Menschen, die zu Terroristen werden, zunächst mit einem Gefühl der Sinnlosigkeit konfrontiert sind und ihrem Leben wieder einen

Sinn geben wollen.[24] Der Islam, von dem sie nur Grund-kenntnisse haben, und ihre enge Bindung zu den Eltern und Geschwistern lassen einen Selbstmord nicht zu. In Frage kommt aber die Bereitschaft, sich selbst – so sehen sie es – für andere zu »opfern«. Sie nennen ihre Angriffe daher nicht Selbstmordattentate (arabisch: *amaliyyat intihariyya*), sondern Märtyreroperationen (arabisch: *amaliyyat istishhadiyya*).

Der Einzelne sucht einen Ausweg aus seiner inneren Unruhe, und er findet ihn im Islam. Dabei orientiert er sich nicht an den Traditionen der Religion, die eine friedliche Koexistenz unterschiedlicher Glaubensformen zulassen, sondern an der abstrakten Norm, die zwischen »Gläubigen« und »Andersgläubigen«, die nun zu »Ungläubigen« werden, unterscheidet und damit eine Linie zwischen dem »Wir« und dem »Ihr« zieht. Hinzu kommt die Vorstellung von der bevorstehenden Apokalypse, wie sie die Apologeten des »Islamischen Staates« verbreiten.[25] Das Ergebnis ist die Überzeugung, dass die »Anderen« für das Böse in der Welt verantwortlich sind und daher beseitigt werden müssen. Dann ist das Töten aber nicht mehr ein Mittel, sondern selbst ein System: »Die müssen weg!«

Hinter diesem Handeln verbirgt sich ein zutiefst inhumanes Menschenbild. Wer so handelt, dekulturiert die Religion und macht abstrakte Normen zum Handlungsimperativ. Ein solches Religionsverständnis kommt ohne Menschen und ohne einen Nächsten, der anders ist, aus. Eingerissen werden die Brücken zu den Mitmenschen, auch zu anderen Muslimen. Wer so handelt, hat keine Angst mehr. Viele Selbstmordattentäter haben als Kleinkriminelle mit Gewalt und mit der Polizei Erfahrungen gesammelt. Sie haben weniger Angst als der Durchschnittsmensch, sie können mehr aushalten, und mit der Aussicht auf das Paradies ertragen sie vor einem Anschlag, den sie planen, die Restangst.

Für ihr Handeln finden sie bei den islamischen Theologen und Religionsgelehrten keine Rechtfertigung; sie hören auch nicht auf sie. Anders als die Theologen behaupten die Ideologen des »Islamischen Staates« aber, dass sich ein Glaubenskämpfer (*mujahid*) nicht von denen belehren lassen dürfe, die sich dem Dschihad nicht anschließen, sondern von zu Hause aus wirken. Denn sie behaupten, dass im Krieg andere Regeln gelten, als es die heiligen Schriften des Islams vorschreiben.[26]

Damit setzen sie sich über eine koranische Aufforderung hinweg. Denn in Sure 9, Vers 122 heißt es in der Übersetzung von Friedrich Rückert: »Es brauchten auch die Gläubigen nicht auszurücken insgeheim. Wenn nur von jedem Trupp von ihnen ausrückt ein Teil, dass sie belehret würden im Gottesdienst und mahneten ihr Volk, wenn sie zu ihm zurückgekehrt, dass es sich wahren möchte.« In anderen Worten: Zum Kriegsdienst soll nur ein Teil ausrücken; und wer zu Hause bleibt, soll sich weiter mit der Theologie beschäftigen. In diesem Sinne lehrt auch in der Gegenwart der islamische Theologe Yusuf al-Qaradawi, dass die »Kenntnis der Menschen und ihrer Belange« (*ma'rifat al-nas wa-al-hayat*) – und nicht die Kenntnis des Krieges – eine wichtige Voraussetzung dafür ist, die heiligen Schriften des Islams auszulegen und Fatwas auszusprechen.

Die Selbstmordattentäter sind keine Theologen. Keiner von ihnen war vor seiner Radikalisierung in einer islamischen Gemeinde oder Vereinigung in einer führenden Position tätig. Es fällt weiter auf, dass es unter den Selbstmordattentätern einen hohen Anteil von Geschwistern und Cousins gibt und dass viele Ehefrauen ihren Männern folgen. Oft findet die Radikalisierung in Familien statt. Der entscheidende Anstoß kommt aber von außen, durch einen direkten Kontakt oder über das Internet. Denn es bedarf einer Person im Hintergrund, die dieser Gruppe, die theologisch nicht gebildet ist, die abstrakte Norm von »Wir gegen Euch« sowie die Erwartung von der bevorstehenden Apokalypse nahebringt.

Die zwei wichtigsten französischen Islamismusexperten kommen zu unterschiedlichen Erklärungen für den islamistischen Terror und stellen jeweils einen anderen der hier genannten Aspekte in den Vordergrund. Gilles Kepel hebt mehr die Rolle des Islams und des islamischen Dschihadismus hervor, Olivier Roy jedoch die gesellschaftliche Marginalisierung und den islamistischen Terror als neue Form des Nihilismus. Als gefährdet sieht Kepel vor allem die dritte Generation der muslimischen Einwanderer; so haben sich die islamischen Milieus in Frankreichs Vorstädten – von der französischen Öffentlichkeit unbeachtet – radikalisiert; für die, die dort wohnen, wurde der Dschihadismus ein Mittel der Rache. Kepel schließt nicht aus, dass das Kalkül der Dschihadisten aufgeht und eine zunehmende Polarisierung in den Gesellschaften in einen Bürgerkrieg umschlägt.[27]

Auch Oliver Roy sieht in dem unerfüllten Wunsch nach gesellschaftlicher Partizipation den wichtigsten Grund für die Radikalisierung in der muslimischen Jugend. Anders als Kepel stellt Roy den Generationenkonflikt der Jugendlichen mit ihren Eltern, ihre Existenz als Kleinkriminelle und ihr geringes Wissen über den Islam in den Mittelpunkt. Roy stellt die radikalisierte muslimische Jugend von heute auf die Stufe des *social bandit* des marxistischen Historikers Eric Hobsbawn. Der hatte mit dieser Figur eine primitive Art des

Klassenkampfs und den Widerstand der unteren Schichten im 19. und 20. Jahrhundert erklärt.

Die zwei Ansätze widersprechen sich nicht, sie ergänzen sich vielmehr. Grundannahmen bei beiden sind das Scheitern der Integration, der Bruch mit der westlichen Gesellschaft, die Suche nach einem Sinn des Lebens und die vermeintliche Erfüllung im Dschihadismus. Führen charismatische Verführer diese Jugendlichen zum Dschihad, entlädt sich die Spannung in den tristen französischen Banlieues in islamistischem Terror.[28] Überwiegen clanähnliche Strukturen, wie in Berlin, bildet sich eher eine neue mafiöse Unterwelt.[29]

Es ist längst bestätigt, dass in Europa kriminelle und terroristische Netzwerke zusammenhängen. Peter Neumann vom Londoner International Centre for the Study of Radicalisation and Political Violence hat in einer empirischen Studie nachgewiesen, dass kriminelle und dschihadistische Gruppen fusionieren und dabei einen neuen »Verbrechen-Terror-Nexus« hervorbringen.[30] Für die Sicherheitsapparate ist es zunächst schwierig, diesen als solchen zu erkennen, also rechtzeitig zum kriminellen Aspekt auch den terroristischen zu identifizieren. Die Gruppen verfolgen nicht allein dschihadistische Absichten, ihre Gewalt wird darüber hinaus auch zu einem Lebensstil.

Neumann und seine Kollegen untersuchten die Biographien von 79 europäischen Dschihadisten, die als Kleinkriminelle begonnen haben und sich erst danach dem Dschihadismus anschlossen. Zwei Drittel von ihnen hatten Erfahrungen mit Gewalt, bevor sie zum Dschihadismus stießen. 45 der 79 untersuchten Personen wurden erst in den Gefängnissen radikalisiert. Aufgrund ihrer kriminellen Vergangenheit haben sie Erfahrungen mit den Strafverfolgungsbehörden gesammelt; sie wissen, wie sie Waffen und gefälschte Dokumente beschaffen können. Die Studie zeige, so Neumann in den abschließenden Empfehlungen, dass die Zeit von der Radikalisierung bis zur »Tat« kürzer werde und dass zwischen der Radikalisierung und einem entsprechenden religiösen Verhalten keine Korrelation bestehe. Wenn jemand aufhöre zu rauchen und zu trinken, werde seine Radikalisierung jedoch erkennbar.

Immer klarer wird, dass am Beginn einer Radikalisierung selten eine religiöse Auseinandersetzung mit dem Islam steht. Dafür spricht auch, dass die meisten jungen Dschihadisten kaum über nennenswerte Kenntnisse ihrer Religion verfügen. Ausschlaggebend sind vielmehr die wirtschaftlichen und gesellschaftlichen Bedingungen, also auch große Ungleichheiten. So beklagen gerade junge Muslime, die für eine Radikalisierung anfällig sind, alltägliche Diskriminierungen. Auf der Gegenseite wirft ihnen die Mehrheitsgesellschaft jedoch eine mangelnde Bereitschaft zur Integration vor. 60 Prozent der EU-Bürger räumen ein, dass bei jungen Muslimen die Diskriminierung das größte Problem sei; so haben Franzosen das doppelte durchschnittliche Einkommen wie Einwanderer aus Afrika. 73 Prozent sagen jedoch auch, den Muslimen fehle die Bereitschaft zur Integration.[31]

Vergleichbares lässt sich über die jungen Muslime aus Deutschland sagen, die sich von 2012 bis 2016 dem »Islamischen Staat« angeschlossen haben. Zwar hat jeder, der aus dem Westen in den Dschihad zieht, eine andere Biographie. Eine Gemeinsamkeit gibt es indes: Jeder sieht sich in unserer Gesellschaft als Verlierer, findet keine Anerkennung und keinen Platz. Jeder ist überzeugt, dass für ihn in dieser Gesellschaft ein Aufstieg nicht möglich ist. Null Bock, Null

Ziel. Daher suchen sie Sinn und Anerkennung, und sie finden beides in dschihadistischen Kameradschaften.

Einen Sinn finden sie, indem sie glauben, nun für etwas »Gutes« zu handeln, für den Aufbau eines wahrhaften islamischen Staates, der gerechter sei als die »kalten« Gesellschaften, in denen sie groß geworden sind, für einen Staat, an dessen Spitze ein starker »Kalif« steht, den sie verehren. Dann sind sie nicht mehr Außenseiter, sie fühlen sich als Auserwählte. Sie finden Anerkennung, Kameradschaften geben ihnen Wärme und Geborgenheit, sie werden umarmt, fühlen sich aufgenommen. Der »Islamische Staat« predigt den jungen Rekruten, die nur minimale theologische Kenntnisse mitbringen, einen primitiven Vulgär-Islam, und er lockt sie mit dem Versprechen, dass im Islam alle Gläubigen gleich seien. Dieser Vulgär-Islam ist zu einer jugendlichen Subkultur und zum »Pop-Dschihadismus« geworden. Am besten verkörperte ihn der Berliner Rapper Denis Cuspert, der sich 2013 in Syrien dem »Islamischen Staat« anschloss.[32]

Diese Subkultur zieht auch junge Frauen an. Sie stellten ein Zehntel der ausländischen Kämpfer des »Islamischen Staats«. Sie lehnen das Leben der emanzipierten Frau im Westen ab. Ihr Ideal ist, dem Mann zu dienen und Kinder aufzuziehen. Sie reisen nach Syrien, um beim »Islamischen Staat« den idealen Ehemann, ihren »Traum-Dschihad-Boy«, zu finden.

Der »Islamische Staat« greift auf zwei Gruppen von Kämpfern zurück: auf junge Muslime, die in Europa aufgewachsen sind und hier radikalisiert wurden, aber auch auf Rückkehrer aus dem Dschihad im Nahen Osten.[33] Zusammen bilden sie in Europa Zellen, die Kontakt zur Zentrale des »Islamischen Staats« in Raqqa unterhalten (oder unterhalten haben); sie gehen auch auf eigene Faust als »einsame Wölfe« vor.

Einzeltäter spielen eine Rolle, seit Anwar al-Awlaqi, ein im amerikanischen Bundesstaat New Mexico geborener Ideologe von Al-Qaida, dazu aufgerufen hat, auch als Einzelner zum Dschihad beizutragen. In seinem englischsprachigen Internetmagazin *Inspire* veröffentlichte Awlaqi Anleitungen zum Bau von Bomben, um bei einem Anschlag möglichst viele Menschen zu töten. Seinen Weg gingen im April 2013 die Attentäter von Boston, die Brüder Dschochar und Tamerlan Zarnajew, sowie Hassan Malik Nidal, der im Jahr 2009 bei einem Amoklauf auf der Militärbasis Fort Hood 13 Menschen tötete.

Die Theorie eines führerlosen Dschihad hat bereits 2005 Abu Mus'ab al-Suri, einer der wichtigsten Ideologen des heutigen Dschihad, in seinem Buch *Aufruf zum globalen islamischen Widerstand* ausgearbeitet.[34] Er schrieb, der dschihadistische Terror verfolge das Ziel, eine Gegengewalt auszulösen, die sich gegen Muslime und Moscheen richte. Damit solle eine Spirale der Gewalt in Gang gesetzt werden, die dem Dschihad neue Rekruten zuführe. Er setzt auf viele kleinen Zellen, die unabhängig voneinander agieren. An den »offenen Fronten des Dschihad« solle es zu Anschlägen kommen, wann immer es die Umstände erlaubten. Der Feind werde in der Auseinandersetzung ermüden und zusammenbrechen, prognostizierte al-Suri. Dazu werde beitragen, so spätere Exegeten, wenn die Europäer Flüchtlinge nur noch als Sicherheitsrisiko sähen und sich in Europa möglichst viele Flüchtlinge ausgegrenzt fühlten.

Der »Islamische Staat« hat in diesem asymmetrischen Krieg einen Vorteil: Die Sicherheitsbehörden müssen jeden Anschlag verhindern, den Dschihadisten genügt es, wenn von Zeit zu Zeit auch nur ein Anschlag gelingt. Ihre eigenen Opfer sind dabei kleiner als die der Zivilbevölkerung.

Das begann mit dem Terror vom 11. September 2001, als die 19 Attentäter mehr als 3700 Menschen in den Tod rissen. Eine Anleitung zu diesem asymmetrischen Krieg gab in September 2014 Muhammad al-Adnani, einer der Strategen des »Islamischen Staats«. Er rief die Anhänger im Westen dazu auf, überall und mit allen Mitteln »Ungläubige« zu töten. Jeder Einzelne sollte dem Gegner »den Kopf mit einem Stein zerschlagen, ihn mit einem Messer schlachten oder ihn mit einem Auto überfahren oder aus der Höhe herabwerfen, ihn ersticken oder vergiften«.[35]

Das hat Folgen für die Politik. So ist hierzulande eine wachsende Zahl von Menschen bereit, für mehr Sicherheit einen Teil ihrer Freiheit aufzugeben und mehr Überwachung zuzulassen. Mehr Sicherheit kostet. Um gegenüber dem Terror gewappnet zu sein, müssen daher früher oder später auch die Ausgaben für Sozialpolitik gekürzt werden. Die Menschen werden das akzeptieren. Denn ohne Sicherheit gibt es keine Stabilität, und die Kosten dafür werden steigen.

## Den großen Zusammenprall verhindern

Kommt es zum Zusammenprall? Rasen zwei Züge mit hoher Geschwindigkeit aufeinander zu? Es muss nicht so weit kommen. Papst Franziskus ist einer der Mahner, die zu einem friedlichen Miteinander von Christen und Muslimen aufrufen. Im November 2015 besuchte er die Zentralafrikanische Republik, in der Muslime Opfer der Gewalt von Christen geworden sind, die die Mehrheit der Bevölkerung stellen. In einer Moschee sagte er, Christen und Muslime seien »Brüder und Schwestern«, sie müssten sich gemeinsam für den Frieden einsetzen.[36]

Das gemeinsame Sich-Einsetzen ist leichter gesagt als getan. Denn der Islam befindet sich im Krieg mit sich selbst, und nicht wenige im Westen nehmen den gewaltbereiten Teil im Islam als das Ganze wahr. Sie sehen nicht, dass der real existierende Islam heute jedem etwas bietet, einem friedlichen Mystiker ebenso wie einem kriegerischen Dschihadisten. Der Islam und seine Bandbreite sind nur ein Grund, weshalb die Integration von so vielen Menschen, die aus einem anderen Kulturkreis stammen, nicht einfach ist. Ein anderer Grund für die Schwierigkeiten ist, dass die meisten Flüchtlinge und Migranten aus Polizeistaaten zu uns kommen. In ihren Herkunftsländern haben sie nicht gelernt, mit Freiheit umzugehen. Haben sie dort einmal die eng gesteckten Grenzen übertreten, schnappte die polizeistaatliche Willkür zu.

Zudem verlaufen die kulturellen Grenzen in den Ländern des Nahen Ostens anders als bei uns. Ihre Gesellschaften sind patriarchalisch, und oft reduziert sich die Beziehung zwischen den Geschlechtern auf Sexualität. In der Öffentlichkeit ist dieses Verhältnis verkrampft. Das hat zur Folge, dass Männer und auch Frauen häufiger, als es bei uns üblich ist, unter sich bleiben und auch unter sich bleiben wollen. Zwischen den Geschlechtern fehlt die Unbeschwertheit, die Teil der westlichen Gesellschaft ist. Das verleitet vor allem junge eingewanderte Männer zu Unsicherheit – und Übermut.

Integration heißt zu lernen, was geht und was nicht geht, wo die Grenzen verlaufen, dass Freiheit nicht Grenzenlosigkeit bedeutet, sondern Respekt vor anderen. Die beiden Welten liegen zu weit auseinander, als dass Integration ein Selbstläufer werden könnte. Wir, die westliche Mehrheitsgesellschaft, wissen kaum etwas über das Innenleben islamischer Gemeinden. Die andere Seite versteht wiederum nicht, wie und nach welchen Regeln die deutsche Gesellschaft funktioniert. Zudem verhindern funktionierende Parallelstrukturen, dass Muslime auf die Mehrheitsgesellschaft zugehen (müssen). Andererseits können diese Parallelstrukturen auch ein Transitraum sein, der den Übergang von einer anderen Kultur in die westliche Gesellschaft erleichtert.

Die meisten Einwanderer, die aus nichteuropäischen Staaten kommen, stammen aus dem muslimischen Kulturkreis. Die Fragen lauten: Wer kann sie erreichen und wie erreicht man sie, damit sie Teil dieser Gesellschaft werden? Dabei gilt eine Grundregel des Marketings auch für die Integrationspolitik: Der Köder muss dem Fisch schmecken, nicht dem Angler. Ziel muss sein, dass der Islam der Muslime unter uns mit unserer freiheitlich-demokratischen Grundordnung vereinbar ist. Damit das gelingt, muss man die eingewanderten Muslime dort abholen, wo sie stehen. Umgehend mit einer kritischen Auseinandersetzung zum Islam zu beginnen, würde die Türen gleich verschließen. Eine solche Auseinandersetzung kann nicht verordnet werden. Sie ist aber Teil eines Prozesses, der einsetzt, wenn jemand in unsere Gesellschaft hineinwächst.

Dass dies auch geschieht, zeigt die türkische Soziologin Nilüfer Göle, die seit 2001 in Paris forscht und lehrt. Sie ist der Frage nachgegangen, wie gewöhnliche Muslime ihre Religion in Europa leben, und hat dabei beobachtet, dass sie sich mehr und mehr von den Interpretationen des Islams in ihren Herkunftsländern absetzen. Über vier Jahre hat sie in Europa 21 Städte besucht, meist Orte, in denen Konflikte zum Islam ausgebrochen waren.[37] Sie wollte herausfinden, wie einfache Muslime denken und wie ihre Wirklichkeit aussieht.

Sie interessierte sich nicht für die oft gestellte Frage, ob es einen »europäischen Islam« gibt. Wichtiger ist ihr die Beobachtung, dass die Muslime, mit denen sie gesprochen hat, »europäische Muslime« geworden sind, deren Verhältnis zur Religion nicht mehr von vornherein festgelegt ist. Denn europäische Muslime eignen sich, das belegen ihre Beobachtungen, ihre Religion auf viel bewusstere Art an, als es Muslime in den Kernländern des Islams tun. Europäische Muslime leben, so Göle, die Ambivalenz aus, sichtbar verschieden zu sein und doch gewöhnliche Staatsbürger sein zu wollen.

Als ein Beispiel unter den muslimischen Intellektuellen zitiert sie den 1962 in Genf geborenen Tariq Ramadan, den Enkel von Hassan al-Banna, des Gründers der Muslimbruderschaft. Der fordert die Muslime auf, in Europa die binäre Weltsicht von der »Welt des Islams« und der »Welt des Krieges« aufzugeben. Stattdessen sollen sie Europa als eine »Welt des Friedens« und eine *Dar al-shahada* wahrnehmen – als eine Welt, in der jeder Muslim sein Glaubensbekenntnis, die *Shahada*, frei sprechen und seine Religion frei ausüben könne. Das entspricht auch der Mehrheitsmeinung der islamischen Gelehrten. So sagt Ahmad al-Tayyeb, der Großimam der Azhar, der führenden Lehranstalt des sunnitischen Islams: »In einer Gesellschaft und Kultur, in der die Bürgerrechte gewahrt werden, kann ich als Muslim leben. […] Der Islam kann mit jeder Staatsform leben, die Menschenwürde, Gerechtigkeit und Gleichberechtigung garantiert.«[38]

Göle zeigt mehrere Felder, auf denen sich der Islam sichtbar in die bestehende europäische Kultur hineinbewegt: im islamischen Recht, in der Musik oder bei Ernährungsgewohnheiten. Wichtig ist ihre Beobachtung, dass für die jüngeren europäischen Muslime das »Erlaubte« (*halal*) im Vordergrund steht und nicht mehr, wie bei den älteren Muslimen, das »Verbotene« (*haram*). Das verschafft ihnen und ihrem Lebensstil neue Freiräume.

Die eingewanderten Arbeiter der ersten Generation haben sich noch damit begnügt, ihren Glauben zu Hause zu leben. Heute bringen die postmigrantischen muslimischen Bürger Europas ihren Glauben aber überall zum Ausdruck – mit Moscheen, Minaretten und dem Kopftuch. Ihr Islam ist sichtbarer, wodurch sich die Fronten verhärten. Das hängt auch damit zusammen, dass trotz aller Annäherung Konfliktstoff bleibt. Göle nennt als ein Beispiel die Aufforderung, die in Europa gültigen sexuellen Normen und homosexuelle Eheschließungen zu akzeptieren. Eine große Asymmetrie besteht ferner im Verhältnis zum Sakralen: So ist dem Europäer die Meinungsfreiheit heilig, dem Muslim aber die Religion.

In Europa haben sich im Umgang mit dem neuen Fremden zwei Ansätze herausgebildet. Beide finden ihre Vorläufer in der Politik der früheren Kolonialmächte Großbritannien und Frankreich. So bietet auf der einen Seite der angelsächsische Multikulturalismus den lokalen muslimischen Gemeinden einen hohen Grad an öffentlicher Autonomie; er ist damit die nach innen gewendete Fortsetzung der früheren Kolonialpolitik einer indirekten Herrschaft, bei der die Briten die lokalen Eliten hatten regieren lassen. Auf der anderen Seite praktiziert Frankreich einen Assimilationismus, der eine eigenständige gesellschaftliche Identität der muslimischen Gemeinden bestreitet. Frankreich hatte bereits als Kolonialmacht versucht, seine als unteilbar verstandene Nationalkultur in den kolonisierten Gebieten durchzusetzen; damals wie heute ist das Mittel zur Durchsetzung die laizistische Republik.[39]

Diese verschiedenen Traditionen werden in der Rechtsprechung sichtbar. Am 14. März 2017 hat der Europäische Gerichtshof entschieden, dass Unternehmen das Tragen von Kopftüchern als religiöses Zeichen verbieten können, wenn sie das mit einer Politik der Neutralität gegenüber ihren Kunden begründen. Das stelle keine unmittelbare Diskriminierung dar, wenn die Regelung für alle gelte, so das Gericht.[40] Das Urteil folgt dem Neutralitätsgesetz und der Verbotskultur des französischen Laizismus, der im öffentlichen Raum keine Religionsfreiheit vorsieht. Die deutsche Rechtsprechung zum Kopftuch folgt dagegen eher der britischen Toleranzkultur, die die Religionsfreiheit in den Vordergrund stellt. So hat das Bundesverfassungsgericht am 13. März 2015 entschieden, dass ein pauschales Kopftuchverbot für Lehrerinnen nicht mit der Religionsfreiheit vereinbar sei.[41]

Lange hatte die republikanische Laizität Frankreichs versucht, Religion an sich von der Gesellschaft fernzuhalten. Als das Scheitern der Integration deutlich wurde, stellte sich Frankreich aber die Frage, ob es nicht auch eine Ursache für das Scheitern sein könne, dass viele Muslime den Laizismus als einen Angriff auf ihre Religion wahrnähmen und sich deshalb nicht zu den Prinzipien der Republik bekennen wollten. Es war offensichtlich nicht gelungen, auf der Grundlage des Laizismus eine homogene staatsbürgerliche Identität zu schaffen, sondern es war ein Raum für radikalislamische Identitäten entstanden. Frankreich reagierte darauf und begann, die strikte Interpretation seiner Laizität aufzuweichen.

Der Weg bis zum Modell der Vereinigten Staaten ist aber noch weit. Einwanderer, die vor religiöser Verfolgung geflohen sind, haben die Vereinigten Staaten gegründet. Der amerikanische Säkularismus trennt daher den Staat und die Kirchen, um die religiöse Pluralität in der Gesellschaft zu sichern und nicht um, wie in Frankreich, zu versuchen, diese aus der Gesellschaft zu verbannen. Zum faktischen Atheismus, den die französische Laizität im öffentlichen Raum durchsetzen will, ist der liberale deutsche Säkularismus ein anderes Gegenmodell. Er lässt die Sichtbarkeit von Religionen und ihren Symbolen im öffentlichen Raum zu.

Die Trennung von Staat und Religion ist eine der großen Errungenschaften der abendländischen Zivilisation. Daran darf nicht gerüttelt werden. Offenbar eignet sich jedoch der liberale Säkularismus deutscher oder amerikanischer Prägung mehr als die französische Laizität, um die Muslime in Gesellschaften zu integrieren und so den gesellschaftlichen Frieden zu sichern.

Damit die Integration erfolgreich ist, sind auf beiden Seiten Hürden zu überwinden. Eine Hürde ist die Angst vor dem Islam. Der Großimam der Azhar, Ahmad al-Tayyeb, versteht diese »Angst der Deutschen und Europas« vor dem Islam.[42] Auf der anderen Seite beklagen Muslime Diskriminierungen im Alltag. Näher kommen sich beide Seiten nur, wenn die Muslime die Mehrheitsgesellschaft davon überzeugen, dass sie einen Islam praktizieren, der im Einklang mit den deutschen Gesetzen steht. Das allein wird jedoch nicht reichen. Hilfreich wäre, würden Muslime bekunden, dass sie zu dieser Gesellschaft und deren Kultur dazugehören wollen. Der Koran baut ihnen dazu in Sure 7:199 eine Brücke: »Übe Nachsicht, gebiete den 'Urf und wende dich von den Törichten ab.« 'Urf ist das nichtislamische Gewohnheitsrecht, das der Koran zu akzeptieren fordert.

Die beiden Seiten kommen sich erst dann näher, wenn

sich die nichtmuslimische Mehrheitsgesellschaft von Vorurteilen verabschiedet. Ein gängiger Topos ist, Muslime seien gezwungen, die Scharia einzuführen, und die sei mit einem säkularen Staat nicht vereinbar. Die Scharia war nie ein Korpus kodifizierter Rechtsvorschriften. Vielmehr ist sie ein breiter Katalog ethischer Handlungsanweisungen mit Interpretationen, aus denen jeder Muslim auswählen kann.

Hilfreich wäre anzuerkennen, dass Deutschland ein Einwanderungsland geworden ist und dass Nachkommen von Einwanderern aus einem anderen Kulturraum Deutsche werden und Deutsche sein können, wenn sie auf dem Boden des Grundgesetzes stehen und die Bundesrepublik Deutschland als ihr Land anerkennen und sich aktiv an der Gesellschaft und an deren Entwicklung beteiligen. Sonst wären diese Einwanderer mit der Frage konfrontiert, die der in Syrien geborene, aber seit seinem Studium in Deutschland lebende und lehrende Politikwissenschaftler Bassam Tibi stellt: »Wenn ich kein Deutscher bin, was dann?«[43]

# AUSBLICK

Das Beben, das die arabische Welt seit den Massenprotesten des Jahres 2011 erschüttert, hat Konflikte mit einem gewaltigen Zerstörungspotential freigelegt. Die bisherigen Ordnungen haben in vielen Ländern keinen Bestand, die alten Eliten klammern sich aber an ihre Macht. Damit verhindern sie weitere Erschütterungen nicht, sondern schieben sie nur auf. Die arabische Welt ist in ihrem Inneren geschwächt, und damit nimmt die Wahrscheinlichkeit zu, dass Konflikte eskalieren und militärisch ausgetragen werden.

Der größte Nutznießer dieser arabischen Schwächephase ist Iran. Denn die Islamische Republik dringt in die arabische Welt ein und baut dort seine Präsenz konsequent aus. So ist ein Korridor von Iran bis ans Mittelmeer entstanden, den schiitische Milizen, die von iranischen Offizieren kommandiert werden, kontrollieren. Iran hat mehr als andere Akteure von der militärischen Zerschlagung des »Islamischen Staats« profitiert. In Syrien haben südlich und westlich des Euphrats meist schiitische Milizen, zu den auch die libanesische Hizbullah gehört, die Positionen eingenommen, aus denen der »Islamische Staat« 2016 und 2017 vertrieben wurde. Ähnliches gilt für den Irak. Zudem setzen sich in Syrien iranische oder von Iran gesteuerte schiitische Milizen in den »De-Eskalierungszonen« fest, die Russland, Iran und die Türkei eingerichtet haben, um dort die Kämpfe zwischen dem Regime und den Rebellen zu beenden. Eine Zone liegt zwischen Damaskus und der syrischen Grenze zu Israel.

Iran hatte 1982 während des libanesischen Bürgerkriegs die Hizbullah gegründet, der Irak fiel Iran 2003 mit dem Sturz des Diktators Saddam Hussein in den Schoss, und in Syrien sind die Revolutionswächter und schiitischen Milizen die wichtigsten Bodentruppen des Regimes von Baschar al-Assad. Denn die syrische Armee ist seit 2011 auf weniger als ein Drittel geschrumpft. Das haben die schiitischen Milizen mehr als wettgemacht. So haben 2000 iranische Offiziere in Syrien schätzungsweise 25 000 Milizionäre aus dem Irak, aus Afghanistan, Pakistan und dem Libanon ausgebildet. Sie haben zudem 100 000 Syrer, die loyal zum Regime sind, in »Nationale Verteidigungseinheiten« zusammengeführt, die sie nach Vorbild der iranischen Freiwilligenmiliz Bassidsch aufgebaut haben. Zusammen könnten diese Einheiten eine »syrische Hizbullah« bilden. Russland will sie in die reguläre syrische Armee überführen, Iran aber will die Kontrolle über sie nicht abgeben.[1]

Der iranisch-schiitische Landkorridor erstreckt sich nun von Bagdad nach Beirut ans Mittelmeer; dazwischen liegen die irakisch-syrische Grenzstadt Abu Kamal, Palmyra und Damaskus. Von Damaskus aus verläuft auch eine Straße nach Süden bis an die Golanhöhen und damit die syrische Grenze zu Israel. Dort stehen nun Einheiten der iranischen Revolutionswächter und der libanesischen Hizbullah. Anfang 2018 hatte Iran in Syrien bereits mehr als ein Dutzend Militärstützpunkte eingerichtet, was auf die Absicht einer langfristigen Präsenz schließen lässt. Zudem plant Iran eine Marinebasis an der syrischen Mittelmeerküste und einen Luftwaffenstützpunkt. In Syrien und im Libanon baut Iran Rüstungsbetriebe, die für den Bedarf Irans und der Hizbullah eine neue Generation iranischer Raketen mit hoher Präzision sowie Langstreckenraketen herstellen sollen.[2]

Die treibende Kraft hinter der Expansion in Syrien sind die »Revolutionswächter« und ihre Elitetruppen, die »*Qods-Brigaden*«. Bereits der Name verrät, was ihr Ziel ist: Jerusalem. Denn »*Qods*«, arabisch »*al-Quds*«, heißt Jerusalem. Sie verdanken es der Implosion Syriens, dass sie seit Ende 2017 an den Golanhöhen stehen und dass sie sich Syrien als iranisches Protektorat unterstellen. Das alarmiert Israel, was den Krieg in Syrien zunächst aus der Distanz verfolgt hat, nun aber einen Krieg an seiner Nordfront fürchtet.

Denn auch die libanesische Hizbullah hat seit dem letzten Waffengang gegen Israel im Jahr 2006 aufgerüstet. Sie hat seither ihren Bestand an Lenkwaffen und Raketen auf mehr als 100 000 verzehnfacht; einige haben eine Reichweite von 250 Kilometern und können den Süden Israels treffen. Jeder dritte der 25 000 Kämpfer der Hizbullah hat in Syrien neue Kriegserfahrung gesammelt.

Eine Gruppe ranghoher pensionierter Generäle, zu denen der frühere Generalinspekteur der Bundeswehr Klaus Naumann gehört, kommt zu dem Schluss, dass ein neuer Waffengang zwischen der Hizbullah und Israel nur eine Frage der Zeit sei. Der jüngste Bericht dieser 2015 gegründeten *High Level Military Group* beschäftigt sich mit der Frage, was geschieht, wenn die iranischen Revolutionswächter und die Hizbullah nicht mehr für den Krieg in Syrien gebraucht werden und sie sich auf einen Waffengang mit Israel vorbereiten können.[3]

Teheran behauptet zwar, seine Expansion sei defensiver Natur und diene dem Schutz Irans vor sunnitischen Extremisten. Vor allem Israel und Saudi-Arabien, die Führungsmacht der sunnitisch-arabischen Welt, nehmen diese Expansion aber als existentielle Gefährdung wahr. Sie bilden mit den USA eine inoffizielle Allianz mit dem Ziel, Iran zu rückzudrängen. Israel fühlt sich durch Irans Aufforderung bedroht, Jerusalem zu »befreien« und Israel auszulöschen, Saudi-Arabien durch die transnationale Ideologie der Islamischen Republik. Denn wer den Anspruch erhebe, »islamisch« zu sein, könne nicht ohne die beiden heiligen Stätten des Islams, Mekka und Medina, auskommen, heißt es in Saudi-Arabien. Iran werde daher nicht im Irak, in Syrien und im Libanon Halt machen, zumal es Saudi-Arabien auch von Süden her, aus dem Jemen, bedrohe. Der saudische Kronprinz Muhammad Bin Salman Al Saud nennt den iranischen Revolutionsführer Ali Khamenei den »neuen Hitler des Nahen Ostens«[4] und fordert ein hartes Vorgehen gegen Iran. An einem Dialog mit Iran ist Saudi-Arabien so lange nicht interessiert, wie ein strategisches Ungleichgewicht zugunsten Irans besteht.

Einen Partner findet Saudi-Arabien in der Regierung des amerikanischen Präsidenten Donald Trump. Der hat im Oktober 2017 erklärt, Iran halte sich nicht an die Bedingungen des Atomabkommens vom 14. Juli 2015, und er ist bereit, das Abkommen, dessen Defizite offensichtlich werden, aufzukündigen. Iran hat zwar die Anreicherung von Uran eingestellt und seine Bestände an angereichertem Uran abgebaut. Das Abkommen verhindert aber nicht die Expansion Irans; Gelder, über die Iran nach der Lockerung der Sanktionen verfügen kann, finanzieren die militärischen Aktivitäten im Ausland.

Aber auch eine Aufkündigung des Atomabkommens birgt Gefahren. Denn Iran würde die Anreicherung von Uran wieder in Gang setzen und könnte mit einfachen asymmetrischen Mitteln gegen amerikanische Interessen im Nahen Osten vorgehen.[5] Ein kleiner Anstoß würde reichen, um eine Kettenreaktion mit Kriegen in mehreren Ländern auszulösen. Denn die meisten Konflikte im Nahen Osten sind miteinander verwoben.

So könnte Iran, sollte es sich direkt oder durch die Aufkündigung des Atomabkommens indirekt angegriffen fühlen, seine Milizen in anderen Ländern mobilisieren: die Einheiten der Volksmobilisierung im Irak, die schiitischen Milizen in Syrien, die Hizbullah im Libanon und die Houthis im Jemen. Sie könnten amerikanische Truppen in der Levante angreifen, worauf Washington das Atomabkommen mit Iran ganz aufheben würde; sie könnten mehr Raketen nach Saudi-Arabien abschießen, worauf Riad seinen Krieg gegen iranische *Proxies* in Staaten wie dem Jemen, dem Libanon, Syrien und Irak intensivieren würde; proiranische Milizen könnten einen Krieg mit Israel beginnen, was zu massiven israelischen Vergeltungsschlägen führen würde. Andererseits könnte Israel einem Angriff präventiv zuvorkommen, solange sich die Hizbullah und die anderen schiitischen Milizen auf einen Waffengang vorbereiten, und die neuen Raketenfabriken in Syrien und im Libanon angreifen.

Diese Dynamik heizt den Rüstungswettlauf an. Dabei gibt es kaum eine andere Weltregion, in der bereits heute Staaten so viel Geld für Waffen ausgeben. Das schwedische Friedensforschungsinstitut Sipri hat errechnet, dass Iran im Jahr 2016 für Rüstung 13 Milliarden Dollar ausgegeben hat; für Saudi-Arabien und die Vereinigten Arabischen Emirate gibt Sipri Ausgaben von mehr als 100 Milliarden Dollar an. Zum Vergleich: Der deutsche Verteidigungshaushalt betrug in jenem Jahr 35 Milliarden Euro. Iran hat 523 000 Mann unter Waffen, in Saudi-Arabien und in den Vereinigten Arabischen Emiraten sind es 290 000.[6]

*

Eine bewaffnete Auseinandersetzung ist nun zwischen den iranischen *Proxies* und Israel am wahrscheinlichsten. Übergehen könnte sie in einen großen Krieg zwischen Saudi-Arabien und Iran. Die Konfrontation zwischen den beiden Ländern baute sich seit der Revolution 1979 in Iran auf. Mit der Regionalmacht des Schah-Regimes hatte sich Saudi-Arabien arrangiert, denn es forderte das saudische Königreich nicht heraus. Das aber tat Revolutionsführer Ruhollah Khomeini, der die Regierungsform des »*Velayat-e faqih*« durchsetzte, bei dem der führende islamische Rechts-gelehrte in Allahs Auftrag regiert.

Der schiitische Islam vollzog damit eine entscheidende Wendung. So wurde die Zeit des »Wartens« (*intizar*) auf den *Mahdi*, den Erlöser, durch Allahs Auftrag der »Ausbreitung« (*instishar*) abgelöst. Präsident Haschemi Rafsandschani (1989 bis 1997) drängte diesen Auftrag zum Export der Re-volution zurück, Präsident Mahmud Ahmadineschad (2005 bis 2013) belebte ihn wieder. Saudi-Arabiens Versuche, Iran einzudämmen, blieben aber bis Ende 2017 erfolglos. So be-hauptet sich im Jemen die Houthi-Miliz trotz eines mas-siven saudischen Militäreinsatzes, und im Libanon sind die Sunniten zu schwach, um sich dem Machtanspruch der Hiz-bullah wirksam entgegenzustellen.

Saudi-Arabien kann sich also nicht einmal in den bei-den peripheren Ländern Jemen und Libanon behaupten, geschweige denn in den beiden Ländern, in denen die Zu-kunft des Nahen Ostens entschieden wird. So hat in Syrien die von Saudi-Arabien unterstützte Opposition verloren; Syriens Zukunft liegt nun in den Händen Russland, Irans und der Türkei. Wenigstens im Irak macht Saudi-Arabien etwas Boden gut. Denn dort nimmt unter jenen Schiiten, die sich wie Ministerpräsident Haidar al-Abadi und dem Prediger Muqtada al-Sadr von Iran abgrenzen, die Forderung nach einem starken irakischen Nationalstaat zu. Andererseits profitiert Iran davon, dass es seit Jahrzehnten die Netzwerke seiner *Proxies* verlässlich unterstützt und sie daher loyal zu Teheran stehen, während Saudi-Arabien solche Netzwerke nicht mit der gleichen Intensität gepflegt hat.

Viel spricht dafür, dass der kalte Krieg zwischen Saudi-Arabien und Iran kalt bleibt, zumindest so lange, wie sich Soldaten der beiden Länder nicht direkt gegenüberstehen. Beide wissen, dass keiner eine direkte Konfrontation gegen seinen Gegner und dessen Verbündete gewinnen kann; beiden sind auch die wirtschaftlichen Folgen eines Kriegs bewusst. Und für beide käme ein großer Krieg jetzt zu früh: In Iran könnte er das Band zwischen den Institutionen der Revolution und der Gesellschaft, die sich nach einem normalen Leben ohne Krieg sehnt, zerreißen. Zudem nutzt Iran die arabische Schwächephase, um seinen schiitischen Korridor zu konsolidieren. Auf der anderen Seite braucht Saudi-Arabien Zeit, um die Neugründung des Königreichs unter Kronprinz Muhammad Bin Salman Al Saud zu konsolidieren; denn auch die saudische Gesellschaft will heute ein normales Leben in einem normalen Land führen.

Eine Fehlentscheidung kann jedoch zu jeder Zeit einen Krieg auslösen, und so steht der Konflikt zwischen den beiden Regionalmächten im Mittelpunkt der kommenden Jahre. Sein Verlauf wird stark davon abhängen, welchen Weg Iran einschlägt: ob es sich für innere Reformen und eine Modernisierung des Landes entscheidet oder ob es in erster Linie seinen regionalen Einfluss ausweiten will und dazu seine revolutionären Instrumente wie die Revolutionswächter einsetzt – oder ob es gar sein Atomwaffenprogramm wiederaufnimmt und damit eine militärische Konfrontation mit den USA und mit Israel provoziert, die gegenüber Iran von Saudi-Arabien und arabischen Staaten unterstützt werden. Nur mit der ersten Variante, der nach innen gerichteten Modernisierung Irans, wäre gewährleistet, dass im Nahen Osten Initiativen zur friedlichen Beilegung der Konflikte erfolgreich sein können. Die zweite Variante würde indes zu einem dauerhaften Konflikt zwischen Iran und den sunnitischen Ländern um Saudi-Arabien führen, die dritte würde die Region in einen Atomkrieg stürzen.

Klarer zeichnet sich die Entwicklung von Saudi-Arabien, der letzten verbliebenen arabischen Ordnungsmacht, ab. Seit der Berufung des 1985 geborenen Muhammad Bin Salman Al Saud zum Kronprinzen im Juni 2017 beschleunigt sich der überfällige Transformationsprozess, der gleichbedeutend ist mit einer Neugründung des Königreichs und einem neuen Gesellschaftsvertrag, der das Land zusammenhalten soll. Im Ausland werden vor allem Neuerungen beachtet wie die Aufhebung des Frauenfahrverbots, die Zulassung von Frauen in Sportstadien, die Genehmigung von öffentlichen Sportstätten für Frauen und die Berufung von Frauen in führende Positionen. Der Transformationsprozess geht aber wesentlich tiefer.

In dem ersten Dreivierteljahrhundert des 1932 gegründeten Königreichs hat sich jeder Saudi über eine der vier Säulen des Staats definiert: des Hauses Saud, der wahhabitischen Religionsgelehrten, der Stämme und der Geschäftsleute. Jeder sah sich irgendwo wieder. Über die Jahrzehnte waren die Säulen aber immer weniger mit einem modernen Staat vereinbar. So nahm die Zahl der Prinzen immer mehr zu, um jeden Prinzen entstand ein kleiner Staat im Staat. Wichtiger als die staatlichen Institutionen wurden die persönlichen Beziehungen zu dem (oft wirtschaftlichen) Netzwerk um einen Prinzen. Diese Netzwerke waren kaum kontrollierbar, sie leisteten der Korruption Vorschub und nährten Neid. Je näher der Kopf eines solchen Netzwerks der Königswürde schien, desto mächtiger war es.

Auch die wahhabitischen Religionsgelehrten, die zweite Säule, sind mit einem modernen Staat nicht vereinbar. Denn sie lehnten gesellschaftliche Veränderungen als unzulässige Neuerungen ab, sie lehrten die Überlegenheit ihres Islams, und sie forderten dazu auf, alle anderen zu bekämpfen, vor allem die schiitischen Muslime. Um ihre Dominanz einzuschränken, ließ König Faisal (1964 bis 1975) ägyptische und syrische Muslimbrüder ins Land. In der Gegenwart sind die meisten Saudis zwar weiterhin fromme Muslime. Nur noch eine Minderheit hört aber auf die altvorderen Religionsgelehrten, denen sie vorwerfen, einen Islam zu lehren, der nicht mit dem Leben in der Moderne in Einklang stehe.

An Bindekraft verlieren auch die Stämme, die dritte Säule. Über sie haben viele Saudis Arbeit bei der Armee, Polizei und Nationalgarde sowie bei anderen Einrichtungen des Königreichs gefunden. Die junge Generation arbeitet heute aber aufgrund eigener Leistungen bei großen Firmen, etwa bei Aramco, Sabic oder einem privaten Unternehmen; ihre Mitglieder definieren sich weniger als ihre Väter über die Stämme. Verändert hat sich auch das Selbstverständnis der großen Geschäftsleute, der vierten Säule. Sie waren immer abhängig von der Gnade der Al Saud, und sie mussten sich gegen die mächtigen Prinzen behaupten, an denen vorbei keine Ausschreibung gewonnen wurde. Von diesen wollen sie nun unabhängig sein.

Als erster hatte König Fahd (1982 bis 2005) erkannt, dass das alte Gerüst mit den vier Säulen das Königreich nicht länger trägt, und er hat einen Modernisierungsprozess eingeleitet. Salman, Fahds Bruder und König seit 2015, sowie Kronprinz Muhammad Bin Salman stellen nun das Königreich auf eine neue Grundlage. Sie schaffen, erstens, einen zeitgemäßen Staat, in dem das Individuum im Mittelpunkt stehen soll; mit der Herrschaft der vielen Prinzen soll Schluss sein. Neuen Regeln folgen in dem zentralisierten Staat, das künftig mutmaßlich eine Erbmonarchie in der Linie von König Salman sein wird, die Verteilung von Ämtern und Gelder. Sie sollen sich an den Prinzipien der Rechenschaftspflicht der Regierenden und der Transparenz orientieren.

Zweitens folgt die Gesellschaft nicht mehr den wahhabitischen Religionsgelehrten. Muhammad Bin Salman hat im Oktober 2017 angekündigt, dass Saudi-Arabien künftig einen »gemäßigten Islam« praktizieren werde. Welcher Islam sich konkret durchsetzt, etwa jener der Sahwa-Bewegung von populären Predigern wie Salman al-Audah, lässt sich noch nicht sagen. Es zeichnet sich indessen ab, dass der Staat und die Gesellschaft institutionalisiert werden, dass sich die Gesellschaft öffnet und bisherige Grenzen aufgehoben werden.

Ihren Willen zu einer tiefgreifenden Transformation des Königreichs haben König Salman und Kronprinz Muhammad mit der spektakulären Verhaftungswelle vom 4. November 2017 demonstriert. Dabei wurden 208 führende Prinzen, Minister und Geschäftsleute wegen Veruntreuung öffentlicher Mittel und Korruption festgenommen. Als ein gerechter Herrscher konnte sich dabei der Kronprinz präsentieren, der zunehmend zur Identifikationsfigur der saudischen Jugend – 70 Prozent der Saudis sind jünger als 30 Jahre – wird. Der geringe Widerstand gegen die Verhaftungswelle zeigt, dass die Ära der einflussreichen Prinzen, die sich über ihren Reichtum definiert haben, der Vergangenheit angehört. Viele werden ihr Leben in Nizza oder Marbella fortsetzen.

Zweierlei ist erforderlich, damit sich der Prozess verfestigt: Die Veränderungen müssen dauerhaft in Gesetze gegossen werden, und die Außenpolitik – wie der Krieg im Jemen und die Konflikte mit Iran – darf diese Transformation nicht gefährden, der Krieg im Jemen muss enden. Denn Saudi-Arabien ist eines der wenigen Länder in der arabischen Welt, die sich positiv und in die richtige Richtung entwickeln. Die meisten Länder zerstören sich aber selbst oder werden zerstört. Ihre Mittelschichten lösen sich auf, und der gesellschaftliche Zusammenhalt ist in ihnen nicht mehr gegeben. Da sie noch mindestens ein Jahrzehnt ausfallen, bleibt Saudi-Arabien auf absehbare Zeit der einzige arabische Stabilitätsanker.

*

Gescheitert sind die Revolutionen und Aufstände des Jahres 2011. Mit der Ausnahme von Tunesien wurde die Chance für einen demokratischen Übergang vertan. Die Proteste öffneten aber den Blick auf den Zustand der arabischen Welt: auf das Unvermögen der Gesellschaften, in friedlicher Koexistenz zu leben, auf das Fehlen inklusiver Identitäten und auf Diktaturen, die einen Wandel mit Repression ersticken wollen und damit den Grund für Gewalt und Terror gelegt haben und weiter legen.[7] Syrien, wo der Konflikt ein Land zerstört und die globale Ordnung erschüttert hat, ist zum Fanal dieser Gewalt geworden.

Die Geschichte des modernen Nahen Ostens ist eine Geschichte des Scheiterns. Viele Faktoren haben zu diesem Scheitern beigetragen. Da der Nahe Osten komplex ist, gibt es weder einfache Antworten noch einfache Lösungen. Gewiss ist nur, dass eine Rückkehr zur alten Ordnung – und damit zur früheren Schein-Stabilität – ausgeschlossen ist. Die Regime, die sich fürs Erste gegen Aufstände behauptet haben, können sich nicht im Glauben wiegen, dass sie gewonnen hätten.

Das Jahr 2011 markiert eine Zäsur. Es ist im Aufbegehren gegen die alte Ordnung lediglich eine Episode, nicht mehr und nicht weniger. Denn die Regime haben keine der Ursachen beseitigt, die zu Beginn des Jahres 2011 die Revolutionen und Aufstände ausgelöst haben. Die Regime wären ohnehin überfordert, diese Ursachen zu beseitigen. Sie müssten bei sich selbst anfangen; da sie aber selbst Teil des Problems sind, können sie kein Teil der Lösung sein.[8] Das Wasser der Unzufriedenheit wird wieder steigen, und der Damm wird wieder brechen.

Es ist eine Frage der Zeit und des Leidensdrucks, bis neue Massenproteste ausbrechen, wobei keineswegs gewiss ist, ob sie friedlich verlaufen oder von Zerstörungen begleitet sein werden. Denn die meisten Jugendlichen glauben nur noch an Gewalt, zumal mit der Zerschlagung der Muslimbruderschaft der wichtigste Akteur des gemäßigten Islamismus ausgeschaltet wurde und die Islamisten den Glauben an die Demokratie verloren haben.[9] Noch fürchten die Menschen aber die Instabilität, die mit Massenprotesten verbunden sind und die seit 2011 zur Verschlechterung der wirtschaftlichen Lage geführt hat. Der Leidensdruck nimmt aber zu – als Folge der Repression und der dysfunktionalen Wirtschaftsordnung, die viel zu wenige Arbeitsplätze schafft.

Ein Lichtblick ist lediglich Tunesien, das zum Labor für die Demokratie in der arabischen Welt wurde. Ägypten und Syrien wurden jedoch zu Schlüsselländern für das Scheitern der Aufstände. Ägypten erlebt eine beispiellose Welle der Repression, das Land ist wirtschaftlich wie politisch geschwächt und mit sich selbst beschäftigt; hingegen hat ein Krieg Syrien zerstört, Machthaber Assad kann sich nur dank Russland und Iran in einem Rumpf-Syrien halten. Beide können auf Unterstützung von außen hoffen: Denn über Ägypten sollen keine Flüchtlinge nach Europa geraten, und in Syrien soll eine Rückkehr des »Islamischen Staats« verhindert werden. Dabei sollte eine Lektion der Vergangenheit sein, dass Diktaturen keine Sicherheit garantieren und nicht auf Dauer unerwünschte Flüchtlingsströme zurückhalten. Sie erzeugen im Gegenteil Flüchtlinge.

Flüchtlinge bestimmen auch den Blick auf Libyen, das zerfällt und wo sich die einzelnen Fraktionen gegenseitig zermürben; für Europa steht im Vordergrund, dass Libyen kein Transitland mehr für Flüchtlinge aus Afrika ist. In Trümmern leben auch die Jemeniten. Nur die geschlossene Landgrenze zu Saudi-Arabien und die Sperrung der Wasserwege verhindern, dass sie sich als Flüchtlinge über Afrika nach Europa absetzen.

Von den Konflikten, die sich seit den Massenprotesten des Jahres 2011 in der arabischen Welt ausgebreitet haben, bleibt auch die Arabische Halbinsel nicht verschont. Die reichen Golfmonarchien sind zwar intakt, gegen Änderungen aber nicht immun. Ohne die Vorgänge des Jahres 2011 wäre sechs Jahre später nicht der Konflikt zwischen Saudi-Arabien und Qatar in dieser Schärfe ausgebrochen. Denn das kleine Qatar witterte bei dem Zerfall von Staaten und der regionalen Ordnung eine Gelegenheit, seinen Einfluss auf Kosten Saudi-Arabiens auszubauen: Es musste nur auf der »richtigen Seite«, nämlich der Seite der Sieger, stehen und diese Sieger massiv unterstützen. Saudi-Arabien griff im Juni 2017 zu schweren Strafmaßnahmen und Sanktionen und einem Embargo. Damit will das Königreich das bislang allein segelnde Qatar wieder in sein Kielwasser zwingen. Als Folge des saudischen Drucks schwindet der Einfluss Qatars und dessen Nachrichtensenders al-Jazeera.

Die Vereinigten Arabischen Emirate, eine aufstrebende Macht, fügen sich als Juniorpartner dem übermächtigen Saudi-Arabien. Einen zweiten Juniorpartner für gemeinsame Missionen findet Saudi-Arabien im geschwächten Ägypten. Denn Ägypten verfügt über zu geringe finanzielle Mittel, um weiterhin selbst Ordnungsmacht zu sein. Die beiden Länder ergänzen sich indessen gut und decken weite Teile der arabischen Welt ab. So agiert Saudi-Arabien aus dem Golfkooperationsrat (GCC) der Golfmonarchien heraus, Ägypten gewinnt Stärke aus seinem nordafrikanischen Hinterland. In Saudi-Arabien arbeiten mehr als eine Million Ägypter, im Gegenzug ist Saudi-Arabien der größte ausländische Investor in Ägypten. Beide Länder unterhalten enge Beziehungen zu den USA, in Saudi-Arabien profitiert davon das Haus Saud, in Ägypten das Militär. Während das Königreich vom Erdöl geprägt ist, ist Ägyptens Geschichte mit jener der Muslimbruderschaft verknüpft.

Ägypten ist selbst kein Akteur mehr, spielt bei der Durchsetzung saudischer Interessen aber eine wichtige Rolle. Ganz aus der Geschichte verabschiedet haben sich indes zwei andere frühere Regionalmächte, Syrien und der Irak. Damit muss die neue regionale Ordnung um Saudi-Arabien herum aufgebaut werden. Das wird umso schwieriger, als auch die globalen Akteure die Unordnung im Nahen Osten nicht (mehr) ordnen wollen und können.

\*

Im Jahr 2017 haben einige geglaubt, Licht am Ende des Tunnels zu sehen. Denn der »Islamische Staat« verlor den größten Teil seines Territoriums, und in Syrien zog Präsident Assad den Kopf aus der Schlinge. Die heiße Phase des Kriegs schien abzuflauen. Die Hoffnungen können sich als verfrüht erweisen, denn die großen Konflikte bleiben: Die Büchse der Pandora ist in Syrien geöffnet, eine Runde des Kriegs läutet stets die nächste ein.

So standen sich zunächst das Regime und die Rebellen gegenüber; in der zweiten Runde war Syrien Schauplatz eines Stellvertreterkriegs, der das Land zerstörte; in der dritten Runde bekämpfte eine internationale Allianz den »Islamischen Staat«. Die nächste Runde wird sich um die Präsenz Irans und seiner Milizen in Syrien drehen. Konfliktstoff bietet auch die dominierende Rolle Russlands. Positiv könnte sich auswirken, dass Russland, Iran und die Türkei den Staat Syrien erhalten und ein Auseinanderbrechen verhindern wollen.

Ein Ende der Konflikte ist auch im Irak nicht abzusehen. Denn das kurdische Streben nach Unabhängigkeit kann der territorialen Integrität des Iraks den Todesstoß versetzen; dem Land droht unverändert ein bewaffneter Konflikt zwischen Arabern und Kurden, denn beide Seiten beanspruchen Gebiete wie die ölreiche Region um Kirkuk.

Der andere irakische Konflikt, der zwischen den sunnitischen und den schiitischen Arabern, bricht immer wieder aus, weil die schiitisch beherrschte Zentralregierung in Bagdad nicht zu Zugeständnissen an die Sunniten bereit ist und der Wiederaufbau der sunnitischen Städte nicht vorankommt. Positiv sind jedoch zwei Entwicklungen. So begann die irakische Regierung am 11. Dezember 2017 damit, die schiitischen Milizen der »Volksmobilisierung« in die staatlichen Sicherheitskräfte zu integrieren, wo sie aber eigenständige Einheiten bleiben. Ferner ist unter Ministerpräsident Haidar al-Abadi, der seit September 2014 im Amt ist und den auch Sunniten akzeptieren, das Bekenntnis zu einem irakischen Nationalstaat anstelle eines konfessionell definierten Staates wieder gestiegen.

Im Irak und in Syrien wird die Instabilität anhalten. Den Irak werden weiterhin konfessionelle und ethnische Bruchlinien spalten, und ein Ende der Unzufriedenheit der Sunniten mit ihrer Rolle in Staat und Gesellschaft ist nicht in Sicht. In Syrien wiederum haben Milizen und lokale Warlords das Sagen, sowohl in den Gebieten, die das Regime kontrolliert, als auch in denen, die außerhalb seiner Kontrolle liegen; zudem spaltet die starke iranische Präsenz das Land.

Um sich vor dieser Instabilität in der Levante zu schützen, werden sich die anderen Staaten nach außen abkapseln und im Inneren Reformen nicht vorantreiben, sondern meiden.[10] In Ägypten verhärtet sich daher die Militärherrschaft, und der Konflikt mit Äthiopien um das Nilwasser spitzt sich zu. In den Golfmonarchien hingegen nimmt die Versuchung zu, keine weiteren Reformen mehr zu wagen, sondern den Status quo zu erhalten. Lediglich Saudi-Arabien scheint es mit der Ankündigung einer Transformation ernst zu meinen.

Dem »Islamischen Staat« bieten diese anhaltenden Konflikte im Irak und in Syrien, selbst wenn er militärisch besiegt ist, einen Nährboden, um unter neuem Namen zurückkehren zu können. Um ihn dauerhaft zu zerschlagen, sind Voraussetzungen erforderlich, die nicht eintreten werden: eine politische Lösung der sunnitischen Frage im Irak und eine intellektuelle Revolution in der arabischen Welt, die freies Denken nicht länger unterdrückt, sondern zulässt. Solange dies nicht der Fall ist, gilt: Je brutaler ein Staatsapparat auftritt, desto brutaler ist die Alternative zu ihm.

Die Levante mit den Kernländern Syrien und Irak ist die Schlüsselregion der arabischen Welt. Dort finden die großen Auseinandersetzungen um die Identität statt und dort zeigt sich, welche Macht die Religion als ein Mittel zur sozialen Bindung hat; Menschen, die gemeinsam einen Glauben leben, geben nicht auf und halten gerade dann zusammen, wenn die Zeiten hart werden. So stoßen in der Levante der sunnitische und der schiitische Islam aufeinander, dort kämpfen Saudi-Arabien und Iran um Hegemonie. Die Levante ist der »Schlussstein im Bogen« (*hajar al-zawiya*) der arabischen Welt, von dem Baschar al-Assad in dem Interview am 17. Juni 2013 gesprochen hat.

In eine derart aufgewühlte Region Frieden zu bringen, kann nur gelingen, wenn die externen Sponsoren des Krieges endlich bereit sind, Sponsoren des Friedens zu werden, und wenn sie in dieser Rolle einer Kontrolle der Waffenarsenale und deren Abbau zustimmen. Ob es eines Tages zu Friedensverhandlungen oder gar einer Friedenskonferenz kommt, wird von den Entwicklungen in den Ländern des Nahen Ostens selbst und zwischen ihnen abhängen, aber auch von den Entwicklungen in der Welt.

Wie die Zukunft des Nahen Ostens sind auch die Entwicklungen in der übrigen Welt schwer vorauszusagen. Wenige hatten es für möglich gehalten, dass der Populist Donald Trump zum amerikanischen Präsidenten gewählt wird, und vor dem britischen Brexit-Votum hatten nur wenige damit gerechnet, dass Großbritannien die Europäische Union verlassen könnte. Lange war im Westen die Gruppe der Menschen unterschätzt worden, die sich um ihre nationale Identität sorgen, die eine internationale Verflechtung ihrer Länder ablehnen, die sich gegenüber anderen abgrenzen und die wieder Mauern errichten wollen, die also für den Rest der Welt keine Verantwortung übernehmen wollen.

Ob es zu einer großen internationalen Friedensinitiative zum Nahen Osten kommt, die an einem neutralen Ort, etwa Genf, stattfinden könnte, hängt entscheidend davon ab, welche Interessen die globalen Akteure verfolgen und mit wem sie belastbare Allianzen eingehen. Unter Präsident Barack Obama hatte sich vorübergehend die Erkenntnis durchgesetzt, dass die USA mit ihrer militärischen Macht die Konflikte im Nahen Osten nicht lösen können und dass jeder Versuch, einen Krieg in der Region beizulegen, scheitern muss. Den Amerikanern waren die zu erwartenden Opfer für eine nur oberflächliche Befriedung zu groß. Präsident Obama ließ sich daher im Nahen Osten von der Doktrin leiten, dass für regionale Konflikte regionale Partner zuständig seien.[11] Anders handelt ein unberechenbarer Präsident wie Donald Trump, der ein anderes Verständnis von Militär als Obama hat. Keine Skrupel kennt auch der russische Präsident Wladimir Putin bei seiner Politik, Moskauer Interessen mithilfe der russischen Armee durchzusetzen – ob in Syrien, in der Ukraine oder auf der Krim. Offen bleibt, wann China im Nahen Osten nicht länger ein Trittbrettfahrer ist, der von der Präsenz anderer Staaten zur Sicherung der Energiewege profitiert, sondern zum Schutz seiner wirtschaftlichen Interessen wie dem Bau der neuen Seidenstraße mehr im Nahen Osten eingreifen wird.

In der Gegenwart erleben wir eine neue Konstellation: Die Araber sind geschwächt und zermürben sich selbst; ein expansives Iran bringt Israel und Saudi-Arabien in eine Allianz; ein amerikanischer Präsident will Iran zurückzudrängen, er erkennt Jerusalem als Hauptstadt Israels an und will den Konflikt um Palästina mit einem Business-Deal lösen. Diese Konstellation bringt ein Jahrhundert nach der Balfour-Deklaration aus dem Jahr 1917, die Palästina zur »nationalen Heimstätte« des jüdischen Volkes erklärt hat, nun Bewegung in die Suche nach einer Lösung des Konflikts zwischen Israel und den Palästinensern. Die Palästinenser lehnen den Vorschlag eines »Jahrhundertdeals« jedoch ab.

Der Vorschlag, Palästinenser im Nordsinai anzusiedeln, die im Gegenzug auf das Westjordanland verzichten, wird seit den 1980er Jahren diskutiert. Das geschah zunächst hinter verschlossenen Türen. Seit 2017 fordern Politiker der israelischen Regierungspartei Likud auch öffentlich, den Nordsinai den Palästinensern als »Ersatzland« zu geben. Dazu werden nun auch die Voraussetzungen geschaffen: In dem Landstrich westlich von Gaza enteignet Ägypten unter dem Vorwand der Terrorbekämpfung Dörfer und macht sie dem Erdboden gleich, und Ägypten verkaufte 2016 seine zwei Inseln in der Einfahrt in den Golf von Aqaba, Tiran und Sanafir, an Saudi-Arabien, das damit eine Mitverantwortung für den Sinai erhält.

Die Araber sind zu schwach, um gegen dieses Projekt Widerstand leisten zu können, und die junge Generation der Muslime kennt nur einen Konflikt um Palästina, in dem sich immer Israel durchgesetzt hat. Schwerer wiegt, dass die einzige starke arabische Macht, Saudi-Arabien, in der Gegenwart im Konflikt mit Iran auf die USA und auf Israel angewiesen ist, und Ägypten kann ohne amerikanische Militär- und Wirtschaftshilfe kaum überleben. Bei Saudi-Arabien und Ägypten spielt auch eine andere Überlegung eine Rolle: Für sie sind die islamistischen Palästinenser der Hamas politische Gegner, die sie bekämpfen und deren Scheitern sie mit Genugtuung sehen.

Damit sind die Bedingungen gegeben, um den »Jahrhundertdeal« zu verwirklichen. Er wird aber nur dann durchzusetzen sein, wenn er für Ost-Jerusalem und den Tempelberg, die drittheiligste Stätte im Islam, eine Lösung anbietet, die Muslime wie Juden zufriedenstellt. Denn zunächst gießt der Deal mit einer weiteren Vertreibung der Palästinenser weiter Öl ins Feuer, und der Konflikt um Palästina wird wieder aufflammen.

*

Die Konflikte und die Kriege des Nahen Ostens, die sich in Gegenwart zu einem großen Krieg zusammenfügen, werden nicht so schnell ausklingen. Zwar ist der postkoloniale Nationalstaat am Ende, doch es ist noch nichts in Sicht, was die verfallene Ordnung ersetzen könnte, und es zeichnet sich auch nicht ab, wie eine stabile neue Ordnung beschaffen sein müsste. Dieses Buch hat Grundbausteine für eine mögliche Lösung zusammengetragen. Demnach müsste eine umfassende Friedensregelung, die am Ende eines langen Friedensprozesses und einer großen Friedenskonferenz zum Nahen Osten stehen würde, mindestens fünf Elemente beinhalten.

Das erste Element ist der territoriale Nationalstaat. Denn sein starker Bezug zu einem klar umrissenen Territorium stärkt den Zusammenhalt der Menschen. Das ist ein Vorteil gegenüber einer konfessionellen Identität, die ohne territorialen Bezug bleibt. Der territoriale Nationalstaat der Zukunft darf jedoch keine Identität ausschließen. Von Vorteil ist, dass eine territoriale Identität durchaus mit einer konfessionellen Subidentität verschmelzen kann.

Zweitens bedarf es funktionierender Institutionen. Erbringen sie Leistungen, fassen die Menschen Vertrauen. So

kann eine nationale Armee als ein Symbol der National-
staatlichkeit dazu beitragen, einen Staat zurückzubringen.
Gefordert ist eine neue Form der Regierungsführung, die
im Inneren in Reformen und nicht mehr in Gewalt inves-
tiert, die Rechenschaft über ihr Tun ablegt und gegenüber
anderen Staaten einen friedlichen Umgang pflegt. Entscheidend sind eine unabhängige Justiz und ein funktionierender
Rechtsstaat. Um solche Institutionen herum kann ein Staat
entstehen, der für alle da ist und nicht mehr nur allein für
eine Elite. Funktionieren einmal ein Staat und seine sicht-
baren Institutionen, ist es leichter, innerhalb dieser Grenzen
eine Nation hervorzubringen, als dass aus einer künstlichen
Nation ein funktionierender Staat entstehen könnte.

Das dritte Element ist ein gemäßigter Arabismus. Sein
Auftrag wäre, einen territorialen Staat zu konsolidieren
und zu legitimieren. Jeder Staat definiert sich durch seine
Außengrenzen, aber auch durch die Zugehörigkeit zur arabischen Welt. Ein gemäßigter Arabismus erlaubt eine Vielfalt von Staatsformen mit einer unterschiedlich intensiven
Berufung auf den Islam.

Sind die ersten drei Punkte erfüllt, würde das vierte Element möglich: eine regionale Ordnung, die multiple Identitäten zuließe. In wenigen anderen Regionen der Welt existieren auf engem Raum so viele unterschiedliche Identitäten
wie im Nahen Osten. In der Vergangenheit sind Konflikte
ausgebrochen, weil die Gruppen mit starker Identität Gruppen mit anderen Identitäten auslöschen wollten, was jedoch
nie gelang. Damit es nicht wieder so weit kommt, ist eine
regionale Ordnung erforderlich, die multiple Identitäten
zulässt. Nur so kann die regionale Ordnung auch eine Friedensordnung sein.

Das fünfte und letzte Element soll eine Freihandelszone

sein. Denn Frieden und Wohlstand sind eng miteinander verknüpft. In der Levante bildeten über eine lange Zeit die engen wirtschaftlichen Verflechtungen und eine kosmopolitische Kultur zwei Seiten einer Medaille und eines Lebensstils. Diese Geschichte wurde im frühen 20. Jahrhundert unterbrochen. An sie kann wieder angeknüpft werden.

Damit ein solcher politischer Entwurf gelingen kann, müssen in der Gesellschaft drei Voraussetzungen erfüllt werden. Die erste ist die Ermächtigung (*empowerment*) des Individuums, um die Macht der großen Gruppenidentitäten, etwa des Konfessionalismus, zu schwächen. Letzterer wirkt dann negativ, wenn er die Menschen untereinander abgrenzt und wenn sich der Einzelne entscheidend über ihn definiert. Zudem ist der arabische Bürger bislang nicht zur Teilnahme an der Politik berechtigt. Der *muwatin* hat lediglich Ansprüche auf Leistungen des Staats, nicht jedoch auf eine Teilhabe an diesem.

Die zweite Bedingung ist die Stärkung des gemäßigten klassischen Islams, der unter einer Erosion leidet und der seine Glaubwürdigkeit verloren hat, weil seine wichtigste Aufgabe die Legitimierung der Handlungen autoritärer Regime geworden ist. Will er seine positive Bindekraft zurückgewinnen, muss er wieder autonom sein.

Der Säkularismus, die dritte Bedingung, soll sicherstellen, dass sich jede Identität entfalten kann. In der Vergangenheit war der Säkularismus lediglich ein Instrument, um Religion zu unterdrücken.

Auf dem Weg zu einer solchen Ordnung stehen Hürden. Nur wenn sie weggeräumt werden, kann das Ziel erreicht werden. Eine Hürde ist der Islamismus, also der Auftrag, den sich Muslime selbst geben, einen Staat und eine Gesellschaft aktiv zu gestalten. Ein Islam ist destruktiv, wenn er ausgrenzt, und ein Islamismus, der ausgrenzt, ist nicht nur destruktiv, sondern hat auch kein Konzept für einen lebensfähigen Staat. In der Vergangenheit war der Islamismus destruktiv, als ihn Länder wie Saudi-Arabien in der ideologischen Auseinandersetzung mit Gegnern als Waffe benutzt und somit eine Wurzel des Terrors gelegt haben.

Der Konfessionalismus ist eine noch größere Hürde auf dem Weg zu einer friedlichen Ordnung. Im Mittelpunkt des Nationalismus steht ein Staat, dem sunnitischen und schiitischen Konfessionalismus geht es jedoch allein um Macht. Er eignet sich nicht, um Institutionen zu konsolidieren, er eignet sich aber trefflich zur Mobilisierung gegen Feinde.

Auch die dritte Hürde haben die Araber selbst aufgestellt. In keiner anderen Region, mit Ausnahme Afrikas südlich der Sahara, wächst die Bevölkerung so schnell wie in der arabischen Welt. Was auch immer die Staaten und Regime tun, um Arbeitsplätze zu schaffen und ihre Länder zu stabilisieren: Es kann nicht nachhaltig sein. Damit sich das ändert, müssen die Frauen besser gebildet und in den Arbeitsmarkt integriert werden.

Es ist zu hoffen, dass sich die Länder des Nahen Ostens auf eine Ordnung einigen, die ein friedliches Miteinander in den Staaten selbst und eine friedliche Koexistenz zwischen ihnen ermöglicht. Dabei müssen Europa und die Türkei, die in der Reichweite des Epizentrums liegen, schon im eigenen Interesse eine Rolle spielen. Zunächst werden die Dinge jedoch noch schlechter gehen, bevor sie wieder besser werden. Der große Krieg im Nahen Osten ist noch lange nicht zu Ende. Das Jahr 2018 markiert erst das siebte Jahr eines Zyklus, von dem niemand weiß, wie lange er noch dauern wird.

# ANHANG

Täbris

da

Arbil

Mossul  Kirkuk

Euphrat

Tikrit

a k  Bagdad

Kerbela  Tigris

Nadschaf  Euphrat

Basra

Kuwait

di - Arabien

Riad

Iran

Teheran

Isfahan

Schiras

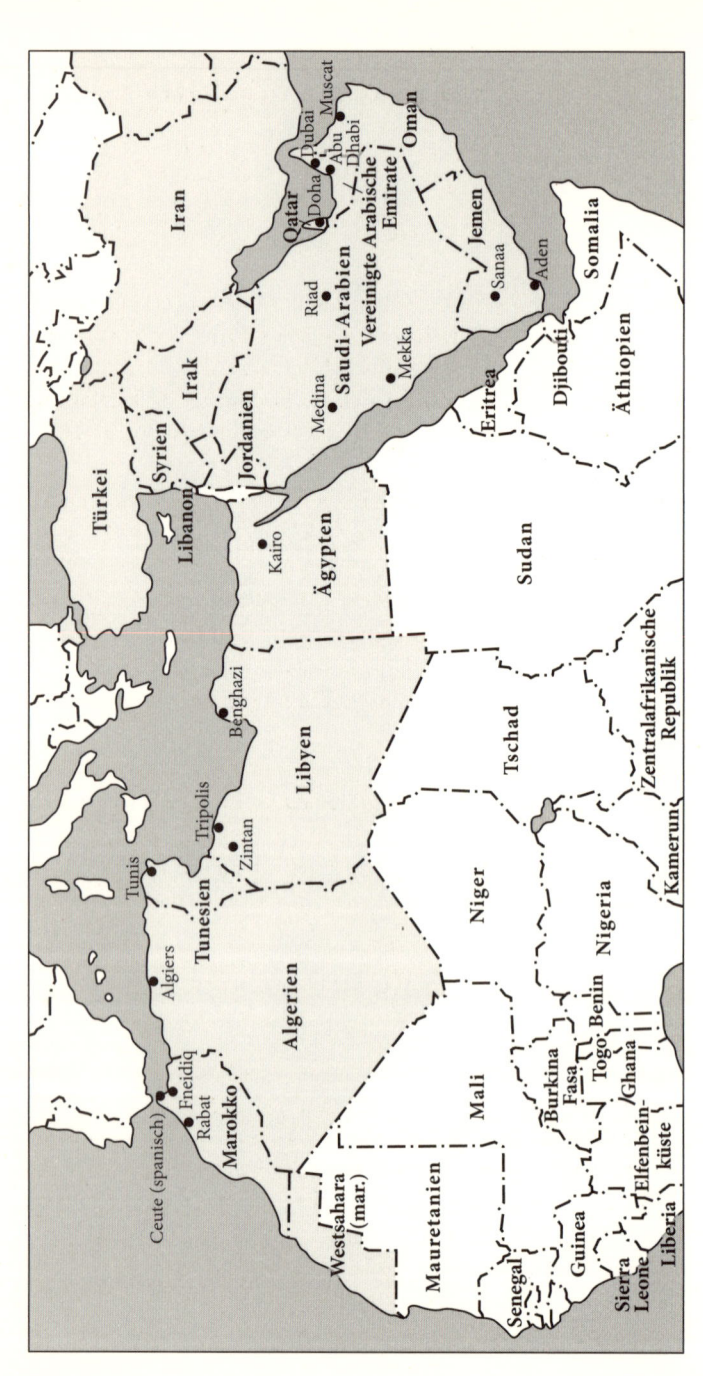

Iran

Muscat
Dubai
Abu Dhabi
Qatar Doha
Oman
Vereinigte Arabische
Emirate
Saudi-Arabien
Riad
Jemen
Sanaa
Aden
Somalia
Djibouti
Eritrea
Mekka
Medina
Äthiopien
Irak
Syrien
Jordanien
Türkei
Libanon
Kairo
Ägypten
Sudan
Benghazi
Zentralafrikanische
Republik
Tripolis
Libyen
Zintan
Tschad
Tunis
Tunesien
Kamerun
Algiers
Niger
Nigeria
Algerien
Benin
Togo
Burkina
Fasa
Ghana
Elfenbein-
küste
Ceute (spanisch)
Fneidiq
Rabat
Marokko
Mali
Guinea
Liberia
Sierra
Leone
Westsahara
(mar.)
Mauretanien
Senegal

# AUSWAHLBIBLIOGRAPHIE

Abd Allah, al-Husseini (1980): al-Judhur a-taʻrikhiyya li-al-nusai-riyya al-alawiyya. [Die historischen Wurzeln der alawitischen Nu-sairiyya.] Dubai: Markaz al-Khalij lil-kitab al-islami, 1980.

Abu Rumman, Mohammad (2015): Ich bin Salafist. Selbstbild und Identität radikaler Muslime im Nahen Osten. Bonn: Verlag J. H. W. Dietz, 2015.

Abu Rumman, Mohammad/Abu Hanieh, Hassan (2016): IS und Al-Qaida. Die Krise der Sunniten und die Rivalität im globalen Dschi-had. Bonn: Verlag J. H. W. Dietz, 2016.

Anonym (2015): How to Survive in the West. A Mujahid Guide. Memri (The Middle East Media Research Institute), 2015; http://cjlab.memri.org/lab-projects/tracking-jihadi-terrorist-use-of-social-media/e-book-distributed-via-twitter-how-to-survive-in-the-west-a-mujahid-guide/.

Anderson, Liam/Stansfield, Gareth (2005): The Future of Iraq. Dicta-torship, Democracy, or Division? New York: Palgrave Macmillan, 2005.

Burrows, Mathew (2016): Global Risks 2035: The Search for a New Normal. Atlantic Council, 22. 9. 2016; http://www.atlanticcoun cil.org/publications/reports/global-risks-2035.

Aziz, Sahar (2016): The Expanding Jurisdiction of Egyp's Military Courts. http://carnegieendowment.org/sada/64840, abgerufen am 12. 10. 2016.

al-Azm, Sadik J. (2013): Der Geist des Tahrir-Platzes. Säkulare Araber kämpfen gegen Islamisten und das Militär für eine moderne Zivil-gesellschaft. Trotz Rückschlägen ist das Charisma ihrer Bewegung lebendig. In: *Frankfurter Allgemeine Zeitung*, 5. 8. 2013.

al-Azm, Sadik J. (2014a): Is Islam Secularizable? Challenging Political and Religious Taboos. Collected Essays on Islam and Politics. Ber-lin: Gerlach Press, 2014.

al-Azm, Sadik J. (2014b): On Fundamentalisms. Collected Essays on Islam and Politics. Berlin: Gerlach Press, 2014.

Barr, James (2011): A Line in the Sand. Britain, France and the Struggle that Shaped the Middle East. London, New York: Simon & Schuster, 2011.

Bauer, Thomas (2011): Die Kultur der Ambiguität. Eine andere Geschichte des Islams. Berlin: Verlag der Weltreligionen im Insel Verlag, 2011.

Brown, Nathan J. (2017): Official Islam in the Arab World. The Contest for Religious Authority. Washington D.C.: Carnegie Endowment for International Peace, May 2017.

Brüggemann, Ulf (2016): Al-Qaida und Islamischer Staat. Ziele, Bedrohung und Bekämpfung. Arbeitspapier Sicherheitspolitik Nr. 9/2016 der Bundesakademie für Sicherheitspolitik.

Brunn, Erhard (2017): Über alle Grenzen hinweg. Flucht und Hilfe, Berichte und Meinungen aus dem In- und Ausland. Mit einem Geleitwort von Udo Steinbach. Limburg: Dehm-Verlag, 2017.

Carnegie Endowment for International Peace (2017): Arab Fractures: Citizens, States, and Social Contracts. Washington D.C., 1. 2. 2017; http://carnegieendowment.org/2017/02/01/arab-fractures-citizens-states-and-social-contracts-pub-66612.

Cordesman, Anthony H. (2016): Iran and the Gulf Military Balance. Washington D.C.: CSIS, 3. 10. 2016; http://www.csis.org/analysis/iran-and-gul-military-balance-1.

Daniel, Jamal (2016): Reinventing the Levant. In: *The National Interest*, September-October 2016.

Demmelhuber, Thomas (2017): Der Nahe Osten – oder Region aus den Fugen. In: *Frankfurter Allgemeine Zeitung*, 12. 6. 2017.

Dorsey, James (2017): Two conferences spotlight Muslim world's struggle to counter militancy. http://mideastsoccer.blogspot.de/, abgerufen am 23. 5. 2017.

Duchhardt, Heinz (2014): Der Westfälische Frieden im Fokus der Nachwelt. Münster: Aschendorff-Verlag, 2014.

Engin, Kenan (2016): Fluchtwellen in und aus Syrien: Gründe, Verläufe und Auswirkungen. *Eurasisches Magazin*, 21. 8. 2016; http://www.eurasischesmagazin.de/artikel/Fluechtlinge-aus-Syrien-Hintergruende-der-drei-Fluchtwellen/20131233.

Eurostat (2017): Migration and migrant population statistics. http://
ec.europa.eu/eurostat/statistics-explained/index.php/Migra
tion_and_migrant_population_statistics/de.

Freitag, Ulrike (1991): Geschichtsschreibung in Syrien 1920–1990.
Zwischen Wissenschaft und Ideologie. Hamburg: Deutsches
Orient-Institut, 1991.

Friedman, Thomas L. (2017): »Saudi Arabia's Arab Spring, at Last. The
crown prince has big plans for his society«, In: *New York Times*
23. 11. 2017. https://www.nytimes.com/2017/11/23/opinion/
saudi-prince-mbs-arab-spring.html.

Friedman, Yaron (2005): Ibn Taimiyya's Fatawa against the Nusayri-
Alawi sect. In: Der Islam (2005), Band 82, S. 175–194.

Fromkin, David (2009): A Peace to End All Peace. The Fall of the Ot-
toman Empire and the Creation of the Modern Middle East. New
York: Holt Paperbacks, zweite Auflage 2009.

Gaub, Florence (2017): Trends in terrorism. European Union Institute
for Security Studies (EUISS), March 2017.

Gaub, Florence (2016): Der Nahe Osten 2025: drei Zukunftsszenarien.
In: *Aus Politik und Zeitgeschichte* (APuZ) 8/2016, S. 39–45.

Göle, Nilüfer (2016): Europäischer Islam. Muslime im Alltag. Aus dem
Französischen von Bertold Galli. Berlin: Verlag Klaus Wagenbach,
2016.

Hamid, Shadi (2016a): Can Islam and Liberalism Coexist? Why Islam
resists secularization, and how that continues to shape the politics
of the Middle East. Interview mit Isaac Chotiner. http://www.
slate.com/articles/news_and_politics/interrogation/2016/08/
shadi_hamid_on_islamic_exceptionalism.html.

Hamid, Shadi (2016b): Yes, there is something ›going on‹ with Muslims. But it's not what Donald Trump suggests. https://www.
washingtonpost.com/news/book-party/wp/2016/06/17/yes-
there-is-something-going-on-with-muslims-but-its-not-what-
donald-trump-suggests/?utm_term=.a3d175506da7.

Hamid, Shadi (2017c): Is Islam ›Exceptional‹? In: *The Atlantic*,
4. 6. 2016.

Hamid, Shadi/McCants, William/Dar, Rashid (2017): Islamism after
the Arab Spring· Between the Islamic State and the Nation-State.
Center for Middle East Policy at Brookings, Januar 2017.

Hamzawi, Amr (2017b): Turn the Screw. Interview vom 15. 5. 2017 mit Michael Young über die Repression in Ägypten. http://carnegie-mec.org/diwan/69829.

Hamzawi, Amr (2017b): Misr … Madha ba'd kull hadha al-hisar. [Ägypten, was wird nach all dieser Blockade.] http://rassd.com/207362.htm.

Hassan, Hassan (2016): The Sectarianism of the Islamic State: Ideological Roots and Political Context. Washington D.C., 3. 6. 2016; http://carnegieendowment.org/2016/06/13/sectarianism-of-islamic-state-ideological-roots-and-political-context-pub-63746.

Hermann, Rainer (2010): Krisenregion Nahost. Zürich: Vontobel-Stiftung, 2010.

Hermann, Rainer (2012): Die Golfstaaten. Wohin geht das neue Arabien? München: dtv, 2012.

Hermann, Rainer (2015): Endstation ›Islamischer Staat‹? Staatsversagen und Religionskrieg in der arabischen Welt. München: dtv, 2015.

Herzog, Michael (2017): »The Growing Risk of an Israel-Iran Confrontation in Syria«. In: *The Washington Institute for Near East Policy,* Policy Notes 43. Abgerufen am 30. 12. 2017. http://www.washingtoninstitute.org/policy-analysis/view/the-growing-risk-of-an-israel-iran-confrontation-in-syria.

House, Karen Elliott (2017): Saudi Arabia in Transition. From Defense to Offense, but How to Score? Harvard Kennedy School, Belfer Center for Science and International Affairs. Juli 2017. https://www.belfercenter.org/publication/saudi-arabia-transition.

Human Rights Watch (2014): All According to Plan. The Raba'a Massacre and the Mass Killings of Protesters in Egypt. https://www.hrw.org/report/2014/08/12/all-accordung-to-plan/raba-massacre-and the mass-killings-protesters-egypt, abgerufen am 8. 12. 2014.

Jacobs, Andreas (2017): Gescheiterte Staatlichkeit. Zu den Ursachen von Umbrüchen und Konflikten im Nahen Osten. Arbeitspapier Sicherheitspolitik Nr. 10/2017 der Bundesakademie für Sicherheitspolitik.

Johannsen, Margret/Schoch, Bruno u.a. (2016): Friedensgutachten 2016. Stellungnahme der Herausgeber und Herausgeberinnen: Aktuelle Entwicklungen und Empfehlungen. https://friedensgut achten.de/user/pages/04.archiv/2016/FGA%202016_Stellung nahme.pdf.

J.P. Morgan (2015): Youth, Labor and Pathways for Progress. Assessing the Labor Markets in Egypt and Saudi Arabia. Juni 2015. https:// static1.squarespace.com/static/5550f11e4b0a8858a7b1286/t/5625 af97e4b063ee0612fd25/1445310359667/2015+INJAZ+Al-Arab+ Youth,+Labor+and+Pathways+for+Progress.pdf.

Kallscheuer, Otto (2015): Gibt es eine neue Aktualität der Religion in der Weltpolitik? In: Osnabrücker Jahrbuch Frieden und Wissenschaft. Universitätsverlag Osnabrück, Bd. 22 (2015), S. 161–194.

Kampmann, Christoph (2013): Europa und das Reich im Dreißigjährigen Krieg. Geschichte eines europäischen Konflikts. Stuttgart: Kohlhammer, 2. Auflage 2013.

Kampmann, Christoph (2016): Impulsvortrag zum Westfälischen Frieden auf der Botschafterkonferenz des Auswärtigen Amtes zum Thema »Westphalia – Lessons learned for the Middle East« vom 29. August bis 1. September 2016.

Kassir, Samir (2004): Considérations sur le malheur arabe. Arles: Actes Sudes Sindbad, 2004.

Kelly, Colin et al (2015): Climate change in the Fertile Crescent and implications of the recent Syrian drought. Proceedings of the National Academy of Sciences, 17. 3. 2015. http://www.pnas.org/con tent/112/11/3241.full.pdf.

Kepel, Gilles (2016): Terror in Frankreich. Der neue Dschihad in Europa. Aus dem Französischen von Werner Damson. München: Antje Kunstmann Verlag, 2016.

Kepel, Gilles (2008): Beyond Terror and Martyrdom. The Future of the Middle East. Cambridge, London: The Belknap Press of the Harvard University Press, 2008.

Kepel, Gilles (2002): Jihad. The Trail of Political Islam. London, New York: I. B. Tauris, 2002.

Khalil, Lydia/Shanahan, Roger (2016): Foreign Fighters in Syria and Iraq. The Day after. Lowy Institute for International Policy, September 2016.

Khilkhal, Shukur (2014): IS merges from radical Islamic Jurisprudence. In: Almonitor, Iraq Pulse, 12. August 2014.

Khosrokhavar, Farhad (2016): Radikalisierung. Hamburg: CEP Europäische Verlagsanstalt, 2016.

Kinzer, Stephen (2003): All the Shah's Men. An American Coup and the Roots of Middle East Terror. Hoboken (New Jersey): John Wiley & Sons, 2003.

Kreiser, Klaus/Neumann, Christoph K. (2003): Kleine Geschichte der Türkei. Stuttgart: Philipp Reclam jun., 2003.

Lynch, Marc (2016): Die neuen Kriege in der arabischen Welt. Wie aus Aufständen Anarchie wurde. Hamburg: Edition Körber Stiftung, 2016.

Marr, Phebe (1985): The Modern History of Iraq. Boulder, San Francisco, Oxford: Westview Press, 1985.

Matuz, Josef (1985): Das Osmanische Reich. Grundlinien seiner Geschichte. Darmstadt: Wissenschaftliche Buchgesellschaft, 1985.

Mekhennet, Souad (2017): Nur wenn du allein kommst. Eine Reporterin hinter den Fronten des Dschihad. München: C.H.Beck, 2017.

Al-Muhajir, Abu Abdullah (o.J.): Masa'il fi Fiqh al-Jihad. [Auch: Fiqh al-Dima'; »Die Rechtslehre vom Töten«]. Ohne Jahresangabe. https://ia600503.us.archive.org/28/items/kotobjehad/masael.pdf.

Muasher, Marwan (2016): An Arab Ultimatum for the Arab World. In: *Project Syndicate* 16.11.2016. http://carnegieendowment.org/2016/11/16/economic-ultimatum-for-arab-world-pub-66165.

Naame Shaam (Hrsg., 2015): Silent Sectarian Cleansing. Iranian Role in Mass Demolitions and Population Transfers in Syria. 2015. http://www.naameshaam.org.

Nagel, Tilman (1981): Staat und Gemeinschaft im Islam. Geschichte der politischen Ordnungsvorstellungen der Muslime. Zürich, München: Artemis Verlag, 1981.

Naji, Abu Bakr (2006): The Management of Savagery: The Most Critical Stage Through Which the Oumma Will Pass. Übersetzt aus dem Arabischen von William McCants. Combating Terrorism Center, West Point, New York, 2006.

Nakash, Yitzhak (2006): Reaching for Power. The Shi'a in the Modern Arab World. Princeton: Princeton University Press, 2006.

Neumann, Peter u.a. (2016): Criminal Pasts, Terrorist Futures. Europea Jihadists and the New Crime-Terror Nexus. London: King's

College London. The International Centre for the Study of Radicalisation and Political Violence, 2016.

Neumann-Adrian, Michael/Neumann, Christoph K. (1993): Die Türkei. Ein Land und seine 9000 Jahre Geschichte. München: Knaur
Sachbuch, 1993.

Observatory for the Protection of Human Rights Defenders (2017):
Egypt: Elimination of civil society signed into law by President
Sisi. Genf, Paris, 31. 5. 2017.

Oweis, Khaled Yacoub (2017): Syria's Society Upended. Societal Rifts
Pose a Massive Challenge to Pursuit of a Political Solution. SWP
Comments Juli 2017. https://www.swp-berlin.org/fileadmin/
contents/products/comments/2017C27_ows.pdf.

Qutb, Sayyid (o.J.): Zeichen auf dem Weg. [Arabisch: Ma'alim fi a-ta-
riq. 1964] Deutsche Übersetzung: https://archive.org/stream/
ZeichenAufDemWeg/MaalimFiT-tariqsayyidQutb_djvu.txt.

Rand Corporation (2011): Future Challenges of the Arab World. The
Implications of Demographic and Economic Trends. Rand Corporation 2011. https://www.rand.org/content/dam/rand/pubs/
technical_reports/2011/RAND_TR912.pdf.

Rohe, Mathias (2011): Das Islamische Recht: Geschichte und Gegenwart. München: C. H. Beck, 2011.

Rosiny, Stephan/Richter, Thomas (2016): Der Arabische Frühling
und seine Folgen. In: *Informationen zur Politischen Bildung*, Nr. 331
(2016).

Rotter, Gernot (1995): Syrien. Nürnberg: Edition Erde, 1995.

Schulze, Reinhard (2016): Geschichte der Islamischen Welt. Von
1900 bis zur Gegenwart. München: C. H. Beck, 2016.

Seifert, Arne (2017): Europa und der Nahe und Mittlere Osten. Plädo-
yer für einen friedenspolitischen Paradigmenwechsel. In: *Welt-
Trends. Das außenpolitische Journal*. Nr. 124, Februar 2017, S. 45–49.

Simms, Brendan/Axworthy, Michael/Milton, Patrick (2016): Ending
the new Thirty Years War. Why the real history of the Peace of
Westphalia in 17th-century Europa offers a model for bringing sta-
bility to the Middle East. http://www.newstatesman.com/poli
tics/uk/2016/01/ending-new-thirty-years-war.

Statistisches Bundesamt (2017): Bevölkerung und Erwerbstätigkeit.
Bevölkerung mit Migrationshintergrund. Ergebnisse des Mikro-

zensus 2016. https://www.destatis.de/DE/Publikationen/The
matisch/Bevoelkerung/MigrationIntegration/Migrationshinter
grund.html.

Steinbach, Udo (2015): Die arabische Welt im 20. Jahrhundert. Aufbruch – Umbruch – Perspektiven. Stuttgart: Kohlhammer, 2015.

Steinmeier, Frank-Walter (2016a): Der Westfälische Frieden als
Denkmodell für den Mittleren Osten. In: *Osnabrücker Friedensgespräche* 2016, S. 65–82.

Steinmeier, Frank-Walter (2016b): Vortrag zur Eröffnung des 51. His-
torikertags am 20. September 2016 in Hamburg. http://www.
auswaertiges-amt.de/DE/Infoservice/Presse/Reden/2016/
160920-BM-Historikertag.html.

Al-Suri, Abu Musab (2005): Da'wat al-muqawama al-islamiyya al-
'alamiyya. [The Global Islamic Resistance Call]. Januar 2005.]
https://ia802700.us.archive.org/23/items/The-call-for-a-global-
Islamic-resistance/The-call-for-a-global-Islamic-resistance.pdf.

Al-Tayyeb, Ahmad (2017): Das islamische Denken kann man reformieren, aber nicht den Islam selbst. Interview im Deutschlandfunk, 28. 5. 2017. http://www.deutschlandfunk.de/gross-scheich-
ahmad-al-tayyeb-im-interview-das-islamische.868.de.html?
dram:article_id=387228.

UN (2017): World Population Prospects: The 2017 Revision, Key Fin-
dings and Advance Tables. https://esa.un.org/unpd/wpp/Publi
cations/Files/WPP2017_KeyFindings.pdf.

UNDP (2016): Arab Human Development Report 2016. http://www.
arab-hdr.org/.

UNESCWA (2014): Arab Middle Class. Measurement and role in dri-
ving change.

Economic and Social Commission for Western Asia, Beirut, 2014.
https://www.unescwa.org/sites/www.unescwa.org/files/publi
cations/files/arab-middle-class-measurement-role-change-eng
lish.pdf.

Weltklimarat (2014): Climate Change 2014. Synthesis Report. Sum-
mary for Policymakers. https://www.ipcc.ch/pdf/assessment-
report/ar5/syr/AR5_SYR_FINAL_SPM.pdf.

Westphal, Siegrid (2015): Der Westfälische Frieden. München: C. H.
Beck Wissen, 2015.

Westphal, Siegrid (2016): Unbedingter Friedenswille. Was der Nahe Osten vom Westfälischen Frieden lernen kann: Ein Gespräch mit der Historikerin Siegrid Westphal. In: *Internationale Politik und Gesellschaft*, 24. 2. 2016. http://www.ipg-journal.de/interviews/artikel/unbedingter-friedenswille-1285/.

Wieland, Carsten (2012): Syria, A Decade of Lost Chances. Repression and Revolution from Damascus Spring to Arab Spring. Seattle: Cunepress, 2012.

Winter, Charlie/Al Saud, Abdullah K. (2016): The Obscure Theologian Who Shaped ISIS. Neither the Islamic State nor al-Qaeda would be where they are today without Abu Abdullah al-Muhajir. In: *The Atlantic*, 4. 12. 2016.

World Bank (2017): The Toll of War: The Economic and Social Consequences of the Conflict in Syria. 10. 7. 2017. http://www.world bank.org/en/country/syria/publication/the-toll-of-war-the-economic-and-social-consequences-of-the-conflict-in-syria.

## Zeitungen und Zeitschriften

The Economist
Financial Times
Frankfurter Allgemeine Zeitung
The Guardian
al-Jazeera
New York Times
rassd.com, ägyptisches Nachrichtenportal
Süddeutsche Zeitung
Washington Post

## Interviews

Abu Hanieh, Hassan, am 3. 11. 2016 in Amman.
Abu Rumman, Muhammad, am 3. 11. 2016 in Amman.
Adaileh, Murad, am 1. 11. 2016 in Amman.
Mitri, Tariq, am 8. 11. 2016 in Beirut.
Soltan, Gamal Abd al-Gawad, am 7. 11. 2016 in Kairo.

# ANMERKUNGEN

## Zeitenwende

1  Zahlen des Arab Human Development Report (2016) für das Jahr 2014, S. 32.
2  Arab Human Development Report (2016), S. 33, 41 und 176.
3  Ebd., S. 33.
4  Rainer Hermann: »Der Jahrhundertdeal.« In: Frankfurter Allgemeine Zeitung, 16. 12. 2017. http://www.faz.net/aktuell/politik/inland/israel-und-palaestina-was-koennte-die-loesung-des-konflikts-sein-15342741.html.

## Weichenstellungen

1  Vgl. Neumann-Adrian/Neumann (1993): Kapitel XII. Pracht und Organisation. Das Osmanische Reich im 16. Jahrhundert, S. 220–239. Ebenso: Kreiser/Neumann (2003), S. 126, 304–306, und Matuz (1985), S. 86–94.
2  Kreiser/Neumann (2003), S. 112.
3  Marr (1985), S. 26 f.
4  Fromkin (2009).
5  Barr (2011), S. 12.
6  Ebd., S. 36.
7  Ebd.
8  Marr (1985), S. 32 f., Anderson/Stansfield (2005), S. 24 f., Nakash (2006), S. 74–79.
9  Anderson/Stansfield (2005), S. 19–21, 122 f., 143–147.
10  Marr (1985), S. 44 f.
11  Anderson/Stansfield (2005), S. 17.
12  Zitiert nach Freitag (1991), S. 83.
13  Freitag (1991), S. 85.

14  *The Economist*: Special Report. The Arab World. 14. 5. 2016, S. 5. https://www.economist.com/news/special-report/21698444-hundred-years-after-sykes-picot-agreement-carved-up-ottoman-empire-new-arab.

15  Kinzer (2003).

16  Ebd., S. 212.

17  Kassir (2004), S. 26–41.

18  Ebd., S. 62–65.

19  Die syrischen Alawiten und die türkischen Aleviten gehören zum heterodoxen schiitischen Islam, haben jedoch eine völlige unterschiedliche religiöse Entstehungsgeschichte. Ihre Namen sind erst seit dem 20. Jahrhundert ähnlich. Zuvor hießen die Alawiten Nusairier und die Aleviten Kizilbash, was jeweils abwertende Bezeichnungen sind.

20  Kallscheuer (2016), S. 175.

21  In Anlehnung an die in Deutschland übliche Schreibweise wird der Prophet des Islams in diesem Buch Mohammed geschrieben. Die korrekte hocharabische Schreibweise lautet jedoch Muhammad.

22  Salah al-Din (Saladin, 1138–1191) war der erste islamische Herrscher, der im Kampf gegen die Kreuzritter diesen Titel benutzte.

23  Zur Lehre von Ibn Taimiyah siehe Nagel (1981), Band 1, S. 109–142.

24  Nagel (1981), Band 2, S. 117, zitiert dazu aus einer Fatwa des Ibn Taimiyah.

25  Khilkhal (2014).

26  Friedman (2005).

27  Wiederabgedruckt als »Risala fi al-radd ala al-nusairiyya« in Abd Allah (1980), S. 27–51.

28  Vgl. Abd Allah (1980), S. 35f.

29  Ebd., S. 46.

30  Ebd., S. 50.

# Zerfall

1 Jacobs (2017), S. 1–2.

2 Ebd., S. 3.

3 Lynch (2016), S. 84.

4 Ein Mahner war der ägyptische Politikwissenschaftler Usama Ghazali Harb. Vgl. Rainer Hermann: »Nach Mubarak«. In: *Frankfurter Allgemeine Zeitung*, 13. 12. 2008. Ebenso: Rainer Hermann: »Der Teufelskreis der Stagnation«. In: *Frankfurter Allgemeine Zeitung*, 19. 12. 2008.

5 Interview Mitri, 8. 11. 2016.

6 Carnegie (2017), S. 64 f.

7 al-Azm (2013).

8 Interview Soltan, 7. 11. 2016.

9 Ebd.

10 Friedman (2005).

11 Rainer Hermann: »Wer die Explosion hört, hat überlebt.« In: *Frankfurter Allgemeine Zeitung*, 9. 12. 2009.

12 Rainer Hermann: »Die Ohnmacht des Scheichs«. In: *Frankfurter Allgemeine Zeitung*, 16. 1. 2012.

13 Anderson/Stansfield (2005) gehen auf S. 90–114 detailliert auf die Folgen der Sanktionen ein.

14 UNDP (2016), S. 133.

15 Ebd., S. 139.

16 Anderson/Stansfield (2005), S. 98.

17 UNDP (2016), S. 133.

18 Lynch (2016), S. 352.

19 Carnegie (2017), S. 37–39.

20 Lynch (2016), S. 347.

21 Interview Abu Hanieh, 3. 11. 2016.

22 Rainer Hermann: »Eine Enttäuschung, die nur noch wütender macht«. In: *Frankfurter Allgemeine Zeitung*, 12. 2. 2011.

23 Carnegie (2017), S. 18.

24 Rainer Hermann: »Vorgeschichte und Nachwirkungen«. In: *Frankfurter Allgemeine Zeitung*, 18. 2. 2011.

25 Vgl. Andrew Hammond: Signs Increasingly Point to Gamal Mubarak as Egypt's Next President. https://www.washington

report.me/2002-december/signs-increasingly-point-to-gamal-mubarak-as-egypt-s-next-president.html (abgerufen im Dezember 2012).

26 Rainer Hermann: »Nicht unabhängig, aber mächtig: Die ägyptische Justiz«. In: *Frankfurter Allgemeine Zeitung*, 27. 11. 2012.

27 Rainer Hermann: »Geschäft ist Geschäft«. In: *Frankfurter Allgemeine Zeitung*, 25. 1. 2013.

28 Rainer Hermann: »Revolution nach Plan«. In: *Frankfurter Allgemeine Zeitung*, 15. 2. 2011. Und: Rainer Hermann: »Politische Anklage, politische Lösung«. In: *Frankfurter Allgemeine Zeitung*, 3. 3. 2012.

29 Vgl. der Blog von James Dorsey: »The Turbulent Word of Middle East Soccer«, http://mideastsoccer.blogspot.de/. Ebenso: Rainer Hermann: »Sterben für Leidenschaft und Freiheit«. In: *Frankfurter Allgemeine Zeitung*, 20. 3. 2012.

30 Rainer Hermann: »Interview mit Baschar al-Assad: ›Der Hinterhof Europas wird terroristisch.‹ Der syrische Präsident Baschar al-Assad über Waffen für die Rebellen, den Einsatz von Giftgas, die Rolle ausländischer Mächte und die Genfer Konferenz.« In: *Frankfurter Allgemeine Zeitung*, 18. 6. 2013.

31 Anne Barnard: »Damascus on Edge as War Seeps into Syrian Capital«. In: *New York Times*, 10. 2. 2013; http://www.nytimes.com/2013/02/11/world/middleeast/syrian-war-closes-in-on-the-heart-of-damascus.html?mcubz=0&mcubz=0. Ebenso: Babak Dehghanpisheh und Ahmed Ramadan: »Damascus bombing as fighting reaches heart of Syrian capital«. In: *Washington Post*, 21. 2. 2013; https://www.washingtonpost.com/world/middle_east/damascus-bombing-as-fighting-reaches-heart-of-syrian-capital/2013/02/21/ca328e9a-7c51-11e2-82e8-61a46c2cde3d_story.html?utm_term=.94e153a2e92e.

32 Die Syrische Beobachtungsstelle für Menschenrechte gibt die Zahl der Toten vom Beginn des Kriegs am 15. März 2011 bis zum 15. Juli 2017 mit 475 000 an. Davon sei der Tod von 331 765 Menschen dokumentiert. Darunter fallen: 99 671 syrische Zivilisten (einschließlich 18 243 Kinder und 11 427 Frauen); 54 253 syrische Rebellen; 46 447 Soldaten des Regimes; 58 446 Kämpfer islamistischer Gruppen wie der Nusra-Front und des IS. Die Zahl der

Toten beinhaltet nicht die mutmaßlich 45 000 Menschen, die in syrischen Gefängnissen zu Tode gefoltert wurden. http://www.syriahr.com/en/?p=70012.

33 Anne Applebaum: »The disastrous nonintervention in Syria«. In: *New York Times*, 29. 8. 2016; https://www.washingtonpost.com/opinions/global-opinions/what-exactly-nonintervention-has-produced-in-syria/2016/08/29/45826402-6e08-11e6-9705-23e51a2f424d_story.html?utm_term=.9f1b6ee2b03b.

34 *Wall Street Journal*, 31. 1. 2011: »Interview With Syrian President Bashar al-Assad«; https://www.wsj.com/articles/SB10001424052748703833204576114712441122894.

35 Wieland (2012), S. 35.

36 Lynch (2016), S. 196–205.

37 Ebd., S. 224 f.

38 Ebd., S. 206 f.

39 Allerdings ohne die syrischen Kurden.

40 Lynch (2016), S. 318.

41 Ebd., S. 231.

42 Ebd., S. 341.

43 Ebd., S. 406.

44 Carnegie (2017), S. 73.

45 Tim Eaton: »Six decisive points that changed Syria's war.« In: *BBC*, 15. 3. 2017; http://www.bbc.com/news/world-middle-east-39233357.

46 Staffan de Mistura: »Jede Regel des humanitären Völkerrechts missachtet«. Der UN-Sondergesandte Staffan de Mistura über die Notwendigkeit einer politischen Lösung für den Krieg in Syrien. In: *IPG-Journal*, 29. 11. 2016; http://www.ipg-journal.de/interviews/artikel/jede-regel-des-humanitaeren-voelkerrechts-missachtet-1727/.

47 Max Fisher: »Syria's Paradox: Why the War only ever seems to get worse«. In: *New York Times*, 26. 8. 2016; https://www.nytimes.com/2016/08/27/world/middleeast/syria-civil-war-why-get-worse.html?mcubz=0.

48 Greg Jaffe und Adam Entous: »Trump ends covert CIA program to arm anti-Assad rebels in Syria, a move sought by Moscow«. In: *Washington Post*, 19. 7. 2017; https://www.washingtonpost.

com/world/national-security/trump-ends-covert-cia-pro
gram-to-arm-anti-assad-rebels-in-syria-a-move-sought-by-
moscow/2017/07/19/b6821a62-6beb-11e7-96ab-5f38140b38cc_
story.html?utm_term=.21ac12cfa51a.

**49** Rainer Hermann: »Die Burg der Furcht ist gefallen«. In: *Frankfurter Allgemeine Zeitung*, 14. 9. 2011.

**50** Siehe: http://www.youtube.com/watch?v=9zq4S2LbsN0.

**51** Lynch (2016), S. 143.

**52** Ebd. S. 12 f.

**53** Carnegie (2017), S. 66 f.

**54** *BBC*, 11. 1. 2016: »Guide to key Libyan militias«. http://www.bbc.
com/news/world-middle-east-19744533.

**55** Rainer Hermann: »Das weibliche Gesicht der Revolte«. In:
*Frankfurter Allgemeine Zeitung*, 5. 5. 2011.

**56** Sie erhielt den Friedensnobelpreis gemeinsam mit Ellen Johnson
Sirleaf und Leymah Gbowee aus Liberia; https://www.nobel
prize.org/nobel_prizes/peace/laureates/2011/.

**57** Rainer Hermann: »Eine dröhnende Machtdemonstration«. In:
*Frankfurter Allgemeine Zeitung*, 7. 5. 2011.

**58** Robert F. Worth: For Yemen's Leader, a Balancing Act Gets Har-
der. In: *New York Times*, 21.6.2008; http://www.nytimes.
com/2008/06/21/world/middleeast/21saleh.html

**59** Zur Chronologie s. Lynch (2016), S. 124–132 und S. 384–392.

**60** Siehe die detailreichen Monatsberichte des Sanaa Center for Strategic Studies, hier vom 10. Juni 2017, http://www.sanaacenter.
org. Zur Krise im Jemen siehe auch: *Arab Human Development
Report* (2016), S. 13. Vgl. ebenso: Amanda Taub: »Why Some
Wars (like Syria's) Get More Attention than Others (like
Yemen's)«. In: *New York Times*, 1. 10. 2016; https://www.ny
times.com/2016/10/02/world/why-some-wars-like-syrias-
get-more-attention-than-others-like-yemens.html?mcubz=0.

**61** Rainer Hermann: »Ein neuer Gesellschaftsvertrag für den Norden Syriens«. In: *Frankfurter Allgemeine Zeitung*, 8. 12. 2014.

**62** Michael Martens: »Im Gespräch: Massud Barzani, Präsident der
autonomen Region Kurdistan im Irak (KRG), über Mossul, die
Türkei und die Unabhängigkeit. ›Die Tage des Irak als Zentralstaat
sind gezählt‹.« In: *Frankfurter Allgemeine Zeitung*, 24. 2. 2017.

63 Rainer Hermann: »Irakische Kurden kündigen Unabhängigkeitsreferendum an. Barzani: Die Sykes-Picot-Ordnung ist obsolet
geworden«. In: *Frankfurter Allgemeine Zeitung*, 4. 2. 2016.

64 Christoph Ehrhardt: »Schuss nach hinten. Wie sich die irakischen Kurden durch das Unabhängigkeitsreferendum geschwächt haben.« In: *Frankfurter Allgemeine Zeitung*, 27. 10. 2017.

65 Carnegie (2017), S. 69–71.

66 Lynch (2016), S. 42–80.

67 US Embassy Cables: The Documents: »Saudi king urges US
strike on Iran«. In: *The Guardian*, 28. 11. 2010.

68 Lynch (2016), S. 63.

69 Rainer Hermann: »Die Rückkehr der Kämpfer Irans«. In: *Frankfurter Allgemeine Zeitung*, 28. 11. 2014.

70 James Dorsey: »What to Be Improved in the Arab World«,
30. 11. 2016; http://mideastsoccer.blogspot.de/2016/12/what-
to-be-improved-in-arab-world.html.

71 Max Fisher: »How the Iranian-Saudi Proxy Struggle Tore Apart
the Middle East«. In: *New York Times*, 19. 11. 2016; https://www.
nytimes.com/2016/11/20/world/middleeast/iran-saudi-
proxy-war.html?mcubz=0.

72 Den Begriff verwendete zum ersten Mal der jordanische König
Abdullah II. am 7. 12. 2008 im Interview mit Chris Matthews in
NBC News.

73 Nazila Fathi: »Wipe Israel ›off the map‹ Iranian says«. In: *New
York Times*, 27. 10. 2005; http://www.nytimes.com/2005/10/
27/world/africa/wipe-israel-off-the-map-iranian-says.html?
mcubz=0.

74 Zur konfliktreichen Geschichte zwischen Persien, das Shah Reza
Pahlevi 1935 in Iran (»Das Land der Arier«) umbenannte, und den
semitischen Arabern siehe Hermann (2010), S. 41–48.

75 Der iranische Wirtschafts- und Finanzminister Ali Tayebnia im
Interview mit Barbara Slavin. In: *al-Monitor*, 9. 10. 2016: »Finance
Minister says Iran seeks ›resilient‹ economy«; http://www.al-
monitor.com/pulse/originals/2016/10/iran-finance-minister-
resilient-economy-sanctions-investment.html.

76 Cordesman, Anthony H. (2016). Ebenso: Rainer Hermann: »Un-
gleiche Rivalen«. In: *Frankfurter Allgemeine Zeitung*, 5. 1. 2016.

**77** Der wahhabitische Islam, wie er in Saudi-Arabien praktiziert wird, beansprucht, allein den authentischen und ursprünglichen Islam zu vertreten. Diese puristische Form lehnt Heiligenverehrung, die Mystik und den schiitischen Islam ab. Gegründet hat sie Muhammad Bin Abd al-Wahhab (1703–1792).

**78** Interview Soltan (2016).

**79** Interview Mitri (2016).

**80** Interview Mitri (2016).

**81** Interview Soltan (2016).

**82** Interview Soltan (2016).

**83** Rainer Hermann: »Im Gespräch: Adel al-Jubeir, Außenminister des Königreichs Saudi-Arabien. ›Wir sind nicht eingekreist – vielmehr ist Iran isoliert.‹« In: *Frankfurter Allgemeine Zeitung*, 28. Mai 2016.

**84** Zu dem Machtkampf in Iran vgl. Rainer Hermann: »Doppelstaat. Welche Rolle Iran spielen kann, hängt davon ab, wie der Machtkampf ausgeht: zwischen den Reformern der Republik und den Revolutionären«. In: *Frankfurter Allgemeine Sonntagszeitung*, 24.1.2016.

**85** Hossein Mousavian: »Saudi-Arabien und Iran sollten zusammenarbeiten«. In: *Frankfurter Allgemeine Zeitung*, 4.4.2016.

**86** Ben Hubbard: »Angered by 9/11 Victims Law, Saudis rethink U.S. alliance«. In: *New York Times*, 1.10.2016; https://www.nytimes.com/2016/09/30/world/middleeast/chagrined-by-9-11-victims-law-saudis-rethink-us-alliance.html.

**87** Rainer Hermann: »Der Nährboden des Terrors«. In: *Frankfurter Allgemeine Zeitung*, 28.11.2015.

**88** Ein Mudschahid (Plural Mudschahidun, Akkusativ Mudschahidin) ist ein Kämpfer für die Sache des Islams. In Mudschahid steckt dieselbe Wortwurzel wie in Dschihad: dsch – h – d. Der Westen feierte die Mudschahidin im Afghanistankrieg als Freiheitskämpfer.

**89** Interview Soltan (2016).

**90** Mark Mazzetti und Ben Hubbard: »Prince's rise shatters tradition in Saudi Arabia«. In: *New York Times*, 19.1.2016; https://www.nytimes.com/2016/10/16/world/rise-of-saudi-prince-shatters-decades-of-royal-tradition.html?mcubz=0.

91 Zur jungen Generation der Prinzen vgl. House (2017), S. 6 f.

92 Jährliche Umfragen von Asdaa-Burson-Marsteller unter den Jugendlichen der arabischen Welt: http://www.burson-marstel ler.com/what-we-do/our-thinking/8th-annual-asdaa-burson-marsteller-arab-youth-survey-2016/, abgerufen am 12. 4. 2016, hier S. 30.

93 Zur »Vision 2030«: http://vision2030.gov.sa/en, abgerufen am 18. 9. 2017.

94 House (2017), S. 13–18.

95 Rainer Hermann: »Mehr Freiheit für Frauen.« In: *Frankfurter Allgemeine Zeitung*, 28. 9. 2017.

96 Christian Meier: »Das Königshaus und der Pakt.« In: *Frankfurter Allgemeine Zeitung*, 27. 10. 2017. Martin Chulov: »I will return Saudi Arabia to moderate Islam, says crown prince.« In: *The Guardian,* abgerufen am 24. 10. 2017. https://www.theguardian. com/world/2017/oct/24/i-will-return-saudi-arabia-moderate-islam-crown-prince

97 Rainer Hermann: »Im Gespräch: Der islamische Theologe Ahmad Nofal über Demokratie und Wahnsinn in der arabischen Welt: ›Wir zerstören uns selbst im vollen Bewusstsein.‹« In: *Frankfurter Allgemeine Zeitung*, 3. 1. 2017.

98 Bauer (2011).

99 Interview Abu Rumman (2016).

100 Brown (2017), S. 21: »The Crisis of Credibility in Official Religious Institutions«.

101 Schulze (2016), S. 14, 33.

102 Hermann (2015), S. 77.

103 Rainer Hermann: »Im Gespräch: Der Großimam der Azhar, Ahmad al-Tayyeb. ›Ich verstehe die Angst der Deutschen vor dem Islam.‹« In: *Frankfurter Allgemeine Zeitung*, 29. 3. 2016.

104 Sebastian Engelbrecht und Abdul-Ahmad Rashid: »Groß-Scheich Ahmad al-Tayyeb im Interview. ›Das islamische Denken kann man reformieren, aber nicht den Islam selbst.‹« Interview im Deutschlandfunk, 28. 5. 2017; http://www.deutschlandfunk. de/gross-scheich-ahmad-al-tayyeb-im-interview-das-islami sche.868.de.html?dram:article_id=387228.

105 Rainer Hermann: Im Gespräch: »Der ägyptische Präsident Mu-

hammad Mursi über die Demokratisierung seines Landes und die Umbrüche im Nahen Osten. ›Wir wollen keinen Gottesstaat.‹« In: *Frankfurter Allgemeine Zeitung*, 19.1.2013.

106 Lynch (2016), S. 262.
107 Ebd., S. 409.
108 Ebd., S. 410.
109 Interview Mitri (2016).
110 Interview Abu Hanieh (2016).
111 Hamid/McCants/Dar (2017), S. 8–11.
112 Hamid (2016a).
113 Hamid/McCants/Dar (2017), S. 1–7.
114 Interview al-Adeileh (2016).
115 Hamid (2017) im Interview mit Slate.
116 Interview Abu Hanieh (2016).
117 Interview Abu Hanieh (2016). Im Mai 2017 verabschiedeten in Indonesien die Religionsgelehrten der Organisation Nahdlatul Ulama am Ende einer Konferenz eine Erklärung, in der es heißt: »Es ist falsch und kontraproduktiv zu behaupten, dass die Aktionen von Al-Qaida, ISIS, Boko Haram und ähnlichen Gruppen nichts mit dem Islam zu tun haben oder nur eine Perversion der islamischen Lehren seien. In Wirklichkeit sind sie das Gewächs des Wahhabismus und anderer fundamentalistischer Strömungen des sunnitischen Islams. Mehr als 50 Jahre hatte Saudi-Arabien weltweit unter sunnitischen Muslimen systematisch eine ultrakonservative Interpretation des Islams verbreitet. Die wahhabitische Sicht des Islams – die nicht nur Saudi-Arabien und Qatar angenommen haben, sondern auch Al-Qaida und ISIS – ist eng mit den Teilen des klassischen islamischen Rechts verwoben, die konfessionellen Hass und Gewalt nähren. Charakteristisch für den Wahhabismus ist seine extreme Feindseligkeit gegenüber den Schiiten. Die Opposition Saudi-Arabiens gegen Iran, den ISIS und Al-Qaida darf Saudi-Arabien nicht von seiner Verantwortung freisprechen, genau diese Ideologie verbreitet zu haben, die dem sunnitischen Extremismus und Terror zugrunde liegt und diesen antreibt.« Siehe Dorsey (2017).
118 Rainer Hermann: »Antidschihadisten im Namen der Mitte«. In: *Frankfurter Allgemeine Zeitung*, 9.7.2014.

119 Hamid/McCants/Dar (2017), S. 14.

120 Rainer Hermann: »Im Gespräch: Muhammad al-Issa, Generalse-kretär der Islamischen Weltliga. ›Nur Extremisten nutzen den Islam für politische Ziele.‹« In: *Frankfurter Allgemeine Zeitung*, 10. 5. 2017.

121 Die beste Monographie zur Entstehung und der Ausbreitung des »Islamischen Staats« stammt von den beiden jordanischen Isla-mismus-Experten Abu Hanieh und Abu Rumman (2016).

122 *Wall Street Journal*, zitiert nach http://www.businessinsider. de/tunisia-has-become-a-breeding-ground-for-isis-2016-12?r= US&IR=T.

123 Abu Hanieh/Abu Rumman (2016), S. 21–62.

124 Abu Hanieh/Abu Rumman (2016), S. 185–187.

125 Kepel (2002), S. 31f.

126 Qutb (o.J.), S. 88.

127 Zu ihm siehe das Kapitel »Konfliktverstärker im Islam«.

128 Kepel (2002), S. 86f.

129 Zu Unterschieden zwischen Al-Qaida und dem IS siehe Brügge-mann (2016).

130 Interview Abu Hanieh (2016).

131 Abu Hanieh/Abu Rumman (2016), S. 118.

132 Interview Abu Rumman (2016).

133 Abu Hanieh/Abu Rumman (2016), S. 142–165.

134 Naji (2006). Zu ihm auch: Abu Hanieh/Abu Rumman (2016), S. 154–157.

135 al-Suri (2005), Kepel (2008), S. 160–162.

136 Kepel (2008), S. 160f.

137 al-Muhajir (o.J.), Abu Hanieh/Abu Rumman (2016), S. 157–160, Winter/Al Saud (2016).

138 Anonym (2015).

## Scheitern

1 Die *Frankfurter Allgemeine Zeitung* verwendete für die Ereig-nisse des Jahres 2011 nicht den Begriff »Arabischer Frühling«, sondern schrieb – erstmals am 18. Februar 2011 – »Arabellion«. Da

die Proteste des Jahres 2011 kein »Arabischer Frühling« waren, konnte kein »Islamischer Winter« folgen. Solche Begriffe verstellen den Blick auf das, was wirklich geschieht.

2 Rainer Hermann: »Der Großputz«. In: *Frankfurter Allgemeine Sonntagszeitung*, 13. 2. 2011.

3 Rosiny/Richter (2016), S. 77–78.

4 Hamzawi (2017).

5 Human Rights Watch (2014).

6 Siehe: https://www.youtube.com/watch?v=WGZGg7K6D18.

7 Carnegie (2017), S. 37.

8 Carlotta Gall: »Young an Unemployed, Tunisians Agitate for a ›Second revolution‹«. In: *New York Times*, 30. 5. 2017; https://www.nytimes.com/2017/05/27/world/africa/unemployed-tunisians-revolution.html?mcubz=0.

9 Siehe: https://goo.gl/images/hlW2AD.

10 Siehe: http://kltmy.net/187777-%D8%B5%D8%A7%D8%AD%D8%A8_%D8%A3%D8%B4%D9%87%7%D8%B; abgerufen am 11. 7. 2014.

11 Carnegie (2017), S. 48.

12 Ebd., S. 49.

13 Hamzawi (2017).

14 Joshua Hammer: »How Egypt's Activists Became ›Generation Jail‹«. In: *New York Times Magazine*, 16. 3. 2017; https://www.nytimes.com/2017/03/14/magazine/how-egypts-activists-became-generation-jail.html?mcubz=0.

15 Zu den Zuständen in den ägyptischen Gefängnissen: http://klmty.net/714520.html.

16 Siehe: http://rassd.com/207374.htm#sthash.2Rh9VuD5.dpuf, abgerufen am 30. 1. 2017.

17 Alexander Stille: »Who murdered Giulio Regeni?«. In: *The Guardian*, 4. 10. 2016.

18 Siehe: http://rassd.com/207328.htm.

19 Observatory for the Protection of Human Rights Defenders (2017).

20 Carnegie (2017), S. 60.

21 Ebd., S. 19.

22 Aziz (2016).

23 Heba Saleh: »President Sisi deploys army to tackle Egypt's economic woes«. In: *Financial Times*, 5. 10. 2016; https://www.ft.com/content/00ea1c04-8a14-11e6-8cb7-e7ada1d123b1.

24 Die Inkompetenz und die Vorschriften der ägyptischen Bürokratie zur Landwirtschaft haben 2016 zu einem Verlust von umgerechnet 860 Millionen Dollar geführt und die Einfuhr von Weizen – Ägypten ist der weltweit größte Weizenimporteur – gefährdet. Vgl. *The Economist,* 3. 9. 2016: »Egypt's Economy. Of bread, bribes and fungus«; https://www.economist.com/news/middle-east-and-africa/21706275-stupid-policy-incompetent-government-bread-bribes-and-fungus.

25 Rainer Hermann: »Mutige Reformen. Nach Jahren des Abwartens nimmt Ägypten unpopuläre Maßnahmen in Angriff.« In: *Frankfurter Allgemeine Zeitung,* 3. 1. 2017.

26 Interview Abu Hanieh (2016).

27 Lynch (2016), S. 398.

28 Ebd., S. 399.

29 Hamzawi (2017a) und Hamzawi (2017b).

30 Peter Baker und Declan Walsh: »Trump Shifts Course on Egypt, Praising Its Authoritarian Leader«. In: *New York Times,* 3. 4. 2017.

31 Hermann (2012) und Hermann (2010), S. 104–110: »Die Golfstaaten als Modell«.

32 Vgl. die Verfassung vom 30. November 2012 in der inoffiziellen Übersetzung, vor allem die Präambel, Artikel 1 und Artikel 6: http://niviensaleh.info/constitution-egypt-2012-translation

## Zukunft

1 Zitiert nach Steinmeier (2016b).

2 Westphal (2015), S. 11f.

3 Simms/Axworthy/Milton (2016).

4 Kampmann (2016).

5 Steinmeier (2016a) und Rainer Hermann: »Religiöse Emotionen kontrollieren«. In: *Frankfurter Allgemeine Zeitung,* 12. 11. 2016. Bericht über eine Konferenz der Körber-Stiftung in Berlin zum Westfälischen Frieden.

6  Simms/Axworthy/Milton (2016).

7  Westphal (2015), S. 21–24.

8  Kampmann (2016).

9  Westphal (2016).

10 Zitiert nach Steinmeier (2016b).

11 Westphal (2015), S. 88–90.

12 Kampmann (2016).

13 Simms/Axworthy/Milton (2016).

14 Duchhardt (2014), S. 13.

15 Westphal (2015), S. 113.

16 Hermann (2010), S. 85–93.

17 Ein Beispiel für die Schaffung homogener Wohnbevölkerungen ist Syrien, wo ein gesteuerter Austausch der Bevölkerung stattfindet, vgl. Naame Shaam (2015).

18 Lynch (2016), S. 85f.

19 Interview Abu Hanieh (2016).

20 Eine Übersetzung der Verfassung von 2014 siehe: http://www.sis.gov.eg/Newvr/Dustor-en001.pdf.

21 Interview Soltan (2016).

22 Interview Mitri (2016), UNDP (2016), S. 34.

23 Hamid (2016b).

24 Hamid (2016a).

25 Peter Beaumont: »Jordanian writer shot dead as he arrives at trial for insulting Islam«. In: *The Guardian*, 25. 9. 2016.

26 Interview Abu Rumman (2016).

27 Interview Abu Rumman (2016).

28 Interview Soltan (2016).

29 Interview Soltan (2016).

30 Interview Soltan (2016).

31 Carnegie (2016), S. 56.

32 Rainer Hermann: »Der Beginn des Glaubens ist die Trauer«. In: *Frankfurter Allgemeine Zeitung*, 21. 12. 2009.

33 Vgl. das Kapitel »Fehlanreize im Islam«. Zum Verhältnis des »Islamischen Staats« zum schiitischen Islam: vgl. Hassan (2016).

34 Mekhennet (2017), S. 152.

35 Interview Soltan (2016).

36 Vgl. die Kapitel »Autoritäre Staaten« und »Totalitäre Ideologien«.

37 Rainer Hermann: »Offen nach allen Seiten. Der Islam ist mit allen politischen Ordnungen vereinbar«. In: Frankfurter Allgemeine Zeitung 28. 4. 2016.

38 al-Azm (2014a) S. 7–14, al-Azm (2014b) S. 28–32.

39 Zitiert nach Rohe (2011) S. 144.

40 Bauer (2011), S. 13–15, 41–53, 253.

41 Hamid (2016c), S. 2–3.

42 Ebd., S. 6.

43 Ebd., S. 9.

44 Interview Soltan (2016).

45 Interview Mitri (2016).

46 UNDP (2016), S. 67.

47 Ebd., S. 68–70.

48 Siehe: http://english.dohainstitute.org/release/5cbeed44-ec34-4eb2-a507-195d5e86099a, S. 19.

49 Rainer Hermann: »Noch kein arabischer Frühling«. In: *Frankfurter Allgemeine Zeitung*, 30. 3. 2005.

50 Carnegie (2017), S. 24.

51 Interview Soltan (2016).

52 Institut François Mitterand, http://www.mitterrand.org/De-quelques-formules-de-ou-sur.html.

53 Interview Mitri (2016).

54 Rainer Hermann: »Tunesische Reformen sollen für Wachstum sorgen«. In: *Frankfurter Allgemeine Zeitung*, 27. 10. 2016.

55 Klaus-Dieter Frankenberger und Rainer Hermann: »Druck von innen, Anstöße von außen«. In: *Frankfurter Allgemeine Zeitung*, 21. 4. 2008.

56 UNDP (2016), S. 52.

57 Ebd., S. 55.

58 Ebd., S. 64.

59 Ebd., S. 61.

60 Ebd., S. 64.

61 Interview Mitri (2016).

62 Interview Mitri (2016).

63 Ghannouchi in Carnegie (2016): »Tunisia's Culture of Cooperation and Compromise«, S. 28.

64 Interview Mitri (2016).

65 Interview Abu Hanieh (2016).

66 Der frühere jordanische Außenminister Marwan Muasher in Carnegie (2017), S. 96.

67 Markus Wehner und Eckart Lohse: »Gauland beleidigt Boateng. ›Nicht als Nachbarn.‹« In: *Frankfurter Allgemeine Sonntagszeitung*, 29. 5. 2016, http://www.faz.net/aktuell/politik/inland/afd-vize-gauland-beleidigt-jerome-boateng-14257743.html.

68 Vgl. das Kapitel »Autoritäre Staaten«.

69 Demmelhuber (2017).

70 Interview Abu Rumman (2016).

71 Interview Abu Hanieh (2016).

72 Interview Soltan (2016).

73 Interview Soltan (2016).

74 Interview Mitri (2016).

75 Carnegie (2017), S. 56.

76 In: Carnegie (2017), S. 56.

77 Zur Notwendigkeit der Reform der Sicherheitsapparate: Carnegie (2017), S. 45–48.

78 UN (2017), S. 23–28, Table 2.

79 Siehe: http://worldpopulationreview.com/world-cities/cairo-population/.

80 Carnegie (2017), S. 8.

81 Ebd., S. 10 f.

82 UNDP (2016), S. 23–31.

83 Ebd., S. 27 und 74 f.

84 Siehe: http://www.aljazeera.com/news/2016/12/report-majo rity-arab-youth-rejects-radicalism-161204112234602.html.

85 Gaub (2016), S. 40–41.

86 Rand (2011), S. 13.

87 Gaub (2016), S. 40.

88 Gaub (2016).

89 Rand Corporation (2011), S. 5–8.

90 Carnegie (2017), S. 8.

91 Ebd., S. 8.

92 Interview Soltan (2016).

93 UNDP (2016), S. 29–31.

94 Ebd., S. 43.

95  J.P.Morgan (2015).

96  Muasher (2016).

97  UNESCWA (2014), S. 17.

98  UNDP (2016), S. 61f.

99  In: Carnegie (2017), S. 32f.

100 Die kurdische Nachrichtenagentur Rudaw, 1. 5. 2017: »Iraq to re-build infrastructure through five year plan post ISIS«.

101 Weltbank (2017).

102 Carnegie (2017), S. 12.

103 Oweis (2017).

104 UNDP (2016), S. 42 und http://www.un.org/apps/news/story.asp?NewsID=47226#.WZLnLhBXlRJ.

105 Zitiert nach UNDP (2016), S. 150–163.

106 Rand Corporation (2011), S. 12.

107 Carnegie (2017), S. 80.

108 Weltklimarat (2014), S. 11.

109 Gaub (2016), S. 41.

110 Zitiert nach Gaub (2016), S. 41.

111 Rand (2011), S. 12.

112 Kelley (2015).

## Der Westen und der Nahe Osten

1  Rainer Hermann und Julian Staib: »Im Gespräch: Ertharin Cousin, die Exekutivdirektorin des Welternährungsprogramms der Vereinten Nationen (WFP). ›Die Menschen werden nicht dort bleiben, wo sie keine Hoffnung haben.‹« In: *Frankfurter Allgemeine Zeitung*, 11. 7. 2016.

2  Nachrichtenagentur Reuters: »Entwicklungsminister warnt vor riesiger Fluchtbewegung aus Afrika«, 18. 6. 2017; http://de.reuters.com/article/deutschland-fl-chtlinge-m-ller-idDEKBN1990EV.

3  Engin (2016).

4  Bundesinnenminister Thomas de Maizière am 30. 9. 2016; http://www.bmi.bund.de/SharedDocs/Pressemitteilungen/DE/2016/09/asylsuchende-2015.html.

5  Eurostat (2017).

**6** Statistisches Bundesamt (2017), S. 63–67.

**7** Siehe: https://www.bertelsmann-stiftung.de/de/themen/ aktuelle-meldungen/2017/august/integration-von-muslimen- in-deutschland-macht-fortschritte; und Udo Steinbach in Brunn (2017) über die Ergebnisse des Religionsmonitors der Bertels- mann Stiftung vom März 2017.

**8** Statistisches Bundesamt (2017), S. 37–41.

**9** Siehe: https://www.youtube.com/watch?v=kDQkioMMFh4.

**10** Tim Arango und Michael R. Gordonjuly: »Iraqi Prime Minister Arrives in Mosul to Declare Victory Over ISIS.« In: *New York Times*, 9.7.2017. https://www.nytimes.com/2017/07/09/ world/middleeast/mosul-isis-liberated.html. Im Oktober 2017 stand die Entscheidungsschlacht um Raqqa bevor. Vgl. BBC: »Syria war: ›Final assault‹ launched to recapture Raqqa.« Abgeru- fen am 15.10.2017.

**11** Siehe: http://www.auswaertiges-amt.de/DE/Aussenpolitik/ RegionaleSchwerpunkte/NaherMittlererOsten/03_SMO/03_ Stab_SYR_IRQ/Uebersicht.html; http://dip21.bundestag.de/ dip21/btd/18/110/1811081.pdf.

**12** Vgl. das Kapitel »Das wirtschaftliche Kartenhaus«.

**13** Carnegie (2017), S. 20–22 am Beispiel Tunesiens.

**14** Joachim Rücker, der Sonderbeauftragte der Bundesregierung für die Stabilitätspartnerschaft Mittlerer Osten. https://www. deutschland.de/de/topic/politik/frieden-sicherheit/syriens- nachbarn-stuetzen.

**15** Rainer Hermann und Julian Staib: »Im Gespräch: Ertharin Cou- sin, die Exekutivdirektorin des Welternährungsprogramms der Vereinten Nationen (WFP). ›Die Menschen werden nicht dort bleiben, wo sie keine Hoffnung haben.‹« In: *Frankfurter Allge- meine Zeitung*, 11.7.2016.

**16** Johannsen/Schoch (2016), S. 21.

**17** Seifert (2017), S. 45.

**18** Mekhennet (2017), S. 362.

**19** Seifert (2017), S. 47.

**20** Siehe: https://2001-2009.state.gov/secretary/rm/2005/48328. htm.

**21** Daniel (2016).

22  Rainer Hermann: »Der Heilige Krieg der Sünder«. In: *Frankfurter Allgemeine Zeitung*, 15. 9. 2017.

23  Gaub (2017).

24  Vgl. beispielsweise Khosrokhavar (2016).

25  Hermann (2015), S. 77.

26  Ebd., S. 81.

27  Kepel (2016).

28  Khosrokhavar (2016) legt eine Studie vor, die zeigt, wie in den französischen Banlieues Jugendliche ohne Perspektive die dschihadistische Radikalisierung als Ausweg erfahren, um ihren Würdeverlust zu kompensieren. Im Ergebnis begreifen sie den Islam als eine Religion der Unterdrückten.

29  Dominique Bergson: »Berlin gehört den Clans«. In: *Frankfurter Allgemeine Sonntagszeitung*, 28. 5. 2017, S. 24–25.

30  Neumann u. a. (2016).

31  Zitiert von Erwan Lagadec: »Does Europe have an Islam Problem?« In: *Atlantic Council*, 14. 11. 2016; http://www.atlantic council.org/blogs/new-atlanticist/does-europe-have-an-islam-problem.

32  Mekhennet (2017), S. 230–235,

33  Khalil/Shanahan (2016).

34  al-Suri (2005).

35  Helen Davidson: »Isis instructs followers to kill Australians and other ›disbelievers‹«. In: *The Guardian*, 23. 9. 2014.

36  BBC: »Pope Francis: ›Christians and Muslims are brothers and sisters‹«, 30. 11. 2015; http://www.bbc.com/news/world-africa-34960971.

37  Göle (2016).

38  Rainer Hermann: »Im Gespräch: Der Großimam der Azhar, Ahmad al Tayyeb. ›Ich verstehe die Angst der Deutschen vor dem Islam.‹« In: *Frankfurter Allgemeine Zeitung*, 29. 3. 2016.

39  Kallscheuer (2015), S. 171.

40  Siehe: https://www.lto.de/recht/hintergruende/h/eugh-c-157-15-kopftuch-verbot-unternehmen-diskriminierung-reli gion-neutralitaet/.

41  Siehe: https://www.bundesverfassungsgericht.de/Shared Docs/Pressemitteilungen/DE/2015/bvg15-014.html.

42  Rainer Hermann: »Im Gespräch: Der Großimam der Azhar, Ahmad al Tayyeb. ›Ich verstehe die Angst der Deutschen vor dem Islam‹.« In: *Frankfurter Allgemeine Zeitung*, 29. 3. 2016.

43  Bassam Tibi: »Wenn ich kein Deutscher bin, was dann?« In: *Süddeutsche Zeitung*, 25. 8. 2016.

## Ausblick

1  Michael Herzog: »The Growing Risk of an Israel-Iran Confrontation in Syria«. In: *The Washington Institute for Near East Policy*, Policy Notes 43. Abgerufen am 30. 12. 2017. http://www.washingtoninstitute.org/policy-analysis/view/the-growing-risk-of-an-israel-iran-confrontation-in-syria.

2  Al-Arabiya: »With ISIS on the run, is it time to focus on Iran?«, 5. 9. 2017; http://english.alarabiya.net/en/perspective/features/2017/09/05/With-ISIS-on-the-run-is-it-time-to-focus-on-Iran-.html.

3  High Level Military Group: Hizballah's Terror Army: How To Prevent a Third Lebanon War. October 2017. http://www.high-level-military-group.org/pdf/hlmg-hizballahs-terror-army.pdf

4  Thomas L. Friedman: »Saudi Arabia's Arab Spring, at Last. The crown prince has big plans for his society«. In: *New York Times,* 23. 11. 2017. https://www.nytimes.com/2017/11/23/opinion/saudi-prince-mbs-arab-spring.html.

5  Crisis Group: »An Introduction to Crisis Group's Iran-U.S. Trigger List«, 14. 12. 2017. https://www.crisisgroup.org/global/introduction-iran-us-trigger-list

6  Daniel Steinvorth und Christian Weisflog: »Der kalte Krieg am Golf wird heißer.« In: *Neue Zürcher Zeitung*, 10. 8. 2017. https://www.nzz.ch/international/erhoehte-militaerausgaben-wettruesten-am-persischen-golf-ld.1309825.

7  Sadiq al-Azm in Carnegie (2017), S. 94.

8  Lynch (2016), S. 395, 400.

9  Interview Abu Rumman (2016), Interview Mitri (2016).

10  Burrows (2016), S. 42–49.

11  Andreas Ross: »Nation Building zu Hause«. In: *Frankfurter Allgemeine Zeitung*, 27. 12. 2016.

# PERSONENREGISTER

## A

al-Abadi, Haidar 322, 332

Abbas Ibn Ali 216

Abd al-Salam Farag, Muhammad 46, 145, 147, 148, 153

Abd al-Wahhab, Muhammad Ibn 145

Abduh, Muhammad 145, 146, 149

Abdullah Ibn Hussein, König 28

Abu Bakr al-Siddiq, erster Kalif 227

Abu Bakr Nadschi 152, 153

Abu Hanieh, Hassan 66, 138, 140, 178, 248

Abu Rumman, Muhammad 130

al-Adaileh, Murad 139

al-Adli, Habib 71, 72, 73, 74, 159, 162, 185

Aflaq, Michel 39

Ahmadineschad, Mahmud 322

Albright, Madeleine 31

Ali Ibn Abi Talib, vierter Kalif 42, 44, 228

Al Saud, Abd al-Aziz (auch: Bin Saud) 114

Al Saud, Abdullah Bin Abd al-Aziz 101, 122, 243

Al Saud, Bandar Bin Sultan 82

Al Saud, Fahd Bin Abd al-Aziz 44, 122, 325,

Al Saud, Faisal Bin Abd al-Aziz 114, 118, 325

Al Saud, Khalid Bin Abd al-Aziz 31

Al Saud, Muhammad Bin Salman 116, 320, 323, 324, 326

Al Saud, Salman Bin Abd al-Aziz 116, 244

Al Saud, Turki al-Faisal 81

Al Thani, Hamad Bin Khalifa 99, 136

Al Thani, Tamim Bin Hamad 99

al-Amiri, Hadi 103

al-Arsuzi, Zaki 39

al-Askari, Hassan 46, 59

Asquith, Herbert Henry 25

al-Assad, Baschar 10, 54, 74, 159, 318, 329, 333

al-Assad, Hafiz 54, 75, 107, 280

Atatürk, Mustafa Kemal 42, 208, 209

al-Audah, Salman 326

Avaux, Graf von 201

al-Awlaqi, Anwar 308

al-Azm, Sadiq 56

Azzam, Abdullah 149